스코필드 박사 자료집

강한 자에는 **호랑이**처럼 **약한 자**에는 **비둘기**처럼

스코필드 박사 자료집

강한 자에는 **호랑이**처럼
약한 자에는 **비둘기**처럼

초판 1쇄 발행 2012년 4월 10일
초판 3쇄 발행 2019년 4월 25일

엮은이 김승태, 유진, 이항
번 역 윤시원, 조경인
감 수 김승태
편 집 엄정아, 최유리
펴낸이 오세정
펴낸곳 서울대학교출판문화원

출판등록 제15-3호

주소 08826 서울 관악구 관악로 1
대표 전화 02-880-5252 | 팩스 02-889-0785
홍보마케팅팀(주문 상담) 02-889-4424, 02-880-7995
이메일 snubook@snu.ac.kr
홈페이지 www.snupress.com

ISBN 978-89-521-1316-0 93910

스코필드 박사 자료집

강한 자에는 호랑이처럼 약한 자에는 비둘기처럼

김승태, 유진, 이항 엮음

Dr. Frank. W. Schofield

"MY HEART IS IN KOREA"

서울대학교출판문화원

젊은 시절 스코필드 박사의 모습

학창 시절의 스코필드

출처: Archival and Special Collections, University of Guelph Library

30대의 스코필드

출처: CAV Barker Museum

스코필드 박사의 한국어 선생이자 통역사였던 목원홍 선생과 함께. 1916년경

출처: 서울대학교 수의과대학 사료실

세브란스 의학전문학교에서 학생들에게 실험실습을 지도하는 모습(1918년경). 스코필드는 이 학교 교장인 에비슨의 권유로 입국하여 세균학과 위생학을 가르쳤다.

출처: 이장락, 『민족대표 34인 석호필』

스코필드(맨 뒷줄 가운데)와 영어성경반 학생들
스코필드는 학생들에게 성경과 영어를 가르치며 정신적으로 지도·격려하였고
어려운 가운데 성실하게 공부하는 학생들을 물심양면으로 도왔다.

출처: CAV Barker Museum

3·1 운동 당시 스코필드 박사가 찍은 사진들

1919년 3월 1일, 시청 앞에 모인 군중들

출처: *The Korean Independence Movement*, 상해 대한적십자회, 1919년.

수촌리. 1919년

출처: 이장락, 『민족대표 34인 석호필』

일본 군인들의 방화에 잿더미가 된 집터에 앉아 망연자실한 아낙과 여자아이. 제암리. 1919년

출처: 이장락, 『민족대표 34인 석호필』

일본 헌병대

제암교회 앞뜰에서 일본 순사와 다른 선교사가 사건 내용을 주고받는 모습을, 스코필드가 숨겨 온 자신의 카메라로 직접 촬영했다. 1919년

출처: *The Case of Korea* : a collection of evidence on the Japanese domination of Korea, and on the development of the Korean independence movement / by Henry Chung; with foreword by Selden P. Spencer. 1921.

무장한 일본 헌병. 1919년

출처: Archival and Special Collections, University of Guelph

『월간조선』, 1997년, 5월호(화보)

'구두 밑창에 3·1 운동 사진 필름 숨겨 임정(臨政)에 전달' _ 정환범*

스코필드 박사가 3·1 운동 전후 촬영하여 정환범 씨를 통해
상해 임시정부에 전달한 일본의 만행 사진

*정환범: 1919년 3·1 운동 당시 임시정부 국무총리 대리 신규식 선생의 밀명을 받고 위험을 무릅쓰고 수차 고국에 드나들며 비밀문서 전달, 캐나다 선교사 스코필드 박사를 만나, 3·1 만세 시위 광경과 일본인들이 애국인사들을 고문하는 잔학한 현장이 촬영된 필름을 반출, 상해 임정에 전달함. 임정(臨政) 외무차장, 초대 주중(駐中) 특사(特使), 주일(駐日) 대표부 대사(大使), 신한공사총재, 대한체육회장 등을 역임.

최초 발굴

스코필드 박사가 촬영한 3·1운동

무자비한 진압 자행한 日帝 잔학상 생생히 고발

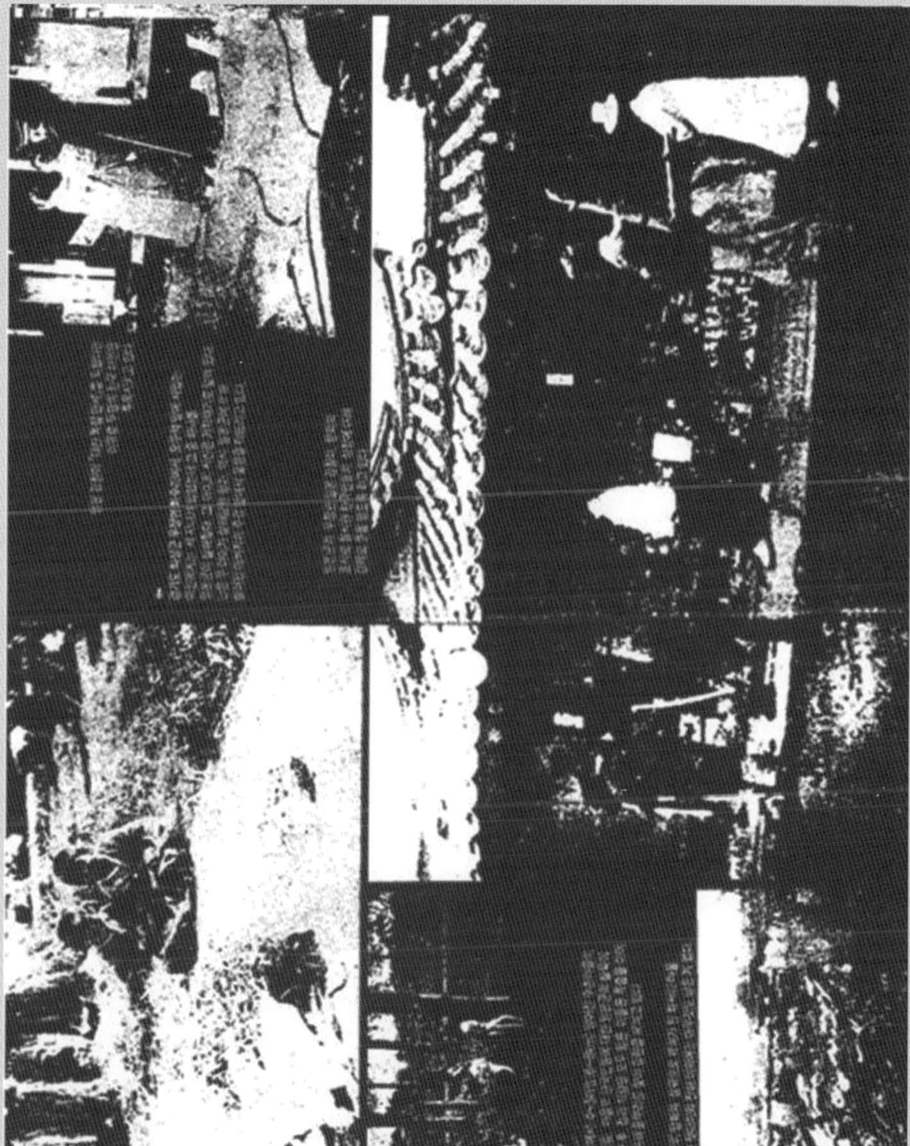

K.R.C.

스코필드 박사 입국 환영

정부 초청으로 한국에 입국하여, 이후 서울대 수의과대학에서 수의병리학 교수로 재직하며 한국에 머물렀다. 1958년

출처: 서울대학교 수의과대학 사료실

이화여중고 노천극장(1958년 9월 6일 오후 3시). '3·1 운동의 공로자 스코필드 박사 환영'이라는 플래카드가 붙어 있고, 정부 관계자와 일제 당시 제자들, 서울 시내 학생대표 약 5천 명이 참석했다.

출처 : 이장락, 『민족대표 34인 석호필』

고아들을 돌보며 경제적으로 어려운 학생들을 지원

스코필드 박사는 봉은보육원과 유린보육원을 지원하는 것을 비롯하여 국외 지인들에게 기부금을 청하여 도움을 필요로 하는 학생들의 학비를 보조하였다. 1959년에는 남북미 및 유럽의 친구들이 '스코필드 기금'을 설치하여 이를 적극적으로 도왔다.

문화훈장과 서울특별시에서 받은 행운의 열쇠를 들고 찍은 기념사진(1960년). 스코필드는 이 행운의 열쇠가 전부 순금인줄 알고 팔아서 어려운 사람을 돕는 데 쓰겠다고 여러 번 말했다 한다.

출처: 서울대학교 수의과대학 사료실

출처: 이장락, 『민족대표 34인 석호필』

출처: Archival and Special Collections, University of Guelph Library

홍국직업소년학교를 방문한 윤보선 대통령(1961년 3월 12일). 이 학교는 당시 서울 청량리1동 동사무소 창고를 교실로 사용하였고, 대학생들이 시간을 내어 무보수로 가르치고, 경우에 따라서는 운영비도 부담했다. 후원을 하던 스코필드가 윤보선 대통령에게 편지를 써 방문을 간곡히 부탁했고 대통령이 학교를 직접 방문하여 학생들을 격려하였다.

출처: 서울대학교 수의과대학 사료실

제자들과 함께한
스코필드 박사

스코필드 박사가 영어성경을 가르쳤던 학생들(가운뎃줄 왼쪽에서 두 번째가 고 김근태 의원, 맨 뒷줄 왼쪽 첫 번째부터 정운찬 전 국무총리, 이각범 전 대통령 정책기획 수석비서관)

출처: 고 김근태 의원 제공

서울대 수의학과를 비롯하여 연세대 의과대학, 중앙대 약학대학 등 여러 대학교에서 강의하면서 오늘의 대학생의 할 일은 무엇인가, 부정과 악은 결코 오래 가지 못한다는 것 등을 강조했다.

출처: 고 김근태 의원 제공

제자들과 함께한 스코필드 박사
출처: 서울대학교 수의과대학 사료실

주 캐나다 백선엽 대사가 스코필드 박사에게 대한민국 건국공로훈장을 전달하다. 1968년 3월
출처: CAV Barker Museum

건국공로훈장을 수여받은 스코필드. 1968년
출처: 서울대학교 수의과대학 사료실

스코필드 박사
80세 생신 축하연

박정희 대통령이 보내온 생일 축하 케이크. 1969년

출처: 서울대학교 수의과대학 사료실

보육원 아이들과 케이크를 나누는 모습

출처: 서울대학교 수의과대학 사료실

전택부 YMCA 총무와 함께한 스코필드

출처: 서울대학교 수의과대학 사료실

보육원 관계자와 함께

출처: 서울대학교 수의과대학 사료실

명예 수의학박사 학위를 받고 있는 스코필드 박사

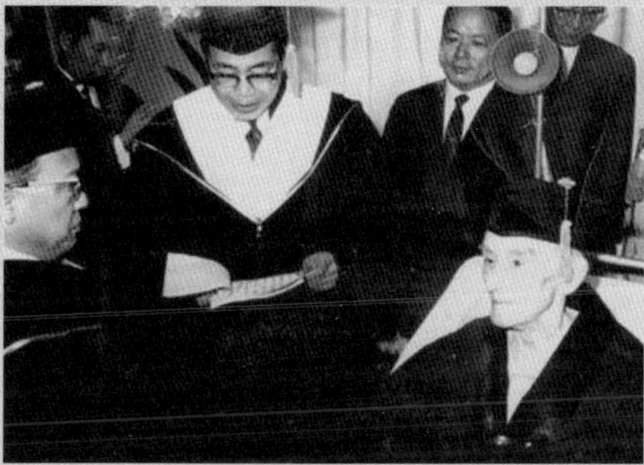

기력이 쇠하여 국립중앙의료원에 입원(1970년 2월 20일)하였고, 이곳에서 서울대로부터 명예 수의학박사 학위를 받고 있는 모습. 1970년 3월 14일

출처: 서울대학교 수의과대학 사료실

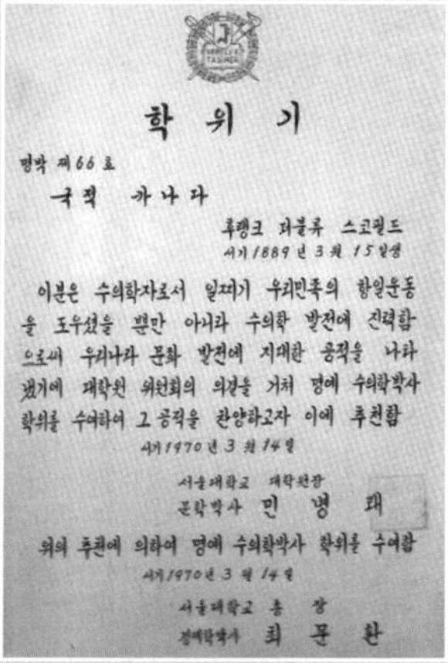

학위기

명박 제66호

국적 가나다

후랭크 윌리엄 스코필드
서기 1889년 3월 15일생

이분은 수의학자로서 일찌기 우리민족의 항일운동을 도우셨을 뿐만 아니라 수의학 발전에 진력함으로써 우리나라 문화 발전에 지대한 공적을 나타냈기에 대학원 위원회의 의결을 거쳐 명예 수의학박사 학위를 수여하여 그 공적을 찬양하고자 이에 추천함

서기 1970년 3월 14일

서울대학교 대학원장
문학박사 민병태

위의 추천에 의하여 명예 수의학박사 학위를 수여함

서기 1970년 3월 14일

서울대학교 총장
경제학박사 최문환

서울대로부터 받은 명예 수의학박사 학위서. 1970년 3월 14일

출처: 서울대학교 수의과대학 사료실

같은 날(1970년 3월 14일) 미8군 의무사령관을 통해 미국 수의과대학 병리학자협의회가 보내온 공로회원 추대장도 받았다.

출처: 서울대학교 수의과대학 사료실

스코필드 박사의 장례식

1970년 4월 12일 오후 영면
4월 16일 광복회 주최로 사회장이 치러졌다. 이날 오후 2시 서울 남대문교회에서 영결식이 거행되었고, 오후 4시 45분 국립묘지 애국지사 묘역에 안장되었다.

스코필드 박사가 영면하자 제암교회 앞에서 박사의 명복을 빌고 있는 마을 사람들. 1970년

출처: 서울대학교 수의과대학 사료실

서울 남대문교회. 1970년 4월 16일 오후

출처: 서울대학교 수의과대학 사료실

정일권 당시 국무총리

출처: 서울대학교 수의과대학 사료실

(왼쪽부터) 영결식에 참석한 철기 이범석 장군, 백낙준 연세대 총장, 이갑성 광복회 초대회장(네 번째)

출처: 서울대학교 수의과대학 사료실

1970년 4월 당시 묘비

출처: 서울대학교 수의과대학 사료실

토론토 동물원 한국정원 내 스코필드 동상. 2010년 10월 건립

출처: 서울대학교 수의과대학 사료실

출처: Archival and Special Collections, University of Guelph Library

313.2.02 Schofield

File

SEEN BY THE PRIME MINISTER

PRAYER FOR THE NEW PRESIDENT PARK CHUNG HEE ON
SUNDAY BEFORE INAUGURATION - ARMY CHAPEL

Dr. Frank W. Schofield

O God, the Ruler and Judge of all men and nations, we have come before Thee this morning to confess our sins and failure and to beg to Thee to forgive us. We speak from our hearts, not from our lips. With Thee is Truth and Wisdom, with us is deceit and vanity.

We have worshipped the false gods of success, money and power, and have neglected the poor, the widows and the orphans. We can hide nothing from Thee, and before Thee we dare not make any excuse. We have been foolish and vain; from our hearts we beg Thy forgiveness. Thou hast declared that in righteousness only is a nation made strong. This Holy Law we have ignored, therefore we suffer from weakness and confusion. Forgive us we pray. Here worshipping with us and before Thee is our President, Park Chung Hee. We ask Thee that our leader may become Thy servant. We thank Thee for his hatred of all that is corrupt, give him courage to fight against every kind of evil, and grant greater courage, that he may believe only in that which is good. May he come to know Thee, love Thee and obey Thee.

We ask Thy blessing on this new Government; may their discussions be with wisdom, and free from bitterness and futile strife.

We are blind; give us Thy light.
We are weak; give us Thy strength
We are corrupt; give us Thy purity.

We ask all in the name of Jesus Christ our Saviour. Amen.

박정희 대통령 취임 직전 기도문

일러두기

1. 1919~1920년 사이 스코필드 박사가 발표한 영자 신문 기고문에서 'Korea'는 '한국'으로 번역하였다.
2. 독자의 편의를 위해 옛 어법의 인용문은 내용을 해치지 않는 범위에서 현행의 한글맞춤법에 따라 바꾸어 표기하였다.
3. 목차에서 각 기고문 뒤에는 발표 일자를 병기하였다.
4. 이 책에 게재된 기고문의 영인은 (사)호랑이스코필드기념사업회 홈페이지(http://www.schofield.or.kr)에서 볼 수 있다.
5. 이 책에 사용된 원고 중 저작권자의 확인을 받고자 하였으나 확인이 어려운 경우가 있었다. 이에 대해 추후 저작권자의 요청이 있을 경우 적절한 규정과 절차에 따라 해결할 것임을 밝힌다.
6. 참고사항: 독자의 이해를 돕기 위해 일제 강점 초기 조선 총독 3인의 이름과 그 재임 기간을 일러둔다.

   제1대 데라우치 마사다케(寺內正毅, 1910. 10~1916. 10)
   제2대 하세가와 요시미치(長谷川好道, 1916. 10~1919. 8)
   제3대 사이토 마코토(齋藤實, 1919. 8~1927. 12)

   또한 3·1 독립운동 전후 일본 총리 이름과 그 재임 기간은 다음과 같다.

   데라우치 마사다케(寺內正毅, 1916. 10~1918. 9)
   하라 다카시(原敬, 1918. 9~1921. 11)

추천사

『스코필드 박사 자료집』 출간을 진심으로 환영한다. '강한 자에는 호랑이처럼, 약한 자에는 비둘기처럼'이라는 책의 제목부터 박사의 인품을 한 마디로 압축한 것이라서 더욱 마음에 와 닿는다.

박사의 생애를 가만히 들여다보면, "(사람이) 해내지 못할 일도 없고, 뛰어넘지 못할 벽도 없다"는 인간 승리의 신화를 실감하게 된다. 박사의 생애는 우리 민족의 그것처럼 역경과 고난의 연속이었다. 태어나자마자 어머니를 잃었고, 영국으로부터 이국 땅 캐나다로 이민을 가서 고학으로 수의학자가 되었으며, 성장 과정에서 소아마비를 앓아 평생을 장애인으로 살았다. 결혼 이후 정신병을 앓은 아내와도 원만하게 생활하지 못하였다. 하지만 아내가 생을 마칠 때까지 그녀를 끝까지 지켰으며, 북미의 수의학계에 커다란 학문적 족적을 남긴 유능한 학자로 평가받고 있다.

박사의 모범적인 삶은 오늘날 고국인 캐나다인들은 물론 많은 한국인들로부터 칭송과 찬사를 받고 있다. 특히 독립유공자 유족의 존경과 사랑을 한몸에 받고 있는 것은 우리 민족 독립운동에 대한 박사의 헌신적인 노력의 결과라 할 것이다.

한국인에 대한 박사의 사랑은 우리가 상상하는 것보다 훨씬 깊고 절절하다. 박사는 캐나다로 귀환 후 강연장에서 청중들을 향해 '한국인들은 호감이 가고, 크고, 강인하며, 당당한 민족'이라고 증언했으며, 여러 기고문을 통해 '나도 조선의 분신', '우리같이 가난한 민족'라는 표현을 쓸 만큼 자신을 우리와 동일시했다. 그래서 '우리의 벗, 스코필드'라는 말이 전혀 낯설지가 않다.

박사는 또한 "만약 한국이 잃어버린 권리를 되찾고 새로운 한국으로 거듭나 국제사회의 일원으로 복권될 수 있다면, 무슨 도덕적인 근거로 독립의 자격을 주지 않을 수 있겠는가?"라고 설파하신 것처럼 서슬 퍼런 일제 치하에서도 한국의 독립을 예견한 몇 안 되는 벽안의 선각자이기도 했다.

일본의 식민정책을 비판하며, 일제에 정면으로 맞선 선교사, 그로 인해 추방되다시피 한국을 떠난 박사는 당시 일제가 한국에서 시행하고 있는 식민정책의 모순과 폭정을 보면서, 경제적 수탈에 역점을 두고 신랄한 비판을 퍼부었다. 특히 "(일본의) 강제 동화정책은 결코 성공할 수 없다. 왜냐하면, 그것은 자연의 법칙에 위배되기 때문이다. 자연의 법칙은 결코 무너지지 않으며, 때로는 그것을 훼손하려는 자들을 무너뜨린다."라며, 일본의 한국 지배는 철저히 실패하였다는 언설은 참으로 탁월하다.

또한 일제가 식민지 조선에 세운 일련의 시설들은 한국의 이익과 상치되는 결과를 가져왔으며, 한국인을 유랑민과 노동자로 전락시키고 말았다고 비판한 박사의 견해는 시대를 뛰어넘는 탁견이라 생각한다. 이는 최근 우리 사회의 일각에서 일고 있는 이른바 '식민지 근대화론'의 허실을 이미 90년이 훨씬 넘는 그 당시에 날카롭게 비판했다는 점에서 더욱 그렇다.

한국인들이 주체적으로 일으킨 3·1 독립운동의 목격은 박사의 80생애 중에 가장 충격적이고 감격적인 사건임이 분명하다. 박사는 여러 글을 통해 시종일관 3·1 독립운동은 '위대한 승리'라고 적고 있다.

"나에게는 맨주먹으로 용감하게 그들의 몸을 돌보지 않고 완강한 제국주의의 권위에 항거하여 자유를 요구하며 일어선 많은 군중을 본 그때의 정경은 참으로 잊을 수 없고 눈부신 광경이었다." 고 3·1 독립운동을 회상하고 있다. 불의에 굴복하지 않은 정신, 3·1 정신이 바로 한국인의 진정한 정신이라 호평하고, 3·1 독립운동의 위대한 정신을 계승하자고 주창하고 다니셨다. 심지어는 한국인들의 나태해진 정신을 꾸짖을 때도 3·1 정신의 위대함을 강조하셨는데, 어느 언론 기고문 말미에 '독립만세'라 언명하는 것은 그가 얼마나 3·1 독립운동의 절대적 지지자였는지를 보여주는 증거라 하겠다.

1916년 세브란스 의학교 세균학 교사로 처음 한국에 들어온 박사는 월남 이상재 선생 등 여러 독립운동가들을 사귀고, 한국의 젊은이들과 접촉하면서 선교사로서 복음을 전파하셨으며, 3·1 독립운동에 연루되어 그 역사적인 현장을 기록하고 세계 언론에 그것을 전파하는 소임을 다하셨다.

박사는 3·1 독립운동 발발 직전에 대규모 만세시위가 일어날 것을 미리 알았던 유일한 외국인으로서 여느 선교사와는 달리, 우리의 독립운동을 적극적으로 지원하셨다. 수감된 많은 독립운동가를 만나 그 형편을 보살피고, 위로하셨으며, 일제가 벌인 만행을 목격하고 이를 폭로하는 데 혼신의 힘을 다하셨다. 특히 제암리 학살과 수촌리 만행에 대한 박사의 집요하고도 냉철한 고발정신은 '전체 인류의 행복을 위해서 일하겠다'는 결심으로 한국행을 택한 박사로서는 당연한 것이었다.

박사께서는 한국을 떠난 지 38년 만에 다시 우리나라로 돌아와 12년 동안 남은 여생을 살다가 1970년 4월 12일 서거하셨다. 그리고 평소 "I shall be buried in KOREA"라 소원하신 것처럼 지금 서울 현충원 애국지사 묘역에 잠들어 계신다.

박사는 우리 광복회와의 인연도 각별하다. 그는 본문의 어느 기고문에서 "독립을 요구하는 시위가 있기 하루 이틀 전날 밤에, 한 한국인이 나를 찾아와 품안에 깊숙이 숨겨 두었던 그 유명한 '대한민국 독립선언서'를 꺼냈던 것을 기억한다."고 술회한다. 박사가 말한 '한 한국인'이 바로 본회의 초대 회장을 지내신 연당 이갑성 선생이다. 박사 서거 당시 광복회장에 재임 중이시던 연당 선생께서는 박사의 마지막 가시는 길을 사회장으로 장례를 치러 주셨다. 박사가 돌아가시기 전인 1968년에 3·1 독립운동 지원의 공적으로 우리 정부로부터 건국훈장 독립장을 받은 것은 참으로 다행한 일이다.

바야흐로 우리 민족의 자주독립을 세계만방에 알린 3·1 독립운동이 벌써 아흔세 번째 해를 맞았다. 박사의 서거 일에 맞추어 박사에 대한 자료를 한데 모아 의미 있는 출판기념회를 가지는 일은 보람된 일이다.

끝으로 (사)호랑이스코필드기념사업회가 3·1 정신이 가장 잘 깃

들어 있는 제암리 3·1 운동 순국기념관에 3·1 독립운동의 '34인'으로 칭송되고 있는 박사를 기리는 동상을 세운다는 반가운 소식에 고마움을 전한다.

2012년 3월
광복회장 박유철

머리말

'펜은 칼보다 강하다'라는 격언이 있지만 이것을 스코필드 박사처럼 행동으로 명백히 보여준 이는 드물다. 3·1 독립운동 직후 일본이 한국에서 저지른 탄압과 만행을 스코필드가 국제사회에 고발한 것은 잘 알려져 있지만 구체적 내용은 잘 소개되지 않았었다. 늦은 감이 있지만 그가 한국과 관련하여 쓴 글을 모아 단행본으로 출간하게 된 것은 실로 뜻깊은 일이다. 이 책에는 제암리 학살 사건이 일어난 1919년 4월부터 1920년에 한국을 떠날 때까지 스코필드가 해외 언론에 일본의 만행과 제국주의를 규탄한 글과 캐나다 토론토 대학에서 은퇴한 후 1959년 대한민국으로 돌아와 1970년 이 땅에 묻힐 때까지 국내 언론에 기고한 글, 그리고 그에 대한 회고록과 연구 논문을 모았다. 특히 3·1 운동 직후의 기고문은 영문을 첨부하여 그가 쓴 문장을 원어로 느낄 수 있게 하였다.

제국주의 열강의 식민지 백성에 대한 탄압과 반인륜적 범죄에 분노한 외국인이 불과 일 년 사이에 약 100페이지에 달하는 글을 투고했다는 사실은 놀라운 일이다. 뿐만 아니라 한국의 자주독립을 한국 국민의 타고난 권리(independence is an inherent and moral right)이며, 세계 역사의 필연적 결과라고 설파하는 데 이르면 약관 30세 청년의 것이라고는 믿기 어려운 역사에 대한 놀라운 통찰력과 인도주의를 읽을 수 있다.

스코필드는 실로 불굴의 정신을 가진 사람이었다. 19세기 말 세계를 호령하던 영국에서 태어났고, 가정형편상 대학 진학이 어렵자 16세에 단신으로 캐나다에 이민을 갔다. 가난과 소아마비라는 이중고를 이겨내며 토론토 대학교 수의학과를 수석 졸업하였으며 모교에서 조교수로 일하였는데, 1차 세계대전이 발발하여 친구들은 전장으로 가는데 본인은 참전을 할 수 없자 해외선교를 자원하여 당시 일본의 식민지였던 한국에 오게 되었다. 그는 세브란스 의과대학에서 학생들을 가르쳤으며, 한국말을 배우고, 여러 계층의 사람들과 친교를 맺었다. 해박한 국제 정세와 휴머니즘, 선비 같은 용모와 진실성, 언변과 유머로 크게 인망이 있었다. 일본에 핍박받던 한국 민족을 마음속 깊이 동정하였고, 그런 연유로 3·1 운동을 증언하게 되었다.

한국민의 독립에 대한 열망과 일본의 광범위한 학살 행위를 목격하면서 스코필드는 실로 분개하여 언론을 통하여 일본 정부에 잔학 행위를 중단하라고 요구하였고, 독립만세 현장과 4월 제암리와 수촌리에서 저질러진 학살의 현장을 사진과 글에 담아 국제사회에 고발하였다. 전국을 다니며 투옥된 독립지사들을 위로하는 등 일본 정부에는 호랑이, 한국인에게는 비둘기와 같은 인물이었다. 피바람으로 살벌했던 당시, 한국에 와 있던 약 170여 명의 외국인 선교사 가운데 나서서 한국의 독립을 지지한 사람은 오직 스코필드 한 사람밖에 없었다. 이는 그가 행동적 선교관과 의인(義人)의 용기를 가지고 있음을 보여준다.

한국에서의 선교 활동을 접고 캐나다로 돌아간 스코필드는 연구에 전념하여 비교약학(comparative medicine) 분야에서 세계적 선구자가 되었다. 가축에서의 출혈 원인을 규명한 연구는 세계 수의학계에서 20세기 전반부의 가장 뛰어난 과학적 발견의 하나로 평가받고 있으며, 오늘날 널리 사용하는 혈액 응고방지제인 디큐모랄(dicumoral)의 개발로 이어졌다. 지금도 온타리오 수의과대학 병리학과에서는 매년 스코필드 강연이 열리고 있으며, 수석졸업생에게 스코필드 상을 수여하고 있다. 해박한 지식과 뛰어난 언변으로 가득한 그의 강의는 학생들의 영감을 불러일으켰고, 강의실에는 활기가 넘쳐흘렀다. 그는 "학생들의 마음은 채워야 하는 그릇이 아니라 당겨야 하는 불꽃이다(Student's mind should be regarded as a fire to be kindled, not a vessel to be filled)"라고 말하곤 했다. 교육의 본질이 학생에게 지식을 전달하는 데에 있지 않고 탐구심을 유발하여 스스로 공부하게 하는 데에 있다고 꿰뚫어 본 것이다.

약자에 대한 관대함은 그의 중요한 성품이었다. 그가 한국의 고아들과 경제적으로 어려운 학생들에게 많은 도움을 준 것은 잘 알려져 있다. 그는 매우 검소하게 살았고, 입고 있던 옷도 어려운 사람에게 벗어 줄 정도였다. 그의 인도주의는 국경과 이념을 초월하였는데, 1945~1946년 겨울 패전국 독일에서 연료가 없어 많은 사람들이 추위에 떨고 있다는 것을 알고는 온타리오 주민들에게서 기차 몇 차량분의 겨울옷을 모아 독일의 수의과 학생들에게 보낸 일도 있었다.

한국에서의 생활은 그의 인생관과 세계관에 큰 영향을 미쳤다. 캐나다에서 은퇴하고 한국으로 돌아왔을 때 그는 3·1 운동과 같은 정신적 운동이 지속되어야 하며, 그러한 운동의 영원한 지지자가 되고자 돌아왔다고 말하였다. 일본 제국주의 총칼에 맨손으로 맞서는 한국 사람에게서 그는 정의로움(righteousness)과 도덕적 신념에 대한 성실성(integrity)을 보았으며, 이를 한국 정신의 상징으로 보았다. 정의로움과 성실성은 스코필드 자신이 가지고 있던 최고의 도덕적 가치였다. 실제 스코필드는 귀국 후 기고문에서 파고다공원 가까운 곳에 3·1 학생 연구회관을 건립할 것을 제안하며, 풍요한 사회나 복지국가에 앞서 정의로운 사회부터 이룩해야 한다고 했다.

스코필드는 부정과 부패를 극도로 증오했으며 그것이 한국사회의 발전을 가로막는 가장 큰 병(病)이라고 보았다. 그는 귀국 후 한국 언론에 기고한 많은 글에서 사회에 만연한 부패를 개탄했다. 4·19 이후 기고한 글에는 "한국의 장래는 오로지 경제발전에 달려 있으며, 경제적 발전은 사람들이 생각하는 것보다 더 철저히 부패를 없애 준다", "한 나라의 성숙도는 국민들이 과부, 고아, 병자, 빈자 등 어려운 사람들에게 베푸는 관심으로 평가할 수 있다. 자선심의 발휘가 지금 한국에서 가장 시급한 일이다."라고 했다.

스코필드는 평생 정의로움과 정직함, 약자에 대한 배려를 신조로 살았으며, 그 자신 이러한 가치의 수호자임을 자처하였다. 어려운 여건에서도 스스로의 노력과 용기로 운명을 개척하고, 세계적인 학자로서 업적을 남겼을 뿐만 아니라 먼 한국에 와서 신학문을 가르치고 자주 독립과 정의를 설파하였다. 이러한 스코필드야말로 행동하는 지성이고 자상한 스승이며 진정한 세계인이라고 할 수 있다. 그의 일생을 지배한 것은 깊은 신앙심과 불타는 정의감, 과학자로서 몸에 밴 정확성, 그리고 약자에 대한 끝없는 연민이었다.

스코필드가 머물던 때와 지금을 비교해 보면 한국은 정말 많이 변하였다. 국권도 없던 세계 최빈국 중의 하나에서 근대화의 발걸음을 시작하는 나라로, 그리고 이제는 어엿한 국제사회의 일원으로 성장하였다. 국민소득은 당시와 비교해 백 배 이상 증가했으며, 물질적으로는 선진사회에 근접해 가고 있다. 그러나 우리 사회에는 아직 많은 갈등의 요소가 있으며, 스코필드가 지적했던 부정 부패의 척결, 정의 사회의 구현, 약자를 배려하는 사회적 시스템은 아직 미완의 숙제로 남아 있다. 스코필드는 우리에게 오늘의 한국이 많은 선열의 희생으로 이루어진 것임을 일깨우며 더 분발하기를 촉구하고 있다. 그가 한국 국민에 보내는 마지막 메시지는 "1919년 당시의 젊은이와 늙은이에게 진 커다란 빚을 잊지 마시오."라는 것이었다.

대한민국은 지금 역사적 전환기를 맞고 있다. 이러한 중요한 때에, 우리의 젊은이들이 스코필드 박사가 보여준 불굴의 의지와 도덕적 용기, 넓은 세계관을 정신적 받침목으로 삼아 나아간다면 대한민국은 세계로 도약할 것이다. 비록 시대가 바뀌었지만 이러한 정신적 유산은 계승되어야 하고, 그것이 그가 태어난 영국이나 가족이 있는 캐나다를 떠나 한국에 와 묻힌 이유가 아닐까.

이 책에서 가장 중요한 자료라고 할 수 있는 1919~1920년 사이 스코필드 박사가 영자 신문에 기고한 자료들은 토론토에 있는 캐나다연합교회 문서보관소(The Archives of the United Church of Canada)에서 발견된 것으로, Barbara Legault 양이 John Prescott 박사를 위해 조사 연구를 진행하던 중 발견하여 겔프 대학교 맥러플린(McLaughlin) 도서관 기록보관소에 사본 자료를 제공하고, 겔프 대학교 역사학부 Terry Crowley 박사에 의해 본 기념사업회에 전해진 것이다. 이와 같이 귀한 자료를 발견하고 이 책에 실을 수 있도록 애써 주신 겔프 대학교 관계자분들과 Barbara Legault 양께 깊은 감사를 드린다. 그밖에도 사진 자료를 비롯한 귀한 자료를 보내준 Elizabeth Stone 학장님, Ted Lipmann 전 주한 캐나다 대사님께 감사드리며, 책 출판을 위해 애써 주신 정운찬 전 총리님과 박유철 광복회장님, 영문 기고문을 번역하신 윤시원·조경인 씨, 편집을 맡아 애쓰신 김승태 목사님과 서울대학교 수의학과의 이항 교수님, 김동진 교수님, 많은 조언을 해 주신 기념사업회 이사님들과 교정 실무를 맡아 주신 엄정아 씨, 최유리 씨, 그리고 서울대학교출판문화원에 감사드린다.

2012년 3월

(사)호랑이스코필드기념사업회 회장

유 진

차례

3. 스코필드 박사의 국내 신문 기고문

Ⅱ 해방 이후 스코필드 박사의 기고문

Ⅲ 스코필드 박사에 대한 회고

IV 스코필드 박사에 대한 연구 논문

부록

[해제]

한국을 조국처럼 한국인을 동포처럼 사랑한 캐나다인, 스코필드 박사 자료

김승태(한국기독교역사연구소 연구위원)

1. 스코필드 박사와 한국

스코필드(Frank William Schofield, 石虎弼, 1889~1970)는 1919년 3월 1일 우리 민족이 일제의 식민지배에 항거하여 독립을 선언하고 거족적인 독립만세운동을 일으켰을 때, 이 거사가 일어나기 직전에 이 거사에 대해서 통보받고 협력을 요청받았던 유일한 외국인이었다. 거사 하루 전날인 2월 28일 저녁 세브란스 병원에 근무하던 이갑성이 그를 찾아와 독립선언문을 보여주며, 다음 날 독립선언식과 만세 시위가 있을 것이라고 알려주고 그 독립선언문의 사본을 최대한 빨리 미국 백악관에 보내줄 것을 요청했다. 3월 1일 오전에도 그를 다시 찾아와 그날 오후에 파고다공원에서 대규모 학생 시위가 있을 것인데 그곳에 오후 2시까지 와서 사진을 찍어 달라고 부탁했다. 스코필드는 기꺼이 사진기를 들고 자전거를 타고 찾아가 만세시위 현장의 사진을 찍어 3·1 운동의 진상을 증거 사진과 함께 해외에 알렸다. 지금까지도 남아 있는 서울에서 3·1 운동 초기의 몇 안 되는 사진들은 모두 그가 찍은 것이다. 그는 3·1 운동이 일어나자 한국인들을 적극적으로 돕고, 사진과 기록으로 남기며, 일제의 비인도적 한국인 탄압에 맞서 일본인 고관들을 찾아가 항의하고, 언론에 투고하여 일제의 만행을 폭로하였다.

스코필드가 한국과 인연을 맺게 된 것은 1916년 11월 캐나다 장로회 선교사로서 부인과 함께 내한하여 세브란스의학전문학교에서 세균학 강의를 맡게 되면서부터였다. 1911년 토론토 대학교 온타리오 수의과대학에서 세균학박사 학위를 받고, 모교에서 교수로 있다가 에비슨의 초청과 권고로 한국에 선교사로 나온 것이다. 그때부터 그는 일제의 가혹한 식민지배 하에 있던 한국인을 마음으로부터 동정하고, 사랑하였다. 이 자료집에도 실려 있는 대로 제암리교회 방화 학살 사건 현장에도 몸소 찾아가 제암리와 수촌리에서 있었던 일제의 만행에 관한 보고서를 남겼다. 4월 17일 제암리교회 사건에 대한 소식을 듣고 바로 다음 날인 18일 자신의 자전거를 가지고 9시 열차편으로 수원까지 가서 다시 자전거로 사건 현장에 도착하여 사진을 찍고 조사하였으며, 같은 날 오후 수촌리를 방문하여 부상자들을 도와주었다. 그 후에도 일제의 비인도적 만행들을 조사하여 영국의 성서공회 총무 리슨(Ritson)을 거쳐 토론토의 캐나다 장로회 해외선교부 총무 암스트롱(A. E. Armstrong) 목사에게 보냈다. 이것은 다시 미국 기독교연합회 동양관계위원회에 보내져 거기서 1919년 7월에 발행한 『한국의 상황(*The Korean Situation*)』에 증거자료로 실리기도 하였다. 그는 그해 8월 한국선교사 대표로 일본에 건너가 극동의 선교사 800여 명이 모인 자리에서 일본의 만행을 비난하는 연설을 하였고, 하라 수상을 비롯한 일본의 요인들을 면담하여 일제의 비인도적인 행위를 중단할 것을 촉구한 것으로도 유명하다. 그는 이러한 일로 일제의 미움을 사서 항상 감시와 괴롭힘을 당하고 심지어 살해 위협까지 받았다. 한국인을 위한 스코필드의 활동을 캐나다 장로회 해외선교부는 1919년도 말까지의 보고서에서 다음과 같이 요약하고 있다.

> 스코필드 박사는 다른 어떤 선교사보다도 한국인들의 복지에 관심을 가지고 그의 세브란스 병원의 보고서에서 독립선언에 의해서 일어난 상황을 상세히 설명하고 있다. 여름 동안에 그는 한국에서 일어난 일들의 실상을 (일본)관리들에게 직접 설명하기 위하여 도쿄(東京)를 여행했다. 수상을 인터뷰하였을 뿐만 아니라 많은 지도자들을 만나고 그들과 그 상황을 충분히 토론했다. 그는 가루이자와(輕井澤)와 고템바(御殿場)에서 열린 선교사 회합에서 연설할 기회를 얻기도 하였다. 일본에 있는 동안 그는 일본에서가 아니면 미국에서라도 곧 출판되기를 바라면서 한국 소요에 관한 책을 한 권 서술하기도 하였다.
>
> 스코필드 박사는 '이러한 것들이 공개됨으로써 중단되기를 희망하면서' 현재 행정당국에 의하여 저질러지는 악행에 관한 일련의 신문기사들을 간행하기도 하였다. 이것들은 매우 효과적이라는 것이 입증되었으며, 박사는 고문에 관한 더 많은 정보를 주기 위하여 총독에게 불려 갔다. 당연히 고문과 구타와 악행 등을 다루는 기사들을 경찰들이 매우 싫어하였고, 이것은 일본 경찰이 그 필자(스코필드)를 심하게 공격한 것을 설명해 준다. 어떤 사람은 총독이 스코필드 박사를 '교활한 음모자요 굉장히 위험한 사람'으로 생각하고 있다고 단언했다. (Report of the Board of Foreign Missions of the Presbyterian Church in Canada for

the Year Ending December 31th, 1919, p. 141)

또한 그는 3·1 운동 이후 일본의 개혁정책에 관하여도 동화정책을 폐기하고 한국인이 원하는 근본적인 개혁을 해야 한다고 주장하고, 제도를 바꾸는 피상적인 개혁에 대해서 일일이 그 근거를 들어 비판하였다. 이러한 그의 반일적 태도는 선교부에도 부담으로 작용하게 되어 이듬해 3월에 세브란스 근무 계약 기간이 만료되자 본국인 캐나다로 되돌아갈 수밖에 없었다.

그는 캐나다에 돌아가서도 언론 기고와 강연을 통해 한국의 상황을 널리 알리고, 기회가 되면 한국에 다시 오기 위해 월급에서 여비를 저축하여 1926년 6월 두 달간 한국을 방문하였다. 그리고 간간이 한국의 언론사와 한국인 친지들에게 편지를 보내어 한국에 대한 그의 사랑을 표현하고 격려하였다.

그의 한국에 대한 사랑과 열정은 해방 후에도 식지 않았다. 1945년 8월 한국이 일본의 식민지배에서 해방이 되자 한국의 친지들에게 편지를 보내 축하하고 용기를 북돋아 주었다. 그는 6·25 전쟁 직후인 1954년 온타리오 수의과대학에서 66세로 은퇴하고, 1957년에는 부인 엘리스가 사망했다. 그동안 한국 친구들이 수차례 한국에 돌아올 것을 권했으나 건강과 여러 가지 사정으로 응하지 못하다가 마침내 1958년 8월 이승만 대통령의 초청을 받아 국빈으로 한국에 돌아왔다. 그는 그 후 한국에 머물러 서울대 수의과대학 수의병리학 교수로 있으면서 고아원 두 곳과 직업학교를 지속적으로 돕고, 중고등학생들의 영어성경 공부반도 지도하였다. 그러면서 기회가 있을 때마다 3·1 정신을 이야기하고, 현실 사회의 독재와 부정과 악과 거짓을 경계하고 비판하여 정부 당국자들이 한때 그의 서울대 강의를 중단시키기도 하였다. 그러나 그는 이에 조금도 굴하지 않고, 한국인의 인권과 민주화를 위해 강연과 언론 기고를 통해 끊임없이 바른소리를 했다. 1968년 3월 1일에는 정부로부터 대한민국 건국공로훈장을 받았다. 1969년 초부터 해외여행 중 심장성 천식이 발작하여 몇 차례 병원에 입원하다가, 1970년 4월 12일 국립중앙의료원에서 81세로 서거하였다. 그의 장례는 4월 16일 광복회 주최의 사회장으로 엄숙히 거행되었고, 유해는 동작동 국립묘지 애국지사 묘역에 안장되었다. 그의 묘비에는 "캐나다인으로 우리 겨레의 자주독립을 위하여 생애를 바치신 거룩한 스코필드 박사 여기에 고요히 잠드시다."라고 새겨져 있다.

2. 자료집의 구성과 내용

이 자료집의 전반부(I, II)는 스코필드가 남긴 1차 자료를 중심으로 연대순으로 편집하였고, 후반부(III, IV)는 스코필드에 대한 국내외 인사들의 회고의 글과 그에 관한 주요 연구 논문을 실었다. 부록에는 본문에 번역되어 실려 있는 영어로 된 원문과 스코필드의 연보를 실었다. 이 자료집에 실린 주요 목차와 내용의 개요는 다음과 같다.

I. 일제 강점기 스코필드 박사의 보고서 및 기고문

01. 스코필드 박사의 일제 만행 보고서

여기에는 1919년 4월 15일에 일어난 일본군의 제암리교회 방화·학살 사건에 대한 스코필드의 캐나다 장로회 해외선교본부에 보낸 보고서와 그가 수촌리의 방화 학살 만행에 관해 장로회 기관지인 *Presbyterian Witness*에 기고한 글을 번역하여 실었다.

제암리교회 학살·방화 사건은 3·1 운동 기간 중 대표적인 일제의 학살 만행으로 알려져 있다. 1919년 4월 15일(화요일) 오후 아리타(有田) 중위가 지휘하는 11명의 일본군과 일본인 순사 1명, 조선인 순사보 1명이 경기도 수원군 향남면 제암리에 가서 그 동네 15세 이상의 성인 남자들을 제암리교회에 모으고, 학살·방화하여 그 마을에서 2명의 피해자 부인을 포함한 23명을 죽이고, 이웃 마을인 고주리에 가서 6명을 더 총살하여 모두 민간인 29명을 살해한 일본군의 만행 사건이다. 이 사건은 3·1 운동이 일어나 일제 군경이 평화적으로 시위하는 군중에게 비인도적인 탄압을 자행하고 있다는 소문이 잇따르고 목격자들의 보고와 이에 대해서 적절한 항의를 할 것을 요구하는 선교사를 포함한 자국 국민들의 요청을 받아들여, 서울 주재 미국 영사관에서 커티스(Raymond S. Curtice) 영사를 파견하여 이에 대한 실상을 파악하던 과정에서 드러나 세상에 알려졌다. 이 사건이 일어난 바로 다음 날인 1919년 4월 16일 커티스 영사가 미북장로회 선교사 언더우드(H. H. Underwood), AP 통신의 서울 특파원 태일러(A. W. Taylor)와 함께 사건 현장을 돌아보고 언더우드 선교사의 보고서와 함께 4월 21일 미국 총영사에게 보고했던 것이다. 군대에 의한 민간인 학살 만행은 비인도적인 범죄임에도 불구하고 일본군은 이러한 일을 전혀 문제삼지 않았으며, 유일하게 국제적인 여론의 압력에 밀려 문제 삼았던 제암리교회 학살·방화 사건에 대해서도 우쓰노미야 조선군사령관을 비롯한 조선군사령부가 중심이 되어 이 사건을 조직적으로 은폐하고 허위 보고하였으며, 형식적인 군법회의에서 사건의 지휘자였던 아리타 중위에게 30일의 근신 조치를 내렸다가 결국은 무죄를 선고함으로써 그 만행을 합법화했다.

스코필드는 4월 17일 제암리 소식을 듣고, 18일 현장을 방문하여 이 일제의 만행 보고서를 작성하여 선교본부에 보냈다.

수촌리에 관한 보고서도 같은 무렵에 작성된 것인데, 이 보고서는 장로회 기관지인 *Presbyterian Witness* 1919년 7월 26일자에 실린 것에서 번역하여 실었다.

02. 스코필드 박사의 식민지 한국의 상황에 대한 영자 신문 기고문

여기에는 1919~1920년 사이에 스코필드 박사가 일본에서 발행된 영자 신문 『재팬 애드버타이저(*Japan Advertiser*)』와 캐나다 토론토에서 발행된 『글로브(*The Globe*)』를 비롯한 몇 개 영자 신문과 잡지에 기고한 14개의 기고문을 번역하여 실었다. 여기서 그는 일제 고관들의 안일한 한국 상황 인식과 피상적인 개혁을 비판하면서 근본적인 동화정책과 민족 차별을 철폐하고, 한국인에 대한 강압과 만행을 중단할 것을 촉구하며, 한국의 독립과 자치를 허용하도록 요구하고 있다.

스코필드는 언론을 적극적으로 이용할 줄 알았다. 일제의 만행과 한국의 비참한 상황을 여론에 호소함으로써 이를 개혁하고 개선하기 위한 것이었다. 그는 총독부나 일본의 고관들에게 거리낌없이 찾아가 일제 군경의 비인도적 만행을 규탄 항의하고, 개혁을 요구하였다. 여기에 번역하여 실은 기고문들은 대부분 일본에서 발행하던 영자 신문 『재팬 애드버타이저』에 실린 것이고, 몇 편은 캐나다에 돌아가 현지 언론과 잡지에 기고한 글이다. 그 가운데 특히 『재팬 애드버타이저』에 1920년 3월 12일부터 14일까지 3일간 연재되었던 「한국에서의 개혁」은 마침 국내에서 창간된 『동아일보』에서 번역하여 『동아일보』에 1920년 4월 23일부터 29일까지 「조선통치개량에 대한 외국인의 관찰」이라는 칼럼으로 연재하였다. 스코필드가 일제의 한국에서의 개혁에 대해서 비판적인 글을 『재팬 애드버타이저』에 연재하자, 한국에서 일본인을 대상으로 선교 활동을 하던 친일적 선교사 헤론 스미스(Rev. Frank Herron Smith)가 스코필드를 비판하고 일제를 옹호하는 논쟁적인 글을 같은 신문에 발표하였다. 그 때 마침 스코필드는 귀국길에 일본 도쿄에 머물고 있었다. 그는 그 기사를 읽고 즉시 반론을 써서 「한국: 프랭크 헤론 스미스 목사(Rev. Frank Herron Smith)에 대한 답변」이라는 제목으로 『재팬 애드버타이저』에 기고하여 1920년 4월 10일자에 실렸다. 이것도 『동아일보』에서 번역하여 1920년 5월 6, 7일자에 실었다.

1920년 6월 7일자 『크리스천 사이언스 모니터』지에 보도된 「한국의 여성들은 '힘'을 가지고 있다」는 스코필드가 직접 기고한 것은 아니지만, 스코필드가 귀국 직후 미국을 방문하였을 때 그를 인터뷰한 기사이다. 그는 여기서 한국 여성들의 애국심과 독립운동에서의 역할을 강조하면서, 한국 여성의 고등교육의 필요성을 역설하고 있다.

스코필드는 캐나다에 돌아가서도 기회가 있는 대로 강연이나 기고를 통하여 한국의 상황을 알리고 일제의 불완전한 개혁을 비판하였다.

03. 스코필드 박사의 국내 신문 기고문

여기에는 『동아일보』 창간호에 기고한 스코필드의 글과 1926년 6월 한국을 일시 방문했다가 캐나다로 돌아가면서, 그리고 캐나다에 있으면서 크리스마스 무렵 국내 신문을 통해 한국인에게 보낸 3편의 편지 형식의 기고문을 실었다. 그는 『동아일보』 1920년 4월 1일자 창간호에 기고한 「조선 발전의 요결」이라는 글에서 한국의 발전에 필요한 조건으로 교육, 근면(노동), 재정(산업), 도덕(정의) 이 네 가지를 들고, 이를 위한 구체적인 실천을 권고하고 있다. 이러한 권고는 한국 사람들에게 불편한 말을 하고자 하는 것이 아니라 "나는 오직 절절히 사랑하는 한국 국민을 위하여 도움이 되는 말을 기탄없이 하고자 함에 있다"고 하여 한국인에 대한 그의 사랑을 고백하고 있다. 「조선의 친구여」는 1926년 여름 캐나다 귀국길에 쓴 편지로 한국에서 받은 사랑에 감사하며, 한국의 장래에 관해 희망이 있다고 격려하고 있다. 용기를 가지고 교육과 실천에 힘쓰며, 근검 절약하고 도덕을 숭상하라고 권면하면서 그의 한국인에 대한 사랑을 표현하고 있다. 1926년 크리스마스 무렵에 보낸 「나의 경애하는 조선의 형제여」에서도 "조선은 나의 고향과 같이 생각됩니다."라고 말하고, 1931년 크리스마스에 보낸 「경애하는 조선 형제에게」라는 편지에서도 "나는 '캐나다인'이라기보다 '조선인'이라고 생각됩니다."라고 고백하고 있다. 그는 서양인으로서 우월감을 가지고 있던 다른 선교사들과는 달리 그만큼 한국인과 자신을 동일시하면서 한국인을 형제로 생각하고 사랑했던 것이다.

II. 해방 이후 스코필드 박사의 기고문

여기에는 해방 후 스코필드가 은퇴하고 한국에 다시 와서 국내의 언론에 기고한 3·1 운동에 대한 회고와 당시 사회적 이슈에 대한 충고, 현대 사조에 대한 감상 등 다양한 내용의 기고문들을 한 데 모으고, 영문으로 된 것은 번역하여 실었다.

스코필드는 해방 후에도 한국을 잊지 못했다. 더욱이 6·25 전쟁 소식을 들으면서 어떤 식으로든 한국을 돕기 위해 노력하다가 마침내 1958년 8월 이승만 대통령의 초청으로 한국에 왔다. 그러나 한국의 상황은 자신이 생각했던 것보다 훨씬 심각했다. 전후 복구는 아직 진행 중이었고, 수많은 고아와 실업자들은 넘쳐났으며, 게다가 정부는 이승만의 장기집권을 위한 자유당 독재로 민주주의가 제대로 시행되지 못했다. 『조선일보』 1959년 1월 3일자에 기고한 「민심은 공포에 잠겨 있다. 의사당 앞에 무장경관이라니」라는 글은 국회의사당을 무장 경관들이 포위하고, 국민들에게 언론의 자유가 제한되고 있는 것을 보고 1919년 3·1 운동 때를 회상하면서 정부를 정면으로 비판한 글이다. 그는 "그래도 1919년에는 이런 글을 쓰기가 어려웠다기보다 위험하였었다. 그러면서도 그런 글을 우리는 썼다. 그런 글의 덕분에 우리가 자유를 얻었다고 나는 믿는다"고 이 글을 맺고 있다. 「의, 용기, 자유의 승리」(『동아일보』 1960. 4. 28.)와 「내가 본 한국혁명」(『조선일보』 1961. 1. 8.)은 1960년에 일어난 4·19 혁명에 대한 평가와 개혁해야 할 과제를 제시한 글이다. 특히 사회 깊숙이 파고들어 있는 부패를 척결하지 않으면 안 된다고 강조하고 있다.

1961년 3월호 『기독교사상』에 기고한 「한국교회의 어제와 오늘」에서는 과거 40년 전 일제 강점기 한국 교회와 1960년대 초 한국 교회를 비교하면서 "그 당시의 교회는 부패하지 않았는데 현재의 한국 교회는 부패하였다"고 비판한다. 그는 교회의 부패를 "이 세상의 인간적인 기술을 가지고 하나님의 거룩함을 대신하는 일과 또 그리스도교적인 신앙, 사랑의 겸손 봉사, 그리고 우리 주님께서 가르쳐 주신 바와 같이 부자가 되는 일이 위험하다는 이러한 원칙에서부터 고의적(故意的)으로 벗어나는 일"이라고 정의한다. 한국 교회가 일제 강점기와 해방의 혼란기, 남북전쟁과 독재정권, 미국 원조물자의 유입 등을 거치면서 권력과 정부 안에 이권을 추구하는 야심가들의 이용거리가 되어 버렸고, 세속적인 부패 세력에 침투당하여 영혼에 대한 사명을 망각하여 교회의 능력과 정직한 사람들이 교회에 대하여 품고 있던 온정과 존경을 잃어버렸다고 진단한다. 그러나 "이 모든 과오에도 불구하고 신자들은 주의 교회를 함부로 비난하지 말고 용기와 겸손을 가지고 기도하며 속죄를 받기 위하여 힘써 일하여야 하겠다"고 권고한다.

스코필드는 1961년 5월 5·16 군사 쿠데타가 일어나자, 그 한 달 후인 6월 15일자 『경향신문』에 「나는 이렇게 본다 한국의 군사혁명」이라는 글을 투고하여 '군사혁명'에 대한 지지와 기대를 표명하였다. 그는 한국 사회의 당면한 문제를 "정실인사(情實人事)·깨솔린 빼먹기·깡패·세금 포탈·증수회(贈收賄)·병역 기피·모리 행위(謨利行爲)·졸업장 위조(僞造) 등등 온갖 교활한 형태의 부패를 숙청(肅淸)하는 일"로 보고 이렇게 "부패된 사회에서는 진정한 민주주의나 건전한 경제는 바랄 수 없는 것이다."라고 하면서, 군정이 이러한 부패의 고리를 끊어 줄 것을 기대하고 있다. 이듬해 3·1절에 『동아일보』에 기고한 「3·1 운동」에서도 일제에 맨주먹으로 항거하여 자유와 독립을 선언한 3·1 운동을 "희망은 소생하다"로, 해방 후 이승만 독재를 "배신당한 희망"으로 4·19 혁명 후 장면 정권기를 "희망이 꺼지다"로, 5·16 군사 쿠데타를 3·1 정신을 소유한 이들이 일으킨 "다시 희망 소생"으로 규정하고, 부패와 싸우며 산업화를 계획하고 있는 혁명 정부에 협력할 것을 호소하고 있다. 그러나 군사정권에서도 부패 추문이 일어나고 '군정 4년 연장'과 '출판·집회·언론 자유에 제한' 등의 소식이 들리자 1963년 3월 20일 박정희 의장에게 군정 종식과 자유제한의 철회, 정치가의 관대한 처분과 정치재개를 권고하고, 이에 대한 이후락 공보실장의 회신과 함께 『동아일보』 3월 23일자에 공개하였다. 스코필드의 이 편지는 군정의 민정전환에 상당한 영향력을 끼쳤던 것으로 보인다.

스코필드는 3·1 운동의 산증인이었을 뿐만 아니라 3·1 정신의 전도자였다. 한국에서 거의 해마다 3·1절 기념행사에 참여하고, 언론과 잡지에 3·1 운동을 회고하고 3·1 정신을 오늘에 이어받을 것을 권고하는 글을 기고하였다. 1963년 3·1절에 『동아일보』에 기고한 「1919년 3월 1일과 1963년 3월 1일」, 1966년 *The Feel of Korea*에 실은 「1919년 3월 1일, 삼일절에 무슨 일이 일어났는가?」, 1969년 3·1절에 『동아일보』에 기고한 「하나로 뭉친 독립만세」와 『중앙일보』에 기고한 「3·1 운동은 한국 정신의 상징」은 모두 그러한 글들이다.

스코필드는 1960년대 후반 영자 신문인 『코리아 타임즈』의 「현대사조(Thoughts of The Times)」 칼럼을 집필하기도 하였다. 여기서는 종교와 도덕, 과학과 종교, 무신론적 인본주의, 한국의 추석과 영국의 수확제, 예수의 죽음과 어린 초등학생의 자살 등 다양한 사회적 이슈에 대한 자신의 생각을 나누고 있다.

스코필드는 병상에서도 한국인들의 장래를 걱정했다. 1970년 3월 1일자 『조선일보』에 실린 「한국민에게 보내는 메시지」와 그의 서거 직후 『동아일보』 1970년 4월 16일자에 실린 「스코필드 박사 병상 단상록」은 그러한 기록들이다. 특히 『조선일보』에 실린 짤막한 글에서 "'1919년 당시의 젊은이와 늙은이들에게 진 커다란 빚을 잊지 마시오.' 이 몇 마디는 내가 오늘의 조선 청년들에게 주고 싶은 말이다. 국민은 불의에 항거해야만 하고 목숨을 버려야만 할 때가 있다. 그럼으로써 일종의 노예 상태에서 해방되고 조금은 광명을 되찾을 수 있는 것이다."라는 문장은 군사정권의 장기집권을 위한 3선 개헌과 재벌 중심의 물질주의의 부패를 보면서 그가 다하지 못한 말들을 함축하고 있는 듯하다.

이 장의 마지막에 실은 「박정희 신임 대통령을 위한 기도문」은 스코필드가 언론에 기고한 글은 아니지만, 공식적인 자리에서 드린 그의 진심을 담은 기도문이고, 박정희 대통령에 대한 그의 기대를 엿볼 수 있기 때문에 번역하여 실었다. 이 기도문은 '1963년 12월 17일 박정희 대통령 취임'을 이틀 앞둔 12월 15일 주일에 서울 용산에 있던 군인 교회에서 열린 취임축하예배에 박 대통령 당선자로부터 직접 부탁을 받고 드린 것이다.

Ⅲ. 스코필드 박사에 대한 회고

여기에는 국내외 주요 인사들의 스코필드 박사에 대한 회고의 글들과 외국인이 영문으로 쓴 글들은 번역하여 실었다. 스코필드를 마지막 순간까지 가장 가까이서 간호했던 태신자의 「고 스코필드 박사 간병 365일」은 『주간조선』 1940년 4월 17일자에 실린 글로 스코필드의 철저한 성격과 검소한 생활습관을 잘 증언해 주고 있다. 『기독교사상』 1970년 5월호에 실린 「석호필 박사의 최후」는 그의 유서를 받고 편지를 대필해 준 전택부와 유언적인 부활에 관한 설교를 대필했던 백난영이 공동으로 증언한 것이다. 그들은 "호랑이 할아버지는 마지막 숨을 거두는 순간까지 불의와 부패를 꾸짖으셨다. 더욱이 석호필 박사는 죽음을 생각하고 부활을 생각하며 설교를 했다. 내게 준 유서(遺書)도 Easter Sunday라는 말로써 제목을 삼았고, 그 유서를 내게 준 날도 3월 28일, 즉 부활주일 전날이었다. 특히 이 부활주일을 전후하여 약 한 달 동안은 골똘히 죽음을 예비하고 부활을 생각하면서 찾아오는 사람마다 부활에 대한 설교를 했다"고 증언하고 있다.

선교사 겸 연희전문학교 교수였던 어니스트 피셔가 쓴 「1919년 3·1 운동과 선교사들」에서는 남장로교 선교사 레이놀즈의 글을 인용하여 "스코필드 박사는 그 집의 지하실에 몇몇 한국인들이 애국적인 내용을 담은 문헌을 작성하는 위험한 일을 할 수 있도록 은신처를 제공했다"고 증언하고 있다.

『월간조선』 1997년 5월호에 보도된 초대 주중 특사 정환범 박사 자서전에는 「3·1 운동과 나와 스코필드 박사」라는 소제목으로 "스코필드 박사는 3·1 운동 때 독립시위를 하다가 참살당한 한국인들의 사진 필름 50여 매를 주시면서 상해로 가지고 나가서 각 장에 영어로 설명을 붙여 각국에 선전을 하라고 하셨다"고 증언하고 있다.

정운찬의 「스코필드: 조선을 치유한 의사」와 이삼열의 「국립묘지에 잠든 벽안의 애국지사 프랭크 W. 스코필드 박사」는 청소년기에 스코필드 박사의 영어성경 공부반에 참여하여 직접 지도를 받고 도움을 받았던 필자들의 스코필드 박사에 대한 회고 증언이다.

더글라스 C. 메이플스던(Douglas C. Maplesden)의 「프랭크 W. 스코필드 박사: 비범한 수의학자」는 2005년 캐나다 온타리오 수의과대학에서 발간한 스코필드 박사에 관한 단행본의 전기에 해당하는 부분을 빈역한 것이다. 이 글에서는 특히 스코필드 박사의 비범한 수의학자·병리학자로서의 업적을 잘 정리해 주고 있다.

Ⅳ. 스코필드 박사에 대한 연구 논문

여기에는 스코필드 박사에 관한 주요 연구 논문 4편을 발표 연대순으로 실었다. 여기서도 영문으로 된 논문은 번역하여 실었다.

도레타 모티모어(Doretha E. Mortimore)의 「프랭크 스코필드 박사와 한국인의 민족의식(Dr. Frank W. Schofield and the Korean National Consciousness」은 서미시건 대학교 한국학연구소에서 1977년에 펴낸 『일본에 대한 한국의 반응: 1910~1945년 식민 시기(*Korea's Response To Japan: The Colonial Period 1910~1945*)』라는 논문집에 실린 최초의 본격적인 스코필드에 대한 연구 논문이다. 이 논문은 첫 연구 논문이라는 것 외에 스코필드가 단행본으로 발간하려고 준비했던 원고 "The Unquenchable Fire"를 직접 인용하고 있다는 특성이 있다. 이 원고는 그 후 행방을 찾지 못하고 있다.

남태욱의 「프랭크 스코필드(Frank W. Schofield)의 영성」은 2007년 12월 토론토 동물원에 기공된 스코필드 박사 동상과 추모공원(The Dr. Schofield Statue and Memorial Garden)과 더불어 스코필드 박사를 추모하고 그의 업적을 기념하는 사업의 일환으로 계획된 것이다. 이 논문은 서울대학교 수의과대학 수의과학연구소에서 스코필드 박사의 업적을 계승 발전하기 위해 개최하는 스코필드 박사 추모 심포지엄(Dr. Schofield Memorial Symposium)에서 2008년 4월 발표되었고, 같은 해 『종교연구』 제53집에 실렸다. 이 논문에서는 그의 전기와 남긴 글을 인용하여 그의 영성을 "기도의 영성"과 "배려의 영성"으로 나누어 정리하고 있다.

바바라 리걸트(Barbara Legault)와 존 프레스콧(John F. Prescott)의 「'주동자:' 프랭크 스코필드 박사와 한국 독립운동('The Arch Agitator:' Dr. rank W. Scofield and the Korean independence movement)」은 『캐나다 수의학지(*Canadian Veterinary Journal*)』 Vol. 50, 2009년 8월호에 실린 것이다. 이 논문은 1919년 12월 일본 정부가 스코필드를 시위 "주동자(The Arch Agitator)"로 지목하고 위험시 한 것에 주목하고, 캐나다 선교부 문서들을 활용하여 그의 반식민주의적 성향과 활동을 입증하며, 그가 정치적 중립을 옹호하는 동료 선교사들이나 교단의 규율과 반대로 한국의 독립을 진정으로 지지했음을 밝히고 있다.

이만열의 「스코필드 박사의 의료(교육)·사회 선교와 3·1 독립운동」은 2010년 4월 스코필드기념사업회와 서울대 수의과대학이 주최한 '스코필드 서거 제40주기 기념식'에서 행한 강연을 보완하여, 『한국근현대사연구』 제57집(2011년 여름호)에 발표한 것이다. 이 논문은 스코필드가 캐나다 장로회 선교사로 내한하여 활동한 1916년 11월부터 1920년 4월까지 그의 활동을 의료(교육)선교와 사회선교라는 시각에서 정리한 것이다. 이 논문은 그이 3·1 운동 참여 동기와 활동, 제암리, 수촌리 만행 현장 방문 조사, 수감자 인권 보호 활동과 식민통치 비판, 혁청단 조직을 통한 공창폐지운동 등을 자료를 통해 새롭게 정리하고 있다.

부록

여기에는 앞의 본문에서 번역하여 실은 영문 기고 자료의 원문과 스코필드 박사 연보를 실었다.

3. 스코필드 박사의 삶과 유산

이상에서 이 책에 실린 자료의 내용을 대략 살펴보았다. 이제 스코필드 박사의 삶과 그 삶이 주는 의미와 교훈을 간략하게 생각해 보면서 해제를 마무리하고자 한다.

첫째로 그는 자주적이고 독립적인 신념을 가진 실천적인 사람이었다. 그는 환경이나 신체조건을 탓하지 않고 스스로의 삶을 개척했으며, 현실에 안주하지 않고 항상 의미있는 삶을 추구했다. 영국에서 캐나다로 이민한 것도, 캐나다에서 안정된 교수직을 버리고 한국에 선교사로 나온 것도, 그리고 은퇴 후에 다시 한국에서 교육과 봉사에 헌신한 것도 다 그가 어떠한 삶을 추구했는지를 잘 말해준다.

둘째로 그는 약자를 배려하고 격려하고 돕는 사랑의 사람이었다.

셋째로 그는 약자의 편에서 거짓과 폭력과 부패와 차별이라고 하는 반인도적인 사회악과 싸운 용기있고 정의로운 사람이었다.

넷째로 그는 검소하고 성실한 신앙의 사람이었다.

스코필드 박사의 삶의 여정은 결코 유복하지도 평탄하지도 않았다. 그러나 그의 삶은 의미로 가득 찼고, 여러 사람들에게 큰 영향을 끼친 값진 것이었다. 우리가 그를 기억하고 흠모하는 것은 바로 그 때문일 것이다.

I

일제 강점기 스코필드 박사의 보고서 및 기고문

1

스코필드 박사의 일제 만행 보고서

01. 제암리 학살 만행 보고서

제암리의 대학살.
일본인이 저지른 어떤 만행에 대한 보고서.
한국 민족주의자들을 억압 중인 군대와 경찰.

"THE MASSACRE OF CHAI-AMM-NI.
REPORT OF SOME ATROCITIES COMMITTED
BY THE JAPANESE Military and Police in suppressing the Korean Nationalists."

Investigated by Dr. Frank W. Schofield (April, 1919)

1919년 3월 1일에 한국인들에 의한 독립선언 이후, 그 지역 정부는 민족주의자들을 다루는 데 극히 엄격하고 잔혹한 방법을 사용하고 있다. 경찰과 군인의 행동은 점점 더 악랄해져서 이 보고서에서 언급한 제암리 대학살에서 극에 달하게 되었다. 위협과 체포, 구타, 고문, 총검 사용, 사격, 산 채로 불태우기로 이루어진 이런 방법 등은 정부당국의 관점에서 평온과 질서를 분명하게 회복시켜 주는 가장 성공적인 방법을 제공하고 있다.

만세는 50년 동안 다시 외치지 못할지도 모른다. 반자이(일본어로 만세)는 아마 어떤 구실이 있을 때 마음에서가 아니라 입술로만 공허한 소리를 낼지 모르는 때를 제외하고는 결코 외치지 못할 것이다. 그 목적은 사람들을 공포에 사로잡히게 하는 것이며, 벨기에에서 훈족이 그랬던 것처럼 이것은 한국에서 일본 경찰과 군인들에 의해서 완벽하게 이루어지고 있다. 두 경우에, 결과는 동일한 것으로, 표면적인 고요함이 그러한 속박을 받는 사람들의 심신을 모두 거의 죽이는 격렬한 폭풍우를 덮고 있다.

수원 제암리의 대학살

4월 17일 목요일에, 어떤 외국인들이 수원 남쪽 대략 50리(17마일)에 있는 작은 마을에서 아주 끔찍한 비극이 일어났다는 소식을 전했다. 그 이야기는 많은 기독교인들을 교회에 가두고, 군인들이 사격하여, 모두가 다치거나 죽었을 때 교회에 불을 질러 이런 식으로 완전히 파괴되었다는 것이다. 그러한 이야기는 사실이라기에는 너무나 끔찍하고, 심각한 것이었기 때문에 나는 그것이 사실인지 확인하기 위해 개인적인 방문을 결심하였다. 다음 날에, 나는 수원까지 기차를 타고 가서 거기서부터 그 마을 몇 마일 안에까지 자전거로 갔다. 경찰서와 헌병대가 이 마을 부근에 있고, 나의 방문을 신경질적으로 거부할 것을 알고 있었기 때문에 나는 산길로 수 마일을 돌아 파괴된 마을에 접근하게 되었다. 들어가기 전에 나는 많은 사람들에게 마을들이 불탄 것에 대해서 물어보았으나 어떤 사람도 정확한 정보를 가지고 있지 않았고, 모두가 그 사건에 대하여 말하기를 매우 두려워하였다. 나는 마침내 대학살이 일어났던 마을에서 살았던 한 소년을 만났지만 그는 절대로 나에게 어떤 말도 하려 하지 않았다. 그는 모른다고 주장하였는데, 폭력주의가 사람들에게 두려움을 통해 거의 불구로 만드는 성과를 거두었다는 것을 보여주었다. 길을 휙 돌아서 나는 곧바로 마을에 들어가 놀랍게도 여러 명의 정부 고관들 군인과 민간인들이 조사하고 있는 것을 발견했다. 이 관리들 중 일부와 대화를 한 후에 나는 마을 곳곳을 더 돌아보고 몇 장의 사진을 찍도록 허락받았다. 한국인들에게서 나는 실제로 아무런 정보를 얻을 수 없었다. 젊은 남성들은 어떠한 세부적인 것도 모르는 체하는 한편, 그들은 멍하니 바보가 되어 있었고, 특별히 여성들이 그런 것 같았다.

그 마을

그 마을의 모습은 완전한 폐허였다. 약 8개의 집 정도 남아 있었지만, 나머지(31채?)는 교회와 함께 모두 불타 무너졌다. 남아있던 것이라고는 김치와 장독 항아리 같은 것들뿐이었다. 이들은 폐허 가운데서도 완전히 질서 있게 침묵 가운데 서 있었다. 사람들은 마대나 짚 위에 여기저기 앉아 있었다. 몇몇은 인접한 언덕 측면에 임시로 마련한 작은 피난처들을 이미 가지고 있었고, 거기에서 그들은 아래쪽 그들의 행복했던 집들의 잔해들을 당황과 침묵 가운데 바라보고 있었다. 그들이 무엇을 했기에 이런 끔찍한 심판이 그들을 덮친 것일까? 왜 그들은 갑자기 미망인들이 되어야 하고 그들의 아이들은 고아가 되어야 했을까? 분명히 무언가 잘못되었다.

대학살의 이야기

곧 정부 관리들이 마을을 떠나고, 마지막 남은 장교가 시야에서 보이지 않자, 이 불쌍하게 겁먹은 사람들 가운데 몇몇의 혀가 풀려 나에게 그 잔인한 살해 이야기를 털어놓았다. 이야기는 다음과 같았

다: 4월 15일 화요일에, 오후 일찍 몇몇 군인들이 마을에 들어와 모든 기독교인 성인 남자들과 천도교인들을 전달할 말이 있으니 교회에 모이라고 명령했다. 모두 23명쯤되는 남자들이 교회로 가서 무슨 일이 있을지 걱정하면서 명령대로 앉았다.

곧 군인들이 교회를 둘러쌌고 종이 창문을 통하여 불을 질렀을 때 그들은 음모의 본질을 알게 되었다. 그들 대부분이 이렇게 죽어가거나 또는 상처를 입을 때 악마 같은 군인들은 쉽게 타올랐던 짚과 나무로 만든 건물에 불을 질렀다. 몇몇이 즉시 뛰쳐나오려고 했지만, 그들은 곧바로 총검에 찔리거나 총에 맞았다. 6구의 시체는 교회 밖에서 발견되었는데, 그들은 헛되이 탈출하려던 사람들이었다. 남편이 교회에 불려간 2명의 여성은 불이 붙은 소리에 놀라 그들의 남편들에게 무슨 일이 일어났는지 보려고 군인들의 포위를 뚫고 교회로 가려 했지만 둘 다 잔인하게 살해되었다. 19세의 젊은 여성 1명은 총검에 찔려서 죽었고, 또 다른 40대 여성은 총에 맞았다. 둘 다 기독교인이었다. 그 군인들은 그 다음에 마을에 불을 지르고 떠났다. 이것이 제암리에서 벌어진 피의 대학살에 대한 간단한 이야기이다. 이것에 대한 비난은 무지하고 야비한 일본 군인들에게 있고, 직접적으로 그 음모에 가담한 것은 아니지만, 더 높은 장교들도 그것을 인식하고 있다. 불난 바로 다음 날 그 마을에 있었고, 죽고 불탄 시신 중의 하나의 사진을 찍었던 어떤 외국인들은 "살이 타는 냄새는 끔찍했다."고 말했다. 당신은 사람들이 두려움으로 마비되었던 것을 이상히 여기는가? 이 이야기는 마을 사람들 중 몇몇이 나에게 말해 준 것으로 그들의 모든 이야기는 본질상 동일한 것이었다. 그 불쌍한 사람들은 내가 그들을 보호해 주기를 간절히 바랐다. 그들은 만행이 더 저질러질 것에 대한 끊임없는 두려움 속에 살고 있다고 말했다. 그들은 언제 더 많은 경찰과 군인이 와서 그들을 전멸시킬지도 몰랐다. 전에 미션학교를 나온 한 과부는 나와 악수를 하고 나서 눈물을 흘리면서 그녀의 남편이 어떻게 죽었는지 말했다. 그러고 나서 또 다른 여성은 나에게 그녀의 슬픔을 말했고, 그 다음에 또 다른 사람 또 다른 사람이 말했다. 그들은 언제 선교사들이 다시 올지 걱정하고, 그렇지만 그들은 그들이 오면 상황이 더 나빠지지 않을까 걱정했다. 그들의 곤경은 마음을 아프게 하고 그들의 눈물과 흐느낌은 마음을 찢어 놓았다. 나는 위안의 말 몇 마디 남기고 오는데, 한 부인이 "그들은 우리들을 죽이거나 그들이 원하는 대로 할 수 있지만, 우리는 항상 예수를 믿을 것입니다."라고 말했다. 내가 거기에 가 있던 것이 어느 정도 그들에게 있었던 말을 할 수 있게 해 준 것 같다. 그들은 그들에게 일어났던 일을 더 깊이 깨닫기 시작했고 그러고 나서 그 작은 계곡은 그들의 부모를 위해 우는 고아들의 울부짖음과 그들의 남편들을 위한 여인들의 통곡 소리가 나왔다. 나는 그날 저녁에 돌아오다가, 다시 몇 마디 서둘러 위로의 말을 하기 위해서 멈춰 섰다. 말하는 동안 한 젊은이가 나에게 달려와 그는 도망쳤지만 그의 부모를 모두 잃었다고 말했다. 그 군인들이 불을 질렀을 때 그의 어머니는 교회에 있는 자기 남편이 걱정되어 그를 구하러 갔다가 위에서 보고한 대로 그 자리에서 살해되었다. 너무 어려웠지만, 나는 그들을 떠나야 했다. 누가 이 불쌍하고 어찌할 수 없는 영혼들을 머물러 위안하기를 원치 않겠는가? 나는 약간의 짚으로 깨진 돌을 고여 놓은 냄비에 미망인이 된 어머니를 위해서 저녁 식사를 준비하는 작은 소녀를 남겨두고 떠났다. 나는 그들을 고독하고 깨어진 상태로 남겨두었지만, 그들은 홀로 있어도 홀로 있지 않다는 것을 깨달았다. 그들은 '고아와 과부'를 특별히 돌보시는 한 분(하나님)과 교제를 갖고 있었다.

의견들

왜 일본 군인들이 이와 같은 끔찍한 범죄를 저지를 수 있도록 허용했는지, 또한 무슨 이유로 그랬는지 궁금할 것이다. 나는 그런 질문들에 대해서 단지 부분적으로만 대답할 수 있다.

마을 사람들이 말한 것

마을 사람들은 나에게 그들이 마을에서 독립을 외치지 않았으나, 모든 한국인들처럼 많은 다른 사람들과 함께 장날에 자유를 외쳤다고 말했다. 그들은 거기에 많은 기독교인들이 살기 때문이 아니라면, 왜 그들만 그렇게 가혹한 처벌을 받아야 했는지 이해할 수 없었다. 어떤 사람들은 그것이 일본 헌병이 죽고 헌병대가 불탔기 때문이었다고 생각했다. 그러나 그들은 이 분별 없는 행동을 하지 않았고 그것은 몇 마일이나 떨어진 곳에서 일어난 일이었다. 그들은 합리적인 설명을 할 수가 없었다.

경찰이 말한 것

이 점에서 나는 경찰이 일본인이었고, 그 진술은 통역되었기 때문에 주의해야 한다. 그는 그 불은 한국인의 부주의의 결과였고, 그 집들 중 하나에서 시작되어 퍼졌다고 말했다. 남자와 여자들을 사격한 것에 대해서, 그는 그들은 그 마을에서 매우 나쁜 사람들이었고, 체포되기를 거절하여 총에 맞았다고 말했다. 이것이 그의 진술의 요점이다. 어째서 그러한 범죄가 행해졌는지 언급하는 것은 불가능하다. 군인들과 경찰만이 그들의 잔인한 행동의 배후에 있는 동기를 알고 있다. 나는 매우 높은 관리가 우연히 "헌병 한 명이 죽었다"고 말했고, 이것은 그의 관점에서 그러한 범죄의 충분한 이유가 된다는 것을 알았다. 그 일본 헌병은 무방비한 한국인 군중에게 사격하여 한 명이 죽고 다른 한 명이 다친 후에야 살해되었다는 점에 주목해야 한다.

개인적으로 나는 그 이유가 두 가지라고 생각한다: (1) 헌병의 죽음, (2) 기독교인에 대한 극심한 증오.

02. 수촌리 학살 만행 보고서

수촌 학살 사건 보고

"Report of the Su-chon Atrocities"
Presbyterian Witness (July 26, 1919)

수촌리라는 작은 마을은 예전에 학살이 일어났다고 보고되었던 제암리에서 4~5마일 정도 떨어진 아름다운 계곡에 위치한다. 1919년 4월 17일 오후 4시에 그 계곡 혹은 마을의 변두리 쪽에 도착한 나는, 왼편으로 길과 측면을 접하는 높은 제방 위에 서 있는 한 여자를 보고 내가 수촌리라는 동네에 도착한 것인지 물었다. 그녀는 대답했다. "네, 수촌리는 바로 이 언덕 밑에 있어요." 마을에 관해서 한두 마디 정도 나눈 후 그녀는 떨리는 목소리로 물었다. "혹시 기독교인이세요?" 나는 대답했다. "네 그래요. 당신도 그러신가요?" 그녀는 인사 대신 급히 길을 건너 뛰어와서 내 손을 움켜잡으며, "오 이렇게 감사할 수가, 이렇게 감사할 수가."라고 말했다. 그녀가 말을 이었다. "저희 마을은 온통 불에 탔고 교회는 파괴되고 많은 사람들이 심하게 다쳤어요. 어서 저희 마을에 오셔서 봐주세요." 나는 그러할 목적으로 이곳에 왔다고 말하고 그녀보다 앞서 자전거를 타려고 했다. 그러자 그녀는 언덕 위에서 군인들 무리가 가는 방향을 지켜보던 두 소년을 불러 소개시켰다. 그들은 군인들을 몹시 두려워하고 있었으며, 군인들이 확실히 떠났다는 것을 확인하고 싶어 했다.

수촌리

수촌리는 아늑한 오두막들이 있는 아름다운 마을이었지만 일본군들이 그곳에 다녀갔으므로 그들의 어둡고 잔인한 손길이 마을의 풍경을 짓누르고 있었다. 좁은 골목길들은 옆으로 잿더미가 쌓였고 약 마흔두 집 가운데 오로지 여덟 군데만이 남아 있었다. 잔해를 치우려는 노력은 거의 이루어지지 않았다. 그런 노력을 하기 위한 삶의 안전이나 재산도 남아 있지 않은 것이다. 그들의 새로 지은 집들이 전과 같이 파괴되지 않을 거란 보장은 있을까? 몇 명의 할머니들은 거의 남은 것이 없는 그들의 가재 옆에 앉아 있었다. 그들은 거의 슬픔에 압도당해 무감각했고 무심했다. 그들의 모습은, 잔인한 불길이 그들의 집을 집어삼키고 세상의 안락과 평안을 모두 빼앗아갈 때 자신들도 죽기를 바라지 않았을까 하는 생각이 들 정도였다. 들판에서 나물을 캐는 어린아이들이 있었다. 저장해 둔 모든 쌀과 다른 음식들이 사라졌으니, 그들에게는 먹을 것이 필요했을 것이다. 순경과 군인들이 자리를 비우자 사람들은 내 주위에 몰려왔고, 자신들이 당한 역경에 대해 할 말이 많은 듯싶었다. 그들은 처음 겪은 충격에서 많이 회복되어 보였지만, 군인들이 다시 돌아와 그들의 집을 파괴했던 것과 같은 잔인한 방법으로 그들을 죽이는 것은 아닐까 하며 계속 두려움에 떨고 있었다.

4월 6일에 일어난 범죄의 진상

모두가 잠든 시간 동이 트기 전, 몇몇 군인들이 마을로 들어와 집집마다 돌아다니며 빨리 불에 타서, 온 집을 불바다로 만드는 초가지붕에 불을 놓고 다녔다. 집 밖으로 도망 나온 사람들은 마을 전체가 불에 타는 것을 보았고, 그중 일부는 불을 끄려고 했으나 곧 군인들이 쏜 총에 맞거나 칼에 찔리고, 얻어맞으며 제지당했다. 그들은 그저 마을이 모두 잿더미로 변하는 광경을 바라볼 수밖에 없었다. 군인들은 그런 사악한 일을 저지르고는 사람들을 버려 두고 가 버렸다. 이로 인해 한 명이 죽고, 많은 사람들이 심하게 상처를 입었다고 한다.

나는 바람 때문에 불길이 번진 것은 아닌지 물었다. 사람들이 이에 대답했다. "마을의 몇몇 장소에서 동시에 불길이 솟고 있었습니다. 군인들은 성냥을 가지고 와서 많은 초가지붕에 불을 냈어요." 마을의 집들을 확인해 보니 모든 집에 불이 퍼지는 것은 불가능하다는 것이 곧 드러났다. 어떤 집과 집 사이의 거리는 꽤 멀었으며, 마을 자체도 언덕과 계곡의 지형적 형태에 따라 자연스럽게 세 부분으로 나뉘어 있었는데, 세 마을 모두 거의 파괴되어 있었다. 내가 부상자들을 만나게 해 달라고 요청하자, 그들은 나를 집의 안쪽으로 데려가 너무나 심각한 중상을 입은 중년의 남성을 만나게 해 주었다. 그의 왼팔 팔꿈치 밑은 다른 한 쪽의 두 배로 부풀어 올라 있었고, 팔꿈치의 칼에 벤 상처에는 고름이 그득한 채 붕대로 사용되고 있던 넝마가 붙어 있었다. 방 안의 역한 냄새는 코를 찔렀다.

그 중년의 남성은 기독교인이었으며, 마을에 불이 난 것을 알고 밖으로 뛰쳐나오자마자 군인의 칼(총검일 가능성이 크다)에 찔렸다. 그는 치료를 받은 적이 없고, 그저 심한 통증을 느꼈다고 말했다. 그의 호흡은 36 정도였고 맥박은 120이었다. 그는 극히 고통스러워하는 듯했으며 이미 많이 쇠약해 있었다. 나는 사람들에게 그를 당장 병원으로 옮기지 않으면 죽을 가능성이 크다고 말했다. 상처 부위를 씻어낸 후 깨끗한 붕대를 감고 나서, 나는 그 불쌍한 남자에게 몇 마디 위로의 말과 다시 돌아오겠다는 약속을 남겼다. 다행히도 그 다음 날 우리는 그가 국립병원으로 옮겨지도록 했다. 지역 순경이 그가 병원으로 가기 전 집에서 옮겨지는 것을 보더니, 곧바로 "우리가 한 짓이 아니다."라고 말했다. 나는 "당신들 짓이잖소."라고 대꾸했다. 하지만 순경은 끄떡도 하지 않았다. 그러고는 말했다. "그자가 매우 나쁜 사람이었소." 나는 부정했지만, 순경은 이번에도 내 말에 반박할 따름이었다. 그 집을 나설 때, 한 노인이 지팡이를 짚고 절뚝거리며 와서는 자신이 심하게 다쳤다고 말했다. 나는 그에게 상처를 보여 달라고 했다. 그의 바지를 걷어 올리자 허벅지에 대여섯 개의 창상이 보였고, 그것들은 다 잘 아물고 있었다. 내가 어쩌다가 이렇게 되었는지 묻자, 그는 불이 났던 아침에 한 군인이 자신을 총검으로 세게 찔렀다고 말했다. 그러고 나서 그는 군데군데 시퍼렇고 누렇게 멍이 든 다른 쪽 다리를 보여주며, 이것들은 또 다른 군인이 자신을 죽이려고 총으로 매질을 해서 난 것이라고 말했다.

그 노인이 위협적 존재였는지는 잘 모르겠지만, 적어도 내 눈엔 아무런 해도 끼칠 수 없는 사람 같았다. 다른 집으로 가자 방바닥에 조용히 누워 있는 두 남자가 보였다. 나는 어디가 아프냐고 물었고, 그들은 "군인들이 저희를 심하게 때렸습니다."라고 말했다. 내가 아는 한, 사람들은 마을 밖으로 내쫓겨 길가에서 곤봉으로 두들겨 맞았다. 나는 그들의 몸을 보았으며, 그 타박과 피멍은 정말로 끔찍한 것이었다.

교회에 관해서는 확실한 이야기가 없었다. 교회에 우연히 불이 붙은 것인지, 명확한 방화에 의해 불이 난 것인지는 그들도 알지 못했다.

나는 마을 사람들에게 부상자들이 생명을 구할 수 있도록 병원을 알아보러 곧 가 봐야 한다고 말했다. 그들은 내게 많은 것을 보여주고 말해 주고 싶어 했다. 그들은 보호를 간구했다. "군인들이 언제 떠날까요?" "언제 우리를 도우러 사람들이 올까요?" 그들은 겁에 질려 방화, 총살, 체포의 끊임없는 불안에 떨고 있었다. 나는 서둘러 작별을 고하고 다음 날 부상자들을 도우러 돌아올 것을 약속했다. 그들은 매우 고마워했으며 내게 꼭 돌아와 달라고 간청했다.

남기는 말

이 사람들이 어떤 끔찍한 범죄를 저질렀기에 이런 벌을 받는 건지 묻는다면 그에 대해 대답할 사람은 없을 것이다. 한국인들도 이유를 모른다. 그들은 단지 '만세'를 불렀을 뿐이지만, 그건 모든 한국인들이 했다. 헌병경찰이 죽은 일은 있었지만, 그것도 몇 마일이나 떨어진 곳에서 일어났고 그 지역 마을은 그 대가로 이미 불에 태워졌다. 이것은 그저 그 정복자들의 행위이며 한국인들은 그것을 막을 힘이 없다. 한국인들에게 왜 이런 잔인한 일을 당해야 하냐고 물을 권리라도 있던가. 그들은 노예이자 개와 다를 바 없었으며, 그들을 철봉으로 통치하는 자들의 친절한 자비가 아니고서는 살아갈 권리란 것도 없다. 그들은 "우리의 모국인 일본이 우리를 이렇게 대하니, 우리는 목숨을 바쳐 우리가 죽거나 자유를 얻을 때까지 일본에 대항해 끝까지 싸운다"고 말했다.

비고

그 다음 날 몇 명의 선교사들이 마을을 방문했지만, 경찰들 앞이어서 마을 사람들은 아무 말도 하지 못했다.

평범한 날의 평범한 일상은 저 멀리에서 종을 울리고 있다. – 버튼

2

스코필드 박사의
식민지 한국의 상황에 대한
영자 신문 기고문

01. 한국 사태를 조사할 제국조사위원회

"Readers in Council: An Imperial Commission of Inquiry for Korea",
The Japan Advertiser (July 1, 1919)
By Dr. Frank W. Schofield

편집장에게:

하라 총리가 최근 『재팬 애드버타이즈』지가 보도한 수원(제암리) 학살의 정확성에 관한 질문에 '약간의 사실'이라고 답변했다는 것을 알게 됐을 때 저의 반응은 놀라움을 넘어서는 것이었습니다.

이 문제로 그 평판이 위기에 처한 하급자들이 그에게서 진실을 감추어 왔다는 것이 아주 분명합니다.

그 기사는 모든 중요한 부분들이 진실이었습니다. 그 진실은 적어도 23명이 총에 맞았으며 그 후 교회에서 불에 타 죽었다는 것, 그리고 이것이 아리타 도시오(有田俊夫) 중위의 명령에 의한 일이었다는 것입니다. 또한 진실은 두 여자가 죽었으며, 한 명은 총에 맞고 다른 한 명은 집에 가라는 군인들의 명령을 거역했다는 이유로 두 번의 칼질에 의해 몸에서 거의 머리가 떨어져 나갔다는 것입니다. 또한 진실은 군인들이 근처 공주에 있는 김씨 집에 가서 노부부의 세 아들과 세 손자인 여섯 명의 남자들을 끌고 나온 뒤 그들을 밧줄로 묶어 총검으로 모두 찔러 죽였다는 것입니다. 그중 가장 어린 사람은 열다섯 살 난 소년이었습니다. 그 노인은 무릎을 꿇고 자식과 손자들의 목숨을 살려 달라고 애원했습니다. 이것이 거부되자 그는 군인들을 향해 자신도 죽여 달라고 간구했고, 그 요청 또한 거절당했습니다. 군인들이 시체들을 불태우자 그 가여운 노인은 스스로 불더미로 몸을 던졌습니다. 하지만 군인들은 그것조차 그의 마음대로 두지 않았습니다. 며칠 전 저는 그 노인을 봤는데, 그가 미쳐 버린 것은 당연한 일이지요.

저는 그 보도된 기사가 열일곱 개의 마을이 불에 탔으며, 그중 어떤 경우에는 몇몇 집만이 소실되었지만 다른 경우에는 거의 모든 가구가 불에 탔고, 그로 인해 수백 명이 집을 잃었다는 사실을 언급했는지 모르겠습니다. 그 사람들에게 서둘러 화재의 잔해를 치우고 재건을 하라고 감독하는 군인들을 보는 것은 참으로 이상한 광경이었습니다. 저는 이와 다른 모든 상황에 대한 공보가, 우연히 그 사본을 가지고 있기에, 어떻게 나갔는지 알고 있습니다. 한국의 오랜 관습에 따르면 원래 마을에는 불을 지르는 것이라는 게 그 내용입니다.

"경찰이나 군인이 범죄자를 체포하기 위해 마을로 가면 범죄자는 재빨리 가옥에 불을 지른다. 그러면 온 사람들이 달려 나와 범죄자는 군중에 섞여 쉽게 도망친다. 이것은 오랜 한국의 풍습이다."

제가 농담을 하는 것이 아니라, 한국에 주둔하는 높은 계급의 군 장교의 말을 인용하여 말씀드리는 겁니다. 그는 한국의 풍습에 대해 아는 것이 없기 때문에 그의 참모들의 보고를 그대로 믿어, 이것을 사실로 생각한다는 것을 알고 있습니다. 지난 몇 달 동안 한국에서 2만 6천 건의 체포가 있었던 데 반해, 이 이상한 한국의 오랜 풍습은 수원 지방에만 집중되어 행해졌습니다.

『재팬 애드버타이저』지의 보도는 최근 한국에서 1만 1천 명의 사람들이 폭행당한 사실에 대해 언급하지 않은 것 같습니다. 그 폭행의 결과로 얼마나 많은 사망자가 생겼는지 저는 모르지만, 두 명의 사망자에 대해서는 확실히 알고 있습니다.

하라 총리가 잘못된 기사를 내보낸 신문사들에 대응할 의향이 있다니 다행입니다. 한국에는 폐간을 염려하는 반(半)공식적인 신문이 많이 있습니다. 일본은 꼭 진실에 대해 알아야만 합니다만, 어떤 방법으로 일본에 진실을 전할 수 있을까요? 영국인들이 이집트에서 과오를 범하던 때, 고(故) 루스벨트 대령(*1901~1909년 재임한 제26대 대통령 테오도어 루스벨트를 일컬음)이 아프리카에서 맹수사냥을 가던 길에 그 나라를 지나치게 됩니다. 영국의 번영을 염원하여 현 정책이 실패를 초래하고 있음을 알고 있던 일부 관리는 루즈벨트에게 "런던에 가게 되면, 제발 진실을 말해 주십시오. 사람들에게 이집트가 황폐화되고 있다고 알려 주세요." 모두 루스벨트가 그 후 어떤 일을 했는지는 잘 아실 겁니다. 루스벨트는 런던으로 가서 그의 유명한 길드홀 연설에서 '통치하지 않으려면 떠나라'고 했지요. 누가 영국을 위해 루스벨트가 한 일을 일본에게 해 줄까요? 한국에 관심을 갖고 진실을 알라고 말입니다. 일본은 충격과 수치심에 휩싸일 테지만, 그들은 어떠한 대가를 치르더라도 진실을 알아야 하며, 그 일은 일반적인 공식적 경로로는 이루어지지 않을 것입니다.

이러한 호소는 군대가 관여하고 있는 한 그저 웃음거리였을 것이지만, 한반도에 거주하는 1,600만 명의 일본 통치하의 국민들에게는 정말 진지한 얘기입니다. 이것은 그들의 다채로운 역사 속에 진입한 문제 중 가장 엄중한 사안일 것입니다.

일본을 사랑하시는 모든 분들, 올바름과 정의를 사랑하시는 분들께 저는 이렇게 간청합니다. 한국에 오거나 한국에 파견단을 보내어 일본이 한국의 실제 상황을 알도록, 그래서 늦게나마 개선책이 펼쳐질 수 있도록 해 주십시오.

서울 세브란스 병원에서
프랭크 스코필드 박사

02. 한국 민심의 파악: 일본의 가장 중대한 문제와 실패의 원인

"The Discovery of the Korean Mind",

The Japan Advertiser (August 2, 1919)

By Dr. Frank Schofield

300년 전 일본인들은 한국의 장인을 발견하였다. 화강암으로 이루어진 한국의 깊은 산 속에서 다량의 귀한 광물이 발견되었고, 친정부기관인 동양척식주식회사는 한국의 비옥한 농토의 가치를 점차 알게 되었다. 일본인들은 한국의 고분과 사찰에 있던 보물들을 발견하고 약탈해 갔지만, 한 가지 발견하지 못한 것이 있다. 약삭빠른 일본인들이지만 한국인의 마음속을 파고들지는 못한 것이다. 한국인들의 생각은 여전히 오리무중이다. 한국인들은 스스로의 마음을 통제하고 있으며, 자신들의 영혼으로 통하는 문을 지키고 있다.

이웃나라 정복자의 문장이 지배자의 옷소매에서, 자신들의 나라의 화폐에서, 심지어 집 현관 입구에서도 발견될지 모른다. 하지만 한국인들의 마음이 그런 것들로부터 여전히 자유롭다면, 정복과 동화는 현실이 아닌 환상에 지나지 않나 하는 의문이 들지 모른다.

일본이 한국을 지배하는 데 실패한 것은 상당 부분이 한국인의 민심을 파악하고 얻지 못한 데 기인한다. 민심을 얻기에 앞서 민심을 파악해야 하는데, 일본은 그러지 못했다.

현재의 소요 사태는 일본이 한국인의 민심을 알아야 할 필요가 있음을 보여 준다. 한국인이 무엇을 생각하고 있고, 또 오랫동안 생각해 온 것이 무엇인지 일본인들이 파악했더라면, 소요 사태는 없었을 것이다. 아니면 최소한 정부가 갑작스런 공격을 받는 일은 없었을 것이다.

조용한 움직임

독립을 요구하는 시위가 있기 하루 이틀 전날 밤에, 한 한국인이 나를 찾아와 품 안에 깊숙이 숨겨 두었던 그 유명한 '대한민국 독립선언서'를 꺼냈던 것을 나는 기억한다. 나는 무척이나 놀랐다. 내가 한국인의 마음을 알고 있다고 생각했지만 사실은 그렇지 못했다. 나는 그들이 정부에 대한 불만을 가지고 있는 것을 자주 들어 알고 있었고, 언젠가 때가 무르익으면 자신들이 굴레에서 벗어나 독립을 쟁취할 거라고 하는 말도 익히 들었다. 나는 그것이 헛된 꿈이라 생각했고, 한국인들이 그것을 행동으로 옮길 정신적인 용기가 있을 거라고는 생각지 못했다.

바로 그 무렵에 나는 일본인 친구 하나를 만나게 되었는데, 그는 한국 학생들을 만날 흔치 않은 기회를 가진 인물이어서 그들이 어떤 생각을 하고 있는지도 알고 있을 법한 사람이었다. 내가 불안한 기운과 소요 사태가 일어날지 모르는 가능성에 대해 언급했지만 그는 웃음을 터뜨렸다. 그는 자신이 한국인을 잘 안다면서 그들은 일본의 통치에 만족한다고 했다. 한국인들은 전보다 훨씬 살기가 좋아졌고 독립국가였던 시절로 돌아가는 건 생각지도 않는다고 했다. 그들은 일본 덕분에 많은 편익을 경험했다는 것이다. 이 일본인 남자는 한국인의 마음을 잘 알고 있다고 확신했다. 하지만 불과 몇 시간 만에 독립의 함성이 전국 곳곳에서 울려 퍼지리라고는 생각지 못했다.

개선

오늘 나는 두 장의 사진을 보고 깊은 인상을 받았다. 그중 하나는 1910년에 찍은 서대문형무소의 사진이었다. 형무소는 작고(유일한 장점이다), 보잘것없는 나무로 된 건물은 부실했으며, 뒤에 보이는 산은 민둥산이었다. 또 다른 사진은 1919년에 찍은 서대문형무소였다. 벽돌로 된 건물은 웅장했고, 형무소 공간은 거의 서너 배가량 넓어졌으며(유일한 단점이다), 모든 것이 깔끔하고 최신식으로 보였다. 뒤에 있는 산에는 나무가 울창했는데, 감방은 꽉 차서 터질 지경이었다. 왜일까? 일본이 한국인의 마음을 파악하지 못했기 때문이다.

나는 같이 있던 한국인에게 물었다. "당신은 일본이 만들어 준 이 웅장한 시설과 여러 가지 개선에 대해 고마워하지 않습니까?"

그가 대답했다. "고맙지요. 그러나 두 가지 이유에서 일본은 한국인들의 마음을 얻지 못하고 있습니다. 첫째로, 한국인들은 그 모든 변화에 있어서 처음에 약속되었던 것처럼 협조를 요청받은 적도 없고 그것이 허락된 적도 없습니다. 그러니까 우리는 아무 관심이 없습니다. 둘째로, 이 모든 것들이 직접적으로는 일본의 이익을 위한 것이고, 한국의 이익은 부차적입니다."

그가 말을 이었다. "형무소는 훌륭합니다. 하지만 그것이 문어발식 동화정책의 수단에 불과하기 때문에 너무 크고 꽉 차 있지 않습니까?"

잘 닦인 좋은 길이 일본인과 한국인에게 똑같이 유익한 길은 아니지 않은가? 그 모든 것은 몰수된 땅과 강제 노역에 의해 건설되지 않았던가? 철로 또한 일본과 한국에게 똑같이 필요한 시설이었다. 일본은 학교, 은행, 조림 사업 등도 필요로 했고, 동화정책 하에서 그것들을 추진했다. 하지만 나는 이렇게 물었다. "그건 이기적이고 감사할 줄 모르는 사고방식 아닌가요?"

우리는 동반자가 되길 기대했다

그가 대답했다. "다 훌륭한 시설이고, 우리도 그런 시설이 필요했습니다. 하지만 그러한 방식으로 얻고 싶지는 않았습니다. 우리는 양측이 주고받는 파트너가 되길 기대했습니다. 당신이 기억해야 할 것은 우리가 한일합병조약 당시에 평등을 약속받았다는 것입니다. 도로, 철로, 학교, 은행, 전부 일본의 이익이 우리의 이익이라고 했고, 우리는 그런 시설들을 갖게 되었습니다. 하지만 자리 문제에 있어서 일본의 이익과 우리의 이익은 충돌했습니다. 교육부서, 일선학교, 통신부서, 철도사무국, 재무부, 은행 같은 기관에서 우리는 원하는 자리를 얻지 못했습니다. 한국인은 일본인들이 약속한 동반관계 안에서 그들의 형제자매가 되기는커녕, 나무나 베고 물이나 긷는 신세가 될 수밖에 없었습니다. 그래서 우리는 저항하는 것입니다.”

많은 한국인들의 이러한 생각을 일본이 알았더라면, 소요 사태는 없었을지 모른다. 자신이 한국의 사정을 잘 안다고 생각하는 일본인 친구에게 거의 모든 한국 아이들이 어떤 특정인을 ‘나라를 팔아먹은 놈’이라고 부른다는 걸 말해 주자 그는 깜짝 놀랐다. 그는 한국인들의 민심이 그런 식으로 과거의 역사에 머물러 있다는 것을 모르고 있었다. 한국인들이 한일합병조약을 기만적인 매국 행위로 간주한다는 것을 그는 몰랐다. 그는 또한 일반적인 한국인들이 일본인을 1,600만 한국인과 수백만 평방마일의 토지를 강탈해 간 엄청난 도둑으로 간주하고 있다는 것도 몰랐다.

이것은 입에 쓴 약일지도 모르지만 틀림없는 사실이다. 이것은 필자만의 생각이 아니라, 한국 민심을 파악하기 위해 알아야 하는 것이다.

토지 문제

동양척식회사의 활동만큼 한국인들의 마음에 사무치게 괴로운 일도 드물 것이다. 한국인들은 동양척식회사를 일본 이주자들을 위해 자신들의 토지를 쥐어짜는 거대한 조직으로 간주하고 있다. 매년 수많은 한국인들이 간도 지방으로 이주하고 있다고 한다.

몇 주 전에 나는 어떤 작은 마을에 머문 적이 있는데, 잠자리에 들기 전에 한국인 몇 사람을 불러 이야기를 나누었다. 나는 그들에게 동양척식회사가 그 지방에서 활동하고 있는지 물어보았다. 그들이 그렇다고 대답했다. 동양척식회사가 마을 전체를 소유하고 있다고 말했다. 나는 각자에게 왜 동양척식회사를 그렇게 싫어하는지 물었고, 불만을 터놓고 얘기해 달라고 했다. 그들은 일본인들 때문에 한국인들이 쫓겨났다고 말했다. 해마다 1~3가구의 일본인들이 들어와 지금은 15가구가 되었다고 한다. 한국인들은 옛날에 왕에게 바치던 것보다, 그리고 현재 지주가 정부에 내는 것보다 더 무거운 지대를 쌀이나 콩으로 동양척식회사에 내야 한다고 했다. 동양척식회사 사람들이 세금을 짜내는 것은 부정직했고, 한국인들이 불평하면 그 땅에서 나가라는 소리를 듣는다고 했다. 토지 소유에 대한 보장이 없고, 일본인들만 낮은 이자로 토지를 매입할 수 있다고 했다. 그들 모두는 자신들이 죽은 사람이나 마찬가지라고 하나같이 말했다.

나는 이러한 진술이나 이와 비슷한 진술에 대해 지면을 통해 판단을 내리고자 하는 것이 아니다. 그들의 말이 옳든 그렇지 않든, 그것은 중요치 않다. 정부의 입장에서 중요한 문제는 사람들이 그렇게 믿고 있다는 것이다. 그들의 불만이 사실이든 지어낸 말이든, 사람들에게 미치는 영향은 마찬가지이다. 한국인들은 문제를 일으키는 그 조직을 혐오하고 있고, 부당함이 계속되도록 내버려두는 정부에 반발하고 있다. 그 결과 저항과 소요가 일어난 것이다. 다시 한 번 우리는 한국인의 마음을 알아야 할 필요성을 느끼게 된다. 이유는 수없이 많이 들 수 있으나, 일본 정부가 그들이 통치하는 국민들의 마음을 알아야 할 필요성을 주장하기에는 이것으로 충분할 것이다.

정부의 무지

정부가 이 모든 사실을 알고 있다고 대답할 사람이 있을지 모르겠지만, 나는 정부가 알고 있다고 생각지 않는다. 정부 관리들의 언급도 전혀 없었고, 정부가 문제 해결을 시도하지 않는데 그 모든 것을 알고 있을 리는 없다. 그런데 시위가 일어나는 중에 필자를 자꾸만 놀라게 한 것이 한 가지 있다. 정부가 한국인들의 마음을 파악하려는 노력을 애써 피한다는 것이다. 국민들이 아무리 그것을 표현하려 해도, 정부는 눈을 돌리기로 단단히 결심한 듯했다. 한 예로, 현재 사태가 전국적인 움직임이라는 걸 정부 관리가 부인한다는 것이다. 사람들이 방방곡곡에서 외치고 있는데도, 이것은 전국적인 움직임이 아니라 일부 선동가와 선교사와 불만을 품은 학생들에 국한된 것이라고 한다. 이상한 것은 이렇게 말하는 사람이 정부 관리들뿐이라는 사실이며, 나는 백작 이완용을 제외하고는 그런 시각을 가진 한국인을 한 명도 만나지 못했다. 국민들이 그들의 생각을 나타내기 위해 노력했고 상점들은 문을 닫았지만, 자유를 외치는 시위대의 요구에 일치하는 주장이 없다며 당국은 인정하지 않았다. 그리고 그것이 단지 개인의 이익을 주장하려는 소수 선동가들의 불순한 행위일 뿐이라고 일축했다.

한국인들은 그들의 영혼이 더 큰 자유를 부르짖었기 때문에 '만세'를 외치진 않았다. 먹을 것과 돈 같은 보상 때문에 만세를 외친 사람은 없었다. 수많은 사람들이 만세를 외쳐 마음을 표현한 일이 헛수고라는 게 얼마나 슬픈 일인가. 그들의 마음은 굴껍데기보다 더 단단하게 닫혔고, 그들이 마음속 방의 비밀을 지붕 꼭대기에 걸어 알리려면 다시 10년이 더 걸릴지 모른다.

그렇다면 통치자에게 피통치자의 마음속 비밀을 아는 것이 어떤 의미가 있는가? 그것은 전부를 의미한다고 해야 할 것이다. 현명한 정부라면 그것이 정당하고 타당한 이상, 국민의 민심에 부합하여 토대를 닦고 기둥을 세운다. 그러한 방법이 혁명과 볼셰비즘과 무정부상태에서 정부를 구하는 길일 것이다. 몇 주 전 '우리는 그들을 동화시킬 것'이라고 말했던 한 정부 관리가 그런 말을 삼가게끔 하는 길이 될 것이다. 국민의 민심은 진정한 정치인의 교과서가 되어야 한다.

개혁

개혁이 다가오고 있지만, 일본이 한국에 적합한 정부를 성공적으로 수립할지는 의문이다. 그들이 이익을 안기고자 하는 국민의 마음을 파악하는 데 기반을 두는 한, 개혁은 성공할 것이다. 하지만 그것이 정치꾼의 타협에 불과한 것이라면, 개혁은 실패할 것이다. 마지막으로 우리는 어떻게 하면 정부가 민심을 읽을 수 있는지에 관한 중대한 문제에 다다른다. 분명히 첩자를 이용하는 시스템으로는 안 된다. 일본은 러시아의 방법을 따랐지만, 러시아가 그랬던 것처럼 한국에서도 완전히 실패했다.

가장 최선의 방법이며 모든 문명 국가들이 따르는 방법은 언론의 자유이다. 한국인과 외국인 모두 거짓말하고, 또 거짓말하며, 결국에는 처음의 일을 덮어 버리려고 하는 그런 신문을 얼마나 싫어하는지 모른다.

며칠 전 『매일신보』 편집장이 내 이름으로 실은 허위 기사에 대해 사과하면서 "우리 신문은 정부 통제 아래 있기 때문에 진실을 말할 수가 없습니다."라고 말했다. 신문은 국민의 대변자인 동시에 정부의 대변자임은 분명하다. 집회를 열 수 있는 권리는 거의 언론의 자유만큼이나 중요하다. 마침내 군주를 몰아낸 폭탄의 에너지는 토론에 쓰일 수도 있었을 것이다. 국민들이 화를 분출시킬 수 있다면, 그들이 그렇게 폭발하지는 않았을 것이다.

사람은 자신의 친구에게는 마음을 열어 보이지만, 적에게는 결코 마음을 보이지 않는다. 일본인은 한국인들을 친구로 만들지 않는 한, 한국인을 결코 알 수 없을 것이다. 내 생각에는 선교사나 사업가가 일본 당국의 관리보다 한국인의 마음을 더 잘 안다. 공격적인 태도로 사람의 마음을 얻을 수는 없다. 따사로운 햇살 아래 꽃잎이 펼쳐지는 것과 마찬가지로, 사람의 마음도 따뜻한 우정에 의해 열리는 법이다. 한국의 통치자들은 한국인들의 언어를 모른다는 심각한 약점을 가지고 있다. 그들의 언어를 배우는 데 관심을 갖지 않는다면, 그들의 마음속 비밀에 다가가는 것도 어려울 것이다.

이 글이 장황한 횡설수설인지는 모르겠지만, 몇 가지 근본적인 진실은 담고 있다고 생각한다. 일본이 그들이 지배하고자 하는 한국인들의 마음을 충분히 파악하고 동정하지 않는 한, 일본 행정부는 한국에서 성공을 거둘 수 없을 것이다.

03. 한국에서의 개혁 I:
한국에 대한 일본의 도전 – 불가능한 정책

"THE KOREAN REFORMS: Japan's Challenge to Korea – An Impossible Policy",
The Japan Advertiser (August 26, 1919)
By Dr. Frank W. Schofield

서울에 파견되었던 스코필드 박사는 몇 주간 도쿄에 머물며 많은 영향력 있는 일본인들과 한국의 상황에 대해 의견을 나누었다. 지난주에 발표되었던 개혁에 대한 스코필드 박사의 관점은 『재팬 애드버타이저』지에 실린 다음 기사에 잘 드러나 있는데, 기사는 명일 지면에도 이어질 것이다. 스코필드 박사는 그들의 국가적 운명이 결합되어야만 한다는 점을 잘 알고 있는 일본인과 한국인의 친구 입장에서 글을 썼지만, 동화정책에 대해서는 그것이 큰 실수이고 불가능한 정책이라고 믿고 있다.

총리에 의해 발표된 한국의 개혁이란 한국에 대한 최후통첩이라 여길 수밖에 없었다. 한국 방방곡곡에서 울려 퍼신 독립만세의 함성에는 한 가지 분명한 뜻이 있었다. 그것은 민족 말살 — 동화정책 — 에 항의하는 국민의 반대의사였다. 일본은 이 함성에 분명하게 대답했다. "우리는 계속해서 한국인에게 동화정책을 펴 나갈 것이다." 일본의 이런 대답은 어마어마한 실수였다. 한국인들은 빵을 요구했다. 그들은 지금까지 돌덩이를 받아왔다. 게다가 일본은 현 한국인의 정신을 절대적으로 무시했다. 한국의 민족정신이 최악으로 기울었던 10년 전에 실패한 동화정책이라면, 민족정신이 밀물처럼 거세게 발현하고 있는 이 시점에 같은 정책이 성공할 거라 기대하는가? 10년 전에 한국에서 일본의 문제는 조직화되지 않은 1,600만 명의 반란자를 동화시키는 것이었다. 그런데 지금은 1,700만 명의 조직화된 반란자들을 동화시켜야 하는 것이다.

1,000명 이상이 죽고, 1,500명이 다쳤으며, 1만 3,000명이 태형에 처해졌고, 2만 6,000명이 구금되었고, 1,700명이 집을 잃었고, 1,700만 명이 공포에 사로잡혔다. 이 모든 것이 동화정책이란 끔찍한 악몽에서 도망치겠다는 희망을 가진 탓이었다. 이러한 사태에 직면한 한국이 순순히 받아들이고 굴복할 것인가, 아니면 일본의 물질적인 힘에 맞서 정신적인 힘을 모으고 그 어느 때보다 열정적으로 본격적인 저항을 시작할 것인가? 새로운 한국을 밀접하게 알고 있는 사람만이 이 질문에 답할 수 있을 것이다.

도쿄의 무지

나는 한국의 상황을 알고 있다고 자부하는 도쿄의 몇몇 주요 인사들과 한국의 처지에 대해 이야기를 나누었다. 그들이 알고 있는 것 대부분은 일부 잔혹행위, 잔인한 유린과 노골적인 인종차별 등이었지만 새로운 한국의 민족정신에 대해서는 실질적으로 아는 것이 없었다. 한국인에 대해 많이 안다고 해도 진정한 한국인에 대해 아는 사람은 없었던 것이다. 이를테면, 학생들 선두에서 시위하던 젊은 한국인 교사가 경찰에 의해 만세를 외치지 못하게 제지당하다가 총검에 희생된 사실이 이제야 알려졌다. 그 젊은 교사는 다시 독립만세를 외쳤고, 치명적인 부상을 입고 쓰러져서도 "당신들이 내 육신을 죽일 수는 있어도, 독립만세의 정신은 죽일 수 없다"고 외쳤다. 알려지지 않은 일 중에는 경찰의 구타로 인해 죽어 가는 청년에 관한 것도 있었다. 그는 자기 손가락 마디를 잘라 '독립만세'를 혈서로 적었다. 현재 한국의 민족정신을 잘 보여주는 수없이 많은 이러한 이야기들은 도쿄의 정부에는 알려져 있지 않다. 이곳 정부는 한국에 있는 자기 수하들의 보고에만 너무 의존해 왔다. 그리고 그 결과 상황이 심각하게 호도되고 교묘하게 감추어졌다.

예를 들어, 조선총독은 한국인들의 시위가 전국적인 움직임이라는 것을 결코 인정하지 않을뿐더러 강력히 부정하였다. 또한 그들은 사망자가 400명가량이라고 추산했다. 불행히도 본국에 있는 많은 이들이 이와 같은 일련의 잘못된 정보를 믿고 있다. 이러한 무지함이 왜 한국에 대한 정책 개정이 이 정도에 그치는지 부분적으로 설명해 주고 있다. 나는 정부로 하여금 한국의 개혁에 중도적 입장을 취하도록 촉구하는 데 기득권이 어떠한 역할을 담당했는지 궁금하다.

인도에서의 문제가 간접적으로는 유언비어를 퍼뜨리는 자본가들의 말에 귀를 기울인 정부 탓이라는 사실은 흥미롭다. 인도 정부는 어리석게도 민주주의가 진보하면 인도가 망할 거라고 확신하는 자본가들의 유언비어에 귀를 기울였다. 인도에서의 충돌 사태가 간접적으로는 정부의 탓이라는 점이 흥미롭다. 로디시아 특허 회사와 관련된 비슷한 소식이 남아프리카에서도 들려온다.

나는 자치 정부를 가진 한국에서 동양척식회사가 무엇을 할지 궁금하다!

동화와 차별

동화의 진정한 의미란 무엇일까? 이 단어의 실제 의미는 생각하지 않은 채 말뿐으로만 쓰인다. 동화란 사회적으로 권력이 있는 모든 자리에서 한국인을 몰아내는 것을 말한다. 권력이 없으면 대립도 존재할 수 없다. 그들의 언어, 그들의 역사책, 그들의 관습까지도 전부 사라져야 한다. 나라 곳곳에 신사가 건립되어야 하고, 학교에서는 제국주의 정신을 가르쳐야 하고, 각 가정에서는 새로운 언어를 사용해야 한다. 그러면 자동적으로 그 환자는 생기가 없고, 축 늘어지고, 쉽게 휘둘리는 상태가 되어, 틀로 찍어 내어 일본화시킬 수 있는 일종의 인간 점토가 될 것이다. 그러한 정책에 한국은 완강히 저항했다.

민족 차별로 잠시 시선을 돌려보자. 음식을 먹는 것이 생명 유지에 필수적인 것처럼, 민족 차별은 동화정책에 필수적이다. 동화정책을 펴나가는 데 있어서 우연히 민족 차별이 발생하는 것이 아니다. 차별은 동화정책의 혼이자 본질이다. 민족 차별 없이는 동화정책이 불가능하다. 항상 민족 차별은 동화정책의 특별한 도구라고 생각해야 한다. (물론 이것은 강요된 동화정책에 한해서 적용되는 얘기이다.)

잠시 생각해 보는 것만으로 여러분은 이에 동의할 것이다. 예를 들어, 당신을 몹시 싫어하는데다가 동화시키려는 목적까지 가지고 있는 사람에게 당신이 가지고 있는 언론의 자유, 출판의 자유, 정치적 자유 같은 권리를 넘겨준다고 가정해 보라. 당신이라면 동화될 수 있겠는가? 만약 동화되어야 하는 쪽에 동화시키는 쪽과 동등한 권력과 기회가 주어진다면, 당연히 동화되어야 하는 쪽은 즉각 독립을 선언할 것이다. 한국인들에게 존재하는 모든 차별 철폐와 동화정책 유지를 동시에 말하는 것은 어리석은 일이다. 한국인들에게 언론의 자유란 '만세'를 부를 수 있는 자유일 것이다. 한국인들에게 출판의 자유란 『독립신문』을 발행하도록 허가하는 것이다. 이러한 자유가 허락되지 않는다면 한국인들은 차별받고 있는 것이다.

한국인들이 동화되기 위해서는 그들의 한국적인 이상과 염원을 일본의 이상과 염원으로 바꾸어야 한다. 한국에서 벌어지는 문제의 핵심은 민족 차별이 아니라 일본의 동화정책이다. 일본이 이 정책을 고집하는 한, 개혁이나 칙서는 한국의 문제를 해결하는 데 무용지물이 될 뿐이다.

구(舊) 동화정책

데라우치 총독은 정책을 잘 이해했고 많은 성과를 냈다. 실제로 한국인들을 동화시키는 데 거의 성공할 뻔했다. 하지만 그는 민정으로부터 충분한 도움을 받지 못한 까닭에 실패하고 말았다. 그 이후 하세가와 총독이 그 뒤를 이었다. 그는 전임자인 데라우치 총독만큼 성공적인 동화정책을 펴지는 못했으나 같은 정책을 유지했다. 결국 그도 민정의 지지를 받지 못해 어려움에 직면했으며, 이는 결국 직접적인 실패의 원인이 되었다.

조선총독들이 편 정책들 중에서 내게 가장 충격적이었던 것은 학무국의 정책이었다. 교육과 동화란 나란히 존재할 수 없음에도 불구하고, 그러한 어리석은 시도가 진행되었으며 당연히 실패라는 결과로 이어졌다. 이러한 실패가 누구의 책임이라고 봐야 하는가? 모두가 군국주의자 하세가와 총독을 비난한다. 그는 은으로 된 화병 두 점을 제외한 모든 것을 빼앗기고 실각했다. 하지만 총독의 동화정책을 망친 장본인들은 아직 공직에 있다.

현재 한국에서 일어난 움직임을 주시해 온 사람이라면 누구나, 사람들이 무지하고 교육받지 못했다면 소요 사태가 일어나지 않을 수 있었다는 데 동의할 것이다. 동화정책의 기본적인 조건은 바로 교육의 억압이다. 그런데 한국에서 국립학교는 해마다 수를 늘려나갔다. 거의 모든 한국의 젊은이들은 가장 위험하다 할 수 있는 민족자결주의 원칙에 관해서도 알고 있었다. 그들은 세계대전의 의미도 이해했다. 또한 그들은 표현의 자유를 열망하는 한국의 뒤에 동정적인 국제 사회의 여론이 있다는 것도 깨달았다. 사실 그들은 폴란드 독립과 팔레스타인의 유대인 거주지에 대해서도 들은 적이 있었다. 이러한 것들이 바로 동화정책을 실패로 이끈 진짜 이유이다.

한마디로, 구 동화정책은 한국인들을 구속복을 입혀 헌병경찰과 순경과 첩자의 눈으로 면밀히 감시하는 것이었다. 조금이라도 몸부림을 치면 '더 꽉 조이라는' 지시가 내려진다. 또 꿈틀거리는 생명체는 동화될 수 없으니 더 심한 차별을 가해야 한다는 것이다. 구속복을 입히는 동화정책이 단호한 군국주의자에 의해 제대로 이루어졌다면 현실이 되었을지도 모른다. 동화정책이 성공하기 위해 불가피한 것은, 첫째로 군국주의자들에 의해서만 정책이 수행되어야 한다는 점이다. 둘째로는 개혁의 성격이 아닌 오직 억압만이 환자들(*한국인을 구속복을 입은 환자에 비유)에게 허락되어야 한다.

신(新)동화정책

새로운 개혁이 동화정책의 유지라는 걸 알게 된 많은 사람들은 경악을 금치 못했다. 하지만 개혁을 이끄는 이들은 모든 형태의 차별은 철폐될 것이라고 선언했다. 총독의 말이 그것을 뒷받침했다. "나는 이 싸움을 계속할 것이나 군대가 탄약을 사용하는 일이 없도록 강력히 명령했다." 이는 곧 교도관들이 사라지고 그들이 쓰던 방법도 폐기될 것이지만 불쌍한 한국인들은 구속복에 계속 갇혀 있어야 한다는 뜻이다. 발표에 의하면 헌병경찰도 철수되고, 민족 차별도 사라질 거라는 게 분명하다. 환자들이 더욱 거세게 꿈틀거리면 그것을 막는 구속복도 폐기될 것이다. 어떤 일이 일어날지 지켜보는 것은 흥미로울 일이 될 것이다. 개혁을 이끄는 이들은 한국 문제의 원인이 동화정책이 아니라 민족 차별이라고 확신하고 있다. 이 얼마나 근시안적인 생각인가. 개혁가들이 아래와 같은 처방을 하는 동안 환자들이 '아무 해도 끼치지 않는' 구속복 안에 있는 것을 우리는 목도하게 된다.

'땀띠 방지 가루와 비누를 같은 용량으로 처방한다. 헌병경찰의 학대나 과도한 민족 차별로 인해 발생한 화끈거리는 환부에—구속복을 입은 채—바르도록 한다.'

새로운 당국이 동화정책을 유지하기로 한 것은 새 술을 헌 부대에 따르는 실수를 범하는 것이다. 부대가 터지지 않게 하려면 둘 중 한 가지는 실행되어야 한다. 교도관들을 다시 불러들여 옛 방법을 완전히 적용시키거나, 아니면 동화정책을 폐기하거나 해야 한다. 구속복을 입힌 채 하는 동화정책은 군국주의적인 도구이며 민정의 영향력이 커져 가고 있는 지금 설 자리가 없다.

동화정책에 대한 찬반론

동화정책의 유지에 대한 발전된 논쟁에 관한 총리의 발언은 다음과 같다. "한국은 지형적으로 일본의 본토에 통합되어 있으며, 두 민족은 서로 민족적으로 예절, 풍습, 그리고 정서적으로 긴밀하게 연관되어 있다." 만약 이 발언이 사실이라면, 한국과 일본은 자발적으로 통합될 것이고, 어떤 것도 두 나라의 이러한 결합을 막지 못할 것이다. 하지만 사실은 어떠한가? 한국에서는 총검을 앞세운 동화정책이 강제되고 있다. 한국인들이 학살되고, 투옥되며, 구타당하고 있다. 온 나라가 일어나 '독립만세'를 외치며 세계만방에 이 끔찍한 동화정책에서 벗어나고자 하는 열망을 표출하고 있다. 나는 일본과 한국의 '정서적 유사성'의 증거를 보고 싶다. 그렇게 두 나라가 비슷하다면, 왜 한국인들이 일본에 와서 수년간 살았음에도 동화되지 않고 계속해서 민족의 상징인 흰옷을 입고 초가집에서 살겠는가? 일본의 영향력이 일본에 살고 있는 한국인들을 동화시키기에도 충분치 못하다면, 하물며 한국에 간 일본인들의 영향력은 어떻겠는가? 총리는 올해 들어 일본에 거주 중인 한국인과 일본인 사이에 스무 번 이상의 충돌이 있었으며, 그중 많은 수가 심각한 경우였다는 것을 알아야 한다.

사례

이혼 법정의 재판관처럼 한국의 문제를 해결하려 하는 하라 총리를 생각해 보라. 먼저 사건의 경위는 이렇다. 이 결혼은 두 남녀가 사랑에 빠져서 한 결혼이 아니라, 양가의 결합을 위해 부모들이 결정한 것이었다. 결혼의 주례를 선 목사의 조언에 따라 두 사람은 한 몸이 되려고 노력했고, 그 노력은 십 년 동안 이어졌다. 결혼 초기에 남편은 아내를 사랑과 물질적 선물로써 동화시키려 애썼지만 이러한 노력은 실패로 돌아갔고, 남편은 아내를 구타하기 시작했다. 아내 또한 남편의 별난 방식에 맞추어 주려 애썼으나 결국 그러한 노력을 포기하고 지난 3개월 동안 기회가 생기는 대로 독립의 의사를 표현했다.

이제 재판관의 현명한 판단을 들어 보자.

"아내는 지형적으로 남편에게 결합되어 있다는 걸 기억하기 바랍니다. 그것은 남편이 랭카스터 출신이고 당신의 출생지가 요크셔인 사실로도 드러나지요. (*랭카스터는 영국 북서부의 주, 요크셔는 영국 북부의 주이므로 지형적으로 가깝다는 뜻) 게다가 당신 둘은 둘 다 앵글로색슨족이니 인종적으로도 매우 가깝습니다. 남편에게 약간 켈트족의 혈통이 섞였다는 점만 제외하고 말이지요. 또한 제출된 증거자료에 의하면, 당신 둘은 서로 가장이 되려는 점에서 비슷한 성향을 가지고 있습니다. 관습적으로도 매우 비슷합니다. 채식을 주로 하고 쌀을 주식으로 하며 차를 마시지요. 내가 보기에는 당신들의 정서가 동일해 보이는데, 그렇지 않다면 어떻게 이런 행복한 결혼생활을 했겠습니까?

소송을 기각하며, 나는 당신 둘에게 모든 차별을 철폐하고 자유롭게 사랑하라고 권고합니다. 그리고 남편에게 구타를 중지하고 아내를 짜증나게 하는 사소한 행동들을 멈추기를 촉구합니다. 그러면 분명 당신의 훌륭한 아내가 목청을 돋우는 일도 없을 겁니다. 목청을 돋워 봐야 당신은 귀가 멀고, 아내는 벙어리가 될 뿐이라는 당신 말마따나 말입니다."

만약 이런 판결이 성공적인 것이라면, 한국 문제에 대한 하라 총리의 해결 방식도 성공할 것이다.

04. 한국에서의 개혁 II: 캐나다 혹은 아일랜드? – 조사의 필요성

"REFORMS IN KOREA II: Canada or Ireland? Need for an Investigation",
The Japan Advertiser (August 27, 1919)
By Dr. Frank Schofield

때로는 식자공이 실수를 해서 하라 총리의 발언에 오타가 생긴 것 같기도 하다. 인쇄된 발언은 다음과 같다. "같은 황국의 신민으로서 그들(일본인과 한국인) 사이에 정치적으로나 사회적으로나 그밖에 어떠한 차별이나 불평등도 존재해서는 안 된다. 이러한 조치는 한일합병조약 당시에 공표된 황제의 칙서뿐만 아니라 최근 발표된 칙서에서도 변함없이 유의사항으로 기재되어 왔다.(kept IN view)"

실수로 잘못 적은 글자가 하나 있는데 I가 아니라 O다. 그러한 조치는 유의사항으로 기재되어 온(kept IN view) 것이 아니라 전시용에 불과했던(kept ON view) 것이다. 그러한 조치가 유의사항으로 기재되어 왔다는 말보다 더 진실과 거리가 먼 것은 없을 것이다. 왜냐하면 모든 행정은 차별의 일환이며, 전부 불가능한 동화정책 탓이기 때문이다. 정무총감 미즈노 박사 및 사이토 총독과 이러한 개혁에 관해 이야기하면서, 나는 현재 행정당국의 노골적인 유린에 그들이 얼마나 충격을 받았는지 알 수 있었다. 또한 그들은 하라 총리와 마찬가지로, 차별의 모든 죄악을 근절하기를 원한다. 하지만 그와 동시에 모든 차별의 진원지인 정책을 유지하고 싶어 한다. 그것은 마치 거름 더미에는 신경쓰지 않고 파리를 없애려는 것과 같다.

한국의 자치 정부

한국을 위한 자치 정부야말로 유일하게 타당한 해결책이다. 가토 자작은 이를 깨닫고 그러한 정책을 채택할 것을 권고하였다. 하지만 일본은 한국이 자치 정부를 가지면 그것이 최종적인 독립으로 이어질 것을 우려하여 거부하였다. 이것은 필수적인 결과가 아니라, 오늘날 두 민족 사이에 존재하는 똑같은 증오가 지속되도록 내버려두었을 때 나타날 결과에 불과할 것이다.

영국은 많은 자치 식민지를 가지고 있고, 그중 하나인 캐나다는 일찍이 독립의 문제를 논의하였다. 영국의 대답은, 캐나다가 진정으로 독립을 원한다면 독립할 수 있다는 것이었다. 캐나다는 그 제의를 사양하였다.

한국은 필시 때가 되면 하나의 국가로서 정당한 대우를 받을 것이다. 그 대우가 동화이든, 자치 정부이든, 독립이든 간에, 일본은 그 사실을 인정해야 한다. 한국에 관용을 베푸는 것이 일본에게 이익이다. 왜냐하면 한국이 모든 개혁의 대가로 현재 치르고 있는 만큼의 무거운 대가를 치러야 한다면, 일본에 동화되든 독립을 이루든 간에 한국은 언제나 일본의 치명적인 적이자 심각한 위협이 될 것이기 때문이다. 이 점이 일본이 심사숙고해야 할 가장 중요한 부분이다.

영국은 언젠가 아일랜드의 요구사항 대부분을 들어 주어야 할 것이다. 더 일찍 아일랜드의 요구에 응하는 것이 훨씬 현명한 정책이었을 것이다. 그리고 그렇게 함으로써 아일랜드와의 우호 관계를 유지할 수 있었을 것이다. 지난 10년 동안 한국은 많은 것을 얻었다. 사실 한국은 새로운 나라가 되었다. 하지만 일본은 무엇을 얻었는가? 얻은 것이라곤 시위 사태뿐이지 않은가? 앞으로 10년이 더 흘렀을 무렵에는 한국이 또 다른 엄청난 발전을 이룰 것이다. 일본의 현재 정책이 제2의 독립 시위 이상의 것을 보장할 수 있을까? 독립에 관해서는, 일본은 자신이 독립의 도의적인 권리를 가지고 있는 것과 마찬가지로 한국이나 다른 어떤 나라도 마찬가지의 타고난 권리가 있다는 사실을 알 만큼 충분히 성숙하다.

한국은 권리를 박탈당했고, 따라서 독립을 유지할 특권을 잃어버렸다. 그러나 만약 한국이 잃어버린 권리를 되찾고 새로운 한국으로 거듭나 국제 사회의 일원으로 복권될 수 있다면, 무슨 도덕적인 근거로 독립의 자격을 주지 않을 수 있겠는가? 죄를 짓고 타락한 국가가 영원히 벌을 받아야 하는 것은 아니다. 한국은 독일처럼 끔찍한 방식으로 국제 사회에 죄를 지은 적도 없다. 그런데 독일은 독립 국가로 남아 있고, 세계 여러 나라가 독일을 먹이고 입히며 지원하고 있다. 하지만 이것은 필요 이상으로 넘치는 조치이다.

한국에 자치 정부를 두었을 때 좋은 점은, 다른 어떤 개혁 조치보다도 훨씬 광범위하게 민족 차별로부터 정의와 자유를 보장할 수 있다는 것이다. 한국인들은 그들 스스로가 국가의 정부에서 실세가 될 때라야 비로소 중단될 극심한 불평등을 겪고 있다. 인도에서 영국 정부가 성공을 거둔 것은 상당 부분의 국정을 인도인들이 직접 운영하도록 허용했기 때문이다. 영국의 인도 지배가 실패한다면 이러한 정책을 충분히 실행되지 못해서일 것이다. 영국은 전체 공무원 조직을 통틀어 겨우 1,200명의 백인이 3억 인구의 인도를 통치한다.

데라우치 백작(*1대 조선총독)은 한국에 거주하는 일본인들의 무례하고 잔인한 행위를 방치하는 그의 정책이 위험하다는 것을 알았다. 총독의 1914년 보고서를 여기에 인용한다. "한일합방에 앞서 한국에는 한국인들을 오만한 태도로 대하고 존중하지 않는 일본인들이 꽤 많다고 말할 수 있다. 총독 본인은 한국인에 대한 일부 일본인들의 그러한 태도가 교정되지 않는다면, 한국인은 일본인에 대해 악감정을 품을 것이고 한국과 일본이 긴밀한 관계를 맺는 데 심대한 장애물로 작용할 것이라고 생각한다." 데라우치 총독의 예언은 적중했다. 일본인들의 그러한 행위는 계속되었고, 현재 한국에서의 소요 사태를 야기했다.

칙서나 성명서가 한국인들에 대한 일본인들의 부적절한 태도를 바꿀 수는 없을 것이다. 자치 정부만이 유일한 희망이다.

헌병경찰대의 철수

헌병경찰대 소속의 고위 관리가 최근 "헌병경찰대의 제복을 바꿀 것"이라고 말했다. 이것은 현실적으로 매우 위험한 일이다. 정부는 헌병경찰은 순경과 마찬가지로 징집할 수 있는데 일반 순경이 충원

되는 대로 그들을 경찰에서 내보낼 거라고 설명하였다. 어떠한 경우에도 이러한 조치가 취해져서는 안 된다. 헌병이 일단 경찰에 들어오면, 그를 대신할 일반 경찰의 채용은 결코 신속하게 이루어지지 않을 것이다. 6개월가량의 시간을 두고 헌병경찰을 점차 없애 나가겠다고 하는 것이 훨씬 나은 조치이다. 그 기간이면 충분한 수의 경찰을 채용할 수 있다.

경찰 권력 또한 축소되어야 한다. 사람을 체포하고, 재판하고, 형을 선고할 수 있는 권한을 가진 경찰을 생각해 보라. 이것을 즉결재판이라고 하는데, 1916년과 1917년 사이에 경찰은 8만 2천 명이 연루된 5만 6천 건의 사건을 그런 식으로 처리했고, 그중 8만 1천 명 이상이 형을 선고받았다. 사람들이 경찰을 군인만큼이나 두려워하는 것이 놀랄 일도 아니다. 재판을 기다리는 한국인들의 숫자가 1910년에 631명에서 1916년에는 1만 5,259명의 엄청난 수로 증가했다. 같은 기간에 유죄 판결도 6,390명에서 1만 7,577명으로 증가했다. 이는 한국인이 일본의 차별에서 보호받을 수 있는 유일하게 가능한 예방책은 자치 정부의 통솔에 달려 있다는 사실을 역설하는 것이다.

한 가지 긍정적인 부분

한국에서 일어난 범죄가 조사되어야 한다는 하라 총리의 발언은 개혁의 전체 범주 안에서 유일하게 긍정적인 부분이다. 그러한 조사는 한국의 고등법원으로 보내져야만 가능하다. 한국인이나 일본인이나 외국인이나 판사 앞에서 증언할 수 있어야 한다. 조사가 이루어지고 가해자가 합당한 처벌을 받게 된다면, 한국뿐만 아니라 영국과 미국에도 매우 좋은 인상을 심어 줄 수 있을 것이다. 한국인들은 이렇게 말할 것이다. "글쎄요, 나는 일본으로부터 공정한 대우를 받았습니다. 우리 한국인들을 위해 주는 일부 일본인들이 분명히 있습니다."

수원(제암리)에서 일어난 사건은 한국 내에서 벌어진 잔혹 행위의 일부분에 지나지 않는다. 남녀노소 할 것 없이 등 뒤에서 총을 맞았고 집으로 기어가 죽음을 맞았다. 많은 곳에서 일본인들은 부상자를 치료하는 것을 거절하거나 그저 방치했다. 어떤 곳에서는, 팔과 다리가 부러진 부상자들 18명이 있었는데, 경찰 소속 의사가 가까이에 상주하고 있었지만 22시간 동안 어떠한 치료도 제공되지 않았다. 3일간 식수도 주지 않아서 부상자들은 자기 오줌을 받아 마셨다. 나는 여성들이 나무에 묶인 채 낮부터 밤까지 맞고 차인 곳도 알고 있다. 어떤 지역에서는 기독교를 근절하기 위해 당국이 기독교인들을 구타하고, 교회를 태우고, 심지어는 교회를 몰수하여 국립초등학교로 바꾸기까지 했다는 것을 나는 알고 있다.

세계주일학교대회가 도쿄에서 열린다는 소식을 듣고는 상당히 놀라웠다. 한국에서 교회 재산에 입은 손실은 6만 엔에서 7만 엔 상당에 달한다. 그리고 한국인들은 그렇게 부자가 아니다. 하지만 하라 총리가 이 모든 잔혹 행위들을 조사할 거라고 하니 무척 고무적이다. 이것이 이번 개혁에서 한 가지 긍정적인 부분이다.

05. 한국에서 행해지는 고문: 미즈노 박사가 해결할 문제

"READERS IN COUNIL: Torture in Korea: A Matter for Dr. Midzuno",
The Japan Advertiser (November 29, 1919)

며칠 전 한 일본 시민이 경찰 조사 도중 고문을 당했다고 주장했을 때, 필자는 일본 당국 내에 조용한 파문이 일어났을 거라 생각한다. 내가 머물고 있는 일본 점령지인 이 지역에서는 경찰 제도가 고문에 기반하고 있기 때문에, 그러한 파문이 일어났다는 점이 필자에게는 상당히 의아하게 느껴진다. 고문은 특히 지난 두 달 동안 수시로 행해졌고, 어떤 경우에는 고문관들이 밤늦게까지 초과근무를 했다. 이용되는 방법이 일부 독자들께는 상당히 낯설고 알려지지 않은 까닭에 필자가 한두 가지 사례를 간단히 소개하고자 한다.

사례 1. C씨는 교육을 받은 젊은이로서 나이는 19세 정도이다. 그는 7월에 평양에서 한국 독립운동에 연루되어 있다는 내용의 편지를 소지한 혐의로 체포되었다. 그는 감옥으로 호송되어 그곳에 6주간 구금되었으며, 태형 90대를 맞고 풀려났다. 9월에 그는 다시 체포되어 사이토 총독에게 폭탄을 던진 사건과 관련하여 추궁당했다. 다음은 경찰이 증거를 얻어내기 위해 사용한 방법을 간단히 요약한 것이다.

그 젊은이는 일곱 차례나 끈으로 손목이 묶여 천장에 매달렸다. 또 손을 단단히 뒤로 묶고 머리를 젖혀 그 손에 묶는 고문이 다섯 차례 이어졌다. 4일간 때때로 코에 맹물을 들이부었다. 그다음 3일간은 맹물 대신 비눗물을 들이부었다. 마지막으로 쓰는 방법은 후춧가루를 푼 물이다. 그것의 반응은 너무도 격렬해서 젊은이는 탈진 상태가 되었다. 이 모든 방법이 실패하자 일본 경찰은 발톱을 뽑도록 명령했다. 한국인이 핀셋을 받아 들었지만 실행하지 못하고 대신 발가락 옆의 살점 일부를 떼었다. 피가 철철 흘렀고, 그것이 피에 굶주린 고문경찰의 구미를 만족시킨 듯하였다.

사례 2. 18세가량의 또 다른 젊은이의 사례이다. 그는『독립신문』을 인쇄한 혐의를 받았는데, 곧 자신의 혐의는 인정했지만 신문 발행 조직의 다른 구성원에 대해 어떠한 정보도 발설하기를 거부했다. 이 남자는 6일 동안 세 차례에 걸쳐 의식을 잃을 정도로 구타당했고, 한 차례 불에 달군 인두로 지지는 고문을 당했다. 내가 그를 만났을 때, 그는 신체적으로 불구가 된 것 같았다.

며칠 전에 내가 만난 젊은 여성은 머리를 너무 심하게 맞아서 한쪽 귀에 농양이 생겼다. 게다가 무릎과 골반의 관절이 비틀려서 거의 탈구가 된 상태였다. 그녀의 온몸에 침이 뱉어졌고, 그 고문에 대해서는 뭐라 말할 수조차 없나.

이러한 고문 방식은 원래 목적과 어긋난 것이었고, 더 많은 무고한 사람들이 잡혀 오고, 고문당하고, 투옥된 결과, 대부분의 진술은 허위였다.

지독한 동화정책이 바뀔 때까지, 만세 소리를 잠재울 총검과 총탄이 항상 준비되어 있을 것이며, 법에 저항하고 『독립신문』을 발행하는 젊은 애국자의 코에 부을 후춧가루 탄 물이 준비되어 있을 것이다. 1,700만 사람들을 절망하게 만들고, 가장 나은 대우라야 한국의 신분 높은 이들을 추방하고 감금하는 이러한 정책에 어떠한 도덕이 존재하겠는가?

강제 동화정책은 결코 성공할 수 없다. 왜냐하면 그것은 자연의 법칙에 위배되기 때문이다. 자연의 법칙은 결코 무너지지 않으며, 때로는 그것을 훼손하려는 자들을 무너뜨린다.

프랭크 윌리엄 스코필드

1919년 11월 21일 한국의 서울에서

06. 한국에서 죄수들에게 행해지는 고문: 일제 통치 하에서의 죄악

"Torture of Prisoners in Korea: Evils Under Japanese Rule",

Current History, XI, II (January 1920)

프랭크 W. 스코필드 박사는 1919년 10월『서울 프레스』에 일상적으로 한국인 죄수에게 행해지는 고문에 관한 기사를 기고했다. 일본 당국이 그 사실을 인정하게 하려는 시도였다. 현 조선총독이 개선을 약속한 것에 대한 믿음을 분명히 하는 한편, 고위 관료들이 하급자들의 야만적인 행위를 인지하지 못하고 있는 듯하다고 언급한 스코필드 박사는 다음과 같이 전했다.

기독교 교회들에 불을 지른 범인을 찾는 일에 왜 고문을 사용하지 않았는지를 질문 받은 경찰청의 한 고위 관료는 한국의 경찰 제도에서 고문의 존재를 철저히 부인했다. 그러므로 경찰청과 사법부의 고위 관료들은 사실을 충분히 인식해야 할 필요가 있다. 고문이 필요하다고 믿는 하급 관리들의 태도 때문에라도 이것은 매우 중요하다. 최근 한 판사가 고문에 대한 문제를 얘기하면서, 고문이 자행된다는 사실이 개탄스러우며 그것은 법 집행을 어렵게 만드는 일이라고 말했다. 그럼에도 불구하고 그 판사는 이렇게 덧붙였다. "고문은 한국의 오래된 관습이다. 한국인들은 고문을 받을 처지에 놓여야만 사실을 말하곤 한다." 사실 한국인들은 고문을 당하더라도 좀처럼 실토하지 않는다. 단지 고문하는 이들이 그것의 필요성을 말할 뿐이다.

고문이 행해지고 있는 것을 모르는 그러한 관료들에게 알려 주기 위해 나는 경찰이 사용하는 가장 보편적인 고문 형태에 대해 언급하고자 한다.

바닥에 겨우 발끝만 닿게 하고 가운뎃손가락에 끈을 묶어 천장에 몸을 매달거나, 유사한 방식으로 손목에 끈을 묶어 몸을 매달기도 한다. 손을 등 뒤로 먼저 묶은 다음 손목에 끈을 묶어 몸을 매달거나 들어올린다. 가장자리 면이 동시에 좁아질 수 있도록 만들어진 상자 안에 몸을 구겨 넣는다. 고정된 자세를 유지하게 하고, 사람이 숨이 막힐 때까지 얼굴에 물을 퍼붓는다. 불에 달군 인두로 몸을 지진다. 무릎을 꿇린 상태에서 발목 위에 무거운 막대기를 놓고 두 명의 경찰이 튀어나온 막대기 한쪽 끝에 올라선다. 그 고문을 받으면 거의 관절이 탈구된다. 날카로운 못으로 몸을 찌른다. 관절이 탈구될 때까지 비튼다. 딱딱한 물건을 손가락 사이에 끼우고 손을 쥐어 짜듯 누른다. 의식을 잃을 때까지 머리와 몸을 때린다. 물을 못 마시게 해서 어떤 죄수의 경우에는 자신의 소변을 마실 수밖에 없었다. 여성 죄수의 옷을 벗긴다. 이러한 고문을 비롯하여 필자가 충분히 확인할 수 없었던 더 많은 고문이 경찰에 의해 범죄 혐의자들에게 빈번히 자행되었다.

고문에 반대하는 가장 강력한 주장은 그것이 비인도적이며 문명국가에서는 오래전에 폐지되었다는 것이다. 대체 일본을 제외한 그 어떤 문명 국가에서, 죄수들이 판사 앞에서 자신들을 기소한 증거가 거짓이며 고문에 의해 강요된 것임을 지속적으로 주장하겠는가?

비인도적인 것을 떠나서 고문은 심각한 부당함을 낳는다. 죄수가 고문을 당하면, 그는 자신뿐만 아니라 다른 무고한 사람들에 대해서도 거짓 진술을 하게 된다. 한 판사는 필자에게 무고한 사람이 그런 거짓 증언 때문에 유죄 판결을 받는 경우는 거의 없다고 말했지만, 그럼에도 불구하고 많은 이들이 구금과 그 밖의 불공정한 처사로 고통을 받는다. 첩보 활동과 고문은 한국 경찰 제도의 근간을 이룬다. 경찰은 한국말을 배우고 유럽의 수사관들이 사용하는 방법을 도입하는 대신, 첩보 활동과 고문이라는 이 두 가지 수단에 의존하고 있다.

글을 맺으면서 필자가 충분히 사실을 확인한 두 가지 사례를 간단히 예로 들고자 한다.

첫 번째 사례는 19세의 청년이 6일 동안 세 차례 의식을 잃을 정도로 구타당하고 한 차례 인두로 지지는 고문을 당한 것이다. 『독립신문』이 어디에서 인쇄되고 있는지 그 청년이 실토하도록 만들기 위해 이러한 고문이 자행되었다. 비밀 유지를 맹세한 그 청년은 자백을 거부했다. 내가 그 청년을 마지막으로 만났을 때 그는 신체적으로 불구가 된 것 같았다.

또 다른 사례는 한 학생에 관한 것인데, 그는 지난 6개월간 자그마치 세 차례나 다양한 혐의로 기소당해 체포되었다. 한번은 경찰이 그 학생의 주머니에서 편지를 발견했는데, 그것을 일본어로 잘못 번역하여 그를 기소하는 증거로 이용하였다. 경찰은 그 학생이 독립운동에 연관되어 있다는 내용의 한 문장을 편지에 추가했는데,

학생은 그 사실을 완강히 부인하였다. 학생은 편지 원본을 보여 달라고 요구하였고, 그 덕분에 자신의 무죄를 입증할 수 있었다. 이 과정에서 경찰은 학생의 요구를 묵살하고 그를 계속해서 구타했으며, 그의 유죄로 귀결될 뿐인 거짓 자백을 얻어 내려 하였다. 정신을 잃을 때까지 그 학생을 구타한 끝에 경찰은 그들의 노력이 헛수고임을 깨닫고 고문을 그만두었다. 며칠 뒤에 경찰은 또 다른 방법을 시도하였다. 그 학생은 경찰 조사 중에 한 외국인이 그를 독립운동에 관여한 인물이라고 증언했다는 소식을 듣게 되었다. 하지만 그는 꿋꿋이 버텼다. 가혹한 구타에도 불구하고 투옥으로 이어질 거짓 자백을 하지 않았다. 16일간 억류되어 세 차례 구타를 당하고 그 학생은 무죄로 풀려났다.

대략 열흘 전에—경찰 제도 개혁 이후—그 학생은 또다시 체포당했고 이번에는 고문을 당하게 되었다. 경찰은 학생의 두 팔을 등 뒤로 하여 손목에 끈을 묶고 어깨 관절이 탈골될 정도로 손목을 위로 끌어당겼다. 무고한 그 학생은 하루나 이틀 뒤에 석방될 수 있었다.

필자는 고문을 가하는 경찰이 진실을 외면하고 희생자에게 거짓말을 강요하고 있다는 사실을 명백히 보여주는 많은 사례를 열거할 수 있다.

죄인이나 무고한 사람이나 똑같이 경찰의 '예비 심문'에서 자행되는 끔찍한 고문에서 벗어날 수 있도록 경찰 제도가 더 개선되어야 하지 않을까?

07. 한국의 개선책:
새로운 제도의 비평적이고 건설적인 조망

"THE KOREAN REFORMS:
A Critical and Constructive Survey of the New Regime",

The Japan Advertiser (March 12, 1920)

By Dr. Frank Schofield

다음은 짤막한 연재 기사 중 첫 번째 기사이다. 필자는 구 제도의 과오를 대담하게 파헤치는 동시에, 한국인들의 불만을 해소하기 위한 새로운 제도의 노력을 솔직하게 인정하는 비평가의 관점에서 현재 한국의 통치 상황에 대해 기고하고자 한다.

느긋하게 앉아서 새 행정부가 도입한 개선책에 대해 논평을 쓰는 것은 비교적 쉬운 일이다. 그러나 현시점에서 한국을 통치하는 것은 (영국에 의한) 아일랜드 지배나 인도에 평화를 가져오는 것과 충분히 비교될 만한 수준의 문제이다. 일본의 그 어떤 정치가도 현재 한국을 통치하는 사이토 총독이 직면한 문제보다 더 복잡하고 어려운 상황에 처한 적은 없을 것이다. 내부적으로 사이토 총독은 실행 불가능한 통치 방법인 동화정책에 의해 비판받는 한편, 보수 정치인들, 폭력적인 경찰, 극단적 애국주의 성향의 언론인들로부터도 비판받고 있다. 또 외부적으로는 대대적인 개혁을 요구하며 여전히 저항 중인 한국으로 인해 불리한 입장에 처해 있다.

새 총독 사이토는 형식적으로는 효율적인 통치라고 말할 수 있을지 모를 동화정책의 통제권을 갖게 되었다. 하지만 실제로 동화정책은 기본적인 것부터 세세한 것까지 완전히 실패해서, 비효율적이고 비도덕적이며 실행 불가능한 정책인 까닭에 폐기해야 마땅하다. 개선책이 성공하기 위해서는 단순히 형식적인 변화나 하부 조직 개편에 머무는 대신, 전반적인 동화정책과 관련하여 급진적인 변화를 가져올 만한 상황이 필요하다.

성난 국민들의 분노를 달래야 한다. 비관론이 만연한 한국 민족에 희망을 심어야 한다. 민족의식을 증거하는 새로운 정신에 표현의 기회가 부여되어야 한다. 그리고 무엇보다 신뢰가 고양되어야 한다. 빈번한 불평등과 기만의 결과는 의심과 불신만이 남을 뿐이다.

새로운 통치 정책의 초창기에 최종적인 결과를 예측하기란 불가능하며, 게다가 그것이 필자의 목적 또한 아니다. 다만 이 기사는 중요 개혁 방안에 관한 정확한 설명을 제공하고, 중도적인 한국인의 시각이라 할 만한 비평을 덧붙이고자 하는 목적으로 작성된 것이다.

입장과 전망

한국 통치 개선책에 관해 많은 관심이 쏟아졌다. '곧 실행될 것', '임박한 개혁', '적절한 시기에 이루어지다' 등의 제목을 달고 개선책에 대한 많은 기사가 보도되었다. 하지만 어떠한 개선책이 이루어졌는지, 그것이 어떻게 이루어졌는지에 대한 묘사에만 그칠 뿐, 무엇보다 중요한 한국인들이 개선책의 결과를 어떻게 받아들였는지에 대해서는 어떠한 명확한 언급도 없었다.

일본인의 시각에서 성공적인 개혁이란 근본적인 동화정책을 더욱 발전시켜야 한다는 것을 상기할 때, 개혁을 주도하는 이가 직면한 문제의 복잡성이 비로소 이해될 수 있다. 반면 한국인의 입장에서 볼 때 성공적인 개혁이란 동화정책을 약화시키거나 폐지하는 것이다. 따라서 동화정책은 현저히 다른 방식으로 일본 당국과 한국 국민 모두에게 개혁의 시금석이 될 전망이다.

한 가지 측면에서 일본의 모든 개혁은 도박과 같은 성질이 있다. 왜냐하면 개혁이 정부의 정책을 강화시키는 방향으로 이루어지지 못하면, 그것은 한국인 수중의 탄약이 되어 한국을 더 강하고 지능적인 일본의 적으로 만들게 될 것이기 때문이다. 일본 당국도 이 점을 잘 이해하고 있으므로, 이는 개혁의 일부를 특징짓는 불안과 조심성과 소심함의 원인이라 하겠다. 개인과 반관(半官)의 착취에 따른 이익과는 별개로, 최근 한국의 무단통치는 제국주의적 관점에서 완전한 실패로 끝났다. 한국인들이 무질서하고 무지한 반란 국가의 국민에서 계몽되고 조직적이고 단결된 적으로 변모해 간 반면, 일본인들은 인력과 경제력과 정보를 엄청나게 소모한 끝에 큰 희생이 따르는 혁명으로 되갚음을 당했다.

일본의 한국 통치의 향후 10년의 결과는 현재 개혁의 효과에 의해 상당 부분 결정될 것이다. 지금부터 새로운 개선책이 무엇인지 살펴보고자 한다.

탁월한 선택

필자가 보기에, 한국 통치와 관련된 가장 유의미한 변화는 사이토 남작의 총독 임명이었다. 그 사실이 발표되었을 당시, 문관이 아닌 해군 제독 출신이 조선총독으로 임명되었다는 사실에 많은 타당한 비판이 제기되었다. 외교적인 관점에서 그의 임명은 어리석은 실수였으며, 문관 총독을 기대했던 한국 국민들에 대한 직접적인 모욕이었다. 그러나 이렇게 불리한 조건에도 불구하고 사이토 총독은 그와 개인적으로 접촉한 많은 한국인들의 신임과 존경을 얻는 데 이미 성공을 거두었다. 새 총독 임명의 의미는, 조슈번(*현 야마구치현) 출신 총독에서 사쓰마번(*현 가고시마현) 출신 해군 제독으로 변했다는 것이 아니라, 반동적인 군국주의자에서 온화하고 민주적인 경향이 있는 관료로 바뀌었다는 데 있다. 어리석은 동화정책이 자유로운 통치자가 되기를 열망한 한 사람의 전진을 방해하고 제한하는 것은 안타까운 일이다. 시간이 걸릴 수도 있지만 결국 수뇌부의 정신이 구성원들과 전체 관리 집단으로 퍼져나가, 자유의사의 정신으로 변혁을 이룰 것이라 생각한다.

편의상 여기서 필자가 언급하건대, 총독의 역할을 천황뿐 아니라 의회의 책임 하에 놓이도록 하는 것이 중요 개혁의 골자이다. 내가 이 내용의 중요성을 한국인 친구에게 얘기하였더니, 그가 대답했다. "야마가타 공작과 일본 원로 정치인들이 존재하는 한 어떠한 개혁도 없다." 이 역시 아주 틀린 얘기는 아니다!

옛것과 새것

새로운 총독의 전반적인 사고방식이 기적을 행하고 구시대 사람들의 마음을 바꿔 놓을 거라고는 누구도 기대할 수 없다. 관료들의 변화만이 다소나마 효과가 있을 것으로 보인다. 총독이 새로 부임한 직후 소집한 총회에 참석한 한국 대표 한 사람이 필자에게 다음과 같이 말하였다.

"우리는 사이토 총독과 미즈노 정무총감의 연설을 들었는데, 무르익은 감정으로 인해 상당히 분위기가 고양되었습니다. 우리는 새로운 시대가 도래했음을 믿기 시작했습니다. 특히 그 신사분들이 우리의 마음과 바람을 솔직하게 털어놓고 쏟아내라고 말했을 때 그 믿음이 더욱 커졌습니다. 하지만 갑작스럽게 끔찍한 실망감이 찾아왔습니다. 예전 각료 중 하나인 아무개 씨가—우리에게 연설하기로 되어 있던 사람인—무단통치의 특징인 고압적이고 몰인정한 태도로 실망을 준 것입니다. 그제야 우리가 '회의를 하기 위해서'가 아니라 '지시를 듣기 위해' 소집되었음을 알아차렸습니다. 그때부터 우리 모두는 크게 낙담했고 회의는 실패로 돌아갔습니다."

언론 출판의 자유?

한국인들에게 마침내 신문 발행이 허가되었다. 10년 동안 한국인들에게는 신문다운 신문이 없었다. 『매일신보』와 그와 비슷한 몇몇 '관보'는 진실을 왜곡하고 경찰 당국의 통제 하에 있었으므로, 의식 있는 한국인들은 일본 신문을 구해 읽지 않는 이상 신문을 아예 읽지 않는 편을 택했다.

아직까지 발행된 신문이 없으므로, 신문 발행 허가와 더불어 언론의 자유까지 보장될 것인지는 지켜보아야 할 일이다. 신문 발행을 감독하는 경무총감은 상당한 자유의사 존중의 정신을 표명하였다. 일본 당국의 오랜 철천지원수인 한 정치적 망명자는 어떤 일간지의 편집장 신분으로 한국에 귀국하는 것을 허락받았다. 또 다른 정치범도 사면을 받아 역시 같은 일간지에서 중요한 위치를 맡게 되었다.

총 세 종류의 신문 발행이 허가되었는데, 오직 하나의 신문 —『동아일보』— 만이 한국인의 관심을 끌 뿐이다. 나머지 두 신문은 동화정책에 동조하는 쪽이며, 그중 하나는 한국인들이 매국노들로 간주하는 몇몇 사람들로부터 재정적 지원을 받고 있었다.

한국인들에게 신문 발행을 허가하기 몇 주 전에 12개의 일본 회사에 신문 발행을 허가한 것은 커다란 실수였다.

교육 개혁

교육 제도에 있어서 여러 가지 현명한 변화가 도입되었지만, 한국 학생들 사이에 팽배한 일반적인 분위기는 여전히 불만족스럽다. 한국인들은 실질적으로 현재의 개선책 이상의 것을 기대해 왔다. 교육 관련 부처만큼 발전이 이루어지지 못한 부처도 없다는 점에서 학생들의 불평은 이유 있는 것이다. 많은 비용이 드는 광범위한 개선책을 즉각 요구하고 있지만, 정부 당국은 그러한 개혁을 시작하는 것은 현재로서는 불가능하다는 것을 분명히 밝히고 있다.

경찰 개혁을 위한 예산은 1,500만 엔인 것에 비해, 교육 개혁 예산은 380만 엔에 불과하니 학생들의 불만을 달래기가 어려울 수밖에 없다.

먼저 교육 제도의 개선책을 간단히 살펴보자.

a) 가장 중요한 점은 입학 연령이 바뀐 것이다. 6세 아동도 학교에 입학할 수 있게 하였다. 예전에는 일본인 아동에게만 이러한 특권이 주어졌고, 한국인 아동은 만 8세가 되어야만 입학할 수 있었다.
b) 학년을 2년 늘렸다.
c) 일본어 수업 시간을 하루에 한 시간으로 줄였다.
d) 외국어가 수업 과정에 포함되었다.
e) 교사가 학생에게 필요하다는 판단에 따라 일정 범위 내에서 교수 과목을 변경할 수 있도록 하였다.
f) 한국인에게 초등학교의 교장이 될 수 있는 자격을 부여했고, 18명이 이미 교장으로 임명되었다.
g) 향후 3년간 해마다 100개의 학교를 새로 설립할 예정이다.

이것이 새로운 교육 법령에 의한 개선의 주된 요점이다.

이러한 개혁의 진정한 가치를 심도 있게 이해하기 위해서는, 개혁이 충족시키고 만족시켰어야 할 현재의 요구 사항에 대해 어느 정도 알아야 한다.

a) 정부가 제공하는 교육 시설로는 한국인 275명당 1명이 교육받

을 수 있지만, 일본인은 9명 중 1명이 관공립 학교나 일본인 사립학교를 통해 교육받고 있다.

b) 일본인 교육 제도와 한국인 교육 제도가 융합되지 못하였다. 개선책이 나왔음에도 불구하고, 일본인 학생은 한국인 학생보다 고등 교육 과정이 1년 더 길다. 이는 일본인 고등 교육기관에서 학업을 계속하고자 하는 한국인 학생에게 매우 불리하다. 따라서 1년을 어딘가에서 보충해야 하는데, 불행히도 정부는 그러한 교육이 가능한 장소를 제공하고 있지 않다. 이러한 차별이 철폐되고 교육 제도가 조화를 이룬다면 매우 다행스러운 일일 것이다. 도쿄 제국호텔에 선교사들이 보인 자리에서 미즈노 정무총감이 자신의 개혁정책을 설명하면서 말했던 다음과 같은 언급에서 변화가 감지되었다. 1919년 11월 22일자 『재팬 애드버타이저』의 기사를 인용하겠다. "종래 한국의 교육 연한은 초등학교가 4년이고 중학교가 4년이다. 하지만 이러한 제도가 불합리하다는 것이 분명하므로, 일본의 교육 제도와 같게 학제를 개편하도록 하겠다." 이렇게 약속한 개혁은 실시되지 않았지만, 기존 제도의 불합리성을 인정한 사실은 위안이 된다.

c) 400개의 학교가 새로 설립되면 8만 명의 아동을 수용할 수 있는데, 이는 취학 대상 연령인 180만 명 중에서 총 15만 명을 교육할 수 있을 뿐이다.

d) 18명의 한국인 교장을 임명한 것은 올바른 개혁의 방향으로 나아가는 첫 걸음이지만, 여전히 일본인들이 500여 개의 학교

에서 교장직을 맡고 있는 데 비해 한국인들은 기회를 얻지 못하고 있다.

e) 고등 교육을 받고자 하는 많은 한국인 학생들을 위한 대학교의 형태가 없다. 1916년 조사에 따르면, 일본인 35만 명당 992명꼴로 고등 교육을 받을 수 있는 데 반해 한국인은 1,600만 명 중 978명만이 고등 교육을 받을 수 있는 것으로 집계되었다. 대학이야말로 한국 교육 제도에서 가장 필요한 부분일 것이다.

학교에서 한국어를 쓰는 것이 가장 필요한 한 가지라는 점을 인식했더라면, 이러한 사소한 차별과 결함은 간과될 수 있었을 것이다. 조국에 대한 사랑을 제외하고, 사람들이 소중히 여기는 것 중에 모국어만한 게 없다. 그런데 모국어를 고전 과목의 형태로만 가르칠 뿐 학교에서 없애 버린다는 것은 한국인들로 하여금 과거와 현재와 미래에까지 극도의 분노를 살 일이다. 민중의 의지를 무시하는 원인이 무엇인지 파악하기란 어렵지 않다. 바로 그 오랜 골칫거리인 강제 동화정책이다. 동화정책은 한국 역사 교과서의 사용 또한 금지하고 있다.

이번 개혁이 철폐하지 못한 또 다른 한 가지는 성경 교육의 금지이다. 정부의 규정에 맞게 허가를 받아 교육기관으로 인정된 선교사가 운영하는 학교에서조차 이상한 이유로 성경을 가르치는 것이 금지되었다. 종교 교육을 학과 과정에서 뺐을 뿐만 아니라, 수업 전이나 방과 후는 물론 교내에서 어떠한 종류의 종교적인 행사도 허용되지 않았다. 아침에 주기도문을 암송하거나 저녁에 감사 기도를 드리려고 하면, 선교사들이 머무는 집의 뒤뜰이나 텃밭 같은 곳에서 해야지, 학교 안이나 학교에 딸린 장소에서는 하면 안 된다. 안타깝게도 개선되지 못한 이러한 부분들은 개선된 것의 가치마저 크게 상쇄시키고 만다. 하지만 학생들 가운데에는 장래에 더 나은 상황이 펼쳐질 것을 전조하는 희망찬 시작이라고 믿는 낙관론자들도 있다.

08. 한국의 개선책: 비평적 조망 II – 헌병경찰제도의 폐지

"A Critical Survey - II - The Passing of the Gendarmes",

The Japan Advertiser (March 13, 1920)

By Dr. Frank Schofield

"즉각적인 폐지가 어려운 지역을 제외하고, 이제 일본 본국의 제도와 마찬가지로 헌병대를 경찰로 대체하고 지방 관리의 지휘 아래 둘 것을 제안한다."

개혁에 대한 하라 총리의 선언 가운데 이러한 언급은 매우 기쁘게 받아들여졌다. 그렇다. 제도로서의 헌병대는 사실상 사라졌다. 헌병경찰제도의 철폐는 단순하지만 교묘한 방식으로 이루어졌다. '헌병대'라는 간판이 '경찰서'라는 간판으로 바뀐 것이다. 바뀐 것은 건물뿐이다. 그 안에 있는 사람들은 위협적인 카키색 군복 대신 상복 같은 검은 제복으로 바꾸어 입고 '경찰'이라는 이름으로 불린다. 그렇게 헌병 제도는 사라졌고, '헌병대를 경찰로 대체한다'는 하라 총리의 약속은 문자 그대로 지켜졌다.

일본의 새로운 통치가 한국 국민들 사이에 신뢰를 얻어야 한다는 것보다 더 중요한 일은 없을 것이다. 신뢰가 있어야만 발전이 있을 수 있는데, 그러한 신뢰가 전혀 존재하지 않는다. '헌병경찰제도의 폐지'를 커다란 속임수라고 생각하는 한국인이 99.9퍼센트라고 해도 결코 과장이 아니다. 한국인들은 새로운 행정부가 그 진실성에 의심을 불러일으킬 만한 일은 하지 않을 거라고 기대했다. 물론 변화는 더욱 외교적인 방법으로 진행되었다. 경찰을 북에서 남으로 동에서 서로 전반적으로 이동시키고 재배치할 수도 있었을 것이다. 그러한 와중에 어떻게 제복의 교체만이 이루어졌는가? 사람들은 카키색 제복을 싫어한 것이 아니라, 수년간 악랄하고 부당한 처사를 일삼은 헌병을 싫어한 것이다. 사람들은 폐지 약속이 헌병에 대한 것이라 생각했지, 간판이나 복장이나 규율에 관한 것이라고는 생각지 않았다. 한국인들의 삶을 그토록 비참하게 만든 것은 그 모든 것 뒤에 숨어 있는 사악한 악령이었다. 일본 당국이 번드르르한 변명으로 내세운 것은, 개선이 복장의 변화에만 그친 것이 아니라 헌병이 순사로 바뀌었고 전적으로 문관의 통제 아래 놓인다는 것이다. 이것이 모두 사실이고, 모두가 인정하듯이 좋은 개선책이지만, 헌병대가 경찰로 대체될 것이라는 총리의 약속과는 무관하다. 왜냐하면 그 개선책은 경찰 제도의 개혁이지만 헌병대의 철폐와는 별개이다. 일본 총리의 선언을 접한 수많은 영국인과 미국인들, 그리고 한국에 있는 일부 순진한 자국민과 외국인들은 일본 당국의 개혁을 제복이 아니라 사람을 바꾸는 것으로 믿었다.

진정한 개혁, 잘못된 방식

이같은 실수를 지금 한탄하는 것은 소용없는 일이다. 세월이 흐르면서, 개혁이 그처럼 어리석은 방법으로 시행되었으나 결국 효과가 있었다는 걸 사람들이 알게 될 수도 있다. 이제 탈바꿈한 헌병이 문관의 직접적인 관할 아래 들어갔으니, 위협은 덜하고 권한은 더욱 제한되며 과거의 잘못된 행태를 바로잡을 수도 있을 것이다. 비평의 의도는 개혁의 원칙을 향한 것이 아니라, 합리적인 개혁을 도입하는 데 잘못된 방식이 사용되는 것을 지적하는 것이다. 한국의 민중들은 헌병을 철폐한다는 행정적인 개혁에 대해서는 아는 바가 없다. 그들이 아는 것은 단지, 헌병을 없앤다고 약속했는데 헌병은 사라지지 않고 여전히 순사 복장을 입은 채 그들을 욕하고 비웃는다는 사실이다. 이러한 까닭에 한국인들은 하나같이 '우리가 속았다'고 말하는 것이다.

차별은 철폐되었는가?

"일본과 한국의 국민이 모든 면에서 평등한 대우를 받아야 한다는 내용을 담은 천왕 폐하의 칙서가 발표되었다. 따라서 개혁의 첫 번째 조치는 일본인과 한국인 관리의 대우 면에서 모든 차별을 철폐하는 것이다. 다시 말해, 이제부터 한국인 관리도 일본인 동료와 같은 급여 기준에 의해 급여를 지급받을 수 있도록 규정을 정하였다." (미즈노 정무총감이 선교사들에게 연설한 내용에서 인용함. 1919년 11월 20일 제국호텔)

"총독부는 또한 공직에 있는 일본인과 한국인 사이의 차별을 없애기 위한 조치의 일환으로, 한국인 관리의 급여 제도 개정안을 작성하였다." (『서울 프레스』 기사 인용. 1919년 10월 10일)

사이토 총독은 언론과 가진 신년 인터뷰에서 다음과 같이 말했다.

"일본인과 한국인 관리 사이에 존재하던 대우나 지위 상의 차별이 철폐되었고, 그 결과 현재는 완전하게 동등한 위치에 있다."

이상은 일본인과 한국인 관리 사이에 모든 차별이 폐지되었음을 단언한 책임 있는 일본인들의 세 가지 진술을 예로 든 것이다.

며칠 전 나는 서울에서 가장 큰 경찰서의 경찰서장을 만나러 갔다. 나는 개혁에 관한 기사를 쓰는 중이라고 말하고, 경찰 제도에서의 개혁으로 인해 일본인과 한국인 경찰의 급여 차이가 완전히 사라졌는지 물어보았다. 서장은 "이제는 차별이 없습니다."라고 대답했다. 그래서 나는 일본인 순사와 한국인 순사의 급여가 각각 얼마인지 물었다. 서장이 자신은 확실히 알지 못하니 총독부에서 정보를 얻어 보라고 권했다. 나는 총독부에 가는 대신 그곳에서 근무 중인 많은 순사들 중 한 명에게 물어보면 어떻겠냐고 제안했다. 내 제안은 받아들여지지 않았고, 차별이 없다고 나를 안심시켰다. 정보를 얻을 수 없으리라고 본 필자는 정보를 제공하기로 자청했다. 그리하여 필자는, 같은 업무를 하는 일본인 순사의 월급은 60엔인데 한국인 순사의 월급은 28.80엔이라고 들었다고 말했다. 서장은 월급은 같은데 일본인 순사가 파견 수당을 받는 거라고 했다.

필자는 위와 같은 인용을 제시하고 경찰서장과의 대화를 진술하는 바이다. 그리하여 개혁이 차별을 철폐하기로 한 이후에도 관료집단은 지위 고하를 막론하고 차별이 존재함에도 그것을 인정하지 않는다는 사실을 독자들께서 알게 되기 바란다.

실상

'차별 철폐'를 떠들썩하게 선언한 개혁에 어떠한 근거가 있는지 실상을 살펴보자. 현재 한국인 순사의 평균 월급은 28.80엔이다. 그중 14엔은 기본급이고, 9.80엔은 수당이고, 5엔은 '특별 수당'이다. 일본인 순사의 평균 월급은 56.60엔이다. 그중 18엔이 기본급이고, 수당 18엔, 집세 8엔, '특별 수당'이 12.60엔이다.

또 다른 예도 있다. 8급 한국인 관리의 월급이 52.50엔인 데 비해, 같은 8급인 일본인 관리의 월급은 100엔에서 130엔 사이이다.

일부 한국인들은 일본인들이 본국을 떠나 타지에 살고 있으므로 차별이 존재함에 크게 분개하지 않고 적은 수당을 당연히 받아들였다. 하지만 차이가 너무나 크다는 데에는 반대했고, 이러한 급여의 차이가 계속되고 있음에도 일본 당국이 모든 차별이 사라졌다고 지속적으로 선전하는 것은 무척 부당하다고 생각하였다.

독자 여러분은 차별 철폐의 방안으로 어떠한 조치가 취해졌는지 알고 싶어 하실 것이다. 필자가 정확히 말할 수 있는 부분은 경찰 조직에서의 변화뿐이다. 며칠 전에 필자는 한국인 순사에게 개선책이 도입된 것과 관련하여 어떤 변화가 생겼는지 물어보았다. 그리고 다음과 같은 분명한 답을 들었다. "우리는 소매에 놋쇠 단추를 달게 되었습니다. 더 이상 순사보(순사의 조수)라고 불릴 일도 없고, 누가 욕을 하더라도 되받아칠 수 있습니다."

어떤 이에게는 이것이 그다지 진보적인 개혁이 아닐지 몰라도, 개혁이 선언됨으로써 수년간 한국인 경찰들이 가지고 있던 악감정의 원인이었던 부당하고 불쾌한 차별이 사라졌다고 한다. 나에게

위와 같은 흥미로운 답을 해 준 그 순사는 또한, 급여에서의 커다란 차이에 대한 공식적인 구실이 '한국인이라서'라고 말해 주었다.

단추의 의미

한 고위 관리로부터 소매 단추의 '정신적이고 도덕적인 의미'를 필자가 잘 모르고 있다는 말을 들었다. 필자는 모를 테지만 한국인 순사는 알고 있다. 그 한국인 순사가 필자에게 기뻐하며 말해 주기를, 개혁 이후로 자신이 대답할 때 일본인들이 심문할 때와 같은 어조와 형용사를 사용한다는 것이다.

새로운 행정부가 권력을 장악한 이후 한국인 순사는 약 10엔 인상된 급여를 받았고, 일본인 순사는 급여 인상폭이 훨씬 컸다. 이것은 개혁과는 관계가 없고 물가고에 따른 것이다. 이 사안을 가리기 위해 당국이 늘어놓는 변명은 일본인과 한국인 관리의 급여는 같은데 일본인 순사의 경우 특별 파견 수당을 받고 있을 뿐이라는 것이다. 하지만 이것은 사실이 아니다. 기본 급여조차 한국인은 14엔, 일본인은 18엔으로 차이가 난다. 그러므로 '일본인과 한국인 관리 사이에 차별이 없다'라고는 결코 말할 수 없다. 이 기사의 첫머리에 인용한 인사들이 이러한 사실과 자신의 발언을 과연 어떻게 조화시킬지 모르겠다.

어떤 순사는 필자에게 6년간 근무한 일본인 순사의 연금이 15엔인데, 한국인 순사는 10년을 근무해야 연금 10엔(원문엔 ¥100.으로 나와 있으나 소수점이 잘못 찍힌 것 같으며 번역상 ¥10이 맞음 – 역자 주)을 받을 수 있다고 알려 주었다. 또 다른 순사는 현재까지 한국인 순사에게는 연금 지급이 되지 않으며, 그러한 개정에 대한 소문만이 돌고 있다고 말했다. 한국인들은 모든 차별을 철폐한다는 약속에 속았다는 기분이 들 뿐만 아니라, 몹시 잘못된 정보가 전달되었다는 점에 대해서도 매우 분노하고 있다. 민중이 진실을 알지 못한다면, (진실에 대한 요구가) 불필요한 선동으로 보일 것이므로 그것에 공감할 수 없을 것이다.

09. 한국에서의 개혁 Ⅲ – 실패의 원인: 가혹한 통치 탓에 진정한 개선이 효과를 거두지 못하다

"THE REFORMS IN KOREA III - SOME CAUSE OF FAILURE: Genuine Ameliorations Have Failed of Effect Because of Harsh Administration",

The Japan Advertiser (March 14, 1920)

By Dr. Frank Schofield

새 행정부가 취한 첫 조치 가운데 하나는 묘지와 망자의 매장에 관한 규정을 개정한 것이다. 이러한 개정에 따라 한국인들은 또다시 미신적인 생각과 이교적인 사상에 따라 망자를 매장할 수 있게 되었다. 데라우치 백작(*초대 조선총독, 재임기간: 1910~1916)은 공동묘지를 도입하고, 여기서기 아무렇게나 매장하여 경관을 해치는 기존의 관습을 폐지하였다. 그러한 조치는 한국 민중의 크나큰 분노를 샀다. 한국인들은 고인이 사후에 새로운 시작을 할 수 있도록 하기 위해, 그리고 망자를 제대로 모시지 못한 벌로서 고인의 영혼으로부터 괴롭힘을 당하지 않기 위해, 고인이 묻히기에 적당한 장소를 찾을 필요가 있다고 믿기 때문이다.

이러한 개선책이 위생과 교육적인 관점에서 현명하건 그렇지 않건, 민중들에게는 흔쾌히 받아들여졌다.

생활난 해결에 도움이 되는 개선책

도살장 규정을 개정함으로써 한국인은 이제 허가 없이 개를 도축하여 식용할 수 있게 되었다. 이전에는 50전을 내야 허가를 받을 수 있었다. 이는 곧 가난한 농부가 10마일을 걸어가서 개를 도축해도 된다는 허가증을 받아 와야 한다는 뜻이다. 민감한 한국인들은 다른 나라가 흰옷을 입은 점잖은 민족을 야만인으로 무시할까 걱정하며, 이러한 개정 조치의 발표에 당혹감을 느꼈다. 하지만 개고기는 한국인의 보편적인 식재료가 아니며, 가난한 농민들이 먹는 것이다.

자기 민족이 개고기를 먹는다고 해서 한국인이 왜 부끄러워해야 하는가. 프랑스인들은 달팽이와 개구리 다리를 '귀한 고기'로 여기며, 미국인들은 싱싱하지 않은 굴을 마치 신의 음료인 양 삼키지 않는가.

상호간에 유익한 개혁

10년간의 무단통치 기간 동안 한국인은 일본의 상품을 다루는 중개인 이상을 바랄 수조차 없을 만큼, 상공업 발달을 방해하는 특정 규정으로 인해 극심한 고통을 당했다. 회사 설립을 통제하던 이러한 규정이 새 총독에 의해 철폐되었고, 그 결과 5만 엔에서 1,000만 엔에 이르는 자본을 바탕으로 한 수백 개의 회사들이 이미 설립되었다. 이전에는 일본인을 동업자로 참여시키지 않고서는 한국인이 회사를 설립하기란 거의 불가능했고, 한국인들은 이 규정에 반대했다. 최근 생긴 대부분의 회사들은 순전히 한국인들이 설립한 것이다. 네 명의 총명한 젊은 한국 여성들이 운영하는, 자본금 40만 엔으로 설립된 한 무역 회사에도 현재의 이와 같은 열기가 반영되어 있다. 구 제도 하에서는 3년이 걸려야 받을 수 있던 허가가 개정된 규정 하에서는 수개월 안에 받을 수 있게 되었다.

구 법령은 방해와 억제의 의도를 가지고 있었지만, 새 법령은 발전과 장려에 기초하고 있다. 이는 확실한 방법으로 동화정책을 활성화하는 유일한 개선책이다. 또한 그러한 관점에서 현명한 조치이다.

10년 동안 자본을 가진 한국인들은 투자와 충분한 사업의 발달을 위한 기회가 없다고 느꼈다. 일본인들이 한국의 자원을 개발하고 착취하는 무제한의 특권을 누리는 반면, 한국인들에게는 사업체를 조직하는 것조차 가로막는 동화정책에 대해 그들은 점점 더 불안하고 넌더리를 냈다. 이 나라가 물질적이 될수록, 일본과 한국 사이의 상업적 관계가 더욱 폭넓어질수록, 한국인 사업가들이 지난해 봄에 일어났던 것과 같은 독립운동을 반복하는 것은 생각하기 어려워진다. 새 행정부는 한국인 사업가를 부당하게 차별하던 규정을 개정함으로써 독립 시위의 강력한 원인을 제거한 것이다.

경찰 제도의 개혁

경무부와 관련하여 칭찬할 만한 두 가지 개선책이 마련되었다. 첫째는 경찰의 지휘권이 군에서 문관으로 바뀐 것이다. 이전에는 육군 중장이 한국의 모든 경찰 지휘권을 가지고 있었다. 그 아래 각 지방마다 그 지역의 업무를 맡은 군 장교들이 있었다. 이 무관들은 어떠한 문관의 통솔도 받지 않으며, 내무부 장관조차 권한 밖이다.

이렇게 중요한 행정 조직을 무관이 아닌 경무국의 지휘 아래로 옮김으로써 그들이 가진 무소불위의 권력은 지난 3월에 발생한 많은 잔혹 행위에 대한 책임을 져야 한다. 중요한 개혁이 선언되었다고 해서 즉각적인 열매를 맺을 수는 없겠지만 시간이 지날수록 그 가치가 차차 증명될 것이다.

둘째는 경찰 통제권의 개혁이 여성 수감자의 처우를 한층 인도적으로 바꾼 것이다. 이러한 환영할 만한 변화가 경찰 체제 안에서 지속적인 변화를 의미하기를 바란다. 하지만 불행하게도, 여성 수감자에게 줄어든 학대가 남성 수감자에게는 더욱 심하게 가해지고 있는 것 같다.

10월과 11월 사이에 고문은 마치 유행성 감기처럼 퍼졌다. 이렇게 가혹한 고문은 105인 사건 때 이후로 없었다고들 말한다. 새로 온 경찰이 새로운 고문 방법을 도입했는데, 그 가운데 가장 심한 방법은 물에 젖은 가죽을 흉부에 단단히 감는 것이었다. 그런 다음 수감자를 난로 가까이에 두어 '말리는' 것이다. 가죽이 마르면서 수축하면, 엄청난 고통을 주어 결국에는 숨을 쉬기도 불가능하게 만든다. 내가 아는 한 친구는 자신의 경험담을 말하며 "숨을 (들이마시지 못하고) 내쉴 수밖에 없었다."라고 했다. 이 고문 방법의 특징은 고문 후에 눈에 띄는 흔적이 남지 않는다는 것이다. 이는 경찰이 고문 비슷한 것조차 한 적도 없고 알지도 못한다고 강력히 주장할 수 있는 중요한 요건이 되었다.

모든 경찰력이 독립운동의 선동가들을 잡아들이는 데 집중되고 있어, 도박이나 마약 같은 다른 범죄가 늘어나 착실한 사람들에게 놀라움을 주고 있다. 송도에서는 경찰 소속 의사가 모르핀 주사를 놓아 주는 일로 번창하고 있다고 한다. 현금이 없는 사람들은 가재도구를 가지고 와서 한 차례 또는 몇 차례씩 주사를 맞고 간다고 한다.

경찰 제도의 개혁과 함께 선교사 조직에 대한 예상치 못한 격렬한 공격이 시작되었다. 혐의를 뒷받침할 만한 사실은 드러나지 않았다. 그리하여 그렇게 격렬한 공격을 이끌었던 자들이 '전도사'와 '선교사'라는 말 뒤에 숨어 서둘러 수치스러운 후퇴를 한 것이다. 소요가 가라앉고 난 몇 주 뒤, 한 일본인 신사가 필자에게 무척 흥미로운 내부 정보를 알려 주었다. 어떤 기자들이 모여서 경찰의 음모에 가담하기를 자청했다고 한다. 경찰이 선교사들의 유죄를 입증할 증거를 가지고 있지 않으므로, 기자들이 작가나 다른 직종의 위험인물들과의 인터뷰를 마련하여 인터뷰 중에 원하는 정보를 얻어내려는 계획이었다. 그 계획은 항상 선교사들의 친구를 자청하는 분이신 『서울 프레스』의 편집장의 단호한 태도로 인해 실패로 돌아갔다.

지속되는 묵은 관습

죄수에 대한 태형은 1920년 4월 1일 이후로 없어질 것이다. 이 개혁은 한국인에게도, 맞고 멍들어 찾아온 환자를 수시로 치료해 온 외국인 의사에게도 크게 환영받을 만한 것이다. 개혁이 발표되었을 때 이 형벌 제도가 즉각 폐지되지 못한 데에는 두 가지 이유가 있다. 첫째는 태형 대신 벌금을 내기를 거부하는 자들을 가둘 적당한 장소가 없을 만큼 감옥 시설이 부족했다. 둘째는 묵은 관습의 철폐가 한국 민중 사이에 광범위한 소요로 확대될지 모른다는 두려움이다. 후자의 이유는 필자가 헌병대장에게 들은 것이다.

즉각적인 태형 폐지 반대에 대한 두 가지 이유를 고려한 필자의 의견은 다음과 같다. 불필요하며 가혹한 90대의 태형을 10대나 20대로 줄이는 것이 현명하고도 환영할 만한 개선이 될 것이다. 심하게 다치는 사람이 수두룩할 뿐만 아니라 심각한 경우에는 괴저로 인해 죽기까지 한다. 도덕적인 개혁의 관점에서도, 엉덩이가 찢어지고 상처가 3, 4일 지속되도록 태형을 가할 만한 이점이 과연 무엇이겠는가?

개혁의 영향

한국인 100명 가운데 99명은 개혁에 대해 어떻게 생각하냐는 질문에 이렇게 답할 것이다. "무슨 개혁 말입니까? 우리는 개혁의 혜택을 얻은 바 없습니다." 유쾌하지 못하지만 이것은 사실이다. 현재로서는 한국인들을 달랠 만한 개혁의 효과가 현실적으로 신통치 못하다. 한국인에게 지금까지 발표된 개혁을 상세하게 짚어 가며 검토해 보게 하면, 그는 개혁이 되었다는 것은 억지로 인정할 것이나 결국은 이렇게 말할 것이다. "개혁이오? 당신은 그런 것을 개혁이라 부릅니까?"

이것은 매우 배은망덕한 태도로 보일지 모르나, 이러한 태도에는 적어도 네 가지 분명한 원인이 있다. 첫째, 개혁이 시행되는 부주의한 방법 탓에 한국인들은 기만당했다고 믿고 있다. 이것은 특히 헌병대의 철수 건에서 그러하다. 또한 '일본인과 한국인 관리 간의 차별 철폐'라고 하는 개혁에 관해서도 다소간 그러하다. 베리 박사의 말마따나 일본 당국은 상상력이 부족하다. 다수의 한국인은 단순한 농민들이다. 과연 누가 그들에게, 헌병대 조직은 여전히 존재하지만 원칙상으로는 사라졌으며, 이제부터 헌병대 중위가 아니라 지방 장관의 관할이이자 총독부에 신설된 경무국 관할이 되므로 그들이 친절과 사랑으로 대할 것이라고 설명할 수 있겠는가.

마찬가지로, 상당한 교육을 받았다는 점에서 농민과는 다를지라도 한국인 순사 역시 눈앞에서 매달 30엔의 특별 수당이 일본인 동료의 주머니에 들어가는 것을 보면 화가 치밀 것이다. 이러한 불편한 감정은 차별 철폐가 공식적으로 선언됨으로 인해 심화될 뿐이다.

수감자에 대한 부당한 처우

둘째는, 사랑의 결핍과 한국인의 감정을 무시했다는 것이다. 새 행정부는 '사랑'이라는 단어를 자주 언급하였지만, 기근 구제사업을 제외하고는 진정한 너그러움의 증거가 없다.

정치범을 사면하지 않은 것은 그들의 친지와 친구뿐만 아니라 전 국민에게 커다란 실망감을 주었다. 겨울철 혹한의 추위로 인해 수감자가 겪는 고통은 이미 고난에 빠진 국민에게 더욱 커다란 슬픔과 우려를 더하는 것이었다. 수많은 수감자들이 심각한 동상에 걸렸고, 돌봐 줄 사람도 없이 앓고 있다. 나는 수감 중인 우리 간호원 하나를 면회했는데, 그녀는 학급에서 가장 충실한 신앙을 가진 사람이었다. 그녀의 손은 얼고 뺨과 발은 동상에 걸려 있었다. 이런 수많은 사례가 있는데도 일본 당국은 신경쓰지 않는 것 같다. 한 학생은 옷도 제대로 입지 않고 외투만 걸치고 감옥에서 나왔는데, 병원으로 옮겨져 즉시 수술하였으나 다음 날 사망하고 말았다.

다수의 훌륭한 한국인 청년들은 감옥병동이라고 잘못 불리는 곳에서 며칠씩 때로는 몇 주씩 아파서 누워 있다가 다 죽어 가는 상태에 이르러서야 나오게 된다. 온기도 없고 입을 옷도 부족하니, 영하의 날씨에 온몸이 얼지 않을 수 없다. 폐렴을 앓고 있는 한 젊은 청년은 발이 얼 정도로 추운 방 안에 누워 있어야 했다. 이것은 결코 한둘에 국한된 사례가 아니다. 매우 고운 외모를 가졌던 한 한국 여성이 최근 재판을 받기 위해 법정에 들어섰는데, 동상 때문에 외모가 변해 있었다. 사람들이 감옥에서 꽁꽁 얼어 있는데, '사랑'을 말하고 '봄날의 행복한 물결 속에서 한국인과 더불어 따뜻한 우정을 가꾸며 살아감'을 말하는 것은 어리석은 일이다.

필자의 말이 사실인지 묻는 독자들이 있을 것으로 안다. 하지만 젊은이부터 노인까지 0도의 날씨에 벌거벗은 채 취침장에서 작업장까지 운동장을 가로질러 뛰어야 했던 것은 사실이다. 그들의 맨발은 얼음 조각에 베이곤 했다. 작업장에서는 때때로 딱딱하게 얼어 버린 옷을 입어야 했다. 전날 벗어 둔 땀에 젖은 옷이 밤사이 얼어붙은 것이다. 이 죄수들의 가장 큰 죄란 '독립만세'를 외쳤다는 것이다.

필자는 일전에 받은 편지의 내용을 인용하고자 한다. 그 편지에는 여전히 계속되는 불필요한 폭정에 대한 생각이 담겨 있다. 도피 중인 한 기독교인 교사가 안동병원에 뇌염으로 입원했는데, 일본 헌병대가 그를 감옥에 가두었다. 그는 감옥에서 며칠간 발로 채이고 수치스러운 대접을 받고는, 결국 다 죽어 가는 상태로 석방되었다. 그는 신의주의 여관으로 옮겨져 여러 번 경련을 일으킨 끝에 사망했다. 이렇듯 사랑이라곤 없는 불필요한 일들이 민중을 괴롭히므로, 개혁은 그들에게 호소력을 갖지 못하는 것이다.

동양척식회사

최근 필자는 한국에서 가장 영향력 있는 지성인 가운데 하나인 어떤 분에게 개혁에 관한 입장을 물어보았다. 그는 정부가 동양척식회사로 하여금 수백의 일본인 가족을 이주시켜 한국인 농민의 자리를 대체하도록 허락하는 한 개혁은 성과를 얻지 못할 것이라고 대답했다. 개혁 이후에 동양척식회사는 300가구의 일본인을 한국으로 이주시켰는데, 이것은 200가구 내지 300가구의 한국인들이 수세기 동안 자신의 선조들이 경작해 오던 토지를 떠나야 함을 의미한다. 격렬한 감정이 담긴 그의 대답에 필자는 놀랐다. 기억해야 할 것은, 정부가 동양척식회사의 최대주주이며 법적으로 회사를 통제할 권리가 있다는 점이다. 여기에는 어떠한 사랑도 존재하지 않는다. 재차 그 배후에 동화정책의 어두운 그림사가 보이는 것이다.

개혁은 그것이 바로잡고자 한 부정이 너무도 심각했고, 보상하려 한 죄가 컸던 탓에 실패하고 말았다. 인도에서 다이어 장군의 학살 사건(*1919년 4월 13일 인도 암리차르에서 영국군이 민간인에게 발포하여 수천 명의 사망자가 발생한 사건—역자 주) 이후, 한국에서 일어난 개별적 사건으로서 잔혹 행위와 대량 학살에 관하여 영국인이 말할 자격은 없을 것이다. 하지만 영국은 소신 있게 사건을 조사하여 발표하였다.

조사의 부재

하라 총리는 전 세계에 선언하기를, 죄를 지은 자가 정부 관리든 일개 시민이든 간에 정부는 죄인에게 어떠한 변명도 허락지 않을 거라고 공언했다. 이것은 일반적인 수사 방식대로 수사가 이루어져야 한다는 뜻이다. 하지만 아무런 일도 일어나지 않았다. 그런 악랄한 행위를 허가한 자들이 공직에 그대로 있는지, 아니면 더 좋은 자리나 비슷한 다른 자리로 옮겼는지, 필자는 여러 차례 질문을 던졌다. 수원 사건(*제암리 학살)에 대한 약속된 군법 회의의 결과는 결코 공개되지 않았다. 죄인의 명단을 작성하고 그들을 처벌하려는 시도조차 없었다.

그런 까닭에 일련의 유감스러운 행동들이 개혁 조치에 의해 파생할 법한 선을 크게 방해하고 있다고 보여질 것이다.

이 기사가 어떤 이에게는 불공정하고 비관적으로 상황을 관찰한 것이라고 보여질 수도 있겠으나, 사실을 아는 사람이라면 필자의 글이 온건한 비평이라는 데 동의할 것이다. 그리고 대부분의 한국인들은 이것이 지나치게 관대한 기사라고 생각할 것이다.

10. 한국: 프랭크 헤론 스미스 목사에 대한 답변

**"Readers in Council: Korea:
A Rejoinder to the Rev. Frank Herron Smith"**

(Letter to Editor), *The Japan Advertiser* (April 10, 1920)

편집장께:

프랭크 헤론 스미스 목사가 '한국의 개혁'에 관한 반관적(半官的)인 입장의 기고문에서 다룬 많은 부분에 대해 견해를 밝히려 했으나, 시간이 부족하여 그러지 못했다. 나는 정부의 개혁에 관해 이렇게 능수능란하게 명시한 경우는 지금껏 본 적이 없었다. '한국의 개혁과 발전에 관한 연례 보고서'(*조선총독부 『시정연보』 영문판)에서조차 말이다. 사실과 수치를 정확히 상술하는 관리자만큼이나 스미스 목사 역시 정세의 분석을 성실하게 했으리라 생각한다. 하지만 어떤 경우에는 사실을 완전히 잘못 해석했다는 것이 바뀌지 않는 진실이며, 또 다른 경우에는 스미스 목사가 (의도치 않게) 그와 같은 길로 이끌린 것이다.

첫째, 한국인이 과거에도 그리고 현재에도 교육에 무관심하다고 언급한 것은 불공평하다. 한국인이 교육 자체에 무관심한 것이 아니라, 동화를 목적으로 하는 교육 제도에 결단코 반대하는 것이다. 학문을 가르치는 대신 (천황에 대한) 충성심을 과도하게 주입하고 일본어를 사용하는 것을 한국인들이 반대하는 까닭에, 아이들을 학교에 오게 하려고 뇌물까지 준다는 말이 사실일 것이다. 독자들이 내가 당국의 입장을 불공정하게 다룬다고 생각지 않도록, 나는 1917년 6월에 송도에서 조선총독부 전 학무국장인 세키야 데이자부로(關屋貞三郎)가 한 말을 인용하겠다.

"나의 견해로 한국인 교육의 기본 원칙은, 한 마디로 말해, 한국인을 일본 제국의 국민으로 키우는 것이다. 다시 말해 한국인 교육의 목적은 학생들의 마음에 충성과 애국의 정신을 기르게 하는 데 있다. 교육과 관련한 법령과 지시는 이러한 용도에 지나지 않는다."

한국 사람들이 이러한 교육 기관을 지지하고 통학하는 데 열심이지 않은 것은 이상한 일도 아니다. 한일병합조약 이후에 정부는 많은 한국 학교를 폐쇄했다. 교사들이 일본어를 사용하는 걸 거부한 탓도 있고, 새로운 요건에 따라 학교를 지원할 기금이 부족했기 때문이기도 했다. 합병과 동화정책이 국민들의 모든 희망을 빼앗았다는 것을 기억해야 한다. 이것이 교육에 관한 명백한 무관심을 얼마간 설명해 준다.

이제 한국인들은 독립을 이루리라 믿고 있기에 희망에 가득 차서, 학교에 입학하려는 지원자가 정원의 4~5배 이상에 달한다. 최근 부산의 한국 학교 교장이 학교 건물 확장을 위해 3,000엔씩 모아 달라고 청했다. 돈은 모아졌다. 그런데 그들은 더 나아가 "부산의 한국인 교육을 위해 우리들이 해마다 8만 엔씩 기부하겠다."라고 말한 것이다. 만일 한국인들이 한국 학교를 완전히 관리하고, 일본 학교와 동일한 교육의 목적으로 한국 학교가 설립된다면, 한국인들

또한 교육에 관심을 가지고 학교협회를 조직하거나 일본인들처럼 자금을 기꺼이 지원할 것이다. 구 정권 하에서는 불가능한 일이었으므로 한국인들에게 학교협회가 없다고 해서 비웃는 것은 온당치 못하다. 최근 그러한 학교협회의 설립을 허가받고자 당국에 신청한 한국인이 넷이다. 이것이 허가될지 안 될지는 지켜봐야 할 일이다.

둘째, 그 기고문의 필자(스미스 목사)나 일본 당국이나 혹은 어쩌면 둘 다 완벽히 무지하다는 것이 다음과 같은 구절에서 드러난다. "외부로부터의 선동이 없었다면 …… 시위는 일어나지 않았을 것이다. 또한 고작 3개월 만에 독립 시위가 전국으로 확산된 것만 보아도 선동이 있었음은 사실이다."

필자가 만나 얘기해 본 한국인들마다 자신들은 마침내 자유를 찾기로 결심했으며 적절한 기회를 기다리고 있다고 솔직히 인정했다. 그들에게는 어떠한 외부의 선동도 없었다. (필자는 작년에 일어난 소요 사태에 대해 말하는 것이다.) 기회는 대부분 계획 없이 찾아왔고, 계획이 있더라도 극히 일부였다. 하지만 선동은 주로 내부에서 연대 정책에 의해 이루어졌다고 볼 수 있다. 사실상 3개월 만에 신간벽지에까지 확산된 독립운동은 유행성 감기보다 더 전염성이 강한 것이었다. 독립운동은 철도가 놓인 큰 도시에서 처음 조직되고 발생하여, 그다음으로 중심지로 옮겨 갔고, 마지막으로 태극기 만들 재료를 조랑말 등에 실어 들여와야 하는 내륙 지방으로 퍼져 갔다.

셋째, 동양척식회사이다. 불행히도 필자는 그 기고문을 수중에 가지고 있지 않으나, 기억하기로는 그 회사의 관리자들이 사무라이 정신을 가진 사람들로 어쩌면 그들의 혈관에는 푸른색 피가 흐를 거라는 말로 그 천사 같은 회사를 옹호한 바 있다. 필자가 잘못 본 게 아니라면, 일본의 군 조직 전체가 그러한 이타주의자들로 이루어졌다는 말과 무엇이 다를까.

스미스 목사의 기고문은 또한, 동양척식회사가 소유한 토지 대부분이 그 회사가 개간한 거라고 독자들로 하여금 믿게 만들었다. 그 회사가 데려온 이주민들도 개간한 땅에 정착했다는 것이다. 한국인들은 일본 이주민들에게 자리를 내주느라 그들의 가장 비옥한 땅을 빼앗겼다. 그뿐만이 아니다. 그 회사는 내규에 따라 개간되지 않은 땅만을 거래할 수 있었으나 교활한 속임수를 써서 경작한 논 1만 에이커를 수중에 넣었다. 동양척식회사가 "한국의 황무지를 개간하기 위해" 설립되었을 때, 그들은 옛 대한제국 정부에 접근하여 자본금 1,000만 엔 중 300만 엔을 출자하기로 하였다. 하지만 그 회사는 대한제국 정부로부터 300만 엔에 대한 대가로 논 1만 에이커와 밭 1만 에이커를 넘겨받아 운영을 시작하였다. 이듬해 한일병합이 선언되었다. 그리하여 동양척식회사는 토지를 소유하고, 출자금 300만 엔은 일본 정부로 넘어갔으며, 그 회사는 적은 출자금에 이자를 내지 말라는 소리를 들었다.

그 회사가 보유한 토지 대부분은, 부채가 있거나 그 회사의 성격을 잘 모르는 한국인들로부터 사들인 것이다. 필자는 가난한 한국인 농민이 동양척식회사의 논을 살 수 있다는 말을 들은 적이 없다. 반면 일본인 이주자들은 25년간 소액을 분납하여 토지를 살 수 있다.

필자는 스미스 목사가 동양척식회사 자선가 명단에 언급한 한 신사를 만나 물어보았다. "당신은 점잖은 분이신데, 동양척식회사의 방식에 조금도 부끄러움이 없으십니까?" 그가 대답했다. "그렇지요. 하지만 당신네 나라에는 그와 비슷한 나쁜 회사가 없습니까?" 필자는 우리나라도 마찬가지라고 인정할 수밖에 없었다. 동양척식회사는 간단한 취재 용건에 대해 말한 필자의 친구에게 1,000엔을 준 적이 있는데, 그는 헤론 스미스 목사만큼 눈치 빠르게 사정을 알지 못했다. 그런데 그 회사는 그런 줄 몰랐던 모양이다!

넷째, 한국에서 고문이 사라졌다고 말하기에는 이르다. 아카이케 아츠시(赤池濃) 경무국장이 고문 폐지 명령을 내렸다. 그런데 나는 새 행정부 내에 고문을 강하게 반대하는 인사들이 있어서 스미스 목사가 기고문에 특별히 적은 것이라고 생각지 않는다. 하지만 그러한 명령은 과거 5년 동안 여러 차례 내려졌지만, 여전히 고문이 성행한다.

필자가 서울을 떠나기 며칠 전, 『재팬 애드버타이저』지에 "한국에 더 이상의 고문은 없다"는 기사가 실린 직후, 불에 달군 인두로 지지는 고문을 당한 한 젊은 여성에 대해 고위 관리에게 얘기할 기회가 있었다. (이 고문은 12월에 행해졌다.) 필자가 서울을 떠나기 바로 전날에는 배재학당 학생 두 명의 이름과 주소를 받았다. 한 학생은 심한 전기 충격으로 회복하지 못하였고, 다른 한 학생은 엄지손가락이 묶인 채 천장에 매달렸다. (이 사건은 3월의 일이다.) 이 경우에 흥미로운 것은, 배재학당 학생이 고문당하지 않았다는 것을 증명하느라 30쪽짜리 비판적 조서를 기록하였다는 것이다. 이 학생들은 경찰서에서 고문을 당했는데 말이다.

한국에서 이루어져야 할 것이 많지만, 희망적인 것은 총독과 정무총감이다. 총독이 나쁜 것을 없애고자 하고, 동화정책이 허락하는 한 한국인에게 가장 나은 것을 제공하려 하기 때문이다.

필자는 배편으로 캐나다로 떠나기 몇 시간 전에 이 답변을 쓰고 있다. 몹시 불완전하나마, 한국의 사정에 대한 스미스 목사의 최근 논평을 보완한다는 점에서는 가치가 있으리라 생각한다. 스미스 목사는 여러 사실관계에 대해서는 알고 있지만, 한국인의 마음과 그들의 언어를 이해함이 부족하여 정확히 해석하지 못한 것이다.

프랭크 윌리엄 스코필드

도쿄, 1920년 4월 9일

11. 압제자의 멍에 아래 신음하는 한국: 서울의 한 의료인이 전하는 한국의 자유를 향한 부르짖음

"Korea Groans Beneath Yoke of Oppressor",

The Globe (July 12, 1920)

침략의 희생자

제정 러시아에 버금가는 일본 경찰 제도의 야만성

한국에 대한 일본의 정책이 지독히 공격적이라는 프랭크 스코필드 박사의 연설이 어제 오후 Y. M. C. A 센터에서 있었다. 최근 한국의 서울에 도착한 스코필드 박사는 의학박사이자 장로교 선교사이다. 일본이 한국을 통치하는 방식은 짜르 시대의 러시아보다 심한 수준으로 묘사되었고, 일본은 한국인들을 위협하고 강제로 일본의 관습과 언어와 국적을 받아들이게 하기 위해 고문을 포함한 러시이 경찰 정보원 시스템까지 도입했다고 한다.

스코필드 박사에 따르면 한국인들은 애초부터 평화주의자이다. 또 그는 일본인들을 근본적인 군국주의자라고 했다. 스코필드 박사는 다음과 같이 언급했다.

"한국의 지형이 형성된 방식은 한국인들의 심리와 닮아 있다. 산맥이 동해안을 따라 뻗어 나가면서 바위가 많고 험난한 지형을 형성하고 있는 반면, 서쪽은 해안을 따라 평야가 펼쳐져 있다. 한국이란 나라는 자기가 싫어하는 일본을 등지고, 좋아하는 중국을 향해 얼굴을 돌리고 있는 형국이다."

술 취하지 않는 민족

스코필드 박사는 한국인들이 호감 가고, 크고, 강인하며, 당당한 민족이라고 말했다. 또한 그는 한국의 역사가 4000년이나 계속되어 왔으며, 한국이 금주를 시행한 것은 서기 58(?)년으로 거슬러 올라간다고 하였다.

금주령 탓에 사람들이 술을 마셔도 꼿꼿한 태도를 유지하고 말짱하다는 것에 대한 한 예로, 그는 1433(?)년 어떤 지방의 관리가 술을 마시다가 왕에게 들켜 참수를 당했다는 얘기를 들려주었다. 그리하여 그의 머리는 자신이 다스리던 곳 전역에 걸리게 되었다. "이보다 더 엄격한 방침은 없을 겁니다." 박사가 말하였다.

약 400년 전에 한국인들은 일본의 침략으로 고통받았다. 일본은 중국을 공격하여 점령하려 하였고, 스코필드 박사는 일본이 여전히 중국 점령의 야망을 간직하고 있다고 말했다. 벨기에가 유럽을 구했듯이 한국도 중국을 구하였지만, 그런 가운데 나라를 빼앗겼고 되찾지 못하였다. 그는 다음과 같이 말하였다.

"도쿄 근교에 일본의 침략자들이 고향으로 가져온 수천 명에 달하는 한국인들의 잘린 귀가 묻혀 있는 무덤이 있습니다. 그리니 한국인들이 일본을 좋아하기란 얼마나 어려운 일인지 이해할 수 있을 것입니다. 그런데 그런 일본이 한국인들을 일본인으로 바꾸려 하고 있는 것입니다."

한국의 독립을 인정하지 않다

그는 일본이 중국과 러시아와 벌인 전쟁을 한국 독립을 지키기 위한 싸움으로 주장하는 바에 대해서도 언급했다. 한국인들은 러시아에 맞서 일본을 도왔다. 그리하여 일본은 미국 선교사가 미국 정부 차원의 항의를 받아냈음에도 불구하고, 한국의 독립을 인정하지 않고 피보호국으로 만들었다. 제대로 훈련받지 못하고 무기도 갖추지 않은 한국 군대는 해산하라는 명령이 내려진 이후 18개월간 완전무장한 일본군에 맞섰다. 자신들과 대립한 한국의 황후를 시해한 일본은 황제를 폐위하고 그의 얼간이 같은 아들을 왕좌에 앉혔다. 그들은 내각에 의해 한국의 주권을 이양하도록 하는 데 무력을 사용하였다.

"한국인은 종이를 발명했고, 활판 인쇄도 발명했으며, 광범위한 교육 제도도 갖추고 있었다." 연사인 스코필드 박사가 말했다. 어떤 경우에는 학교의 스승이 나라의 임금보다 우선시되기도 했다.

일제 하의 참상

한국을 침탈한 일본은 엄청난 수의 헌병경찰과 경찰, 군인들을 배치시켰다. 학교에서는 일본어 외에는 다른 것을 가르칠 수 없었다. 한국 역사책은 불에 탔다. 한국의 국기를 보인다는 것은 징역이나 고문을 감당해야 함을 의미했다. 1911년에는 1만 8,000명이 영장이나 유죄 판결 없이 헌병경찰의 즉결 심판만으로 체포되었다. 1918년에는 그 숫자가 8만 1,000명으로 뛰었다. 1911년 1만 4,000명의 한국인들이 경찰에게 태형을 당했고, 1918년에는 그 수가 3만 명으로 늘었다. 헌병경찰은 즉결 심판만으로 체포뿐 아니라 징역, 태형을 집행하고, 고문할 권리도 가지고 있었다.

"이곳 사람들은 불평을 하며 세금을 내야 하기 때문에 자유를 빼앗기고 있다고 말합니다. 그들을 강제 동화가 진행되는 한국으로 보내 그게 마음에 드느냐고 물어 보십시오." 연사인 스코필드 박사는 말했다.

교회들이 불태워지다

"기독교인들이 늘 독립운동을 이끌었습니다." 스코필드 박사가 말했다. "우리는 감옥 안에서 개종을 시켰는데, 특히 여성들이 많았습니다. 사실 현지인을 기독교인으로 개종시키는 일은 교회보다도 감옥에 갇혀 있는 남녀를 대상으로 하는 경우가 많았다고 할 수 있습니다." 그는 많은 기독교 교회가 일제 경찰과 소방대원에 의해 불탔다고 말했다. 그가 당국에 항의해 봤지만 그것은 한국인 선동가들의 짓이라는 답변만을 들었는데, 그가 반대되는 증거를 보였음에도 불구하고 대답은 마찬가지였다.

고문의 경우에도 공식적으로든 비공식적으로든 그것을 인정하는 대답을 들을 수 없었다. 그러나 그는 도쿄의 신문에 고문에 관한 기사를 쓴 바 있다. 또한 그는 일본 수상과 인터뷰를 했는데, 한국에는 첩보원이 넘쳐나며, 모든 유명인사들은 밀착 감시를 당하고 있다고 하였다.

"내가 도쿄에서 한국인들에게 마지막 연설을 했을 때, 청중 안에 첩보원이 25명이라는 얘기를 들었다. 연설 중에 그 얘기를 하니까 누군가가 첩보원이 그보다 많다고 소리쳤다. 그래서 내가 말하길, 첩보원들로 이루어진 청중 앞에서 연설할 수 있게 되어 영광이라고 하였다."

정의를 청원함

스코필드 박사는 일찍이 지역보건위원회 위원장이었던 아미오(Amyot) 박사와 친분을 맺었고, 서울의 기독교연합병원인 세브란스 병원에서 세균학자로 있었다. 그의 강연은 "또 다른 알사스 혹은 폴란드"에 대한 것이었고, 그는 한국을 위해 정의를 호소하는 추가 강연들을 할 작정이다. 최근 들어 일본은 회유 정책으로 돌아서기로 하였다. 다른 어느 나라에서도 목격되지 않는 양반 계급이 평민을 어느 정도 압제해 온 이 나라에서 일본이 상당한 개혁을 했다고 한국인들 스스로 인정하긴 했지만, 그래도 그들은 독립을 원했다. 현재 모든 관료직은 일본인들의 차지가 되었으며, 한국인들은 열등한 민족으로 취급받는다.

12. 한국에서 일본의 개혁

"Japanese Reforms in Korea",

The Globe (July 17, 1920)

By Dr. Frank Schofield

지난 일요일 Y. M. C. A.에서 발표되어 귀하의 신문에 보도된 연설은 최근 한국에서 일어난 혁명의 근저에 있는 가장 중요한 원인들을 재확인한 것이었다. 한국인들은 자신들의 생명과 교회 재산을 희생시키기까지 한 소요를 일으켰다고 비난 받아 왔다. (일본인 군인과 소방관들에 의해 약 3만 달러에 상당하는 한국 내 교회가 파괴되었다.)

일본의 강제된 동화라는 식민 정책과 관련된 부당함이 좀 더 일반적으로 알려졌다면, 그러한 비판은 일어나지 않았을 것이다. 무단 정책의 붕괴 이후 일본 당국이 한국에 도입한 정책 개혁에 대해 이와 동일하게 명확한 진술이 나와야만 일본에게도 공정한 일일 것이라는 주장이 제기되어 왔다.

위대한 승리

육군 대장 하세가와 백작이 한국 총독의 직위에서 불명예스럽게 물러나야 했을 때, 용감히 일어선 한국인들은 위대한 승리를 거둔 셈이다. 한국인들은 10년 가까이 그 땅을 지배한 독일식 군국주의적 식민정책을 심각하게 무력화시켰다. 작년의 실패 때에 새로운 총독 사이토 남작이 새롭고 관대한 정치 체제를 개시하라는 명령을 받고 한국으로 보내졌다.

도쿄의 정치 활동가들이 첫 번째로 허용한 것은 (군국주의 파벌의 근거지) 조슈번 출신이 아닌 해군 출신을 지명하는 일이었다. 도입된 개혁 정책은 다소 실망스러운 것이었지만, 개혁을 가져왔던 사람을 임명한 것은 대단히 성공적인 일이었다. 사이토 제독은 한국에 최고의 총독이고 앞으로도 이보다 더 나은 총독은 없을 것이다. 지난 군국주의적 식민기구의 일원이던 많은 사람들이 관직에 남아 있었으므로 그의 입장은 쉽지 않았다. 그들이 사이토 총독을 쫓아내려 했으나 실패했다는 소문도 있다. 그 자신의 성공은 앞으로 상황이 나아질 것이라는 징조이다.

독일식 사고방식

도입된 개혁정책에 관한 사항. 그 첫 번째는 교장, 역장, 우체국 직원 등이 칼을 차던 것을 폐지한 명령이다. 칼과 배지, 그리고 금몰(gold braid)을 착용한 학교 교장이 초등학교 학급을 데리고 자랑스럽게 거리를 행진하는 것은 꼴사나운 광경이었고, 독일에서나 볼 듯한 광경이었다. 산 가까운 곳 특별히 선정한 장소에 망자를 매장하는 한국의 풍습은, 일본 법령에 의해 금지되어 왔으나, 이제 다시 허가되었다. 매장을 위한 적절한 장소를 선택할 수 있다는 것은 비기독교인들에게 상당히 큰 의미를 지닌다. 상서로운 묘자리는 지하에 있는 고인의 영혼에게 사후 세계의 모든 일이 순조롭게 시작될 것임을 의미한다. 좋지 않은 장소는 영혼의 미래를 망칠 뿐만 아니라 여러 세대에 걸쳐 그 가족에게 불운을 가져온다. 이 개혁은 당연히 기독교인들 사이에서는 인기가 없지만, 그들은 소수이다. 비기독교인들에게 이 개혁은 굉장한 것이었다.

한국 언론의 승인

새로운 지배자에 의해 승인된 최고의 개혁 정책의 내용 중 하나는 세 개 신문사의 면허를 허가한 것이었다. 한국인들은 약 8년 동안 자신들의 신문사를 갖지 못했지만, 이제 옛 신문사 직원들을 다시 모으며 동화정책을 주장하는 군국주의자들의 영향을 받지 않은 칼럼을 읽을 수 있다는 점에 기뻐하고 있다.

하라 총리는 "한국을 관리했던 헌병(경찰)이 (민간)경찰로 대체될 것이다."라는 중대한 개혁 내용을 한국인들에게 약속하고 세상에 공표했다. 하지만 한국인들은 자신들이 속았으며 헌병이 경찰로 '대체'되는 것이 아니라 그 자체가 경찰이 될 것이라는 사실을 알았을 때 참혹한 실망감을 느꼈다.

그러나 경찰 체제에서 이루어진 중요한 개혁은 이 충격을 조금 견디기 쉽게 만들어 주었다. 지금까지 육군 장교의 통제 하에 있었던 경찰이 영구적으로 민간인 경무국장의 지휘를 받게 된 것이다. 이러한 방법으로, 변모된 헌병은 거의 무제한적이던 권력의 상당 부분과 마찬가지로 총과 장검도 잃게 되었다.

새로운 형태의 고문

경찰 개혁은 훌륭한 것이었지만, 동시에 서른 번째 변형이라고 할 만한 새로운 형태의 고문이 도입되었다. 그 진가는 그 고문이 아무런 상처 자국도 남기지 않는다는 사실에 있다. 물에 적신 가죽을 대상의 가슴 둘레에 단단히 묶고, 이제 가죽이 마를 때까지 그가 뜨거운 난로 주위를 걷도록 한다. 그러면 가죽의 압박이 심해져서 그는 무너지고 비밀을 실토하게 된다.

1910년 일본의 점령 이후, 일본인과 합자로 하지 않는 이상 한국인은 기업을 세울 수 없도록 하는 극단적인 법이 제정되었다. 이제 한국인들이 산업과 상업적 발전을 도모할 수 있도록 이러한 차별적인 법규들이 무효로 선언되었다. 한국인들이 직면해야 하는 불리함은 교통수단이 모두 일본인 소유라는 점이다.

한국인들이 한국의 초등학교에서 교장직을 맡을 수 있도록 허가되었다는 점에서 신기축이 이루어졌다. 벌써 18명의 교장이 임명되었다. 또한 한국인이 학교교육을 받을 수 있는 기간도 이제 일본인들에게 승인되는 기간과 거의 동일하다. 떠들썩하게 선전되었던, 동일 직급 일본인과 한국인 사이의 급료 차별 철폐는 대부분 속임수였으므로, 개혁이라고 할 수 없다.

더 이상 경찰이 처벌하지 않을 수도 있어

아마도 가장 중요한 개혁 내용은 경찰 태형의 철폐일 것이다. 신체적 형벌의 하나인 90대의 태형 방식으로 인해, 많은 한국인들이 살해당해 왔으며 매우 많은 숫자가 심각하게 다쳤다. 이 방식에 따라,

두꺼운 가죽끈으로 십자가에 매인 수감자는 3일 연속으로 매일 30대를 발가벗은 몸으로 태형을 당했다. 결과는 참혹했다.

한국 내에 있는 기독교인들과 선교사들은 선교 학교와 전문학교에서 다시 성경을 사용하도록 허가받은 것에 대해 크게 기뻐했다. 정말로 굉장한 개혁이다. 이 간략한 조사는 일본인들이 후회하며 어두운 과거를 보상하려 했음을 보여 줄 것이다. 그러나 한국인들은 그러한 개혁으로는 설득될 수가 없다. 그들은 너무나 오랫동안 너무나 많이 고통받았다고 느끼고 있다. '사랑과 호의'라는 새로운 원칙 하에 강제된 동화정책은 여전히 작동한다. 한국인들은 특히 개혁 정책이 경찰 개혁에 500만 달러의 예산이 필요하다고 한 데 비해, 교육 개정에 200만 달러만 요구하고 있다는 점에 대해 미심쩍은 마음을 가지고 있다.

한국인들의 목적은 독립

한국인들은 자신들이 독립할 권리가 있다고 생각하고 있으며, 상황을 아는 모든 사람들은 그들이 자치 국가가 되어야 한다고 보고 있다. 기원, 이상, 언어와 문화가 일본인들과 다르기 때문에, 국민성의 박탈과 강제된 동화정책은 그것들이 시도되었던 다른 모든 국가들에서 그랬듯이 한국에서도 대실패가 될 것이다. 한국인들에게는 그들 속에서 불타고 있는 민족정신을 표현할 권리가 주어져야 한다. 이런 일이 이루어지기 전까지, 이 조용한 아침의 나라에는 소란만이 있을 것이다.

13. 한국의 미래: 하라 일본 총리와의 인터뷰

"THE FUTURE OF KOREA: An Interview With Mr. Hara",

The Globe (September 4, 1920)

By Dr. Frank Schofield

하라 다카시(原敬) 일본 총리와의 인터뷰를 통해 필자는 가장 궁금해 하던 사실, 즉 일본 정부의 한국에 대한 정책에 대해 알게 되었다. 그리고 그 정책은 '사랑과 정의에 의한 동화'라는 구문으로 표현될 수 있을 것이다. 필자는 하라 총리와의 대화를 간략하게 옮겨 보겠다.

필자는 한국 정책의 개혁을 통해 기대할 수 있는 점이 무엇인지 물었다. 하라 총리는 대답했다. "우리의 바람은 일본인들이 가진 모든 특권과 자유를 한국인들도 누릴 수 있도록 하는 것입니다. 한국인들은 동등한 국민으로서 대우받아야 하고, 나는 정의, 호의, 그리고 동정심이 새로운 관리들의 표어가 되기를 바랍니다."

필자는 한국인들은 이 모든 것들을 합병 때에 약속 받았으나, 동화정책으로 인해 그러한 특권을 부여 받는 것이 불가능했다고 언급했다. 필자가 물었다. "동화정책은 지속될 것입니까?" 하라 총리의 대답은 이러했다. "동화정책은 유지될 것이지만, 그 방법은 많은 차별과 다른 해악이 철폐될 수 있도록 완전히 달라질 것입니다."

필자는 그러한 해악들은 동화정책에 불가피하게 수반되는 것들이며, 정의를 공고히 하는 유일하고 가능한 방법은, 점진적으로 정부 권력을 한국인들에게 이양하는 것이라고 강조했다. 필자는 그토록 강한 저항을 받는 정책을 한 국가에 강제하는 것이 도덕적인 일인지 물었다. 하라 총리는 필자에게, 정책의 명칭은 동일할지라도 행정부는 완전히 달라질 것이며 실제적으로 훨씬 더 관대한 정책이 따를 것이라고 보증했다.

"기다려 보라"

필자는 그 정책이 10년 동안 시도되었고 알사스-로렌 지방과 폴란드에서와 같이 한국에서 완전히 실패를 했는데도 지속되어야 하는 이유가 무엇이냐고 물었다. 하라 총리는 이에 대한 대답을 하는 중에 필자에게 기다려 보라고 청하며 새 행정부에게 시도할 기회를 주는 것은 공평한 일이라고 했다.

필자는 이에 대해 이렇게 말했다. "만약 정부가 동화정책을 고집한다면, 결말은 유혈 혁명이 될 것입니다." 그 다음에 필자는 전체적 상황을 불편부당하게 조사할 고등 판무관이 한국에 파견될 것인지 물었다. 하라 총리는, 새로 임명된 한국 총독 사이토 제독에게 필요하다고 판단되는 것은 무엇이든 조사할 전권이 있으며 현재 판무관 파견은 고려하지 않고 있다고 대답했다. 필자는 굉장한 실망감을 표현하며, 두 나라 국민 사이의 신뢰를 회복하는 데 도움이 되는 방법으로 그만한 가치를 지닌 일은 생각할 수 없다고 말했다.

잔학 행위들에 대한 부인

필자는 잔학 행위들과 기독교 교회 박해에 대한 정확한 전말이 기록될 수 있도록 책을 쓰고 있다고 언급했다. 그리하여 하라 총리에게 필자가 책에 써도 좋을 그 문제에 대한 분명한 진술을 요청했다. 처음 필자는 '사실에 충실하라'는 좋은 조언을 들었다. 그 다음 하라 총리는 더 나아가 한국에서 자행된 잔학 행위들은 수뇌부의 명령에 따른 것이 아니었음이 분명히 이해되기를 바란다고 했다.

잔학 행위들은 자기 뜻대로 행동한 잔인무도한 군인들과 경찰의 짓이라는 것이다. 또한 그는, 이 시대의 혼란으로 인해, 주어진 명령을 이해하는 데 있어 드물지 않게 실수가 생긴다고 했다. 필자는 대답으로 이렇게 말했다. "그 명령을 고위직 관리들이 내렸는지 아닌지는 모르지만, 나와 다른 이들이 최고위직 관리들에게 가서 잔학 행위들을 보고했을 때, 그들이 거듭 거짓말을 했으며 그 부하들의 죄를 덮기 위해 수많은 변명을 했다는 것은 알고 있습니다." 하라 총리는 필자의 말에 반론을 제기하지는 않을 것이라고 답했지만, 미래에 그러한 불법 행위가 일어날 때에는 즉시 자신에게 알려주기를 바란다고 말했다.

필자는 하라 총리에게 인터뷰를 해 줘서 감사하다고 말하며, 그의 내각 기간 중에 한국에서 혁명이 일어나야 했던 것에 대해 유감을 표시했다. 하지만 그는, 모든 사람들이 그가 아닌 전임자 데라우치 마사타케(寺內正毅) 백작에게 책임이 있음을 알게 되었다는 사실을 기억하는 것으로 조금의 위안을 찾을 수 있을 것이다.

14. 한국의 여성들은 '힘'을 가지고 있다

"Korean Women have the 'HIM'",

The Christian Science Monitor (Jun 7, 1920)

만일 한국인들이 일본에 대항하여 독립을 쟁취하기 위해 벌이고 있는 비폭력적인 투쟁이 성공하게 된다면 그것은 한국 여성들의 단호하고 현명한 계획에 기인하는 바가 매우 크다고 할 것이다. 한국 여성들은 어떠한 궁핍함이라 할지라도, 어떠한 위험이라 할지라도 기꺼이 견뎌내었으며 그들의 현명함은 계획이 실현되는 과정에서 여러 번 발휘되었다. 한국에서 오랫동안 선교사업에 참여한 프랭크 스코필드 박사는 얼마 전 미국에 도착했는데 민족운동에 참여한 많은 한국의 여성 영웅들에 대한 이야기를 전해 주었다.

스코필드 박사가 전하는 바에 따르면 한국 독립선언의 1주기를 축하하기 위한 최근의 시위들은 많은 수가 전적으로 젊은 여성들에 의해 계획되고 실행되었으며 이들 중 많은 수는 이전부터 일본 당국의 불허에 따르는 처벌을 잘 알고 있었다.

동료들이 기소되는 것을 막기 위하여 어느 누구도 상세한 것을 말하지 않았기 때문에 지명을 밝힐 수 없는 한국의 한 소도시에서는 소녀들이 주도한 시위가 두 차례 벌어졌다. 이 시위는 오늘날 워싱턴에서 갈수록 자주 볼 수 있는 '전국여성당(National Woman's Party)'의 간판을 달고 벌어지는 시위와 비슷하다.

특정 시간에 깃발을 든 사람이 거리의 한 모퉁이에서 나와 '만세'를 외친다. '만세'란 글자 그대로 읽으면 1만 년을 의미하지만 실제적인 의미는 '한국이여 영원하라!'라는 것이다. 깃발을 든 많은 사람이 청소년이었다. 그러나 이들은 체포되어 많은 수가 투옥되었다.

스코필드 박사에 따르면 감옥에서는 이상한 광경이 벌어졌다고 한다. 한 여성은 감옥에 와서 자신의 어린 아들에게 밥을 먹이게 해달라고 애원했는데 스스로 식사를 챙기기에는 너무 어린 그 아이가 정치범이었다. "누가 만세를 부르라고 시켰느냐?" 경찰이 또 다른 어린 범죄자에게 물었다. "제 할머니입니다." 그 어린이는 이렇게 대답하고 그의 할머니는 상관이 없었음에도 불구하고 자신의 동료 혁명가들을 보호하기 위하여 계속 잡아뗐다.

시위 둘째 날에는 시위를 주동한 소녀들이 기독교 계열 소년학교로 갔다. 그 소년학교의 교장은 당장 감옥에서 순교하는 것보다 공부하는 것이 당장 더 중요하다고 믿고 있었기 때문에 소년들이 시위에 참여하지 말 것을 권하고 있었다. 하지만 여학생들의 경멸은 소년들이 견딜 수 없는 것이었다.

"지난 이틀간 여학생들이 외치는 만세 소리를 듣지 못했니?" 소녀가 물었다. "젊은 남자들이 일본인을 무서워하는 거야?" 소년들이 대규모로 시위에 참여한 것은 말할 나위 없으며 그 숫자는 140명에 달했고 명예롭게 체포되었다.

스코필드 박사는 다음과 같이 말했다. "일본인들은 그들에게 계속해서 증거를 들이밀어도 한국에서 고문이 자행되고 있다는 사실을 공식적으로 인정하지 않고 있습니다. 이번 봄의 시위에서 일본 경찰의 혹독함은 지난해와 비교했을 때 다소 바뀌었습니다. 하지만 매우 잔인한 고문은 계속되고 있습니다. 정치적인 이유로 기소된 여성들은 끔찍한 치욕을 당하고 있습니다. 그리고 현재의 체제로는 그들을 도울 수가 없습니다. 경찰의 비밀 수사를 허용하는 사법 체계하에서 고문은 거의 피할 수 없습니다."

박해에도 불구하고 여성들의 기개는 꺾이지 않고 있다.

스코필드 박사는 다음과 같이 말했다. "미국으로 오는 길에 도쿄에 들러 가난과 수많은 밀정들에 의한 박해라는 이중의 부담을 지면서 그곳에 거주하고 있는 한국 학생들의 상황을 살펴보았습니다. 그러한 만남을 가지던 중 4학년인 한 한국 여학생이 '힘'에 관하여 열변을 토했습니다. '힘'이란 일종의 중요한 에너지를 뜻하는 한국말로 영어로 옮긴다면 '활력, 원기(pep)' 정도에 해당될 것입니다. 그리고 한국의 민족운동에서 발휘된 엄청난 힘의 상당 부분은 여기에 참여한 여성들로부터 나왔음이 확실합니다. 일본인들 스스로도 이 점을 깨닫고 있습니다. 일본인들은 이렇게 이야기합니다. '남자들은 동화시킬 수 있지만 여자들은 어떻게 해야 할지 모르겠다.'"

"지난 겨울 시찰을 위해 동양을 방문한 장로회 선교부의 교육분과장도 귀국하여 비슷한 이야기를 했습니다. 그는 일본 관헌이 한 민족주의자가 일본에 저항하는 문건을 담은 신문을 발행하는 것으로 의심되는 가옥을 수색하기 위하여 일단의 군인들을 보낸 이야기를 했습니다. 군인들은 그 집의 하인을 만났는데 하인은 군인들을 집에 남아 있던 주인집의 두 딸에게 안내했다고 합니다. 두 소녀는 방 한가운데에 서 있었습니다. 두 소녀는 앉으며 문 쪽으로 큰절을 하면서 큰 치마를 펼쳤습니다. 두 소녀는 당당하지만 냉담하게 말했습니다. '어서 오세요. 우리 집을 수색하시더라도 아무것도 찾으실 수 없을 겁니다.' 그들은 앉아서 기다렸습니다. 물론 일본 군인들은 아무것도 찾지 못했지요. 그러나 군인들이 떠나자 소녀들은 일어섰습니다. 그 소녀들은 수색을 하는 동안 쭉 작은 신문들을 깔고 앉아 있었던 것입니다."

"독립운동 초기에 한국의 민족주의적인 여성들은 이 운동에서 전령의 역할을 했습니다. 이들은 위장하는 방법을 여러 가지로 강구했습니다. 한 젊은 학생은 민족주의 회합에 경찰의 습격이 있을 것이라는 것을 알리기 위해 회색 가발을 쓰고 지팡이를 짚은 뒤 정중한 일본 경찰관과 함께 강을 건넜습니다."

"동양의 전통과는 달리 오늘날의 한국 여성들은 페미니스트라 할 수 있습니다. 오늘날 이러한 징후를 보여주는 것으로는 서울에 세워진 동양무역상사가 있습니다. 이 회사는 한국 여성이 소유하고 있으며 전적으로 여성들에 의해 경영되고 있습니다. 이 회사는 염색된 직물과 포목 등 여성들이 주로 사용하는 제품을 취급할 것입니다."

"한국 여성들이 가장 필요로 하고 또 절실히 원하는 것은 교육입니다. 제가 미국으로 오는 길에 승선한 배에서 한국에서 중국으로 탈출한 뒤 미국으로 가서 미국 교육을 받는 데 필요한 여권을 발급받기 위해 중국 시민권을 취득한 한국 학생들을 만났습니다. 이들 중에는 3년 전 교육을 받고 싶어서 고향을 탈출한 뒤 낯선 땅에서

긴 방랑의 세월을 보낸 여학생이 세 명 있었습니다."

스코필드 박사는 서울에 여성을 위한 기독교 대학을 건립하는 데 관심을 가지고 있다. 현재 한국에는 이화학당 한 곳만이 있는데 이곳은 한국 여성에게 고등교육을 제공하고 있으나 매우 적은 수의 여성만을 받아들일 수 있다. 볼티모어 여자대학의 가우처(Goucher) 박사가 새로운 여자대학을 설립하기 위해 1만 달러의 첫 기부를 약속했다.

3

스코필드 박사의 국내 신문 기고문

01. 한국 발전의 요결

『동아일보』 1920. 4. 1.

수개월 전에 한 한국 청년과 이야기를 나눌 때에 그 청년이 "우리는 깨어났다."라고 하기에 내가 "깨고 말고, 이후에 다시 자면 안 됩니다."라고 대답했다. 그 청년은 계속해서 "우리나라를 한층 더 선량한 나라로 만들기 위하여 저의 맡은바 책임을 다하고자 공업학교에 입학하여 양초와 비누의 제조법을 연구하는 중입니다."라고 말했다.

이 청년의 말은 진짜 사실이다. 한국은 이제 깨어났다. 다시 자지 않으려 하고 있다. 그러나 한국은 수백 년간을 잠자다가 지금에 와서야 깨었다. 그동안 다른 나라의 각 방면에 걸친 진보는 참으로 놀랄만한 것이었다. 그동안 게을리 잠만 자면서 허송한 세월을 보충하려면 한국 사람은 앞으로 엄청난 노력이 필요할 것이다.

이에 수년 전에 선각자들이 조국의 (죽음의 잠), 즉 그 길고도 편안한 잠을 타파하여 새로운 생명의 빛을 불어넣고자 노력했으나, 그 노력은 수포로 돌아가고 말았다. 민중은 깨기를 원치 아니하고, 여전히 평화롭게 잠을 계속하며, 일체의 개혁을 거부했다. 그래서 한국은 외국인에게 '숨어 있는 선비의 나라'라는 명칭으로 알려졌다.

한국의 장래에 대한 일대 희망은 한국인이 예로부터 내려오면서 게으름만 피우던 민족이 아니라는 사실에 존재한다. 과거를 보면 현명한 임금, 지혜로운 선비, 근면 성실한 민중의 역사로 가득 차 있다. 이런 역사는 우리들을 일깨워 준다. 일반 민중이 한 번 자기들을 마비시켜 파괴하는 나쁜 생각과 악습을 던져 버리려고만 하면 과거에 했던 일을 어찌 미래에 못하겠는가? 한국인이 만일 앞날에 성공을 기약하려면 그 길은 오직 하나이다. 그것은 곧 비누와 양초를 제조한다는 청년이 생각한 바와 같은 길이다.

첫째로는 자기가 할 수 있는 것이 무엇인가를 깨닫고, 둘째로는 마음과 힘을 다하여 그것을 실행하는 일이다. 농부는 가장 좋은 방법으로 땅을 경작할 것이며, 신을 만드는 사람은 품질이 제일 좋은 신을 만들 것이며, 사업가는 최신식으로 사업을 경영할 것이며, 학생 또한 최선을 다하여 공부할 것이며, 청소부일지라도 그 직분을 충실히 시행함으로써 하나의 티끌도 남지 않게 하여 악취나 파리가 생기지 않게 해야 할 것이다. 실행할 수 없는 일을 실행하지 않는 것은 책망할 수 없지만, 하고자 하면 능히 실행할 수 있는 것을 실행하지 않음은 크게 책망해야 할 것이다.

무릇 발전의 필요조건이 네 가지 있으니 첫째는 교육이요, 둘째는 근면이요, 셋째는 재정이요, 넷째는 도덕이다.

첫째는 교육면에서 한국은 크게 뒤떨어져 있다. 그러므로 오랜 세월이 걸리지 않으면 충분한 학교를 설치하지 못할 것이다. 교육의 큰 가치는 사람으로 하여금 생각하게 하는 데에 있는 것이지만 그 가운데에서도 정당하게 생각하도록 하는 것이 더욱 중요하다.

독일 사람은 일찍이 강도가 높은 교육을 받았다. 그러나 그들은 정당하게 생각하는 방법을 배우지 못했다. "독일 사람은 천하에 가장 위대한 국민이다. 그러므로 세계를 지배하지 않으면 안 된다."라고 생각하게 교육을 받았으니, 세계를 정복하려는 야심을 가지고 감히 천하에 전쟁을 선언함에 이르렀던 것이다. 이를 어찌 정당하다 하겠는가.

나는 한국 사람 중에서도 교육을 받은 사람 몇 분을 만나 보는 중에 그들이 교육의 대목적을 정당하게 이해하지 못하고 있음을 알고 애석하게 여겼다. 그들은 학교의 졸업증을 얻었다. 그러나 하는 것은 별로 없고 그저 신사인 척할 뿐이다. 그러면서도 오히려 자기는 일반 민중보다 총명하며 현명하다고 자부하는 것이다. 교육을 받으면 동시에 봉사라는 큰 책임을 져야 한다는 것을 어찌 잊었는가? 그들이 얻고자 바랐던 지식은 곧 다른 사람을 위하여 사용할 의무가 있는 것이다.

교육을 받은 사람으로서 일반 민중을 위하여 그 지식을 사용하지 않으면, 그는 국가에 대하여 쓰레기통 끄는 마차꾼보다도 그 가치가 없는 것이다. 그러니 교육받은 사람은 교육을 받지 않은 사람을 힘써 도와주어야 할 것이며, 교육을 받지 않은 사람은 지식을 얻기에 온 힘을 다해야 할 것이다.

귀중한 시간을 담배피우기와 잡담으로 허비하지 말고, 『동아일보』나 또는 다른 선량한 신문을 애독해야 한다. 한국의 존귀한 여자분 중 한 사람은 개성에 사는 김정혜 여사이다. 김 여사는 비록 몸소 교육을 받은 바는 없지만 처음에는 개성의 젊은 미망인을 교육

했고, 그 후에 정화여학교라는 보통학교를 설립하여 경영했다. 그녀는 이 일을 위해 금전과 생명을 다 바쳤다. 지금 여기에서는 김 여사에 대해서 자세히 이야기할 수 없고 보니 유감이지만, 만일에 독자 여러분이 개성을 방문하는 기회가 있다면 김 여사를 찾아가서, 그녀가 교육받기를 열망하는 사람을 위하여 어떻게 자기의 힘을 다하고 있는가를 배우시기 바란다. 실로 한국 사람의 발전은 교육에 있으니 이보다 더 시급한 일이 없다.

둘째는 한국이 저주해야 할 일은 게으름이다. 종래도 게을렀거니와 현재도 그러하다. 나는 일생 중에 서울같이 많은 게으름뱅이가 우글거리고 있는 곳을 본 적이 없다. 어느 거리를 말할 것 없이 한 번 가 보라. 담배피우기와 잡담으로 헛되이 시간을 보내고 있는 매우 많은 군중을 발견할 것이다. 그들의 유일한 생각은 '다음 이야기는 무엇일까'이다. 담배 한 대나 한 잔 술이 어디에서 나올까 하는 데에 있다. 나는 몇 주일 전에 여자가 추운 날씨에 시멘트를 섞고 있는 것을 한국 남자가 입에 긴 담뱃대를 물고 한가히 서서 멀거니 보고만 있는 것을 보고, 하도 화가 나서 때려 주고 싶기까지 한 일이 있다. 아, 그래 생각해 보시라. 추운 날에 시멘트를 섞으면서 노동하고 있는 여자를 한가히 서서 방관하는 남자들을.

한국 청년이 '노동은 천하다'는 사상을 버리기 전에는 한국에 희망은 없다. 수개월 전에 나를 위하여 노동하던 한 한국 청년이 있었다. 하루는 나에게 말하기를 "더 일할 수 없다. 일이 너무 어렵다."라고 했고, 그 청년의 부모 또한 "저 아이가 외아들이므로 집에 돌아와서 쉬어야 한다."라고 말했다. 아, 노동이 그대들을 죽일까 걱정하지 말라. 만일에 노동이 사람을 죽일 것 같으면 한국 여자는 벌써 다 죽었을 것이다. 한국에 있어 크게 필요한 것은 바로 산업의 발전이다. 그러나 이것은 노동하고자 하는 국민이 있어야만 가능한 것이다.

한국이 필요로 하는 바는 교육받은 남녀의 많은 수가 농촌에 흩어져 있으면서, 농업의 최신 방법을 적용하여 현재 한 섬 거두는 곳에서 한 섬 반을 거두도록 하는 것이다. 한국의 부원은 농장에 있다. 그런데 농장은 한국 사람 중에서 가장 무지한 사람의 손 안에 있지 않는가?

공장 설립도 필요하다. 그리하여 국내 생산 원료로써 쓸모 있는 물품을 한국 안에서 제조함으로써 원료 자체가 외국으로 수출되어 외국인에게 직업을 제공하게 되는 일이 없도록 하며, 그리고 동시에 외국 제조품의 수입을 허용하지 않게 하여 한국인에게 직업을 제공해야 하겠다. 현재 있는 얼마 안 되는 공장에 한국의 소녀가 가득 차 있고, 소년, 청년 등 남자는 공연히 세월을 허송하고 있음은 한국의 큰 수치라고 하지 않을 수 없다.

셋째는 재정의 문제이다. 놀랄 만한 여러 가지 일들이 근래에 한국에서 일어나고 있다. 지난 수개월 사이에 부호 인사가 거액의 돈을 투입하여 새로운 기업을 시작했다. 이는 참으로 좋은 소식이다. 따라서 교육과 산업의 발달이 부호에게 기대하는 바가 크다고 말하지 않을 수 없다. 만일에 그들이 금전을 너그러이 사용하면 만사가 좋은 결과를 얻을 것이려니와, 그렇지 않으면 진보 발달은 느릴 것이다.

부자는 큰 이익을 거둘 기업에만 투자할 것이 아니라, 필요한 기업이면 이익이 적을지라도 또한 이에 투자하여 발달을 장려하는 것이 좋을 것이다. 며칠 전에 박마리아 여사를 만났다. 그녀는 이전에 간호부로 있다가, 그 후에 주진면 한동리에 소학교를 창설하고 현재 경영하고 있는 중이다. 이 사람이 묻기를 "요사이의 형편이 어떠합니까?" 한즉 여사는 대답하되, "그리 좋지는 않습니다. 사람들이 학교에 대해 별로 생각하지 않으며, 많고 적고 간에 재정상의 보조가 없습니다."라고 했다. 지난 수개월 사이에 여남은 명의 청년을 만났다. 그들은 모두 총명하고 장래가 유망한 청년들이지만, 돈이 없음으로 해서 교육을 끝까지 마치지 못한 젊은이들이었다. 어찌 학교를 설립하는 것만으로 일을 잘 끝냈다고 할 수 있을까. 학비가 없어서 탁월한 재주를 발휘하지 못하는 젊은이에게 금전을 제공하는 일도 필요하다. 아, 부호의 책임이야말로 크다. 부호는 능히 그런 일을 해낼 수 있기 때문이다.

넷째는 도덕이다. 오늘날에 있어서 가장 감격스러운 일은 도덕을 유지하려는 각종 운동이다. 물질적 진보와 그 위대성은 국민적 도덕, 즉 예민한 국민적 양심과 함께 존재하지 아니하면 아무런 가치도 없는 것이다. 도덕이 없는 국민은 오래 번영하지 못할 것이녀, 물론 한때 강국이 될 수 있을지라도 마침내 파멸을 면치 못할 것이다. 바깥으로부터 공격을 받지 않더라도 안으로부터 자연히 멸망할 것이다. 국민을 진실로 위대하게 하는 하나의 요소가 있으니, 그것은 바로 정의이다. 영국이 국민적으로 위대한 그 원인이 어디에 있겠는가? 대대로 영국 국민을 인도하여 온 정치가가 진정한 기독교 신자였음에 있을 것이다. 동정심이 그토록 넓고 이상이 그토록 높은 윌슨 대통령을 낳게 한 것은 기독교 아니고 무엇이겠는가? 국민의 도덕이 건전하면 모든 일이 다 잘 될 것이다.

덕이 있는 사람이 어찌 게으르겠는가. 그러므로 산업이 발달할 것이다. 덕이 있는 사람이 어찌 인색하겠는가. 그러므로 필요한 일을 위한 금전의 지출이 풍부한 것이다. 이에 나는 단언한다. 도덕은 건전한 발달을 기약함에 있어 가장 중요한 요소이다.

이런 글들이 어찌 내가 한국 사람에게 불편한 말을 하고자 하는 것이겠는가! 나는 오직 절절히 사랑하는 한국 국민을 위하여 도움이 되는 말을 기탄없이 하고자 함에 있다. 내 말에 불쾌한 점이 있으시면, 이 사람의 사랑하는 형제여, 당신들 나라의 아름다운 격언(좋은 약은 입에는 쓰나 병에는 이롭다.)의 참뜻을 생각하시고, 이 사람을 용서하여 주시기 바란다.

02. 조선의 친구여(1)
캐나다로 귀국 중인 스코필드씨 편지

『동아일보』 1926. 9. 17.

記者(기자)

조선의 친구 『스코필드』 박사는 이년 만에 조선에 왔다가 일전에 『캐나다』의 고향을 향하야 경성을 떠났었는데 그는 도중 일본에서 아래와 같은 글을 보내었습니다.

사랑하는 조선 친구여

- 다시 여러분과 만나 보니 어찌 기쁜지 말로다 할 수 없습니다. 이 땅에 발을 놓는 그날부터 떠나는 그날까지 나는 오직 사랑을 받았을 뿐입니다. 내가 온 것은 여러분을 사랑한 까닭입니다. 여러분은 그 대접으로 나의 오직 원하는바, 곧 여러분의 사랑을 주셨습니다.
- 여러분이 주신 사랑에 대하여 일일이 누구라고 기억하여 감사드릴 수 없으므로 나는 이 편지를 여러분께 함께 드립니다. 여러분은 내가 방금 입고 앉아 있는 좋은 옷도 주셨고 귀선의 아름다운 방을 주는 배표도 주셨습니다. 또 나의 배 안에 아직도 그 나머

지가 남아 있는 음식도 주셨고 그밖에 내『가방』속에 가득한 여러 가지 선물을 주셨습니다. 그러나 그 모든 것보다도 더 귀한 것은 내 가슴속에 간직하여 가지고 가는 여러분의 사랑입니다. 여러분의 선물은 혹『캐나다』까지 가기 전에 없어질는지 도둑맞을는지도 모르겠습니다. 그러나 가슴에 간직한 여러분의 사랑은 아무도 빼앗지 못할 것입니다.

조선의 장래(將來)

- 조선에 있을 때에 여러 번『우리의 장래에 대하여 희망을 가지느냐』고 묻는 말을 들었습니다. 나는 두말없이 희망을 가졌다 합니다. 조선은 과거에 이미 위대한 사업을 끼쳤으니 한 번 이룬 일은 다시 이룰 수 있는 것입니다. 조선 사람은 큰 사업을 성취하는 데 어느 나라 사람에게나 질 것 없을 것입니다.
- 과거의 좋지 못한 생활을 버리고 자기 생명을 내놓고 또 있는 재산을 다 바쳐서 불쌍한 여러 천의 동포 형제를 위하여 힘쓰는 조선 사람을 나는 가는 곳마다 보았습니다. 현재의 조선 형편은 가장 험하여 일을 성취하기 위하여는 큰 용기와 굳은 신념과 인내와 강한 의지력과 흠 없는 인격을 요구합니다. 이런 것은 어느 사람이나 다 행하기 어려운 일이나 어려운 것을 마다하여서는 큰 일을 이룰 수 없는 것 아닙니까.
- 용기를 내십시오. 현재에도 용기를 가진 이가 많습니다. 현재에 못 가진 이라도 하고자만 하면 용기를 낼 수 있을 줄 압니다. 여러분 중에는 비관적 방면과 불행한 일만 항상 생각하여 절망하

고 활동력을 잃어버리는 이가 있습니다. 이것은 불행한 일입니다. 여러분이 요구하는 사람은 용기 있고 희망을 보고 나가는 남녀 지도자입니다. 불행과 비관만을 생각지 말고 행운과 희망도 생각하고 토론하시오. 닥치는대로 기회를 잡아 이용하시오. 이제 가장 중요한 세 가지 문제에 대하여 두어 마디 하겠습니다.

조선과 교육

- 학교에 다니는 수많은 남녀 학생을 볼 때에 나는 크게 기뻐하였습니다. 교육을 위하여 오늘까지 힘쓴 이들, 예를 들자면 윤치호(尹致昊) 씨, 김정혜 여사, 김성수(金性洙) 씨, 그밖에 많은 사람들을 잊어서는 아니 되겠습니다. 그러나 교육은 반드시 복된 것은 아닙니다. 어떤 사람에게는 그것이 도리어 앙화가 됩니다. 놀고 먹기 위하여 공부하는 까닭에 말입니다. 더 게으른 생활을 하기 위하여 교육을 받으려는 이는 염치없는 위선자에 지나지 못합니다.
- 교육은 사회에 더 큰 일을 하기 위하여 준비하는 것입니다. 그것은 큰 특권인 동시에 큰 책임으로 생각하여야 할 것입니다. 교육을 받았노라고 교육 못받은 사람을 업신여기는 폐단을 주의하시오. 교육으로 동포 간에 틈이 벌어져서는 안 되겠습니다. 서로 더 굳게 합하여야 되겠습니다. 나는 수천의 학생들이 자기 시골로 돌아갈 때는 더욱 시골 동포들의 생활과 밀접하게 접촉(接觸)하기를 바라고 또 바랍니다. (계속)

03. 조선의 친구여(2)
실행이 제일

『동아일보』 1926. 9. 19.

실행이 제일(第一)

말만 하기는 쉽습니다. 아무것도 하는 것 없이라도 말하고 또 말하고 이론을 세우고 쟁론(爭論)을 일삼기는 아주 쉬운 일입니다. 우리의 요구하는 사람은 행하는 남자와 행하는 여자입니다. 동네에 더러운 개천이 있거든 그것을 먼저 처내시오. 그런 뒤에 경제학이든지 무엇이든지 강연을 하시오. 동네 길이 무너져서 발이 빠지게 되었거든 그것부터 먼저 고쳐 놓으시오. 그런 뒤에는 최신식 옷을 주워 입고 모양내려거든 내시오. 담이 무너졌거든 다시 세우고 방이 더러우면 닦고 도배하시오. 그리하여 촌사람들로 하여금 대학교육이란 비싼 물건이 당장에 보람이 있다 하는 것을 깨닫게 하시오. 당장에 해야 할 만한 일을 하기 전에는 되지 않을 장래의 일을 말만 하는 것은 아예 그만두어야 할 것입니다.

근검을 장려(獎勵)

조선은 가난한 나라요 또 현 상태에 있어서는 부자가 되기 힘들 것입니다. 그러하면 철저하게 경제를 실행하여야 하겠습니다. 생활의 필수품 밖에는 사지 말 것이오. 반드시 수입에 지나지 않는 생활을 해야 할 것입니다. 혼사나 장사를 위하여 빗지는 폐를 엄금하시오. 옆집의 일본이 부자라 하여 그 호화로운 생활을 흉내내기 쉽습니다. 그들은 돈이 있고 여러분이 돈이 없는 것을 기억하시오. 근검한 생활운동을 일으킬 필요가 있습니다. 조그만 일에 검약하는 것이 큰돈이 됩니다. 아주 먹을 것 없는 사람을 내놓고는 다 절약을 할 수 있을 것입니다. 근검과 같이 중요한 것은 생산을 늘게 하는 것입니다. 일본의 농민과 조선의 농민을 비교하면 그 차이를 능히 알 수 있습니다. 일본 농민들은 농사 외에 다른 부공업을 하여 이(利)를 봅니다. 양잠이 첫째요 그밖에 직조, 가마니제조, 새끼제조, 호감자농사, 채소농사, 과원 등도 많습니다. 어떤 곳에서는 심지어 국수까지 기계로 만들어 팝니다. 혹 닭을 치면 닭알로 오는 이익도 큽니다. 일본서는 암탉 한 마리가 일 년에 알을 칠십 개를 낳고 미국서는 이백오십에서 삼백까지 낳습니다.

백의(白衣)를 폐지

조선 여자들은 싫어할 터이나(남자도 그럴는지 모르나) 흰옷에 솜 두어 입는 것은 언제든지 폐지될 줄 압니다. 흰옷은 다만 생일 공일(空日) 같은 특별한 날에만 입게 될 줄 압니다. 흰옷은 아름답기는 하나 매일 입기에는 너무 비용이 듭니다. 빨래하기에 들이는 시간을 생략해서 생산하는 데 써야 할 것입니다. 그뿐 아니라 비누와 옷감도 절약하여야 할 것이니 빨래 방망이가 옷을 많이 상하게 합니다. 중국 사람은 오래전부터 푸른 옷을 입습니다. 조선 사람은 무슨 색을 택하려는지요.

도덕을 숭상

현대는 조선 청년에게 가장 위험한 시기입니다. 낡은 도덕은 거의 다 파괴되었으나 새 도덕률은 아직 서지 못하였습니다. 현대 청년이 가진 자유는 잘못 사용할 때는 많은 청년을 파멸의 길로 인도할 것입니다. 이런 일은 이미 생겼습니다. 민족의 발전은 도덕적 힘이 없이 될 수 없습니다. 도덕이 없이는 교육과 금전이 다만 위험의 기구가 될 뿐입니다. 오직 한 가지 길이 있으니 이는 무슨 훌륭한 사업에 던져 몸을 바치고 일하는 것 자기를 위한 생활 말고 다른 사람을 위한 생활입니다. 모든 위인의 성공의 비결은 다른 사람을 위하여 제 몸을 희생하는 것입니다. 이것이 '예수'의 위대한 점입니다. 그러므로 나는 청년조선에게 대하여 '예수'를 알고 그를 좇으라고 권하는 바입니다. 이별함에 이르러 나의 사랑을 여러분께 보냅니다.

여러분의 진정한 친구 프랭크 스코필드 올림

04. 나의 경애(敬愛)하는 조선의 형제여 – 스코필드 박사 서한

『동아일보』 1927. 1. 5.

이렇게 익숙하게 부르는 것을 용서하십시오. 인종의 차별 언어(言語)의 차별이란 다 의미 없는 일이오. 우리는 다 한결같이 사랑하는 천부(天父)의 밑에 자라는 큰 가정의 한 사람이 아닙니까. 세상은 아직 이것을 모르지마는 장차 알게 될 줄 알며 그렇게 될 때는 얼마나 행복된 천지가 되겠습니까. 이따금 이같이 글을 부치는 것을 허락하실 것이지요. 조선은 나의 고향과 같이 생각됩니다. 그런즉 나의 『일가』들에게 편지하는 것이 나의 할 일이 아닙니까. 무슨 긴 말씀을 올릴 것도 못 되나 다만 천육백 마일의 바다와 산이 막혔어도 그대들을 잊어버리지 않았다는 표로 몇 자씩 올리려 합니다.

지난 여름에는 조선에 가서 그같이 후대를 받은 것을 지금도 기억하고 즐거워합니다. 그래서 나는 해가 많이 거듭하기 전에 다시 조선을 꼭 가 보기 위하여 저금을 또 시작하였소이다. 다음번 갈 때에는 내 아들을 데리고 가서 동양의 친구를 사귀게 할까 합니다. 조선에서 돌아온 뒤로 강연도 여러 번 하였는데 물론 조선을 알고자 하는 이도 많습니다마는 대개 미주에 있는 사람들은 아시아에

사는 사람들의 생각을 하는 이가 적고 자기 일만 생각하지요. 여기는 돈도 많치마는 다 저만 알고 호화로운 생활에 돈을 함부로 쓰며 아시아에 있는 사람들이 죽거나 살거나 저만 잘살면 그만인 줄 압니다.

하관(下關)에서 횡빈(橫濱)까지 가는 찻간에서 조선 학생이 이십 명, 일본 학생이 여섯 명, 중국 학생 두 명을 만나서 잘 놀았는데 거기는 아무 미워하는 일이 없고 서로 친절한 생각만 있는 듯 합디다. 그러나 그 소년들이 좀 더 자라나면 정치적 관계라는 물건 때문에 서로 미워하게 될 것이니 얼마나 슬픈 일입니까. 아차 내가 잊었습니다. 이런 말을 함부로 하다가는 이 편지가 압수당하겠지요.

이 편지를 여러분이 보실 때는 아메리카와 유럽의 각 나라 수천만의 백성들이 일 년 제일가는 크리스마스 명절을 지킬 것입니다. 이날은 나사렛 예수의 탄생을 기념하기 위하여 정한 날이지요. 여러분이 많이 아시는 것같이 이 예수는 동방에서 서양 각국에 누구보다도 좋은 영향을 미친 위인입니다. 그는 지금부터 일천 구백여 년 전에 나서 서른세 살에 몹쓸 죽음을 당하였지마는 오늘날까지도 그를 위해 살고 그를 위해 죽고자 하는 사람이 수없이 있습니다. 조선의 형제자매여, 이 사람의 사적을 자세히 상고하시오. 그는 말하기를 그는 하느님께로서부터 사랑과 친절의 기쁜 소식을 가지고 왔노라 하였습니다. 그는 말하기를 천지의 주재(主宰)는 마치 다정하고 사랑하는 아버지와 같아서 그 자녀들로 하여금 아버지를 믿고 사랑하고 또 서로서로 사랑하기를 원한다 하였습니다.

예수의 행적을 읽어 보시고 그가 얼마나 깨끗하고 아름다웠는가를 알기를 바랍니다. 얼마나 그가 가난한 사람에게 친절하였으며 병든 자를 고치며 굶는 자를 먹였는가 스스로는 아무 죄도 없었고, 평생에 한 가지 목적이 악한 사람들로 하여금 그 악한 것을 쳐서 이기게 하는 것이었습니다. 많은 사람이 그를 믿고 그와 같이 깨끗하고 참하고 진실하게 되었으니 그의 사업은 성공한 것입니다. 성질이 나쁜 사람은 좋아지고 저만 알던 이도 남을 사랑케 되며 교만한 이는 겸손해지고 술주정꾼이 점잖아지며 창기들이 더러운 생활에서 깨끗한 몸이 되었습니다. 어떻게 그들이 그렇게 변하였나, 아무것도 없고 오직 그들은 예수에게 자기의 죄악의 생활을 벗어나고자 한다는 뜻을 가지고 참사람과 선한 사람이 되기를 원한다는 것을 고하면 그는 그들에게 그같이 될 힘을 주었습니다. 오직 그에게 의지하면 다 되는 것입니다.

내 말을 들으십시오. 나의 사랑하는 조선 친구들에게 드리는 가장 기쁜 소식은 다름아니라 '오늘도 예수께서 살아있어서 옛날에 유대 백성에게 행하신 일을 조선 사람에게도 하신다' 하는 좋은 소식입니다. 그는 나에게 힘을 주어 매일 그의 힘을 입어서 나는 살아갑니다. 나의 마음에는 그대들이 원하는 화평과 희락과 죄악에서 벗어나는 자유와 또는 큰 소망이 늘 있습니다. 그 소망은 다른 것이 아니라 내가 죽은 후에 나의 구주 예수와 사랑하는 아버지 하나님과 영원히 같이 살 소망입니다. 이 소식이야말로 참 훌륭한 소식이 아닙니까 여러분. 이를 믿고 평화의 왕 생명의 왕 희락의 왕 예수 그리스도를 좇으십시오.

누구시든지 아시는 분은 서대문 밖 고아원이 어떻게 되어 가는지 편지하여 주십시오. 나는 그 고아원이 생긴 것을 매우 기뻐합니다. 그 어린 불쌍한 아이들을 교육하고 정직한 생활, 부지런한 생활을 가르쳐 주시오. 그러면 장래에 그 중에서 유명한 학자가 되어서 율곡(栗谷) 선생이 날는지 큰 실업가 큰 과학자가 날는지 누가 압니까? 송도(松都)의 큰 교육가 김홍제(?) 여사의 사업은 어떻게 되어 갑니까. 그의 여자 고등보통학교의 건축이 시작되었는가요. 반공(半工)학교라는 것을 나는 매우 좋은 것인 줄 압니다. 서울 부자 중에 누가 그의 학교를 위하여 오천 원만 기부할 이가 없는가요. 그의 사업은 조선을 위하여 유익하고 위대한 것이니 도와주고 응원할 필요가 있습니다. 서울서 몇 분의 『난봉』들도 뵈었거니와 그들에게 드리는 권면은 그런 어리석고 해만 있는 생활을 버리고 좀 더 유익한 일, 기생보다도 의미있는 일에 재산과 노력을 바치라 함입니다. 기생(妓生)은 부칠 '기'자, 날 '생'자, 기생(寄生)이니 기생충인 것을 기억합시다.

여러분 혹 듣기를 원하실 것은 방금 영국에서는 제국회의가 열렸는데 『캐나다』는 완전한 자치를 얻게 되어 어디든지 보내고 싶은 대로 우리의 대사(大使)들을 보낼 수 있게 되었습니다. 그러나 이 편지에는 그 이야기를 자세히 할 여유가 없으니 다음 기회로 미룹니다.

여러분께 사랑을 보내면서 붓을 놓습니다.

캐나다 온타리오 겔프에서 스코필드

Dr. Scoffield Guelph. Ontario. Canada

05. 경애(敬愛)하는 조선 형제에게

『동아일보』 1931. 12. 26.

경애(敬愛)하는 조선 형제에게

스코필드씨는 본래 캐나다인으로 一九一五年(일구일오년) 경성(京城) 세브란스 의학전문학교 생리학 교수로 있어 삼사년 조선의 행림계(杏林界)에 간접직접으로 공헌이 많으신 이다. 씨(氏)가 조선에 체류하여 교단(敎壇)만이 씨(氏)의 무대가 아니었다. 여유 있는대로 조선 청년과 접촉하였으며 조선문제 연구자로서 또한 조선인의 벗되기를 노력한 이다. 씨(氏)가 귀국 후도 항상 기회 있는 대로 조선 청년을 상봉(相逢)하고 싶어하며 조선문제를 자국인 혹은 미국인에게 소개하는 중이라 한다. 그리하여 금번도 잊지 않고 우리에게 크리스마스 축하의 편지를 보낸 것이다. 이에 씨(氏)의 간곡한 정감(情感)의 발로라 할 만한 『동아일보』(東亞日報) 사장 貴下(귀하)

나는 『캐나다人(인)』이라는 것보다 『조선인』이라고 생각됩니다. 그리하여 지금 크리스마스 카드를 드립니다. 난삽(難澁)한 세정(世情)을 장황하게 드리고 싶으나 제위(諸位)가 이미 주지하시는 바이며 또한 비애뿐일 것 같습니다. 그러나 조그마한 위안제(慰安劑)의 한 가지를 고하고 싶습니다. 즉 그것은 내가 제위(諸位)를 경애(敬愛)하며 또한 영원히 경애(敬愛)하는 것입니다. 일인(一人)의 경애(敬愛)라도 제위(諸位)의 고뇌를 조금이라도 감하게 한다면 나는 이에 헌신하겠습니다. 제위(諸位)가 저를 애호(愛護)하여 주시는 것은 무엇보다도 저의 부단(不斷)한 환희(歡喜)로 생각합니다. 이것이 신(神)의 애(愛)인줄 언(言)하여 주십시오.

위대한 인물이 김성수(金性洙) 씨 외 캐나다에서 저와 같이 일야(一夜)라도 지내게 된 것은 저의 무쌍(無雙)한 기쁨이었습니다. 우리는 종야(終夜)토록 조선에 관하여 담화하였습니다. 씨(氏)는 제위(諸位)를 위하여 노력하셨습니다. 감사를 드리십시오.

미국 뉴욕의 김활란(金活蘭), 김마리아, 장덕수(張德秀) 씨 등과 상봉하였습니다. 얼마나 훌륭한 선생들입니까. 여기는 그들보다 우수한 이는 없습니다. 박인덕(朴仁德) 씨가 캐나다 대학에 내림(來臨)하여 조선에 관하여 연설하였습니다. 캐나다인은 점차 조선을 이해하여 갑니다. 저도 항상 조선인에 관하여 연설합니다.

선천인사(宣川人士)가 송물(送物)하여 주신 의복을 거하(去夏) 저까지 입었습니다. 지금 폐의(廢衣)가 되어 입지 못하고 내가 항상 보는 데다가 걸어 두었습니다. 그리하여 제위(諸位)의 사랑을 항상 기념(記念)합니다.

개성(開城) 김정혜 씨는 어떠하십니까 용감스런 부인이십니다. 조선 여자는 남자보다 용감들 하십니다. 김 여사와 같이 조선을 위하여 다대(多大)한 노력을 하신 남자가 기하인(幾何人)이나 되십니까 물론 다수인사(多數人士)가 게시겠지요. 저는 경애(敬愛)하는 이상재(李商在) 씨를 잊지 않습니다. 청년제위(靑年諸位)가 이상재(李商在) 씨와 같이 되신다면 조선의 위인(偉人)이 되실 것입니다.

성탄을 축하합니다.

II

해방 이후 스코필드 박사의 기고문

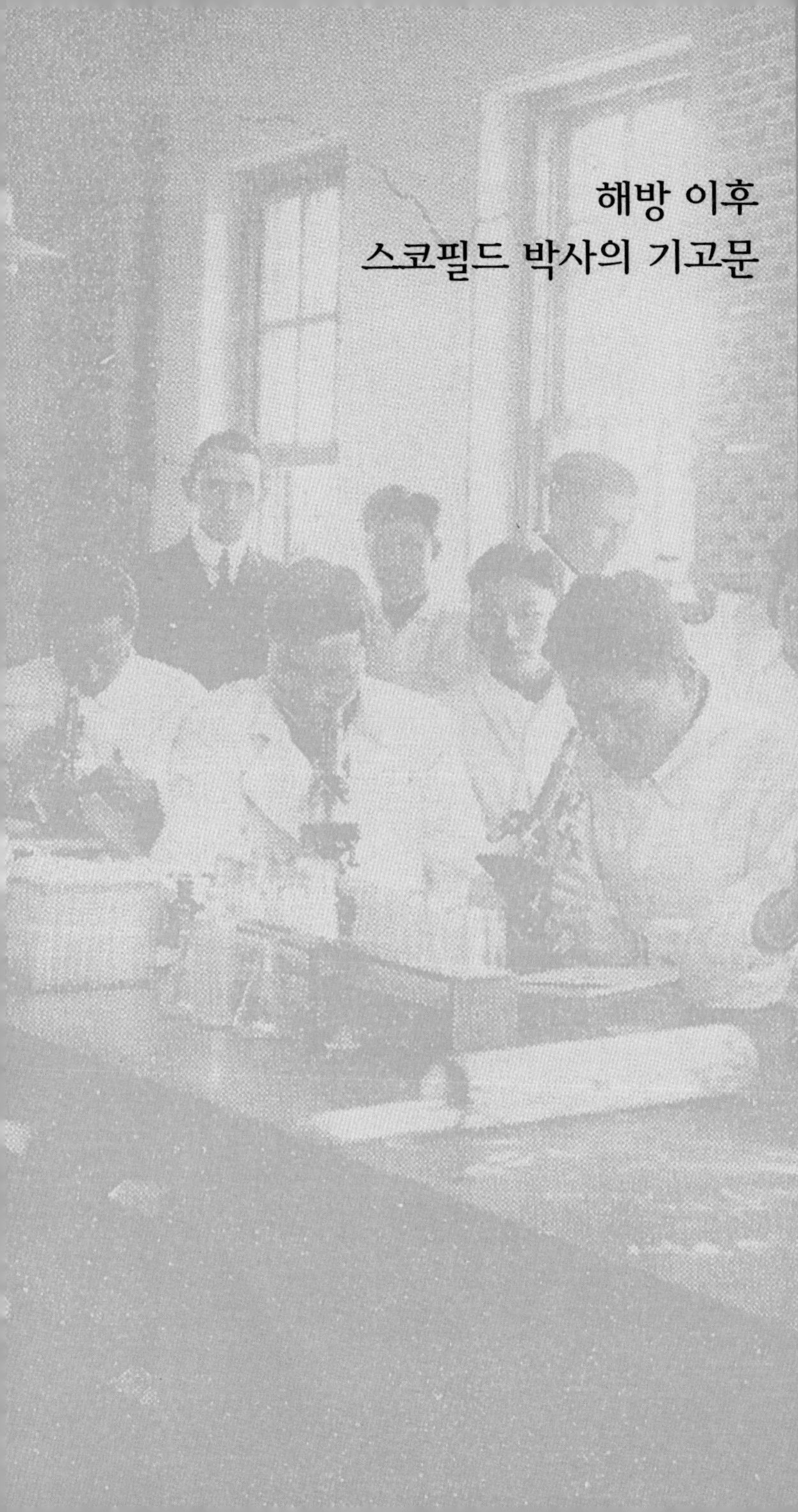

01. 민심은 공포에 잠겨 있다
의사당 앞에 무장경관이라니

『조선일보』 1959. 1. 3.

나는 현 정치적인 분쟁에 가담할 권리도 없을 뿐 아니라 그렇게 할 욕망도 없다. 그러나 나는 오랜 세월을 두고 조선 국민을 사랑하여 왔고 또한 내가 조선으로 다시 돌아온 이후 뜻하지 않은 친절하고도 관대한 대접을 받아왔기 때문에 현재 간과(看過)되고 있는 것같이 보이는 두 가지의 중대한 현상에 관한 두 가지의 간단한 평(評)을 해야 할 것같이 생각된다.

첫째, 별안간에 등장한 공공연한 위협책(威脅策)이다.

크리스마스 이브에 나는 차를 타고 반도 호텔로 가는 도중 국회의사당 주변에서 경찰관들이 무장을 하고 있는 것을 보고 놀랐다. 이 광경을 보고 나는 1919년에 목도(目睹)한 공포를 뚜렷하게 회상하였다.

공산군대의 위협 아래서 이와 같은 방법으로 서로가 위협적인 행동을 취하는 것이 현명한 짓인가? 그와 같은 무장경관이 정부와 국민 사이의 신임의 상징인가?

내가 여행을 많이 했지만 그와 같은 광경은 공산국가에서만 볼 수 있었다. 나는 조선국민의 진실한 친구로서 그와 같은 일이 일어날 수 있다는 어떤 암시라도 개탄(慨歎)하였으리라. 공산적도들과 대결하고 있는 이때 단결을 이루지 못하고 있음은 실로 불행한 일이다.

둘째, 언론의 자유가 대폭 제한되었다.

지난 수일 동안 국민은 공포에 싸여 있었다. 10일 전에는 별다른 주의를 않고 대화(對話)를 할 수 있었으며, 질문에 대해서는 주저없이 답변할 수 있었건만 이제는 이를 피하든지 또는 상대방을 살펴보고 그가 자기의 친구라는 것을 확인한 다음에야 대화나 답변을 하게 되었다.

이런 일은 1919년의 조선에 있었던 일과 꼭 같다는 점을 시인하지 않을 수 없는 이 마음, 적이 슬프다. 지난 8월 우리가 해방 13주년을 기념할 때 전 국민은 기쁨과 행복에 넘쳤다. 그러나 돌연 공포와 침묵이 우리의 벗이 되었다. 우리는 이제 진심으로 '새해 복 많이 받으시기를 ……'이라는 말을 할 수가 없게 되었다. 이런 편지를 쓰는 것조차 용이한 일이 아니다.

그래도 1919년에는 이런 글을 쓰기가 어려웠다기보다 위험하였었다. 그러면서도 그런 글을 우리는 썼다. 그런 글의 덕분에 우리가 자유를 얻었다고 나는 믿는다.

02. 의, 용기, 자유의 승리

『동아일보』 1960. 4. 28.

『먼저 하느님의 정의(正義)를 찾아라. 그러면 모든 일이 성공할 것이다.』 – 예수·그리스도

『착한 일하기를 배우는 데는 천 날도 모자라나, 나쁜 일 하기를 배우는 데는 한 시간으로도 남음이 있다.』 – 공자(孔子)

오늘날 우리들은 위대한 승리 — 즉 전제(專制)정치, 부패, 잔인(殘忍), 그리고 소수의 추악한 족속(族屬)들에 대한 정의(正義), 용기, 자유의 승리 —를 축하하고 있다.

그러나 우리들은 그 터무니없이 컸던 악(惡)의 집단은 바로 한 달 전까지지도 국민을 위압(威壓)하여 무례(無禮)와 모욕(侮辱)으로써 민주주의와 예의(禮義)를 파괴하려고 하고 있었으며 그것이 조선 학생의 용기와 희생에 의해서 무너졌다는 사실을 잊어서는 안 된다. 우리들은 이러한 용감한 남녀 젊은이에게 깊이 감사하여야 할 것이다. 이번 일은 용기와 도덕적 분개(憤慨)의 장대(壯大)한 발휘였으며 '3·1 독립운동'의 영웅적 정신의 재현(再現)이었다.

그런데 여기에 경계(警戒)할 일이 있다. 지금 우리들은 젊은이들의

승리가 나이 많은 사람들의 어리석은 처사(處事)에 의해서 허사로 돌아갈지도 모르는 중대한 시기에 당면하고 있는 것이다.

첫째, 악(惡)의 파괴는 정의의 확립과 동일하지 않다는 사실을 알아야 한다. 우리들은 새로 자라나는 선(善)의 싹을 보호하여야 한다.

둘째, 전체 국민의 이익을 개인적 혹은 정치적 이익보다 앞에, 그것도 월등하게 앞에 놓아야 한다.

셋째, 정치적으로 혼란하고 모든 권위가 갑자기 약해져 있는 현재의 상태로부터 건전하고도 유능한 정부가 생길 때까지의 매우 어려운 시기 동안을, 우리들은 인내(忍耐)와 관용(寬容)과 신뢰로써 지내야 하며 비평은 건설적이어야 한다. 국민의 생활을 도탄에 빠뜨렸던 악(惡)은 하루나 한 해만에 근절시킬 수 없으며 그것은 시간이 걸릴 것이다.

넷째, 과거의 정부의 악(惡)을 마지못해 받아들였던 사람들에 대해서 복수하는 일과, 그러한 사람들을 박해하는 일은 삼가야 할 것이다.

독립만세.

03. 내가 본 한국혁명

『조선일보』 1961. 1. 8.

4월 혁명의 목표는 독재적이고 부패한 정권을 타도하여 깨끗하고 진실한 민주주의적 정부를 수립하려는 것이었다. 그러나 그 결과는 두 가지의 큰 이유 때문에 국민들이 높은 기대를 이루어 주지 못하였다.

그 첫째는, 한국시회의 구석구석까지 파고든 부패가 얼마나 심한가 하는 것을, 혁명을 일으킨 학생들이 너무나 과소평가하였다는 사실이다. 부패는 다만 자유당 속에서만 한정되어 있는 것은 아니다. 덜 썩은 것으로 보다 많이 썩은 것을 처벌한다는 문제는 비상한 정치적 기술과 재능이 요구되는 것이다.

둘째로 중요한 이유는, 반(反)이승만적이었던 만큼은 진(親)혁명직이 아니었기 때문에, 당내(黨內) 파쟁으로 소일(消日)하는 가운데 국민들이 감정과 성열에서 맥(脈)을 뽑아 버리게 한 것이다.

그러나 우리는 민주주의의 기본적 자유인, 언론, 의사표시 및 집회의 자유를 모든 시민이 누리게 된다는 축복만으로써도 기뻐해야 한다. 한참 동안 혁명을 따를듯이 보인 경찰은 무감각(無感覺)과 혼미(昏迷)의 기간을 거쳐 이제는 죄의식에 사로잡히기 시작한 듯하다.

내가 탔던 택시의 운전수가 경찰관에 정지당하여 훈계 받는 것을 나는 열흘 동안에 두 번이나 겪었다. 그러나 운전수의 포케트에서 경찰관의 포케트 속으로 무엇인지 건너가는 것을 한 번도 보지 못했다. 내핍(耐乏) 생활과 그에 따르는 절제 있는 생활이 절대로 필요하다고 나는 확신하고 있다

신생활운동을 받들 천재일우(千載一遇)의 정신적 및 심리적 기회는 이(李) 정권이 제정한 의원세입(議員歲入) 월 50만 환을 국회의원들이 그대로 수락(受諾)함으로써 놓치고 말았다.

그들의 다소의 불편을 참을 결심을 가지고 40만 환으로 생활하기를 원했다면 대부분의 국민이 3만 환 이하의 수입으로 살아가는 나라에서 부자나 빈자를 가릴 것 없이 다 같이 국가를 위한 그들의 진정한 애국심에 깊은 감명을 받았을 것이다.

신생활운동은 〈가진 자〉들의 높은 곳에서 시작하여야 할 것이지, 〈없는 자〉의 낮은 곳에서 시작할 것은 아니다.

나는 한국의 중립화론(中立化論)의 토의에는 한 가지의 가치밖에 발견할 수가 없다. 즉 그것을 말할 수 있을 만큼 뚜렷한 언론의 자유라는 것이다.

그것은 분단된 한국의 비극적인 사실을 배경으로 국민들의 마음속에 널리 자리잡고 있는 실의(失意)의 증거이다. 공산주의 국가와 협조할 때는 〈우리는 사술(詐術)과 기만(欺瞞), 불법행위, 진실(眞實)의 엄폐(掩蔽)를 할 용의를 갖추어야 한다.〉는 레닌의 말을 잊어서는 안 된다.

〈유엔〉이 과거에 한국을 돕기 위해 참전(參戰)했다고 해서 앞으로

도 그러리라는 보장이 되는 것은 아니다. 한국의 장래는 오로지 경제적 발전에 달려 있으며, 이 경제적 발전은 대부분의 사람들이 생각하는 것보다 훨씬 더 철저한 부패 일소(一掃)에 의존한다.

우리 모두가 생각해야 할 중대 문제는 어떻게 하면 청렴(淸廉)한 기풍(氣風)을 배양하느냐 하는 문제이다. 현재로서는 천대받는 사람들을 돕기 위해, 때로는 큰 희생을 해 가면서 일하고 있는 학생(學生)들과, 그 밖의 그룹을 격려해야 한다.

청량리(淸凉里)에 있는 홍국(弘國) 근로소년소녀학교는 그의 좋은 실례의 하나이다. 부자들이 가난한 사람들의 형편을 걱정하지 않는 것이 오늘날 한국에서 가장 창피하고 위험한 경향이다. 그런 풍조(風潮)와 심각한 실업(失業)이 겹쳐서 남한(南韓)은 공산 선전의 씨가 잘 자랄 옥토가 되었다.

한 나라의 발달도(發達度)는 그 나라의 국민이 어렵게 지내는 사람들—과부, 고아, 병자, 빈자에 대하여 베푸는 관심의 정도로 정확하게 저울질할 수 있다.

자선심의 발휘가 오늘날 한국에서 가장 시급한 명제(命題)이다.

04. 한국 교회의 어제와 오늘

『기독교사상』 1961. 3.

40년 전의 한국 교회는 덜 부패하였다.
과거 40년 전의 한국 교회와 오늘의 한국 교회를 비교하면서 타락 일로에서 헤매이는 교계를 향하여 그는 이렇게 말하고 있다.
프랭크 스코필드

현대의 한국 교회의 여러 가지 양상에 대하여 논평을 할 이 글의 제한된 가치를 필자는 잘 인식하고 있다. 지금으로부터 40년 전에는 나도 교회에 자주 나가곤 하였다. 그때는 예배 보러 가기도 하였고, 혹은 설교를 부탁받아서 간 일도 있었다. 그러나 슬프게도 오늘날에는 한국말을 많이 잊어버렸기 때문에 유창하게 말할 수가 없고, 또 여러 가지 교회 행사에 관련되어 있어서 그전과 같이 예배에 참석하지 못하고 있는 형편이다. 이 글의 후반부는 주로 현대의 한국의 그리스도교를 문제 삼았는데 그 내용은 내가 현재 사귀고 있는 크리스챤 학생들이 제공하여 준 소식에 의한 것이 대부분이다.

1. 40년 전의 한국 교회

내가 1916년에 한국 땅에 발을 디디기 이전에 벌써 나는 한국 교회의 활발한 약동과 열성, 그리고 희생적인 정신에 대해서 들은 바가 있었다. 한국 교회는 그 시대에도 복음의 교회요 또 한국의 크리스챤들이 성서공부에 부지런하였기 때문에 성서에 대한 지식은 대단히 풍부하였던 것이다.

평양이나 순천에 있는 여러 그리스도의 교회에 물밀듯이 모여드는 성도들의 모습은 영영 우리의 기억에서 사라지지 않을 것이다. 내가 듣기에는 일본에서나 중국에서도 그렇게 열렬한 성서 공부나 부흥회를 하지 않는다는 것이었다. 이러한 현상에 대해서 여러 가지 이유를 열거할 수 있다. 그중에서도 다음의 몇 가지가 가장 타당한 이유일 것이다. 첫째로 국가적 주권을 잃어서 소망을 가지지 아니한 한국 사람에게 자연히 위안과 새로운 희망을 주는 복음을 의지하게 되었다는 것이다. 둘째로는 일본 사람들의 통치하에 있어서는 교회는 교회적인 일에 관한 한 집회와 언론의 자유를 누릴 수 있는 또 하나의 기관이었다는 것이다. 셋째로는 한일 합병 후에 계속된 일본 사람들의 박해가 한국 사람들의 영적인 생활을 강화시키는 결과를 초래하였다는 것이다. 넷째로는 배우기 쉬운 한글의 덕분으로 비교적 교육을 덜 받은 사람들에게도 그리스도교 신앙을 문자로써 전파할 수 있었다는 점이다. 다섯째로는 외국 선교사들의 선교정책이 무엇보다도 농촌 전도에 중점을 두어서 성서 연구를 열심히 권장하였다는 사실을 들 수 있다. 아무튼 이러한 이유 때문에 40년 전의 한국 교회는 열렬하고 건전한 기관이었던 것이다. 그리하여 1916년만 해도 한국 교회에는 근본주의자들과 자유주의 신학자들 간에 성서 해석에 대한 신학적인 토론이 활발하였고, 또 한 가지는 이보다 더 중요한 것인데, 즉 일본의 신도(神道)를 종교로 인정하며, 학생들에게 신사참배를 강제적으로 권하느냐 하는 문제에 대한 선교 정책의 차이라는 점이다. 그러나 그 당시에 이 문제가 그다지 중대한 것이라고는 생각되지 않았던 것이다.

그런데 1916년의 한국 교회와 오늘의 한국 교회를 구별짓는 중요한 사실은 그 당시의 교회는 '부패'하지 않았는데 현재의 한국 교회는 '부패'하였다는 점일 것이다. 1916년에는 한국 교회가 대개 한문을 모르는 무식한 사람들로 구성되었다고 학자들이 비평을 한 일은 있지만 '부패'하였다는 비난을 들은 일은 없었다.

2. 부패와 현대 교회

여기서 내가 교회의 '부패'를 말하는 것은, 즉 이 세상의 인간적인 기술을 가지고 하나님의 거룩함을 대신하는 일과 또 그리스도교적인 신앙, 사랑의 겸손, 봉사, 그리고 우리 주님께서 가르쳐 주신 바와 같이 부자가 되는 일이 위험하다는 이러한 원칙에서부터 고의적(故意的)으로 벗어나는 일을 가리켜서 부패라고 부르고 싶다. 그런데 이러한 부패에 대하여 말하기 전에 두 가지 사실에 대해서 강조하지 않으면 안 된다.

① 부패는 주로 농촌보다 도시 교회에 국한되었으나 도시 교회 가운데도 부패하지 않은 교회가 있다. ② 그리고 내가 알고 있는 학생들 가운데는 여러 청년 남녀들이 있는데 저들의 그리스도교적인 성품은 세계 어느 나라의 크리스챤들의 성품하고 다를 바가 없다. 성신은 하나님에게 대한 굶주림과 갈망이 결여되어 있는데 이외에

는 아무런 제한이 없이 활동하고 계시다.

한국 교회가 이러한 부패 때문에 많은 고통을 받고 있음은 의심할 바가 없는 사실이다. 우선 여기서 이러한 부패를 조성하게 된 몇 가지 요소를 검토하기로 하겠다. 한국 교회를 한 마디로 비평하기는 대단히 쉬운 일이다. 하지만 한국에서의 크리스챤의 신앙과 가치가 지난 40년간 엄청난 시련에 부딪칠 수밖에 없었다. 또한 어떤 부패한 일들이 한국 안에서가 아니라 외부에서 한국 안에 도입된 일도 있었다.

1) 일본 통치하에 있어서 물질적인 부요함을 추구하는 일이 결과적으로는 그리스도교적인 원칙을 배반하는 일이 되어 버렸다. "너희가 서로 영광을 취하고 유일하신 하나님께로부터 오는 영광은 구하지 아니하니 어찌 나를 믿을 수 있느냐." (요한복음 5장 44절)

2) 신사참배라는 문제는 한국 교회에서 오랫동안 논쟁거리가 되어 왔었다. 일본 정부가 극성스럽게 선교사가 경영하는 중학교나 대학교에 대해서 신사참배를 할 것을 요구하였는데 교육이나 그 밖에 이 세상의 어떤 이익을 위해서 이에 타협하였다는 것은 그리스도교 신앙의 치명적인 무조건 항복을 의미하는 것이었다. 물론 어떤 학교들은 이러한 요구에 대해서 용감하게 거부하는 태도를 표명하였다. 옛날 초대 교회의 신자들은 가이사를 하나님으로 인정하느니보다는 사자들에게 먹임을 당하는 일을 자취하였다.

3) 한국이 해방됨으로 말미암아 극심한 정치적 투쟁과 경제적 기회주의 또한 편협된 물질적 이득을 노리는 기회가 열리게 되어서 젊고 윤리적으로 원숙한 단계에 이르지 못한 한국 교회에 또 하나의 시련을 마련하였다.

4) 해방의 기쁨이 채 사라지기도 전에 가장 나쁜 형태의 전쟁, 즉 남북전쟁이 발생하여 잔인, 증오, 약탈이 노골적으로 폭발되고 모든 윤리적 가치를 부정하는 일이 생기게 되었다. 이러한 악마적인 풍조는 언제나 전쟁에 뒤따라오게 마련인 것이다. 그리고 수백만 명의 피난민들의 비극적인 생활이 계속되었다. 하나님의 사랑, 심지어는 하나님의 존재까지 의심하게 하는 비참한 사건이 연이어서 발생하였다.

5) 그리스도교 신앙을 고백하는 독재적인 대통령이 선출되었다. 이것은 마치 옛날 콘스탄틴 대제(大帝)가 그리스도교로 개종하여 전국에 그리스도교 신앙을 선포하였을 때와 마찬가지로 한국의 교회 안에서나 밖에 큰 영향을 주었다. 재빠른 친구들은 저희들의 상정의 신앙을 곧 받아 가지고 이권을 추구하곤 하였다.

6) 한국 교회도 미국 정부에서 수억 불에 해당하는 원조 물자와 미국 교회 클럽 가정에서 보내주는 도움이 한국에 도착함으로 한국 교회의 최종적이며 치명적인 시련에 부딪치게 되었다. 돌을 가지고 떡을 만드는 일이 인간의 영혼에 대해서 얼마나 위대한 일인가 함은 우리 주 예수께서 우리보다 더 잘 알고 계셨다. 예수께서는 거듭 재물이 인간의 영혼에 큰 위험을 가져

온다는 사실을 가지고 경고하였으나 대부분의 사람들은 이러한 경고에도 불구하고 자기들의 일신상의 안정과 쾌락을 위하여 부단히 재물에다가 손을 대려고 한다.

이러한 환경과 처지에 처하여 있는 한국 교회의 실정에 대해서 우리는 단순히 한국인의 생활이 골수까지 부패하였다고 심판을 내리는 일을 신중히 하여야 한다. 위에 있는 사람들은 재산, 권력 그리고 야심을 소유했으므로 부패하게 되고 아래에 있는 사람들은 이러한 일에 대해서 비통하게 생각하며 좀스런 도적질을 하곤 한다. 교회도 이러한 부패의 세력에 둘러싸여서 초연하게 존재하기가 힘든 것이다. 이러한 현실적인 배경을 이해한다면 한국 교회에 침투되이진 부패의 가지가지를 열거할 필요가 없어 보인다. 한 마디로 한다면 교회는 권력과 정부 안에 이권을 추구하는 야심가들의 이용꺼리가 되어 버렸던 것이다. 이러한 세속적인 부패세력에 침투당한 교회는 영혼에 대한 교회의 사명에 커다란 환난이 생기게 되었다. 이 환난이 잠시 동안이나마 교회의 능력과 또한 여러 정직한 사람들이 교회에 대하여 품고 있던 온정과 존경을 말살시키고 말았다. 소금은 깨끗게 하는 힘을 잃어버렸다. 또한 미국 교회의 상업적인 방법이 한국 교회에도 소개되었다. 예를 들면 하나님에게 보다 신자들에게 향해서 노래를 잘 부르는 가수에게 월급을 주는 일 같은 것이다. 그리고 돈 많은 사람들의 이름을 팔아서 반 협박 공갈로서 그리스도교 기관에 헌금을 강요하는 일은 분명히 교활한 이 세상이라는 적의 꾀임수에 빠져 길을 찾지 못하는 일과 마찬가지인 것이다. 과부의 가난한 푼돈이 가지는 덕은 완전히 묵살당하고 말았다.

이 모든 과오에도 불구하고 신자들은 주의 교회를 함부로 비난하지 말고 용기와 겸손을 가지고 기도하며 속죄를 받기 위하여 힘써 일하여야 하겠다.

05. 정직은 번영에의 유일한 길이다

『새가정』 1961. 4.

'정직은 제일 좋은 정책이다'라는 말을 우리가 흔히 듣지만 제일 좋은 정책일 뿐아니라 단 하나밖에 없는 정책이다. 이 년 전에 내가 캐나다에 가려고 한국을 떠날 때 여행용 가방이 하나 필요하므로 백화점에 가서 그럴듯하게 보이는 가방 한 개를 8,000환을 주고 샀다. 나의 여정(旅程)은 인도와 구라파를 둘러서 캐나다로 가는 길이었는데 독일까지 가기도 전에 끈이 하나 빠져버리고 덮개를 지탱하던 쇠붙이가 빠져나와 옆으로 쑥 내밀었다. 이것은 무슨 물건이나 만드는 솜씨가 얼마나 졸렬한가를 보여주는 한 가지 보기에 지나지 않는다. 내가 살아있는 동안 그 상점에 가서 다시는 물건을 사지 않으리라 생각하였다. 그래서 나는 독일서 또 가방 하나를 살 수밖에 없었는데 2,000환밖에 지불하지 않은 것이지마는 아직까지도 새것이나 다를 바 없다. 참으로 말하기 미안한 일이지마는 여러 나라와 여러 민족 중에서 부패했다는 말과 한국은 연관성이 큰듯 싶다.

여러분은 이렇게도 미련하고 정직하지 못한 연필제조업자를 상상해 본 일이 있으신지? 자기의 이익만 생각하고서 연필심을 양쪽 끝에만 조금씩 넣고 만들어서 파는 업자를!

우리들은 다 조금씩 부정직하지나 않은지? 내가 오래도록 살고 있던 캐나다에서도 우유에다 물을 조금 타서 팔거나 익은 딸기는 위에 놓고 썩거나 덜 익은 딸기는 밑에 두어 팔거나 하는 일을 종종 보았다. 또 고기간에서는 나쁜 고기는 사람들이 잘 알아볼 수 없는 소시지 같은 것을 만들어 판다. 사실상 고깃간 사람들은 여러 가지 잔꾀로 사람을 속이기 때문에 이런 말까지 있다. '고깃간 사람 중에 정직한 사람이 있다면 그 사람 손바닥에 털이 났을 것이다.'라고. 장사하는 사람들도 제가끔 잔꾀가 있어서 속이는 것이 예사인 까닭에 '물건 사는 사람은 언제나 조심하라!'는 말이 있다. 그러나 이제 캐나다나 미국에 가 보면 그래도 정직한 상태가 더 우세하다. 상인들은 차츰차츰 물건을 팔되 돈 값어치가 되는 물건을 파는 정직한 방법만이 성공의 비결이라고 깨달아 간다. 얼른 부자가 되려고 부정직하게 구는 것은 위태로운 일이다.

시장의 경쟁

싸운다는 것은 원래 나쁜 일이기는 하지마는 세계 각국 사이에 벌어지고 있는 싸움—즉 미국, 일본, 독일, 영국, 소련 등 나라가 세계 시장에 각각 자기 나라의 물건을 팔려고 경쟁하는 것은 좋은 의미의 싸움이다. 왜냐하면 이러한 경제적 싸움에서 이기는 나라는 대개 다 제일 좋은 품질의 상품을 제일 싼 값으로 제공하는 나라이기 때문이다. 물론 이러한 좋은 경쟁 속에도 나쁜 일이 낄 수가 있다. 말하자면 그 좋은 물건을 만드는 이의 일삯을 너무 적게 주는 따위이다. 이러한 잘못을 방지할 길은 여러 가지 있을 것이다.

한국은 어떠한가

한국의 생활수준이 개선되려면—(그리고 꼭 개선되어야 하지만)—우리에게는 보다 나은 생활을 하기 위한 한 가지 방도밖에 없다고 생각한다. 더 부지런히 보다 나은 일을 보다 더 많이 하여서 '한국산'이라는 딱지가 붙은 물품은 품질이 우수하다는 보증이 될 수 있도록 해야 한다. 그렇게만 된다면 1000년 전 고려시대로 돌아가서 고려자기의 우수함을 자랑하지 않아도 될 것이 아닌가?

06. 나는 이렇게 본다. 한국의 군사혁명

『경향신문』 1961. 6. 15.

나는 이렇게 본다. 한국의 군사혁명

프랭크 W. 스코필드記

전 국민이 혁명정부(革命政府) 신뢰
위에서 밑까지 썩었던 한국사회
정부시책(施策)에 적극협조

민주주의국가에서 나서 자라난 사람이라면 누구나 『구데타』에 충격을 받을 것이다. 그것은 당연하다 하겠다. 그러나 충격이 가라앉는 순간 현명한 사람이라면 이와 같은 중대사건이 일어나지 않을 수 없었던 오늘날 한국의 사태를 이해하도록 솔직하게 노력해야 할 것이다. 그렇게 되면 한국에 있어서의 군사혁명은 필요하였고 불가피하였다는 것을 누구나 깨닫게 되리라고 나는 확인한다.

우리가 진심으로 한국을 위하여 근심한다면 『사랑은 오래 참고 온유한 것』이라고 한 성 『바울』의 말과 같이 우리는 우리가 품었던 기대를 잠시 멈추고 현실을 받아들이고 가능할 때에는 새롭고 진지하게 애쓰고 있는 사람들을 도와주어야 한다. 지금 이 순간에 있어서 민주주의가 군사정부보다 우월하다는 데 대한 말 많은 토론을 해 보아야 소득이 없는 것이다.

한국사회는 위에서 밑바닥까지 부패해 있었으며, 특히 상층에서 더욱 그러하였다. 군대도 이와 같은 악성적 부패 속에서 예외가 될 수는 없었다. 금력(金力)과 권력은 대부분의 사람을 부패케 한다. 초등학교 아동들까지도 그들의 자모회(姉母會)에서 하는 일을 보고 부패의 방법을 배우게 되었던 것이다. 오늘날 한국이 당면한 가장 어려운 문제는 정실인사(情實人事)·깨솔린 빼먹기·깡패·세금 포탈·증수회(贈收賄)·병역 기피·모리행위(謨利行爲)·졸업장 위조(僞造) 등등 온갖 교활한 형태의 부패를 숙청(肅淸)하는 일이다. 부패된 사회에서는 진정한 민주주의나 건전한 경제는 바랄 수 없는 것이다.

사이비 민주주의에 대치될 수 있는 것은 오직 공산주의와 군정이었다. 전자의 경우 신(神)을 모독(冒瀆)하고 인간을 타락·집단화시키는 공산주의는 어디서나 마찬가지로 무서운 비극을 가져올 것이다. 그러나 후자인 군정은 최소한 일루(一縷)의 희망을 주는 것으로서 이와 같은 희망은 지금 한국에서 나날이 밝아지고 있다. 나는 한국의 거의 모든 사람들이 현 군사정부를 신뢰하고 있다고 말하지 않을 수 없다. 그들은 정직한 군인이 부정직한 정치인보다 낫다고 생각하고 있는 것이다.

그러나 한국의 우방과 적은 다 같이 이 신정부를 주시하고 있는 것이다. 만일 민간인보다 군인이 같은 잘못에 대하여 보다 경한 처벌을 받고 있다는 것이 나타나는 날에는 희망의 빛은 또다시 사라질 뿐만 아니라 우리의 마음속에 뿌리박기 시작했던 신뢰 또한 사라지고 말 것이다.

바라노니 경멸과 엄벌로써 부유한 자의 뇌물과 주어진 이권(利權)의 유혹을 물리치라 수만의 고아와 빈민과 노약자들은 그대들로부터 먹을 것과 잠잘 곳을 바라고 있는 것이다.

이것은 어려운 일이다. 그러나 이것밖에 한국을 구원할 길은 없는 것이다.

지금 국민은 신정부를 신뢰하고 있다. 그러나 만일 그들이 다시 한 번 실망하는 날에는 만사는 끝나는 것이다. 이것은 우리의 최후의 희망이요 최후의 기회인 것이다.

07. 3·1 운동

『동아일보』 1962. 3. 2.

스코필드 박사記

나에게는 맨주먹으로 용감하게 그들의 몸을 돌보지 않고 완강한 제국주의의 권위에 항거하여 자유를 요구하며 일어선 많은 군중을 본 그때의 정경은 참으로 잊을 수 없고, 눈부신 광경이었습니다.

희망은 소생하다

십 년 간의 침묵과 굴욕 끝에 마침내 1919년 3월 1일 『파고다』 공원에서 학생들을 선두로 하여 한국민족은 한일동조동근(韓日同祖同根)이라는 신어를 만들었던 일본 지배자로부터의 자유와 독립을 선언하고야 말았습니다. 3월 1일 시작한 이 항쟁은 몇 달 동안 계속하였으며 방방곡곡에서 만세 소리가 울렸으며 한국 각처의 감옥은 마치 손님들로 가득 찬 종로거리의 전차모양 애국자들로 꽉꽉 들어찼던 것입니다.

이갑성(李甲成) 씨는 나에게 사진을 찍어달라고 부탁을 하였습니다. 그래서『파고다』공원에 집결한 군중을 정말 멋있게 찍었습니다.

한국의 많은 선남선녀들은 이 비극적 일에 몸을 바쳐서 투옥, 고문과 매 죽음까지 사양하지 않았던 것입니다.

그들은 자유와 자기들의 눈물의 결정이며 이 모든 수난 끝에는 기필코 독립이 오리라고 굳게 믿었습니다.

배신당한 희망

마침내 1945년 이 땅에 자유와 해방이 오고야 말았습니다. 그러나 자기 나라의 자유와 독립을 그렇게도 고대하면서 많은 고초를 겪은 많은 사람들은 이미 사라진 뒤였습니다.

애국자 이승만이 권력을 잡았으며 전 국민이 그를 믿었으나 그는 늙고 완고하며 권력만을 사랑하였습니다. 그는 곧 그 주위에 아첨하는 사람들로 둘러싸였으며 이들은 자유당만을 위하여 자신들만을 위하여 권력과 돈만을 생각하는 사람들이었습니다. 그들은 부하게 되었으며 썩고 거만해 갔습니다. 또 일본에 살고 있는 가난한 한국민(韓國民)의 희망을 기만하였습니다. 정녕코 그들은 자기국민은 조금도 생각하지 않았습니다.

그들이 만든 신보안법(新保安法)은 북으로부터 침투하여 오는 공산도배(共産徒輩)보다는 자기들의 정적을 잡는 데 사용하였으며 경찰과 깡패는 그들의 주구였으며 부한 기업가들은 그들의 친구였습니다. 그러나 항상 악은 비극으로 끝을 맺는 것입니다.

1960년 3월 15일 대통령선거에서 이(李)정권을 반대하는 용감한 시민들을 쏘고 매질하는 데 대하여 전 국민의 분노는 터졌으며 학도들이 선두에 서서 이승만과 그의 충복인 이기붕 도당의 썩고 맹폭한 정권을 타도하고야 말았습니다.

희망이 꺼지다

정직한 선거와 산더미 같은 공약으로 그 정권을 잡은 장면(張勉) 민주당 정권과 함께 희망은 다시 살아나기 시작하였으나 움트던 그 희망마저 곧 실망으로 바꾸어졌습니다. 개혁은 빈말로 변하여지고 민주당은 당내 상호간에 물고 뜯는 속에 영웅적인 4·19 혁명을 망각 속에 넣고 말았습니다. 갖가지 부패는 성하고 눈먼 장님이라도 그 정부의 목적은 정권을 계속 유지해 보겠다는 심사는 뻔히 알 수 있었습니다.

이 모든 것이 정통적인 민주주의적 방식을 따라서 진행되었으며 이는 어떤 소수의 미국인들에게는 마음에 드는 일이기도 했으나 한국의 국가적 안전이 나날이 기울어져 간다는 사실에는 변함이 없었습니다. 대한민국에서의 증가되는 혼란은 북한 괴뢰에게 기쁨을 주었으며 대한민국은 지도자 없는 아주 약한 나라로 떨어졌던 것입니다.

다시 희망 소생

이러한 민주적인 슬로건에 눈에 띄지 않은 몇몇의 헌신적이며 애국적인 국군은 선장과 나침반 없이 떠돌아다니는 배와 같이 한국의 위험한 처지를 직시하였습니다. 곧 구급적(救急的)인 행동을 그들은 결정하였습니다. 5·16 미명을 기하여 한국정부를 인수하였던 것입니다.

이들은 그 어떠한 신화적인 것이 아니라 참다운 애국심과 헌신과 이념과 끝없는 용기를 말할 3·1 정신을 소유한 이들이었습니다. 그들은 다음 다섯 가지를 수행하기를 결정하였습니다.

① 어느 곳에서나 어떤 형태의 부패와도 싸운다.
박정희 대장의 영도하(領導下)에 이들은 진정한 민주주의는 부패한 나라에서는 완전히 기능할 수 없다는 것을 분명히 알고 있었습니다. 그들은 이 부패를 크게 싸워 이겼으며 아직도 부패와 싸우고 있는 것입니다.

② 수백만의 가난한 농민들은 이할(二割)/육할(六割)의 이자를 물어야 하는 그들을 짓누를 부채로부터 구제를 받아야 한다.

③ 그들은 검소와 절약을 실천하고 장려하였습니다.

④ 거의 도의(道義)라곤 찾아볼 수 없는 이 나라에 이 국민을 훈련시켜야겠다는 필요성을 느꼈습니다.

⑤ 한국에서의 가난과 실업은 산업을 일으킴으로써만이 제거할 수 있는 것을 인식하였습니다.

대대적인 산업화의 계획이 시작되었습니다.

박정희 대장과 최고회의는 한국을 자주하는 나라로 만들기 위하여 온갖 힘을 다하고 있습니다.

그들의 이러한 노력은 절대적으로 전 국민이 호응을 하느냐 안 하느냐에 달려 있습니다.

우리는 3·1 운동 정신인 의무와 진정한 애국심과 힘을 가진 헌신적 정신만 가진다면 성공할 것이나 이를 바라다만 보고 있으면 우리는 반드시 실패하고야 말 것입니다.

한 마디 더 첨가할 말은 대한민국의 힘은 특별히 한국 교회의 힘은 국민의 사기를 일으키는 데 절대 필요하며 이 힘이 결여되어 있다는 것입니다.

교회는 잠자고 있으며 교리와 교권(敎權) 문제로 싸우고 있을 뿐입니다.

지금 한국 교회는 오늘날 한국을 재건(再建)하는 크나큰 운동에서 멀리 떨어져 있다는 것입니다. 한국 교회는 회개하고 연합하여 이 결정적인 이 운동에 힘과 정신적인 지도를 아끼지 말아야 하겠습니다. 만세! 독립우세(獨立寓歲)!

08. 서울대의 문제점

『대학신문』(서울대) 1962. 12. 3.

정설과 역설과 허영
서울대의 문제점

스코필드 박사(수의과 명예교수)

서울대학교에서 무엇이 나쁜가. 학생들은 구두닦이에게 길거리에서 구두를 닦고 공부하기 좋은 철은 행사로 허송한다. 대학은 불필요하게 교육을 세분하고 있다. 좀 더 창조적인 사고를 발휘해야 않겠는가. 독립운동의 제34인이라는 스코필드 박사는 수의과에서 교편을 잡으면서 느낀 바를 솔직하게 집어내고 있다.

1960년에 40년간 떨어졌던 한국을 다시 찾아올 때는 그래도 나는 정든 '코리아'에 사회적·지적 하다 못해 외부적 변화라도 있었으리라고 크게 기대했었다.

사실 그동안 좋든 나쁘든 간에 많은 변화가 있었다. 그러나 학생들이 '슈산·보이'를 시켜 구두를 닦는 것은 내가 보고 싶었던 변화가 아니었다. 나는 이러한 이상한 현상을 처음에는 어떻게 해석해야 좋을지를 몰랐다. 한국이 가난하다는 것을 언제나 들어왔기 때문이었다. 이러한 현상은 사치의 증거이며 잘사는 '유럽' 학생들의 생활에서도 찾아볼 수 없는 것이다. 그동안 머물면서 알아본즉 학생들의 이러한 행동은 시골 어린이들의 가난하고 비극적인 환경이나 대학본부 학생처에서 지시하는 규칙과는 무관하다는 사실을 발견할 수 있었다.

학생은 사회에서 일반적으로 우대되고 있으므로 그러한 지위를 유지하기 위한 수단으로 거리에서 뽐내며 구두를 닦는 것이 그렇게 비싸게 먹히는 일이 아니라는 실정도 알았다. 신빙성이 별로 크지는 않은 현대 심리학은 구두를 닦아 빛을 내고 싶은 욕망을 학생들의 슬픈 가슴에 비치지 않는 햇빛이나 어둠침침하고 단조한 서울대학교의 교정이나 학생들의 거처에 쪼이지 않는 햇볕에 대한 보상책이라고 해석할 것이다.

또 다른 문제로서 어느 여자 대학교 교지에 실린 학생들의 사진을 보고 나는 더 놀랐다. 그것은 학생들이 '펜싱'을 수련하는 과정을 찍은 사진이었다.

어떻게 해서 이러한 허영이 생겼단 말인가!

'펜싱'보다는 가정주부가 될 준비로서 이 '델리키트'한 처녀들에게 벽돌 쌓는 기술을 가르치면 얼마나 좋은 일이겠는가. 이러한 것은 한국이 진실로 필요로 하는 교육이며 '덴마크'에서는 하지 않아도 되는 것이다.

수의과대학을 보면 한국의 미덕이라고 볼 수 있는 대량생산교육이 훌륭히 시행되었으나 졸업은 취업 상태의 전망은 거의 무에 가까울 정도의 10%밖에 되지 않았다. 졸업해 봐야 일자리가 그렇게 없는데 무엇 때문에 많은 학생을 입학시키느냐고 물으면 대답은 간단하였다.

교수들에게 월급을 지급하자면 많은 돈이 필요하기 때문이라는 것이다. 월급이 적기 때문에 교수들의 능력과 자격도 차이가 많다. 어떤 교수는 훌륭한 교육을 받아 우수하며 또 어떤 교수는 그렇지 못하다. 일본이나 미국 교과서를 그대로 베낀 노트를 읽거나 열심히 공부하는 학생보다 결코 더 많이 알지도 못하는 것을 가르치는 교수도 있다. 그럼에도 불구하고 그 학생들은 교수가 불러 주는 것을 주의하여 받아 써야 하고 또 이것을 시험을 위하여 외워야 한다.

박사 학위는 일본으로부터 사들일 수 있고 국내에서는 과학적 가치가 거의 없거나 전연 없는 논문으로 수여되기도 한다. 실력이 형편없고 학생들에 도움을 주지 못하는 이러한 교수들을 물러서게 하는 방법은 분명히 없다. 학생들이 참아나가는 길뿐인 것이다.

학생들의 무관심 상태는 여러 가지 요인 때문이다. 병든 말이나 소, 돼지가 수의과대학을 찾아올 길이 없는 것처럼 아무리 봐도 학생들이 평생 보지도 못할 병에 관하여 그렇게 고도로 세분화된 훈련을 가진 모든 교육 내용은 점차적으로 비실제적이며 거의 '넌센스'에 가까워지고 있다. 수업 시간에 잠을 자거나 맥이 빠진 학생들은 게으르기 때문이거나 아니면 영양실조, 기생충 혹은 먹고 입고 등록금 내기 위한 많은 돈을 벌기 위하여 밤에 가정교사를 함으로써 일어나는 과로 때문일 것이다.

학생들의 단체생활은, 적어도 서울대학교의 몇 개 단대(単大)에서는, 고도(高度)로 발달하였다. 교수는 아무런 연락도 받지 못하고 교실에 들어가서야 자기 수업이 휴강이라는 것을 알게 된다. 학생들이 어떤 중요한 시험을 치기 위한 시험공부를 하기 위하여 집에 가

버리기로 결정했기 때문이다.

서울대학교에서 또 하나 흥미 있는 것은 10월 초부터 말까지의 '추계휴일(秋季休日)씨즌'이다. 사회의 행사와, 소풍, 탄신일 기념행사가 가장 눈에 뜨이는 것이다. 어느 행사거나 준비하는 데 하루, 행사하는 데 하루, 그리고 피로를 회복하는 데 하루는 보통 걸린다. 가장 중요한 탄신기념일의 '리스트'를 만들어 보자면 단군, 세종대왕, 이순신 장군, 개교기념, UN데이, 그리고 이에 못지않게 학생들의 핑계로 기념일이 되는 날이 많다. 이러한 전통적인 행사의 결과로 1년 중에서 공부하기에 가장 좋은 달 10월은 학구적인 면에서 보면 완전한 무소득의 달이 되어 버리고 만다. 우리같이 가난한 민족은 그렇게 많은 귀중한 시간을 허비할 처지가 못 된다. 어떤 행사는 없어져야 하고 나머지들은 합쳐져야 한다.

허영과 역설적인 현상의 표본으로서는 6년간의 수업 연한을 가진 치의대학을 보라. '유럽'에서도 보통 4년 아니면 5년밖에 되지 않는다. 6년이라는 이 이상한 현상을 뒷받침하는 '슬로건'은 "나는 우리 신체에서 입이 가장 중요한 기관이라고 믿는다". 이 말은 음식을 먹지 않는 잘 때나 아침에 온돌방에서 일어날 때에 종교적 신심(信心)으로써 열 번도 더 되풀이하여 이야기할 수 있다. 더 말하기 뭐하지만 언어학자들에 의하면 입이 우리 신체에서 가장 중요한 기관인데 이것은 '혀'가 그 속에 있기 때문이라고 한다.

2천만의 우리 가난한 고객들을 보라.

이젠 치통, 버드렁니, 썩은 이가 무슨 수를 써서도 생기지 않게 하는 길밖엔 없다. 이란 사치하고 신비한 존재가 되었다. 의과교육

비가 50% 올랐고 치료비가 20% 올랐다. 영국이나 덴마크, 스웨덴, 독일과 같은 부유한 문명국가들이 우리들의 이 중대한 실험에 비상한 관심을 보이고 있다. 한국은 아시아에서 가장 우수한 치과의사들을 가졌으니 이 실험을 끝낼 것이다. 그럼 수백만의 가난한 한국인들은 가장 나쁜 이를 가진 채 실험만 끝나는 것이다. 이 어찌된 허영과 역설인가! 유일한 대책은 정부가 마음을 써 영국처럼 무료로 치료 사업을 하는 것뿐이다.

한국의 교육가들은 어느 때쯤이나 미국의 아이디어와 방법을 그대로 베끼기를 그만두고 그들 자신의 문제를 해결하기 위하여 스스로 창조적인 사고를 할 것인가?

09. 1919년 3월 1일과 1963년 3월 1일

『동아일보』 1963. 2. 28.

3·1절에 즈음하여 스코필드 박사는 당시의 회고와 아울러, 우리 민족이 현재와 장래에 있어, 3·1 정신을 통하여 명심해야 할 몇 가지 사항을 들어 다음과 같은 지성에 찬 글을 보내왔다.

기미년 3월 3일

1919년 3월 초하루는 33인의 애국자들이 횡포한 일제에 대한 저항운동을 시작한 날이므로 조선의 역사에 길이 남을 뜻깊은 날이 될 것이다. 국권을 박탈하고 자국에 동화시키려는 일본의 정책으로 인한 굴욕의 십 년은 하나의 비극이자 또한 쓰라린 경험이었다. 조선이 지닌 값비싼 자유와 언어, 그리고 고래의 관습이나 전통은 해마다 가중되던 탄압으로 차츰차츰 자취를 감추게 되었다.

3·1 운동의 지도자들은 문제점을 명백히 알고 있었다. 생존할 수 있는 유일한 희망은 전국적으로 독립을 선언하는 것이었으며, 그렇지 못할 경우 조선은 몇 해 못 가서 일본의 또 하나의 속주(屬州)가 되어 버리리라는 것이었다.

독립운동의 조직은 훌륭한 솜씨였으며 그 실행엔 비상한 용기가 있었다. 전국의 도시와 시골이 일제히 가담한 이 투쟁은 일본의 경찰이나 헌병이 반항하는 민중을 억압하고 만세의 절규를 진압할 수 있기 전에 벌써 몇 달 동안 계속되었다.

위대한 자유 대신에 그 대가는 감옥이 아니면 폐허 또는 죽음 그것이었다. 그러나 비록 겉으로는 실패했지만 국민은 정신적인 승리를 쟁취했던 것이다. 일본 제국주의 정책은 계속할 수 있었을지 모르나 국권 박탈이나 자국에의 동화란 벌써 하나의 공염불이 되고 말았던 것이다. 조선 국민은 1919년 모든 문제를 명확히 깨닫게 되었으며 가슴과 마음속의 숨은 보물을 도둑질하고 파괴하려는 모든 위협에 줄기차게 대항하였던 것이다.

지도자간에 경쟁이 있었다면 그것은 자리나 권력을 위한 경쟁이 아니었고, 오로지 수난과 봉사를 위한 경쟁이었다.

계묘년 3월 1일

오늘날 우리는 조선의 분열되어 있음을 본다. 용감하고 험준하며 그림처럼 아름다운 북녘 땅은 일본의 제국주의가 오히려 온정주의에 불과할 정도의 새로운 제국주의에 사로잡힌 잔인한 적들에게 지배되고 있다. 그들의 정치는 비인도적이고 파괴적이며 필요시에는 말살해 버리는 정치다.

아름다운 전야(田野)와 끝없이 굽이치는 언덕을 가진 남한은 널리 퍼져 있던 악성 부패에 응급 수술을 하고 나서 일로 회복도상에 있다.

외과의 격의 박 장군은 환자의 상황에 대하여 이제 보고서를 작성하였으며 그것은 모든 애국적인 국민들에게 경고가 될 것이다. 부하 의사들 간의 언쟁이나 불상용으로 인해서 장군은 크게 실망하고 있으며 환자의 건강을 우려하고 있다.

"수술 후의 상황에 변함이 없다면 회복할 가망은 없을 것이다"

병력을 뒤져 보거나 장군의 이름을 독자들에게 말할 필요는 없다. 쿠데타의 첫날부터 박 장군은 헌신적인 지도력을 발휘하였다. 부패에 대한 그의 투쟁은 조금도 늦추어지거나 흔들린 적이 없었다. 실업 상태, 허약한 경제, 농업의 위축 및 정치적 불안정 등에 지대한 관심을 갖고 이를 위한 재건과 개혁에 노력을 쏟아 왔지만, 지나친 기우와 경험의 부족으로 인하여 약간의 과오를 범한 것이다. 해야 할 사업의 중요성과 과오의 원인을 살펴볼 때 한층 더 요구되는 것은 이해와 과감한 노력인 것이다.

여러 해 동안 모든 정당들은 개인의 욕심이나 당의 이익을 초월하여 국민의 복지를 가져오는 것이 무엇보다도 급선무라고 한결같이 주장해 왔지만 정치인들은 거의 예외 없이 이기적이었음은 슬픈 일이다. (민주주의는 자유롭게 선출된 국민대표들에 의한 국민을 위한 국민의 정치라는 말로 정의되지만, 조선의 부끄러운 민주주의는 정치인을 위한, 정치인에 의한 국민의 정부였다.)

만일, 차기 대통령 후보를 포기한 박정희 장군의 헌신적 결단이 우리의 낯간지러운 정권욕과 이기심을 뉘우칠 기회가 되지 못한다면 그분의 유례없는 애국적인 용단은 수포로 돌아가고 말 것이다.

우리는 이기주의와 부패 속에서 낡은 싸움을 벌여야 될 건가, 아니면 봉사와 희생의 3·1 정신을 따라야 할 건가, 조속히 결단해야 한다. 우리로서 만약 올바른 선택에 실패할 때 구원(救援)의 여지없이 우리 조선은 매국노와 비겁자들이 날뛰는 구렁텅이로 떨어질 운명에 처할 것이다.

10. 스코필드 박사, 박의장에게 서한

『동아일보』 1963. 3. 23.

3·1 운동 이래 우리나라의 「국민의 벗」으로 살아온다는 프랭크·스코필드 박사는, 최근에 벌어지고 있는 정정 불안(政情不安)에 관련하여 지난 20일 직접 박정희 의장에게 군인과 정치 인간의 타협을 종용하는 「조선 정세 – 아량의 필요성」이라는 제목의 글을 보냈었는데, 21일 박의장을 대신한 이후락 공보실장으로부터 "의장이 기꺼이 읽었다"는 회답을 받았다고 한다. 스코필드 박사는 그 서한 중에서 군정 4년 연장이 박 의장의 순수한 나라를 위한 염려에서 나온 제의인 것임은 인정하면서도 "군정을 4년이 아니라 10년 동안을 더 한다 할지라도 커다란 성공을 거두리라는 보장은 없는 것"이라고 부정적인 언급을 했으며, 특히 언론을 4년간이나 제한한다면 부패의 음성화를 조장할 것이라고 지적했었는데, 이 공보실장은 바로 이 점에 대해 언론을 4년 동안 제한할 생각을 갖고 있지 않다는 회답을 하였다. 이에 스코필드 박사는 그 점만을 시정하여 박의장에게 보냈던 것과 같은 글을 22일 본보에 기고해 왔다. 다음은 스코필드 박사가 박 의장에게 보내어 "박의장에 기꺼이 읽었다"는 글의 내용과 그에 대한 이 공보실장 대필의 회답 전문이다.

박정희 의장 각하

오늘날 조선 국민은 빨리 해결을 보지 못하면 분쟁, 감정의 대립과 국내의 안정 및 안전의 약화를 초래할 사태에 직면하여 있습니다. 국민 사이의 분열, 특히 군사 지도자들과 정치 지도자를 및 국민과의 사이에 일어날 분열과 불신을 방지하기 위해서 최선을 다해야 하겠습니다.

군사 지도자들과 정치 지도자들 간의 현재의 충돌은 합리적이고 명예로운 타협에 의해서 해결되지 않으면 안 됩니다.

「워커 · 힐」과 증권 시장에 관련된 최근의 추문에 비추어 볼 때 이제 더 이상 군사정부는 깨끗하고, 그리고 정치인들은 부패하였다고 말할 수는 없습니다.

군정의 4년간 연장을 제의한 박 의장의 행동은, 본인의 의견으로는 조선의 최선을 위한 순수한 염려에서 나왔다고 봅니다. (군사로는 될 수가 없습니다. 이것은 아주 중대한 계산 착오였습니다.) 타협점을 찾는 데 있어서, 만약 이 중대한 난국을 해결하려면 양측은 다음과 같은 사실들을 인정하고 정직하게 평가하여야 할 것입니다.

① 협상에 있어서는 항상 수백만의 가난한 조선 국민들을 염두에 두어야 할 것입니다.

② 조선의 이때까지의 3개 정권은 모두가 부패의 근절에 실패하였습니다. 가령 군정을 4년 아닌 10년 동안 더 한다 할지라도 커다란 성공을 거둘 것이라는 아무런 보증도 없습니다.

③ 현재로서는 야당이 1개 이상 생기면 틀림없이 효과적인 정부를 약화시키게 될 것입니다.

④ 군정 4년 연장은 이기주의적인 정치가들을 불리하게 할 뿐 아니라, 나아가서 정치에 참여를 바라는 여러 정직하고 애국적인 노소 인사들 간에 중대하고도 부당한 좌절감을 갖게 할 것입니다.

⑤ 출판·집회·언론 자유에 제한을 가하게 된다면 집권당 내부에 음성적인 부패가 불가피하게 늘어날 것입니다. 뿐더러 한걸음 나아가서 5개년 계획과 그 밖의 필요한 국가 발전 계획에 대한 열의도 차차 사라져 없어질 것입니다. 우리는 단결을 유지하고 열의를 북돋우어 주어야 합니다. 만일 그렇지 못하면 조선은 온갖 노력에도 불구하고 오직 한 가지 질질 끌려가는 죽음이 남아 있을 뿐입니다.

⑥ 우리는 아량을 크게 보여, 낡은 상투적인 공식, 이를테면 "장군은 누구나 훌륭하며, 정치가는 누구나 나쁘다."라는 것을 고쳐, "정치가들과 마찬가지로 장군들도 훌륭할 수도 있고, 또한 나쁠 수도 있다"는 것을 알아야 할 것입니다.

⑦ 정치가에게 정치 활동의 특권을 부여할 것인가의 여부를 결정하기 위한 한 가지 가능한 판단의 척도는 그 사람의 과거의 기록이어야 합니다. 확실한 부패의 내력이 입증된 사람들만이 당분간 정치 활동으로부터 배제되어야 합니다.

프랭크·스코필드 배

〈이후락 공보실장의 회한〉

친애하는 스코필드 박사

의장은 귀하의 글을 기쁘게 읽었습니다.

그러나 저는 귀하가 그 글의 5항에 있어서 오해하고 있다는 사실을 상기시켜 드리고자 합니다. 그 이유는 우리가 4년 동안이나 언론·출판 및 집회의 자유를 제한할 의도를 가지고 있지 않기 때문입니다.

1963년 3월 21일

의장을 대신하여

이후락 재배

11. 3·1 독립선언기념탑 제막식에서 한 스코필드 박사의 축사

『동아일보』 1963. 8. 17.

1945년 8월 15일 거룩한 해방일의 하나로서 조선의 역사 가운데 언제나 간직될 것이다. 1919년 3월 1일과 마찬가지로 아무런 과장없이 또 하나의 해방일로서 존중될 것이다. 성실한 조선민은 누구나가 또 하나의 해방일을 학수고대하고 있다. 오늘날 어느 허공적인 선으로 말미암아 분단된 우리의 가족들이 공산 압제로부터 해방되어 전처럼 통일국가가 되는 또 하나의 해방일을 고대하고 있다.

3·1 운동 시 고난을 겪고 사망한 유명·무명의 조선 애국지사들에 대한 이 기념비를 바치는 데는 이날보다도 더 어울리는 날은 있을 수 없다. 국민이라는 것은 그 백성이 당대의 도전을 두려워 않고 맞서 나갈 만한 용기와 특성을 지녔을 때에야 비로소 목숨을 부지할 수 있다. 1919년 3월 1일 정복자의 절대적인 권력은 도전을 받았다.

조선을 10년간이나 침묵시키고, 억눌러 오던 헌병과 경찰의 공포는 "만세! 독립만세!"를 외치는 백성의 함성 앞에 사라져 버렸다. 그날은 실로 해방의 날이었다.

우리는 조상들이 기원하며 고난을 겪고 죽어 간 그 조선은 오늘날 신념의 견지에서나 보일 따름이고 실지로는 아직도 눈에 보이지 않는다. 오늘날 우리는 내부의 적으로부터 도전을 받고 있다.

이 적은 50년 전 외부로부터 침입한 일본의 제국주의와 꼭 같을 정도로 현실적이요, 위험스런 적이다. 그러나 우리는 부패·분열·싸움과 실패로 인하여 허약하다. 정당마다, 그로 위원회마다 권세와 지위를 갈구하는 사람들이 있다. 고을마다, 그리고 거리마다 식량과 일터를 목마르게 찾는 사람들이 있다. 우리는 이기를 버리고 조선, 오로지 조선을 위해서 봉사하려는 한 가지 거룩한 열망을 가진 남녀 지도자들이 나와 달라고 목마르게 호소한다.

3·1 운동 시 달갑게 옥살이를 하고, 달게 죽음을 받아간 선열들의 추념에 바친 오늘의 이 순간은 또한 오늘날 조선에 봉사하기를 열망하는 모든 사람에게 영광의 기념비일 것이요, 그렇지만 또한 자기의 이기적인 야망의 달성에 골몰하는 모든 자들에겐 치욕의 기념비이기도 할 것이다.

12. 나도 한국의 분신, 할 말은 해야겠다

『한국일보』 1963. 9. 13.

3·1 독립운동 때부터 우리나라를 꾸준히 도와준 스코필드 박사는 영자 신문 『코리안·리퍼블릭』에 보낸 〈독자의 편지〉에서 조선의 정쟁, 특히 국민의 당 대통령 후보를 둘러싼 야당 간의 아귀다툼을 다음과 같이 논평하고 있다. **편집자 주**

〈나도 조선의 분신, 할 말은 해야겠다〉

매일 아침 나는 신문을 펼쳐 보고는 한결 분노를 느낀다. 나는 이제까지 누구에 못지않게 강력한 야당의 통합을 바라왔다. 그렇건만 들려온 소식은 정치적 이권을 위한 각 야당의 이기적인 아귀다툼뿐이다.

그네들은 많은 어려운 처지에 놓여 있는 조선 국민을 돕기 위한 대의나 정책을 위해서 싸우는 것은 고사하고 국민들을 아예 옛날부터 까마득히 잊어버리고 있다. 이 권력 투쟁은 조선 정치사상 〈청와대 쟁탈전〉이라고 기록될 것이다.

당신네 야당 지도자들은 언필칭 박정희 장군이 비민주적이라고 비난하지만, 그러나 이기적인 아집에 사로잡힌 당신네들에 비할 때 그는 찬연히 빛나는 참다운 애국자로서 으뜸 가고 있다.

더욱이나 그는 정치가로서 불타는 용기와 신념을 가지고 있다. 그렇다. 군사정권 아래서 놀랄 만한 부정이 있었던 것만은 사실이다.

그러나 역사적인 이 시점에 처해 부정의 재판(再版)이 다시 우리 눈앞에 전개되고 있는 것은 어떻게 된 일인가? 민주주의의 수호자임을 자처하는 바로 야당 지도자들의 손아귀에 민주주의에 대한 모든 꿈이 산산이 부서지고 있지 않는가 말이다. 참으로 슬프도다!

권력과 권세에 굶주리고 허영에 날뛰는 야당 지도자들은 하루가 멀다고 물어뜯고 싸움만 벌여 드디어 마각을 드러내고 말았는데, 1년이나 2년 이내에는 쉽사리 본성을 탈피할 수는 없을 것 같다. 아니 어쩌면 그네들이 저지른 과오에 억눌려 아예 자취마저 감추게 될는지는 모른다.

박순천 여사와 같은 다섯 사람의 여성과 박정희 장군과 같은 다섯 사람의 남성만 있다면 충분히 조선은 구출할 수 있다고 본다. 그렇다면 이 열 사람은 어디 있는가? 2년 전 쿠데타 당시 나는 "이것은 조선을 위한 최후의 기회이다."라고 쓴 일이 있었다. 이 신념은 날이 갈수록 더욱 간절하다. 그 후부터 오늘날까지 전면적인 세계의 양상은 심각하게도 악화해 왔다. 나는 이 이상 참을 수가 없다. 나 자신 조선의 분신으로서 의당 말할 권리가 있다고 생각한다.

어리석은 정치인들이여, 이 나라가 망하기 전에 제발 각성해 주기를 애절하게 호소한다.

13. 내핍은 수범(垂範)에서만

『동아일보』 1964. 1. 16.

오늘날 한국은 휴전선에서 적과 대치하고 있어서, 정부는 국가의 방위에 지대한 관심을 가지고 있으나, 모든 국민을 위한 유혹한 생활에 대해서는 충분한 관심을 가지고 있지 않다.

지난 수개월 동안 우리들은 〈특권자에게 보다 많은 특권〉과 〈부담을 지고 있는 사람에게 보다 많은 부담〉이라는 특징을 가지고 있는 한 사회를 향하여 꾸준히 지향해 왔다. 이것은 정의에 대한 커다란 냉정에서 발단하는 매우 위험천만한 사회질서이다.

다음은 이런 경향의 두 가지 실례들이다.

(A) 문교부는 불필요하게도 사친회에 특권을 부여하는 한편 각 교육 기관에 입학금 50%, 수업료 10%를 증가시킬 것을 허가했다. 사실 이것은 돈 있는 사람들에겐 커다란 보너스가 되는 것이지만 가난한 사람들에게 커다란 부담이 되는 처사이다.

앞으로 보다 많은 가난한 어린이들은 거리에서 방황하게 될 것이며 소년 범죄는 계속 늘어날 것이다.

고아들은 최소한 이 부가적인 처벌로부터 모면되지 않으면 안 된다.

(B) 8만여 원이라는 과대한 국회의원 보수는 거의 모든 사람들에게 충격을 주었다. 그러나 4천 원으로부터 6천원—이보다 적은 경우도 종종 있지만—의 노임으로 살아가는 공장 노동자들에게 인내할 것과 개정된 노동법을 받아들일 것을 권고했을 때 충돌은 심각한 것이었다. 여기서 〈특권자를 위한 특권〉〈부담을 지고 있는 사람에게 보다 많은 부담〉이라는 원칙이 다시 나타나게 된다. 〈길 위에 날아다니는 나비가 밑에 있는 두꺼비에게 내핍 생활을 설교한다.〉 만약 뇌물 받는 것을 막는 최선의 방지책이 봉급인상이라면 항상 뇌물에 노출되어 있는 경찰들의 봉급이 배로 인상되어야 할 것이다. 매일매일 상태는 점점 더 어려워지고 위험해지고 있다. 우리는 형편없이 낮은 봉급이 뇌물 받기나 자살보다 더 무거운 악을 유발시키는 것임을 명심하지 않으면 안 된다.

생각 있는 사람이면 누구나 내핍 생활이 오늘날 우리가 당면하고 있는 경제 위기를 극복하는 가장 효과적인 방법이라는 데 의견을 같이한다. 우리는 모두 미리 손을 쓰지 않는 한 경제가 병들어 죽게 되는 이 질병을 치료하자면 내핍이란 약이 필요하다는 데 이의가 없다. 그러나 그 약맛이 쓰기 때문에 우리는 그 약의 성질을 논하면서도 그것을 먹지 않고 다른 사람들에게만 권한다.

내핍은 모든 사람들이 자발적으로 수락할 엄격한 도덕적 규율을 요구한다. 2차 대전 후의 영국의 내핍 생활을 연구한 것을 보면 저간의 사정을 명백히 하고 있다.

버킹엄 궁전의 국왕과 왕후, 국회의원들뿐만 아니라 전체 국민들도 육류와 버터 없는 날을 감수했다.

사치품과 모든 고급품을 수입도 수출도 하지 않았다. 이래서 영국은 마침내 내핍 생활을 견디어 내었다. 만일 조선도 도덕적인 용기만 있다면 능히 내핍 생활을 견디어 낼 수 있을 것이다. 군사 정부 치하의 내핍 생활은 법으로 강행되어야 하는 것이었기 때문에 실패하고야 말았다. 외국제 커피는 부유 가정과 호텔 등에서는 엄연히 사용되고 있다. 아침 8시 반에는 서울의 거리는 사람보다 택시의 수효가 많다.

작년의 내핍의 달 8월에 뉴욕의 〈쇼〉〈홀리데이·온·아이스〉가 서울에 와서 무더운 더위 속의 서울에서 호화로운 최신 스케이팅을 가르치고 갔다.

실로 여름의 부유층에게는 얼음 위의 신형 내핍 휴일이요, 가난한 층에게는 겨울 얼음 위의〈구형 내핍 휴일〉이었다.

경제·정치·사회적 위기는 병이 아니고 심각한 병의 증세에 불과한 것이다. 내핍 계획에 대한 중요한 사실은 아래와 같다.

(1) 내핍은 수범에 의해서만 가르칠 수 있고,
(2) 내핍은 경제 법령의 실시에 있다.

전 김현철(金顯哲) 내각수반은 이임하는 자리에서 내핍은 절대로 필요하다는 충고를 하면서 비행기를 타고 세계 여행에는 반대한다. 두 사람이 내핍의 세계 여행을 하는 데는 거칠게 잡아도 삼천 달러가 들게 된다. 그러나 정부가 돈을 대는 호화판 세계 여행은 결국 납세자들(국민)의 세금 가운데에서 4천 5백 달러를 소비하게 된다.

달러가 소비되는 방법은 달러를 벌어들이는 것과 똑같이 중대한 것이다. 이런 경제적 사실에 대해 조선은 거의 모르고 있다.

14. 사건의 전모 밝혀야

『경향신문』 1964. 3. 3.

『사건의 전모』 밝혀야

〈이병철계 사원 설득으로 쓴 『스코필드』 박사의 글〉

부패한 토대 위엔 건전한 사회 못 선다.

본인은 "이병철(李秉喆) 씨는 감옥에 넣어야 하겠다"고 심한 말을 한 데 대해서 그분에게 사과를 해야 하겠습니다. 나는 그때 신문기자들과 같이 밀가루 25킬로그램 한 부대에 9백 2원이라는 언어도단(言語道斷)의 가격에 대해서 이야기하고 있었습니다. 본인은 많은 사람들이 굶주리고 있는 특히 한국 같은 나라에서 식료품을 가지고 부당이득을 취하는 사람들을 대단히 나쁜 사람들이라고 생각합니다. 제 말은 "나는 이병철 씨와 그러한 모든 밀가루로 폭리를 한 사람들을 감옥에 잡아 넣어야 한다"는 뜻이었습니다.

며칠 전에 이병철 씨의 회사원인 X씨(그분의 요청으로 익명)가 본인을 찾아와서 이병철 씨는 A급 소맥분 25킬로그램 당정부(當政府) 가격인 3백 74원 이상으로는 한 부대도 팔지 않았다고 나를 설득시켰습니다. 그래서 본인은 이병철 씨에게 사과를 하려고 하는 것이고 사실로 사과를 합니다.

X씨는 당연히 이런 질문을 하였습니다. "왜 당신은 이병철의 이름만 댔습니까? 대답은 간단합니다. 나는 여러 사람들로부터 그가 거부(巨富)이며 제분업자(製粉業者)라는 말을 듣고 있었습니다. 본인은 밀가루를 먹는 대단히 어려운 사람들의 이름은 많이 알고 있지만 밀가루를 만드는 대단히 큰 부자의 이름은 한 사람밖에 모릅니다. 이병철 씨란 이름은『돈과 밀가루와 설탕의 상징』입니다.

좋은 사람들에 관해서 말한다면 나는 얼른 함석헌(咸錫憲) 씨의 이름을 들 수 있습니다. 그리고 이런 사람들은 다 천국에 가야 할 것입니다. 많은 학생들이 그 분이 정의와 선을 사랑한다는 말을 나에게 하여 주었습니다. 그는『선(善)의 상징(象徵)』이 된 것입니다.

X씨는 밀가루 한 부대의 도실가(都實價) 3백 74원과 산매가(散買價) 9백 25원 간의 큰 차이는 중문상인(中問商人)들이 다 도둑놈들이라는 것을 의미하는 것이 아니고 그들이 부정(不正)한 정치인들에게서 돈의 요구를 받았을지도 모르고 그 돈을 다시 보충하려는 것이라고 하였습니다.

본인은 이러한 사실을 알려준 X씨에게 진실로 감사하게 생각합니다. 이 무슨 부패(腐敗)입니까? 아동들이 가정에서는 이러한 추문(醜聞)을 연달아 듣는데 학교에서 도의(道義)를 가르친댔자 무슨 소용이 있겠습니까.

박대통령께서는 오랫동안 시달리고 굶주린 국민들의 신임(信任)을 얻기 위해서 이 형격적(衡激的)인 사건의 전모(全貌)를 조사하셔야 할 것입니다. 이러한 부패한 토대 위에는 건전한 사회가 세워질 수 없습니다.

추신(追伸)

오늘 아침 본인은 대단히 총명하고 그러나 대단히 가난한 여학생에게 마루에서 기거하면서 빨래하는 일로 생계를 이어가고 있는 그의 어머니와 아주머니에게 문안(問安)을 하였더니 그는 그저 이렇게만 대답하였습니다. "점점 더 약해만져요."

『F. W. 스코필드』

15. 나는 왜 돌아왔나?

『대학신문』(서울대) 1965. 1. 4.

고향으로 돌아온 것 당연한 일

크리스찬은 안락과 화려한 생활 즐길 수 없어

"수시로 집으로 방문해 주기를……"

다음은 작년 4월 고국 캐나다에 귀국했다가 약 6개월에 걸친 세계여행을 끝마치고 다시 제2의 조국, 한국을 찾아온 『프랭크 · 스코필드』 박사(농대 대우교수)가 본사에 기고한 글이다. **편집자 주**

많은 사람들이 나에게 『왜 한국에 돌아왔는가』라는 질문을 해 왔습니다. 특히 신문기자라는 이들은 본래가 난해한 분들이어서, 기이한 것들을 추구하고 정상적인 일들을 곡해하려 드는 것 같았습니다.

사람이 자기의 고향에 돌아온다는 것은 극히 자연스러운 일이겠습니다만 여러분 학생들 간에도 이 점을 궁금히 여기고, 자기대로 해석하려드는 분들이 많다는 말을 듣고는 일변이 필요하다고 생각했습니다. 몇 조목(條目)으로 나누어 간단히 말씀드리겠습니다.

첫째로 나는 『크리스챤』입니다. 정직한 신앙에 살려는 사람은 자기의 친구에 대한 의무감보다 안락을 중히 여길 수 없고 화려한 생활을 즐길 수는 없을 것입니다. 더욱이 그 친구들이 곤경 속에서 헤어나지 못할 때는 이 점을 더욱 깊이 생각하게 될 것입니다.

둘째로 나는 『유럽』에 체류하고 있는 동안 한국의 학생 여러분으로부터 많은 편지를 받았습니다. 그들은 그 내용에서 현재 한국의 젊은이들을 지배하는 당혹감(唐惑感)과 절망감(絕望感)을 호소하여 왔습니다. 나는 이 점을 이해합니다. 신앙은 절망의 구렁텅이에 희망을 주는 힘이 있다고 생각합니다. 『휴머니즘』이나 『아이디얼리즘』은 기독교의 복음(福音)에 비하면 너무나 비소(卑小)한 대용품(代用品)입니다. 인간은 오로지 하느님을 찾아내어 자기가 지고(至高)의 진실에 접하고 있다는 것을 깨달을 때만이 희열을 느끼고 중첩한 장애(障碍)를 넘어갈 수 있습니다.

셋째로는 비록 여러분을 모든 면에서 완전히 노와드릴 수는 없습니다만 가능한 범위에서라도 나의 온 힘을 다하여 여러분을 부축하기 위해서 다시 돌아왔다는 것을 말씀드리고 싶습니다. 의대 교내에 있는 나의 집에서 항상 여러분을 기다리고 있는바, 수시로 방문해 주시기 바랍니다.

그리고 혹 교정에서 여러분을 몰라 보고 지나치는 때라도 나의 미약(微弱)한 시력을 참작하시고 섭섭하게 생각하지 말기를 바랍니다.

신년을 축하합니다.

16. 1919년 3월 1일, 삼일절에 무슨 일이 일어났었는가?

프랭크 스코필드, 수의학박사·법학박사

영국 워릭셔 주 출생. 캐나다로 이주하여 토론토 대학교 온타리오 수의학대학 졸업. 온타리오 수의학대학 교수. 독일 루드비히 막시밀리안 대학 명예 수의학박사. 캐나다 토론토 대학 법학박사. 1948년 한국으로 귀환. 대한민국 건국에 기여한 공로로 대한민국장 수여. 고려대학교 명예 법학박사. 경북대학교 명예 수의학박사. 경희대학교 명예 메달. 현재 한국에 거주 중.

1919년 2월 21일 이씨 왕가의 마지막 통치자 고종이 갑작스럽게 사망한 것은 나라 전체에 큰 충격이었다. 사실 고종은 그의 재위 기간 중 특별한 공적을 세운 것은 아니었으며 그의 유약함은 1910년 한국병합으로 절정에 달한 일본의 침략 행위를 고취하는 데 기여했다. 한국인들의 마음을 가득 메운 슬픔은 존경하는 국왕의 죽음 때문이 아니라 고종의 죽음이 한국인들의 행복했던 과거와 완전히 단절되었다는 것을 깨닫게 해 주었기 때문이다. 한국인들이 사랑했던 옛 한국의 상징과 관습을 그들과 묶어 주던 마지막 연결고리가 영원히 끊어진 것이었다.

국상이 진행되던 중 나는 덕수궁 북쪽 벽을 따라 난 큰 길을 걷던 도중 『서울 프레스』의 편집장 야마가타를 만났다. 그곳에는 많은 한국인들이 젖은 땅바닥에 무릎을 꿇고 죽은 고종이 안치되어 있던 궁성 쪽으로 절을 하고 있었다. 나는 내 생각을 말했다. "오늘 사람들이 국왕의 죽음에 대해 매우 슬퍼하는 것 같습니다." 야마가타가 대답했다. "예. 한국인들은 옛날 한국 관습을 따라 참 단순한 사람들이지요." 나는 동의하지 않았고 그래서 이렇게 이야기했다. "이들은 옛 관습을 그대로 따르는 것이 아닙니다. 이들은 크게 달라졌습니다. 설사 경찰이 비키라 명령해도 별 신경도 쓰지 않습니다." 그는 무관심했으며 이렇게 말했다. "이들은 지금 아무것도 할 수 없습니다. 우리가 이들을 병합했으니까요." 우리는 헤어졌고 나는 일본 관료들이 한국인에 대해서 얼마나 아는 것이 없는지 생각했다. 말총으로 만든 이상한 검은 모지와 펄럭이는 하얀 겉옷은 한국인들을 쉽게 구분할 수 있도록 해 주지만 그 안에 품고 있는 생각과 감정에 대해서 일본인들은 하나도 알지 못했다.

일본의 병합 및 동화정책이 어떤 환경에서라도 성공할 수 있을지 매우 의문스러웠으나 일본인들은 식민지 통치에 대해 아는 것이 별로 없었으며 이 어렵고 복잡한 일을 매우 거칠고 어설프게 진행했기 때문에 봉기는 거의 피할 수 없는 것이 되었다.

일본 제국으로의 동화는 탈민족화와 차별정책을 통해 이루어졌으며 어디서건 이 원칙이 적용되었다. 이것은 한국의 국민들이 자애로운 일본 천황의 아들과 딸이 되어 다른 이들과 마찬가지로 동등한 지위를 누리게 될 것이라는 약속을 송두리째 부정하는 것이었다. 탈민족화는 한국 역사 교과서, 한국어, 한국 깃발, 국가(國歌) 사용의 점진적 금지를 의미했으며, 이것은 일본 종교, 즉 신도나 천황 숭배를 강제적으로 받아들이게 하는 것으로 이어졌다. 한국의 가장 우수한 학교 중 몇 곳은 폐교되었으며 한국인들을 위한 고등교육은 갈수록 어려워졌다.

차별은 한국인들을 중요한 지위에서 단계적으로 몰아내는 것을 의미했다. 예를 들어 한국에는 단 한 명의 한국인 역장이 있을 뿐이다. 우체국장과 같은 작은 권위나 보다 많은 평균 급여를 제공하는 지위의 거의 대부분은 일본인에게 돌아갔다. 일본인에 대한 이주 보조금과 강력한 동양척식주식회사의 활동으로 좋은 농지는 갈수록 일본인들의 손으로 넘어갔다.

한국인들이 그들의 상전인 일본인을 위해 장작을 패고 물이나 길어야 할 팔자라고 보기가 쉽다. 실제로 일본인들은 도로, 철도, 위생, 행정과 교정 시설에서 상당한 진보를 이루었으나 이것들 중 마지막으로 언급한 것만이 온전히 한국인들을 위한 것이다. 아마도 한국인들이 그중에서도 가장 견디기 힘든 것은 일본 침략자들이 가지고 있는 참기 어려운 '우월감에 가득 찬 태도'일 것이며 이러한 태도는 일상생활 속의 일반적인 접촉에서 흔히 드러난다. 이것은 교육을 받고 품위를 갖춘 일본인들은 일본 본토에 남아 있으며 경찰, 헌병, 상인, 그리고 하급 관료로 한국에 온 이들은 보통 고압적이며 예절이라곤 없는 이들이다.

어린시절부터 나를 분노하게 하는 것이 한 가지 있었다. 그것은 작고 힘 없는 사람들을 몰아붙이는 것을 즐기는 '골목대장'과 같은 유형의 인간이었다. 한국인에 대한 나의 동정심이 커져 갈수록 일본인에 대한 반발 또한 커져만 갔다.

이렇게 안타깝고 거의 희망이 없는 상황에서 희망이 예상치 못한 곳에서 찾아왔다. 윌슨 대통령은 1차 대전이 종결될 무렵 그의 유명한 '14개조' 평화 계획에 약소민족의 자결권이라는 자극적인 단어를 포함시켰다. 윌슨 대통령은 중부유럽을 고려한 것이 분명했지만 이것을 읽은 한국인들은 이것을 유럽의 체코인들에게 적용된 것처럼 아시아의 한국인들에게도 적용되는 일반적인 원칙으로 보았다.

만약 이러한 희망의 빛이 그대로 현실화되었다면 한국인들은 지체없이 행동했을 것이다.

첫째로, 일본이 이미 평화회담에서 한국인은 일본의 자비로운 통치에 만족하고 있다고 했기 때문에 자결권은 한국에 해당되는 사례가 아니었다.

한국은 평화회담의 참가자가 아니었기 때문에 일본 정부에 제기하는 항의는 별 효용이 없었다. 일본의 선전에 대항할 수 있는 단 하나의 효과적인 방법은 수백만의 불행한 한국인들이 베르사이유궁에 모인 한 줌의 정치인들이 아니라, 전 세계가 들을 수 있도록 강력한 항의를 하는 것이었다.

둘째로, 이러한 전 국가적인 봉기는 또 다른 중요한 목적을 가지고 있었다. 10년간 일본의 통치를 받아들이면서 한국의 애국적인 기상은 위태로운 지경에 이르렀다. 민족정신을 강하게 유지하기 위해서는 때때로 고통의 용광로에서 새빨갛게 달아오를 필요가 있었다.

합의된 계획은 단순했다. 간략히 말하면 독립선언서를 작성했고 가장 적합한 시점에 한국의 큰 도시들에서 선언문을 공포하고 좋은 소식을 전달할 수 있도록 뒤이어 학생시위를 전개하면서 각계각층의 사람들이 참여하도록 하는 것이었다.

항상 경계를 늦추지 않은 일본 경찰과 밀정들의 눈을 피해 이 운동을 조직하고 실행하는 것은 위험한 모험이었다. 이번에는 운명이 한국에 유리하게 작용했다. 고종의 사망은 여행을 할 수 있는 예기치 못한 기회를 마련해 주었는데 우편을 사용할 수 없는 명백한 이유가 있었기 때문에 여행이 절대적으로 필요했다. 경찰이 여행자가 증가한 원인에 대해 묻는다면 "국왕의 장례식에 사용할 물품을 조달하기 위해서"라는 가장 적절하고 타당한 답변이 있었다. 우드로 윌슨의 정치적인 교훈을 한 편에, 그리고 유교의 강력한 윤리적인 구속력을 한 편에 두고 조직이 준비되었다.

장례식날이 다가오면서 나는 긴장이 커져 가는 것을 감지할 수 있었으나 감정적인 사람이 예측할 수 있는 데는 한도가 있었다. 2월 28일 저녁 한 학생이 내 집으로 와서 개인적인 면담을 요청했다. 우리는 내 침실로 갔다. 나는 그가 블라인드를 완전히 쳐 줄 것을 요청했을 때 놀랐다. 그는 나에게 매우 중요한 것을 이야기해 줄 것이며 모든 것을 절대적인 비밀에 붙여야 한다고 했다. 그는 자신의 셔츠 단추를 풀고 한 장의 종이를 꺼냈다. 그는 그것을 내게 건내며 이렇게 말했다. "이것이 우리의 독립선언문입니다. 내일 이것을 여러 곳에서 낭독하고 그 뒤 시위를 할 것입니다. 우리는 일본으로부터 자유를 얻어야만 합니다." 나는 매우 놀라서 말했다. "한국인들이 독립을 요구하고 시위를 하는 것만으로 일본이 한국에 독립을 줄 것이라고 진심으로 믿는 것인가요? 일본군과 경찰은 당신들을 그저 반역자라며 쏘아 버릴 것입니다." 그가 대답했다. "우리도 알고 있습니다. 하지만 미국과 다른 민주주의 국가들이 우리를 도와줄 것입니다." 나는 말했다. "어떤 나라도 순수하게 다른 나라의 이익을 위해서 전쟁을 시작하지는 않습니다." 그는 내게 작은 나라들이 강대국의 통제로부터 자유를 얻을 권리가 있다는 새로운 사상에 대해서 이야기했다.

나는 전반적인 계획이 가지고 있는 어리석음에 대해서 그에게 최대한으로 설명을 해 주려 했다. 그의 대답은 흥미로웠다. "선생님은 영국인입니다. 그러니 제국주의자처럼 생각하시는 것이겠지요. 그렇지만 우리는 선생님을 믿습니다. 독립선언문의 사본이 최대한 빨리 백악관에 보내질 수 있도록 해 주십시오." 나는 그에게 다음날 미국으로 출발하는 내 친구가 있다며 신속한 전달을 약속했다. 그가 떠난 뒤 나는 이 유순한 사람들이 감행하려는 위험한 모험에 대하여 곰곰이 생각해 보았다. 일본은 이 소박하고, 후진적이며, 그리고 동화된 사람들의 무지함에 대하여 어떻게 반응을 할 것인가? 다음 날 아침 학교 예배실에서 불린 찬송가, "그분의 권능으로 선한 싸움을 하여라"는 적절한 것 같았고 학생들은 평소와 다른 열정을 가지고 이 노래를 불렀다.

오전 중에 나의 친구 이갑성이 잠시 방문했다. 그는 안면에 미소를 띠고 감정에 차오른 목소리로 말했다. "오늘은 내 생애에서 가장 기쁜 날입니다. 나는 오늘 한국의 독립을 선포하게 될 사람 중 한 명입니다. 오늘 오후 파고다공원에서는 대규모의 학생 시위가 있을 것입니다. 그곳에 오후 두 시까지 와서 우리를 위해 사진을 몇 장 찍어 주십시오. 그럼 이만 안녕히. 나는 아마 2년 정도는 감옥에 있게 될 테고 당신을 다시는 보지 못할 것입니다." (우리는 다시 만나긴 했는데 서대문형무소에서였다.)

오랫동안 고통받아 온 이 작은 민족이 진정으로 오만한 일본 제국에 도전하려 하는 것은 의심할 여지가 없었다. 성공할 가능성은 없어 보였지만 나는 이 위대한 도전에 참여하게 된 것을 영광으로 생각했다. 나는 오후 두 시에 파고다공원에 도착해서 거리 맞은편의 좋은 자리를 잡고 행동을 기다렸다. 끊이지 않는 학생들의 행렬이 공원을 채우고 근처 파출소에서 근무하고 있던 네다섯 명의 일본 경찰의 앞을 지나갔다. 일본 경찰들은 학생들이 왜 모이고 있는지 전혀 알지 못하는 것이 분명했다.

10년 간의 감정이 분출하는 듯한 큰 소리가 갑자기 들려왔는데 그것은 귀를 멍멍하게 할 정도의 '만세' 함성이었다. 학생들은 종로 거리로 쏟아져 나와 시청 방향으로 향했다. 몇몇은 함성을 지르며 뛰어올랐고 다른 이들은 독립선언문의 사본을 함성 소리에 이끌려 곳곳에서 모여든 사람들에게 돌렸다.

나는 최대한 빨리 스냅 촬영을 했으나 학생들은 카메라 바로 앞으로 달리고 있었다. 나는 사진이 엉망일 것이라고 생각했다. 나는 좀 더 행운이 따르길 기대하면서 학생들을 따라 덕수궁과 시청 광장으로 향했다. 하지만 같은 문제가 또 발생했다. 나는 매우 초조해졌다. 나는 근처에서 2층에 베란다가 딸린 일본인 가게를 보자마자 내 자전거를 가게 옆에 대고 작은 일본인 소녀에게 2층을 보여 달라고 했다. 계단 위에는 문이 닫힌 방이 하나 있었다. 고개를 숙여 인사하거나 의례적인 인사를 할 시간은커녕 신발 벗을 시간도 없었다. 나는 조심스럽게 문을 열었다. 운이 좋아서 방에는 아무도 없었다. 나는 베란다에서 수많은 군중이 운집한 멋진 광경을 볼 수 있었다. 사진을 찍고 계단을 내려오던 중 불행히도 주인을 만났는데 그는 그다지 우호적이지 않았다. 바로 필름을 인화했으며 베란다에서 찍은 사진들은 매우 훌륭했다.

뒤에 시청광장으로 돌아갔을 때 군중은 더 늘어나 있었고 경찰은 기마대를 증원하여 군중을 해산시키려 하였다. 날이 지자 나는 잠시 이영수를 만났다. 우리는 첫날이 대성공이었다는 데 동의했다. 명월관에 모인 33인의 대표는 선언문을 낭독한 뒤 경찰에 통보를 하고 체포되었다. 이렇게 해서 서울의 독립운동이 시작된 것이다.

3월 2일은 일요일이었고 그날은 시위를 하지 않기로 합의되었다. 다음날인 3월 3일은 고종의 장례식날이었다. 이것은 매우 복잡한 문제였다. 수만 명의 사람이 운구행렬이 지나가는 것을 구경하기 위해서 거리에 도열해 있었다. 한국 각지에서 대표들이 도착해 있었다. 이들이 고향으로 돌아가면 두 가지의 근사한 이야기를 해줄 수 있을 것이었다. 하나는 고종의 장례식에 수반된 화려한 행사에 관한 다채로운 이야기였다. 다른 하나는, 훨씬 더 멋진 이야기로 국가의 재탄생이었다. 이들은 '만세', '독립만세'의 함성 소리를 듣고 그들의 자유에 대한 선언문을 읽었다.

며칠이 지나고 몇 주가 지나가면서 시위는 모든 도시와 거의 모든 마을에서 열렸다. 감옥은 가득 찼으며 이 때문에 약식 처벌이 행해졌다. 가장 흔한 방식은 둔부를 때리는 것으로 3일간 30대를 때리는 것이었다. 최소한 이것은 가혹한 처우라고 할 수 있을 것이다. 간혹 심하게 손상된 세포조직을 통한 감염으로 죽음에 이르는 경우도 있었다.

이 운동에 대하여 정확한 평가를 하는 것은 불가능하다. 일본 정부는 기본적인 동화정책을 변경하는 것을 거부했으며 유능한 인물인 퇴역 제독 사이토 마코토 자작을 총독에 임명했다. 몇 년 되지 않아 사이토 총독은 그를 아는 모든 한국인들의 신뢰와 존중을 받게 되었다.

이 고통스러운 경험을 겪은 한국인들은 자신들에 대한 더 큰 확신을 얻게 되었으며 일본인에 대한 열등감을 영원히 떨쳐 내게 되었다. 그러나 이 위대한 모험의 초창기의 특징이었던 단결심, 높은 애국심, 그리고 사심 없는 마음은 시간이 지나면서 사라졌고, 이 운동이 정치적으로 아무 소용이 없다는 것이 분명해졌다.

출전: Frank W. Schofield, "What Happened on Sam Il Day March 1, 1919," *The Feel of Korea*, Hollym Corporation, 1966.

17. 하나로 뭉친 독립만세

『동아일보』 1969. 3. 1.

민족대표 33인이 1919년 3월 1일 강경한 어조의 선언문 형식으로 일본으로부터 완전한 독립을 선언한 후 벌써 50년이 흘러갔다니 믿어지지가 않는다. 당시 이 소식은 조선인이 이미 철저히 일본에 동화되었다고 굳게 믿고 있던 일본 관헌들에게 불유쾌하고 가슴 써늘한 소식이었다. 무슨 체면으로 이제 그들(일본인)이 이루어 놓은 업적을 운운할 수 있겠는가.

그날 오후 2시 10분 파고다공원에 모였던 수백 명의 학생들이 10여 년간 억눌려 온 감정을 터뜨려 '만세, 독립만세'를 외치자 뇌성벽력 같은 소리에 공원 근처에 살던 시민들도 크게 놀랐다. 공원 문을 쏟아져 나온 학생들은 종로거리를 달리며 몸에 숨겼던 선언서들을 길가에 뿌리며 거리를 누볐다. 윌슨 대통령이 주장한 약소 민족의 자결권에 실현되는 신세계가 시작된 것이다. 시위 학생들은 덕수궁 문앞에 당도하자 붕어하신 고종에게 조의를 표하고 잠시 멎었다.

그러나 무슨 영문인지를 모르고 모여든 사람들이 이들로부터 자주독립의 소식을 듣고 환호성을 올리는 바람에 기쁨과 흥분은 또한번 소용돌이쳤다. 시청앞 광장은 사람들로 들끓기 시작했다. 서울은 이미 3월 2일에 있을 고종의 장례식을 보기 위해 몰려든 사람들로 만원 상태였는데, 이들이 3월 1일에 〈나라의 탄생〉을 목격했으니 고향에 가져갈 좋은 소식감이었다.

이갑성 씨의 부탁으로 사진을 맡았던 나는 초조해지기 시작했다. 공원에서 쏟아져 나오는 인파는 빨리 움직이는데다 사방에 빽빽이 들어찬 인파는 더 큰 문제였다. 나는 무슨 수를 써서라도 시위 군중을 내려다볼 수 있는 곳에 위치를 잡아야 했다. 그러기 위해서는 일인 지역에 들어갈 수밖에 없었다. 나는 어느 일본인 케이크점 2층에 올라가 침실로 통하는 문이 열려 있는 것을 보고는 신을 벗을 사이도 없이 베란다로 나가 급히 셔터를 눌렀다. 다시 급히 돌아서 나오다 주인과 마주쳐 고맙다는 인사말을 했으나 그 일본인의 대답은 불손한 것 같았다. 그러나 사진은 아주 잘 되었다.

3·1 운동 소식은 급속히 퍼졌다. ― 조선은 자유를 얻었다고, 암흑의 노예생활은 끝나고 자유의 날이 온 것이다. 그들은 이에 대해 확신하고 있었다. 밤 깊도록 학생들은 만세를 외쳤다. 야간통행 금지령이 내린 후에도 이 〈불법한 외침〉은 계속되어 시민들의 사기를 돋우고 일인 순경과 군인들을 곯려 주었다. 순경들의 수는 점차 증가돼 갔다. 이날 오후 4시 30분경 기마 순경이 나타나 시청앞 광장의 사람들을 몰아내기 시작했다. 날이 어두워진 후 나는 3·1 운동에 관계한 한 사람인 이용설 씨 집에 잠깐 들러 이 운동의 〈시작이 좋았다〉는 데 두 사람이 의견의 일치를 보았다.

3월 1일에 관한 위의 간단한 스케치로 전국 대부분의 큰 도시나 읍에서 일어났던 시위가 어떠했는지는 짐작할 줄로 안다.

서울에서 폭력이 적었던 것은 주로 서울에 있었던 수많은 외국인들 때문이었다. 얼마 안 돼 이런 시위는 일본인 지배자에 대한 증오가 팽배했던 것처럼 전국 방방곡곡으로 퍼졌다. 조선에 와 있는 대부분의 일본인들은 불친절하고 세련되지 못했으며 교양이 없었다. 그들은 잔인한 헌병이거나 거칠고 난폭한 순경이 아니면 조선인들은 모든 면에서 자기들보다 열등하다고 보는 옹졸한 관리들이었다.

한국인들은 동양척식회사같이 잘 조직된 약탈자들이나 일본인들한테 경제적으로 큰 손실을 보고 있었다. 말하자면 학자가 무인보다 우수한 것처럼 뛰어난 문화를 가졌지만, 약하고 우유부단했던 한국을 천황에 대한 신봉과 지독하고 봉건적 군국 분위기에 젖은 문화를 가진 자들이 정복한 것이다. 만약 한국을 정복한 나라가 일본이 아니라 군사 전술과 황제 신봉 외에도 법률에 대한 공정에 큰 관심을 보였던 로마였다면, 그들은 한국을 완전 정복하는 데 성공했을 것이다. 아마 법률의 공정성이란 점에서 로마에 비길 만한 제국은 찾기 힘들 것이다.

이상재 씨도 일찍이 일본 총독부에 "당신들은 사소한 일과 정작 중대한 일을 구분할 줄 몰라 남을 지배할 자격이 없다. 독립문에 새겨진 태극기에 페인트칠을 했다고 해서 화를 내고 소방대를 보냈다는 것을 생각해 보라"고 솔직히 말해 준 일이 있다. 3·1 운동 당시 어느 날 아침 독립문에 새겨진 태극기가 곱게 단청되었었는데, 이 때에는 태극기를 갖거나 당국의 인정을 받지 않은 역사책을 지니고 있는 것은 법에 어긋나는 일이었다.

1주일 혹은 열흘 내에 고등교육을 받은 사람이든 무식한 사람이든, 거의 모든 시민들이 다같이 어떤 형태로든 항거했다는 사실은 중요한 것이다. 당시 국민은 하나로 뭉쳐 있었다.

그 좋은 예의 하나로 종로의 가게들이 5일 동안 모두 문을 닫았던 것을 들 수 있다. 상인들도 3·1 운동에 대해 그들이 동조하고 있다는 것을 시위한 셈이었다. 하루이틀이 지나자 가게문을 열라는 명령을 받았다. 그러나 이들은 이 명령을 거부했다. 그러자 일본 순경들은 문을 열든지 잡혀 가든지 둘 중의 하나를 택하라고 강요하기 시작했다. 그러나 순경들이 문턱에 와 있으면 문이 슬슬 열렸지만, 이들이 떠나기만 하면 문은 또 닫혔다.

일인 순경과 군인·헌병들이 제암리 주민을 많이 학살했다는 소문이 서울까지 들렸다. 이 소문은 너무나 중대한 것이어서 그 진위를 곧 밝혀야만 했다. 여행 허가를 받을 수 없었던 나는 자전거를 갖고 부산행 아침 열차로 수원까지 갔다. 한 농부의 도움으로 경찰 주재소와 헌병 초소를 거치지 않고도 제암리에 당도할 수 있었다. 논둑길을 돌아서자 지금도 잊혀지지 않는 광경이 눈앞에 펼쳐졌다. 마을은 불타 버렸고 아직도 여기저기서 연기가 나고 있었다.

20여 명의 헌병과 군인들이 한 줄로 늘어서 있고, 그 앞에는 아낙네들이 역시 한 줄로 서서 취조를 받고 있었다. 일인들은 외국인이 온 것을 보고 크게 놀랐다. 한 장교가 나에게 다가왔다. 통역을 내세워 마을에 온 이유를 물었다. 나는 끔찍한 소문을 듣고 왔으니 사실을 알려 달라고 간청했다. 그는 현재 조사 중이어서 아무것도 모른다고 대답했다. 나는 "이 마을에 남자가 하나도 없고 여인들만 있는 것은 사실이 아니냐?"고 반문했으나 아무 정보도 얻을 수 없었다. 아무도 나한테 말을 하려 들지 않았다. 마을 사람들은 모두 겁을 먹고 있었다.

나는 수촌으로 발길을 돌렸다. 수촌 마을을 내려다볼 수 있는 인덕에 다다랐을 때 놀랍게도 한 할머니가 "당신은 교인이오?"라고 물었다. "그렇다"고 대답하자 일본 군인이 저지른 일을 가서 보라고 했다. 마을 사람들이 거의 잠든 한밤중에 일본 군일들은 초가집에 불을 질렀다. 마을의 초가집들이 반 이상 불타 버렸다. 시위를 한데 대한 보복이었다.

한 남자는 팔에 칼에 찔린 상처를 입은 채 방안에 누워 있었다. 일본 군인들은 이 마을을 며칠 동안 점령했었으며, 마을 사람들은 이들이 다시 올까봐 겁을 먹고 있었다. 내가 제암리로 돌아온 것은 그날 오후 늦게었다. 일본 관헌들은 모두 떠났고, 남편을 잃은 불쌍한 아낙네들이 어린애들을 데리고 내 주위에 몰려들어 그동안에 겪은 비극을 얘기해 주었다.

비극의 제암리를 떠난 지 며칠 후 나는 부상한 학생들 18명이 선교사 병원에 입원해 있는 평북 선천으로 갔다. 수많은 시위 학생을 체포한 경찰은 앞으로는 시위를 못하도록 이들 중 몇몇에게 본때를 보여주기로 작정했다. 연 사흘을 매일같이 십자가처럼 생긴 판때기에 학생들을 붙들어 매어 놓고 하루 30대씩 매질을 계속, 며칠 만에 수명이 목숨을 잃었고 생명을 부지한 학생들이 병원에 입원한 것이다.

이 정보가 신의주 경찰서장에게 들어갔다. 급히 소집된 일단의 경찰들이 내가 사진을 찍고 있을 때 병원에 도착했다. 이들의 지휘자는 나를 보고 화가 머리끝까지 올라 자신이 카메라 앞을 가로막고 "사진을 찍어선 안돼."라고 소리쳤다.

나는 상당히 값있는 것을 그에게 보여주었다. 그것은 내가 일본 조선군사령관 고지마 장군의 친구라는 것을 은근히 알려 주는 고지마 그 자신의 명함이었다. 그의 명함은 얻기 힘든 것이므로 다루기 힘든 일본 관헌들의 태도를 일변시키는 데 기적을 나타내 주기도 했다. 그러나 이번만은 달랐다. 잠시 후 나는 명함을 돌려받기는 했으나 병원에서는 내쫓겼다. 그 후 서울로 돌아와 고지마를 만나 내 입장을 해명했었으나, 그는 기분이 상해 있었으며, 내가 국제적 분규를 일으키고 있다고 힐난했다.

한국 안에서는 중요한 일은 아무것도 할 수 없다는 것은 명백했다. 으뜸가는 군국주의자인 하세가와 총독으로부터 저 말단 순경이나 군일들에 이르기까지, 한국을 조용하게 만드는 방법은 폭력이라는 것을 기정사실로 믿고 있었다. 나는 조용히 토오쿄로 건너가 하라·다카시 수상을 비롯, 가네꼬·긴다로, 시바다·사부로(당시 국회의장), 나베·이수 등을 만났다.

이들을 만난 결과 두 가지 사실을 곧 알아냈다. 그 첫째는 군의 계략 때문에 이들이 한국 사정에 백지라는 것이었고, 또 한 가지 사실은 일본에 있는 일본인들은 한국에 나와 있는 일본인들과는 다르다는 것이었다. 본국에 있는 일본인들은 세련되었으며, 서로 상대방을 동등한 사람으로 대우하고 있었으나 한국에 있는 일본인들은 한국인이 자기들보다 열등하다 믿고 그렇게 대했다.

흔히 들어온 이 영웅적이고 시련에 찬 3·1 당시의 이야기를 끝맺으면서 나는 〈작은 것이나마 민족의 대시련에 비길 만한 값이 있는 일을 하자〉고 간절히 요망하고 싶다. 어느 겨울 아침에라도 국립도서관 앞에는 문이 열리기를 기다려 줄을 서고 있는 수백 학생들을 볼 수 있다. 그들의 집은 비좁고 시끄러워 집에서는 공부할 곳이 없는 것이다. 기념식이 아무리 웅장하고 동상이 아무리 장엄하더라도 기념식과 동상만으로 정신을 살릴 수 없으며, 사랑과 정의의 행동이 없다면 3·1 정신은 스러져 갈 것이 분명하다.

우리는 가능한 한 파고다공원에 가까운 곳에 3·1 학생연구회관을 건립해야 한다. 풍요한 사회나 복지국가에 앞서 정의의 사회부터 이룩해야 한다. 이것만이 헛되이 안전만을 찾는 현 세계에서 힘을 가져다 주는 길이다. 기원전 6백 년에 플라톤은 말하기를 '지상의 사물 중 신을 가장 많이 닮은 것은 정의의 인간'이라고 했다.

18. 3·1 운동은 한국 정신의 상징

『중앙일보』 1969. 3. 1.

의(義)의 신념 굳건히
허영 좇지 말고 '순수' 지키길

나는 한국에 다시 왔다. 그것은 언제나 돌이켜지곤 하는 현실이기 때문이다.

50년 전 파고다 광장에서 태극기의 물결 속에 터지던 "독립만세!" 파고다에서의 그 광경이 지금도 바로 어제 일처럼 벅차게 가슴을 친다.

50년 전 나의 현실이었던 것처럼 나는 한국에 대하여 거역할 수 없는 현실적 명령을 듣는다. 일제의 압박과 모멸 속에서도 한국인은 그 순수함과 의로움을 굽히지 않았다. 나는 이 Integrity(순수함)와 Righteousness(의로움)가 천부의 재산이라는 신념을 변치 않고 있다.

분노하여 폭발할 때도 자기 동족의 핍박자 편에서 형제를 팔고 조국을 배반하여 세력을 누리고 재산을 쌓던 일부 현실주의자들을 나는 안다. 지고(至高)의 현실(실재)인 하느님이 영원한 것처럼 이들 이른바 현실주의자들이 영원하지는 못하다.

나는 또 다른 의미에서 현실주의자다. 그것도 과격한……. 내가 한국을 통해 느끼는 나의 현실은 50년 전이나 지금이나 변함이 없다. 지난 50년 동안 한국은 다른 나라와 같이 많이 공업화되었다. 서울은 고층건물이 늘어선 미국의 어느 도시처럼 변했다. 사실 나는 이 높은 건물이 과연 다 사용되고 있는지 언제나 의문스럽다. 한국 사람들이 허영으로 높은 건물을 세우지는 않았을 것이라고 생각하고 싶다.

외모의 변화야 어떻든 나는 한국의 역사(적어도 지난 50년간 내가 목격한)가 인고(忍苦)와 영웅적인 활동으로 이어진 것을 믿고 있다. 나는 이 변함없는 역사의 흐름 속에서 영원한 한국의 현실을 발견하고 그것에 매혹되는 것이다. 일본은 물질적 이득을 위해 정신적인 것을 희생한 나라의 표본이다.

미국의 백인이 흑인을 대하는 것 이상으로 한국인을 대우한 일본의 비인도성은 무엇으로도 씻을 수 없는 것이다.

3·1 운동은 외부로부터의 압박에 대한 운동이었다. 그것은 항상 외세에 부딪친 한국인 정신의 상징이다.

지금 나는 한국인의 정치 상황은 모른다. 〈정치적 슬로건〉은 쓰레기통에 처넣자는 게 나의 주장이다. 한국인은 3·1 운동과 같은 정신적 운동을 언제나 전개해야 할 것으로 생각한다. 내가 모든 친지들의 만류를 무릅쓰고 한국에 온 것은 이러한 운동의 영원한 지지자가 되고 싶었기 때문이다.

우리의 운동은 참음과 사랑과 자비를 토대로 언제나 계속되어야 한다. 휠체어에 앉은 노구의 병인이나 나무다리를 짚고 있는 불구의 여인이 미소를 짓고 사람을 대하는 그 참음과 사랑은 얼마나 아름다운가.

요즘은 원자 시대라고 한다. 개인과 국가들이 모두 불안 속에 떨며 안전을 구한다. 혹은 동맹으로 혹은 ICBM으로. 그러나 이것들은 언젠가는 사라진다. 로마제국, 대영제국이 없어지듯 오늘의 세계 질서가 폭력으로 사라질 수 있는 것이다. 나는 한국의 현실을 안다. 분단된 현실은 더욱 슬프다. 공산주의를 종교로 믿고 있는 북한인들은 그들이 한국인이라고 생각하기 전에 공산주의자라고 생각한다. 통일의 가능성이 없어 보여 안타깝다.

50돌 3·1 운동을 맞아 나는 그 감회를 표현할 수 없다. 우리 모두는 우리의 현실을 향상시키도록 언제나 노력해야 한다. 3·1 운동이 가지는 현실은 변함이 없을 것이다.

19. 현대사조

『코리아 타임즈』 1967~1969.

『코리아 타임즈』 1967. 1. 24.

9월 13일의 '현대사조'란에서 데이비스 김 여사는, 유혹을 다루는 그녀의 글에 현재 널리 퍼져 있는 악에 관한 의견을 첨가하고 있다. 그녀는 악을 어떻게 해서든 저항해야 할 해로운 힘과 관계가 있는 것으로 생각하지 않고, 그것은 본질적으로 부정적인 것, 즉 어떤 것이 존재하기보다는 오히려 결여되어 있다는 생각을 갖고 있다. 여기에 그녀의 말을 인용한다.

"악은 그 자체의 힘이 없다. 과학은 한기라는 실재는 없다는 것을 지적하고 있다. 거기에는 다만 열기가 결여되어 있다. 어두움이란 실재는 없고, 오직 빛이 없을 따름이다. 마찬가지로 그 자체가 힘이라는 의미에서 악이라는 힘은 존재하지 않으며, 다만 선(善) 또는 신이 존재하지 않는다."

우리가 생명이 없는 물질의 물리적 현상과, 그것이 인간이든 동물이든 간에 살아 있는 것을 비교하기 시작할 때, 우리는 위험한 처지에 놓이게 된다. 한 혜성을 세 번 관찰하게 되면 우리는 그 진로를 예언할 수 있으나, 고양이를 세 번 관찰한다 해도 그것의 다음 움직임에 관해 아무것도 알지 못한다.

〈어두운 방〉과 〈어두운 마음〉과는 아무런 관련성이 없다. 어두운 방은 빛이 결여된 탓이지만, 어두운 마음은 도덕적·정신적 빛을 내쫓고 들이지 않으려고 결심한 반항적인 의지가 존재하고 있는 탓이다. 이 세상의 위대한 빛인 하나님은, 악은 어떤 것이 결여된 것이라는 말을 결코하지 않았으며, 다만 다음과 같이 언명했다.

"빛이 세상에 들어왔건만 사람들은 자기들의 행실이 악하기 때문에 빛보다 어두움을 더 좋아했다."

소크라테스는 다음과 같이 말했다.

"모든 사람의 영혼에는 거짓이 있다."

이 거짓이 사람에게 아름다움, 선량함, 성실 대신에 쾌락의 그릇된 가치를 추구하게 했다. 플라톤은 더욱 비관적이며, 악이 광범위하게 걸친 타락을 야기시켰으므로 모든 것이 완전히 새롭게 출발해야 한다고 믿고, 그의 유토피아를 제의하고 있다.

나는 예수가 플라톤의 의견에 동의하리라고 생각한다. 그러나 예수는 유토피아보다 더 훌륭한 것을 제공하고 있다. 그는 새로운 성질의 인생, 즉 그가 가졌고, 옛날의 값싼 인생을 새로운 인생과 바꾸기 위하여 그를 깊이 믿는 모든 사람에게 나누어 주려는 풍부한 인생, 즉 영원한 인생을 제공했다.

'착한 인생'을 가르친 옛날의 스승 중에, 악은 단순히 착함이 결여된 것이라고 가르친 사람을 나는 알지 못한다. 나는 질병이란 것은 없으며, 그것은 단지 건강이 결여된 것이라는 말을 자주 들었다. 이 말은 정말 사실이다. 그러나 이것은 건강의 회복에 매우 필요한 아무런 지식도 나에게 주지 않는다.

지난 전쟁 때, 한 친절한 부인이 내가 다음과 같이 말하자 나를 몹시 심하게 나무랐다.

“A씨는 나쁜 사람입니다.”

그녀는 말했다.

“어떤 사람이 나쁘다고 말해서는 안 됩니다. 악은 하나의 실재가 아닙니다. 그것은 착함이 결여된 것입니다.”

나는 이렇게 대답했다.

“아돌프 히틀러는 지나칠 정도로 착함이 결여되어 있습니다.”

인간은 대단히 무서운 선택의 능력을 지니고 있다. 우리는 도덕률을 따르고 하나님의 하인이 됨으로써 착하게 되는 길을 선택할 수도 있도, 또 이를 거부하여 악마와 죄악의 노예가 될 수도 있다. 마법의 거울이 충분치 못할 때, 악의 커다란 힘의 실례를 직접 보고 싶은 사람은 철저한 강신술자의 회합을 방문하면 된다. 거기서 영매들은 지옥과 천당에서 탁선(託宣)을 얻게 된다. 그들을 주의 깊게 지켜보면서 속임수를 쓰고 있는지 발견하도록 하라. 속임수가 발견된다면 그들을 사기꾼, 허풍선이라고 공공연히 비난하라. 악마는 여러 가지 모습으로 나타난다. 그 유혹을 벗어나서 살아남게 된다면 다행한 일이다.

신약성서와 기타의 종교 문헌에 표현된 악에 관한 동적인 개념을 수정하려는 현대의 경향은 잘못이며, 그것은 예수의 수난과 십자가의 가장 깊은 의미를 파악하지 못하고 있음을 아마도 뜻할 것이다. 김 여사가 다음 구절을 인용했을 때 아마도 흠정성서를 사용함으로써 예수의 말씀의 뜻을 오해했을 것이다.

"눈은 눈으로, 이는 이로 갚으라고 하신 말씀을 너희는 들었다. 그러나 나는 너희에게 말한다. 너희에게 악을 행하는 사람에게 보복하지 말라. 누가 네 오른쪽 뺨을 치거든 왼쪽 뺨도 돌려 대고, 누가 너를 걸어 고소하여 네 속옷을 가지려고 하거든 겉옷까지 주라."

신약성서의 어떤 현대 번역도 이 드물고도 몹시 비유적인 구절의 뜻을 분명히 밝히고 있다.

"나는 너희에게 말한다. 너희를 해치는 사람에게 저항하지 말라."(라틴말 번역 성서에서, 로날드 녹스 역, 1945. 1)

"너희에게 해를 끼치는 사람에게 반항하지 말라."(『신 영어 성서』, 옥스포드대학출판부, 1961)

이 가르침은 그 뜻이 분명하다. 기독교 신자들은 신체적인 상해를 입더라도 이에 반항하거나 보복을 해서는 안 된다. 복수는 금지되어 있다. 상해를 받은 사람의 이런 태도는, 상해와 정의에 대하여 무관심한 것으로 해석되어서는 안 된다. 이와 같은 무저항의 행위는 인간에게 잠재하고 있는, 상해를 입은 사람의 매우 보기 드문 반응으로 활성화될 수 있는 한층 고상한 성질의 인생과 미덕을 지향하려는 호소력인 것이다. 예수가 재판을 받았을 때, 그는 자기의 가르침을 따라 아무런 원한도 없이 그 고통을 받아들였다. 초기 기독교회는 이 가르침에 충실했으며, 오늘날에도 어떤 교파들, 특히 메노파교도들은 신체적인 상해에 대하여 어떤 행동도 취하기를 거부하고 있다. 악과 악마에 저항하는 일은 예외없이 신약성서와 교회의 가르침이다.

『코리아 타임즈』 1969. 4. 5.

"그러나 우리는 우리가 경험한 것을 말하지 않을 수 없다."(성 베드로)

교회에는 두 가지 축제가 있다. 즉 예수의 탄생을 축하하는 성탄절과 예수의 부활을 기념하는 부활절이다. 성탄절의 기쁨은 서서히 추악한 영리주의가 대치하고 있으며, 여기에 이 숭고한 행사를 이용하여 이득을 얻으려는 지장이 생기게 되었다. 부활절 이야기에 대한 의심이 계속되어 '빈 무덤과 부활하신 주에 대한 믿음'을 없애버리게 되면, 교회는 더욱 심각한 불행을 맞이하게 된다.

"여러분은 생명의 근원되시는 주를 죽였다. 그러나 하나님께서는 그를 죽은 자들 가운데서 다시 살리셨고, 우리는 이 일에 대한 증인이다."(베드로의 성전에서의 설교)

"예수는 우리의 범죄 때문에 죽임을 당하셨고, 또한 우리를 의롭다고 인정하시기 위해 다시 살아나셨다."(성 바울)

초기 교회는 예수 그리스도의 죽음과 부활이라는 사실을 토대로 하여 이루어졌다. 그런데 널리 퍼져 있는 중대한 사태는 부활에 대한 불신이며, 더욱이 그것이 교회 밖에서보다도 교회 안에서 일어났다는 일이다. 이것은 무슨 까닭일까? (이후 1쪽 분량은 소실—편집자 주)

만일 이 이야기가 무덤에서 그친다면, 그것을 되풀이하는 것은 너무나 슬픈 일이며, 복음이란 거룩한 말은 허구라는 말로 대치될 것이다. 많은 인기 있는 설교자들과 사이비 학자들은 예수가 친히 먼저 자신의 부활을 말했다는 것을 간과한 듯하다. 예수는 제자들에게 지나치게 낙관하지 말도록 매우 자주 말했는데, 그 까닭은 그는 체포되어 재판을 받아 죽게 되고, 그 후 사흘 만에 다시 살아나기 때문이라는 것이다.

가련한 제자들은 오직 영광만을 생각했으나, 예수는 악마와 많은 악령들과의 무서운 싸움, 광야에서의 고통, 유다의 입맞춤, "그를 십자가에 못박으시오. 그를 십자가에 못박으시오."라고 소리치는 무리들, 참혹한 죽음, 그를 사랑하는 아버지와 헤어지게 하는 것 같은 어두움을 알고 있었다. 그럼에도 불구하고 예수는 하나님이 그를 죽은 자들 가운데서 다시 살아나게 하리라고 믿었으므로, 그는 "나는 사흘 만에 다시 살아날 것이다."라고 말했다. 그의 믿음이 옳다는 것이 밝혀졌다.

우리는 우리의 구제에 관한 이야기에서 결함을 찾기보다는 감사한 마음에서 말이 나오지 않을 정도가 되어야 할 것이다. 또는 구제의 이야기를 듣고서 "저를 위하여 주님께 감사드려 주십시오."라고 목사에게 말한 죽어 가는 한 영국 소년처럼 되어야 할 것이다. 나는 몇 달 전에 나와 함께 살았던 한 농부에게서 신문을 받아 들었을 때 몹시 화가 치밀어 올랐다. 그 신문에는 G목사가 축산협회에서 행한 연설이 실려 있었는데, 그는 다음과 같이 말했다.

"나는 사람들에게 처녀 잉태나 부활과 같은 케케묵은 이야기를 하지 않습니다."

이 농부는 몹시 총명한 사람이어서 이와 같은 어리석은 이야기에 시간을 낭비한 것을 슬퍼했다. 나는 이 '케케묵은 이야기'와 진실을 구별하는 기준을 알려달라고 이 목사에게 편지를 썼다. 그러나 나는 답장을 받지 못했다. 다행히도 대부분의 이런 합리주의적인 목사들은 대개 논리가 결여되어 있다. 따라서 빈 무덤과 부활하신 주에 관한 위대한 이야기에 많은 의심이 더해졌을 때는, 성가대가 모든 음전을 연 오르간에 맞추어 "무덤에 머물러, 예수 내 구주, 원수를 다 이기고 무덤에서 살아나셨다……"를 힘차게 불러 이 침울한 분위기를 얼마간 극복하게 된다.

나는 부활에 대한 믿음을 파괴했던 한 교수의 진절머리나는 먹구름을 띤 흉한 모습을 꼭 한 번 본 기억이 있다. 그때 성가대는 부활의 이야기에 관한 노래를 기쁘게 불렀다. 끝으로 나는 이 정신적 파국을 설명하는 몇 가지 이유를 들겠다.

1. 과학이 지배하는 문화 앞에서의 비겁한 태도. 진정한 과학자는 그가 하나님의 기적적인 행위를 부정도 긍정도 할 수 없게 하는 한계를 인식하고 있다.
2. 마치 과학적 진리가 과학적으로 식별되듯이, 정신적 진리는 정신적으로 식별된다. 모든 진리는, 정신적이든 과학적이든 간에 하나님의 것이다.
3. 철학, 과학, 종교의 지식은 하나님을 이해하는 데 우리에게 도움이 되지 않을 수도 있다. 교회 교부들의 다음 말은 옳은 것이다.

   "예수는 지상(至上)이며, 우리는 오직 우리에게 주신 은혜로 그를 알게 된다."

   "그리스도, 우리 주, 오늘 다시 살아나셨도다, 할렐루야."

『코리아 타임즈』 1969. 8. 12.

아폴로 11호의 성공적인 비행은, 우주는 법칙에 지배되고, 그 법칙을 상세하게 알고 있는 자만이 우주의 작용을 발견할 희망을 품을 수 있다는 것을 생생하고도 독특하게 증명하고 있다. 나는 '자연의 정복'이란 말이 끊임없이 쓰이는 것을 싫어한다. 이 말은 자연은 원래 인간에게 적의가 있다는 그릇된 인상을 주게 된다. 자연의 신은 외관상으로 어떤 모순이 있기는 하지만 역시 은총의 신이다.

최근의 찬란한 과학적 성취가 가능했던 것은 오직 인간이 그 한정된 지력으로 이 지도자인 우주의 작용을 발견하여 그것을 자세하게 따랐기 때문이다. 이 지도자의 마음과 그 제자의 마음 사이에는 참다운 유사점이 있다고 믿는 것은 합리적인 추론이 아닐까? 이것이 창세기의 저자가, "…… 하나님이 자기 형상대로 사람을 창조하셨다.(도덕적이고, 합리적이고, 감정이 있고, 인격을 가진 사람으로)"라고 썼을 때 표현하려고 애쓴 진리임에 틀림없다.

과학자는 거의 매일같이 계속하여 신비의 베일을 벗겨 새로운 사실을 노출시키고 있으므로, 이것은 놀라움과 감사하는 마음을 일으킬 뿐 아니라 또한 하나님의 존재를 의심하게 한다. 그러나 인간은 하나님처럼 믿는 자유와 믿지 않는 자유를 가지고 있다.

옥스포드 대학에서 다윈의 사상을 따랐던 로메인즈 교수는 『종교에 관한 고찰』이라는 책에서 한 흥미 있는 실험을 발표하고 있다. 그는 젊었을 때 기독교를 믿었으나, 여러 해 동안 과학의 연구에 몰두하여 정신적인 문제를 소홀히 하게 되자 회의론자가 되었다. 그의 실험실에 한 기사가 있었는데, 그의 생활은 보기 드물게 매력이 있고 아름다웠다. 이것을 보고 로메인즈는 다시 종교의 문제를 생각하게 되었다. 그는 홀로 다음과 같이 논하기도 했다.

"어찌하여 영리한 인간이 듣는 사람이 있다는 것을 확실히 알기도 전에 무릎을 굻고 기도할 수 있을까?"

어느 날, 그는 다음과 같은 논리 속에서 자기의 견해가 불합리하다는 것을 발견했다.

"내가 학생들에게 실험의 성공을 결정하는 법칙을 맹목적으로 따르도록 요구한다면, 하나님이 확실히 존재할 경우에는 하나님은 마친가지로 그의 정신적인 조건을 따르도록 요구할 것이다."

그는 하루는 겸손하고 진실한 마음으로 무릎을 꿇고 기도했는데, 일어서기 전에 하나님이 계신다는 것을 알게 되고 더욱이 그와 같은 이야기를 했다고 말하고 있다. 우리의 주요한 문제는 과학이 아니라 도덕이다. 우리가 도덕적인 위기에 빠졌을 때, 이 가장 성공적이며 독창적인 과학의 성취가 어떤 도움을 줄 수 있을는지 알기란 힘이 드는 일이다.

이 세상은 자비와 사랑이 전반적으로 부족하므로 공포가 증가하고 있으며, 이 공포는 안전을 찾으려는 헛된 희망에서 한층 효과적인 군비에 의지하게 된다. 지금으로부터 약 1900년 전에, 이 땅에 지금까지 볼 수 없었던 사람이라는 특성을 지닌 한 낯선 사람이 찾아왔다. 그는 법의 권력(교리의 권력)의 심한 미움을 받아 마침내 살해되었으나, 그 사랑의 빛과 불꽃은 결코 사라지지 않았다. 우리가 살아남을 수 있는 단 하나의 확실한 희망은 그 사람을 다시 발견하는 일이다.

『코리아 타임즈』 1969. 9. 11.

지난번에 「현대사조」란(8월 28일)에서 제이 비 레놀즈 씨가 무신론적인 인본주의라는 그의 하찮은 도락보다 더욱 가치 있는 목적을 위하여 싸우고 있는 것을 보았을 때 기분이 좋았다. 자기들의 자식들을 부모가 나병환자인 아이들과 함께 공부시킬 수 없다는 부모들이 일으킨 소동으로 말미암아, 완전히 건강한 아이들이 교육을 받지 못하게 되었다는 것은 실로 창피한 일이었다. 이것은 우리의 문화가 보여주는 매우 천박한 한 영역이다. 다음 세 가지 일은, 만일 이미 실시하고 있지 않다면 곧 실행할 수 있을 것이다.

1. 위생과 질병 억제를 취급하는 모든 교과서는 나병에 관한 흥미있는 이야기를 실어야 한다.
2. 이 병을 둘러싸고 있는 미신을 타파해야 한다.
3. 나병은, 작은 상을 주기로 하는 학교의 논문 또는 웅변대회의 주제의 하나가 되어야 한다.

그러면 나는 무신론적인 인본주의로 옮겨가서, 제이 비 네놀즈 씨가 시평에서 언급하지 않은 두 가지 문제를 다루려고 한다. 나는 그때 몸이 편찮아 이에 답하여 글을 쓸 수 없었다. 캐나다의 인본주의자들의 기관 잡지인 『인간』에서 그들의 신념을 다음과 같이 진술하고 있다.

"인간은 저절로 그가 책임져야 할 모든 죄악을 극복하여 훌륭한 사회를 건설할 수 있다고 우리들은 믿는다."

인본주의는 '인간의 완전한 능력에 대한 집념'이라고 말할 수 있을 것이다. 내가 무엇보다 먼저 지적하고 싶은 것은 인본주의는 부지중에 몹시 매정하게 될 수 있다는 일이다. 그 한 예를 들겠다.

나는 1919년 윌슨 박사와 함께 광주 근처에 있는 한 나병요양소에서 성탄절을 보냈다. 그것은 잊을 수 없는 경험이었다. 약 300명의 환자들은 병으로 오래 시달리고, 근육 조직의 파괴로 흉한 모습이었으나, 나는 이들처럼 진정으로 즐거움에 찬 모습을 일찍이 본 적이 없었다. 그 당시에 나병의 치료약은 없었으며, 기껏 병의 진행을 저지할 수만 있었다. 예배에서 나는 환자에게 예수 그리스도와 나병 환자에 대한 그의 사랑을 이야기하는 즐거움을 갖게 되었다. 그들이 노래하는 것을 듣고, 하늘을 향하여 찬미를 보내는 흉터지고 틀어신 얼굴에 띤 기쁨을 보는 것은 잊을 수 없는 광경이었다. 오후에 그들은 갖가지 놀이를 했다. 나는 김 장로라는 한 노인의 안내로 요양소를 돌아보았다. 그가 내 질문에 대답할 때는 거의 언제나 "우리는 하나님의 은혜 가운데서 살고 있으므로……"라는 말로 시작했다.

하나님은 사랑이며, 나병 환자도 실로 그 사랑을 받을 수 있다는 발견과는 분리할 수 없는 기쁨을 이 병든 사람들에게 주지 않는다는 것은, 비록 고의가 아닐지라도 잔인한 행동이 된다. 나는 한국과 하나님의 독특한 힘에 관하여 말할 때에는 즐겁게 이야기를 했다.

댈하우지 대학교에서 한 젊은 교수는 질문 시간에 일어서서, 나의 전체적인 입장의 타당성에 이의를 제기하며 말했다. 처음에는 그의 공박이 다소 압도적인 듯했다. 그는 그가 지적한 다음 사실을 강조했다.

나병 환자들은, 마치 저주받은 듯이, 사회에서 추방된 자들, 즉 누더기를 걸치고 가난하게 사는 사회에서 버림받은 사람들이며, 그들은 친절한 사회로 옮겨져서 좋은 음식, 깨끗한 의복과 거처를 얻고 있다는 것이다. 이것은 어떤 미심쩍은 초월적인 힘을 도입하지 않고서도 그들을 행복하게 하는 데 충분하다는 것이다. 그 다음 나는 흡족한 마음으로 그를 약간 당황케 하는 다른 일화를 이야기했다.

거기서 몇 마일 떨어진 곳에 일본 정부의 나병요양소가 있었다. 이곳 환자들에게도 좋은 음식, 치료와 거처가 주어지고 있었다. 다시 말하면, 이 두 요양소의 물질적인 요구는 비슷하며 충분한 공급을 받고 있었으나, 이상한 이야기이지만 일본 정부의 요양소의 환자들은 슬픔에 잠긴 것이 특색인 데 반하여, 한국인 요양소는 명랑한 분위기였다. 이 불행한 처지의 이야기를 듣고, 소수의 명랑한 기독교 신자들을 우울한 일본인 요양소로 옮기도록 교섭을 시작했다. 이들은 복음서의 가르침에 따라 생활하고, 하나님의 사랑을 이야기했다. 오래지 않아 이 요양소의 환자들 역시 명랑하게 되었다.

또 다른 예가 여기에 있다. 제2차 세계대전이 있은 후, 나는 베스리어시 밖에 있는 큰 고아원을 찾아갔다. 그곳의 관리는 훌륭했으나, 나는 아이들의 침실에서 몹시 침울하게 보이는 기념물품들을 보았다. 대개의 경우는 비행기 편으로 급히 보낸 것이 틀림없는 구겨진 사진과 가끔 부서진 몇 개의 장난감, 아름다운 작은 지갑이 모두 몹시 슬프게 보여서 나는 관리자의 한 사람에게 다음과 같이 말했다.

"벽에 그림들을 붙여야 하겠다. 나의 집에 재미있고 화려한 그림이 몇 장 있다."

그 그림들이 종교적 장면을 그린 것이라면 받아들여질 수 없는 것일까 아니다. 예수를 그 어린 아이들과 떼어 놓는다는 것은 몰인정한 행위에 가까운 일이다.

둘째로 중요한 일은, 진정한 인본주의가 하나님의 존재를 부인함으로써 해결할 수 없는 문제에 있어서 인간을 완전히 불가사의한 것으로 만들고 있다. 역사가 시작된 이래로 인간은 자신보다 더욱 위대한 존재를 추구하도록 자연에 의하여 재촉을 받아왔다. 이 지상에는 지난날의 성전과 사원의 폐허가 산재하고, 오늘날의 가장 웅대한 건축물로 장식되고 있다. 이것은 그와 같은 내적 충동, 즉 하나님을 의식하려는 직접적인 결과인 것이다. 자연이 처음으로 그 자신의 자식들을 배반했던가? 아니면 그들이 스스로 허영심에서 매혹적이지만 불완전한 과학의 신과 결합했던가?

『코리아 타임즈』 1969. 9. 26.

며칠 전까지 나는 올해에는 최악의 추석을 맞이하리라고 믿었다. 추석은 시골 사람들이 다시 풍성한 곡식을 거둘 수 있도록 조상과 다른 영에게 감사드리는 추수잔치이다. 이제는 사정이 좀 밝아졌다. 수해 지역의 벼농사도 풍년이었던 지난해보다 더 나으리라고 예상되고 있다. 또한 고구마의 수확은 50만 톤이며 작년의 거의 두 배가 된다는 좋은 소식이 있다. 가장 다행한 일은, 그 괴질의 참다운 이름을 콜레라로 부르게 된 전문가들의 결정과, 백신을 보내주도록 적십자사에 호소한 일이다. 콜레라백신으로 병이 더욱 만연하는 것을 막을 수 있을 만큼 충분한 양이 새로이 도착하고 있다.

나는 평생 세균학과 전염병학을 가르쳐 왔으므로, 장염 비브리오균 혹은 지금까지의 콜레라균이든 간에 전적으로 미생물에 기인하지 않고서 일어날 수 있는 문제에 관해서 약간 알고 있다. 가끔 나는 새로운 종류의 미생물을 발견했다. 그들은 내가 폴리티칸스균이라고 명명한 한 주요 집단에 속했다. 인테페란스균과 오브스트룩탄스균은 주위를 오염시킨다는 것이 발견됐을 때는 보통 비등점 이상의 높은 온도로써 소독할 필요가 있었다. 그러나 우리는 모든 정보를 얻을 때까지는 우리의 판단을 보류해야 한다. 우리는 조롱과 많은 반대를 무릅쓰고 면역의 사실을 증명한 저 훌륭한 과학자 루이 파스퇴르에 대하여 감사하는 마음을 가져야 할 것이다.

나는 어렸을 때의 영국의 수확제를 잘 기억하고 있다. 그것은 종교적 축제이며, 교회는 밭의 농작물과 들의 과실, 즉 맛 좋은 포도, 사과, 배로 장식되었다. (착한 소년도 그들에 마음이 끌려 제대로 예배를 하기 어려웠다.) 또한 깨끗이 손질한 감자, 순무, 당근, 그리고 우아한 밀단이 버킹엄 궁전에서 보초를 서고 있는 병사처럼 똑바로 당당하게 서 있었다. 목사는 대개 만물의 생명의 근원인 하나님께 무엇인가 감사의 말을 드렸다. 그리고 성가대와 회중은 간단하지만 아름다운 찬송가를 불렀다.

> 밭 갈고 좋은 씨를 우리가 뿌리면 주님은 그 손으로 잘 길러 주신다.
> 온갖 귀한 선물 주님이 주신 것 그 풍성하신 은혜를 감사하자.

적합한 비료, 살충제, 필요하면 관개 등의 사용으로 말미암아, 인간이 하나님께 감사하는 생각이 점차로 줄어들고 있으며, 이런 경향은 과학에 영광을 돌리게 된다. 우리가 조물주 앞에서 겸손함을 잊게 된다면, 우리의 과학적 성취는 우리의 완전한 파멸을 초래할 것이다. 나는 가장 중요한 마지막 말을 거의 잊을 뻔했다. 교회를 장식한 훌륭한 물건은 모두 마을의 가난한 사람들에게 나누어 주었다. 여러분도 즐거운 추석을 보내려고 한다면, 한 상자의 떡과 달걀 몇 개를 가난한 가정에 가져다 주어야 한다.

『코리아 타임즈』 1969. 11. 28.

나는 어제 예수 그리스도의 죽음에 관한 글을 읽었는데, 바로 '그들이 그를 십자가에 못박았다'는 간단한 구절을 보게 되었다. 이것은 지난주에 일어난 끔직한 비극을 곧 나에게 생각나게 했다. 13세의 한 어린 초등학교 학생이 집안이 가난하여 시험지대로서 학교에 바쳐야 할 500원을 내지 못하고 비관한 나머지 죽었다는 것이다. 그는 아버지에게서 돈을 얻지 못하여 학교에서 꾸지람과 괴롭힘을 받게 되어 더 이상 견디지 못하여 독약을 마시고 죽었다. 나는 '이 세상의 예언자를 빼앗아 간 하나님의 아들의 죽음'과 이 어린 소년의 괴로움과 죽음을 비교하려는 것이 아니다.

예수의 죽음은 사랑에서 나온 의도적인 행위이며, 하나님의 위대한 사랑을 조금이라도 볼 수 있는 사람에게서만 가능한 유일한 길이었다. 이 어린 소년의 죽음은 우리가 아는 한에는 순전한 현실도피의 행위였다. 그러나 나는 이 두 가지의 죽음에는 매우 중요한 몇 가지 유사점이 있다고 믿는다. 예수의 죽음에 있어서의 '그들'은 누구를 말하는가? 이에 대해 흔히 있는 대답은 시기심을 가진 가야바와 대제사장들 친구들이다. 우리가 느끼는 시기심이 역시 그곳에도 있었다. 하루는 호산나를 외친 우리가 그 다음 날에는 "그를 십자가에 못 박으시오!"라고 외쳤다는 것은 우리의 변덕스러움과 비겁함을 말해 준다. 빌라도는, 핑계를 하면서 책임을 회피하는 자들을 어떻게 만족시켜야 할는지 몰랐다.

우리가 이 장면을 좀 더 철저하게 살펴보면, 그것은 매우 복잡하다는 것을 알게 되며, 그 죄를 한층 더 잘 알려진 소수의 공범자들에게만 전적으로 돌리는 것은 당연히 삼가야 한다.

누가 이 어린 소년의 죽음과 관련된 '그들'일까?

나는 이 학교의 교장은 이미 해직되었다는 말을 듣고 있으며, 그는 그러한 조치를 받을 만도 하다. 그러나 충분한 월급을 받지 못하는 교사들이 그의 배후에서 '여기저기서 적은 돈을 모으는 것을' 허락해 주도록 항상 요구해 온 것이다. 그리고 다시 교장의 배후에는 그다지 멀지 않은 곳에 탐욕스러운 상인들이 있을 것이다. 사실은, 만일 우리가 교사들에게 더 많은 봉급을 주고, 초등학교 교육을 무상으로 하려고 노력해 오지 않았다면, 우리는 모두 앞서 말한 일과 관계가 있는 것이다. 더 이상 우리의 문화를 말하기 전에 우리는 적어도 초등학교 교육을 무료로 해야 한다.

앞으로 5년 이내에 음독자살한 이 소년의 죽음이 수천 명의 초등학교 학생들을 공포에서 구제해 주리라고 나는 예언한다. 필요한 예산을 조달하는 것은 해결할 수 없는 문제가 아니다. 앞으로 과세를 할 몇 가지 사치품이 있는데, 학교 앨범(그룹 사진이면 충분하다), 청량음료, 단과자, 자동차가 그중의 몇 가지이다.

20. 한국 국민에 보내는 메시지

『조선일보』 1970. 3. 1.

"1919년 당시의 젊은이와 늙은이들에게 진 커다란 빚을 잊지 마시오." 이 몇 마디는 내가 오늘의 한국 청년들에게 주고 싶은 말이다. 국민은 불의에 항거해야만 하고 목숨을 버려야만 할 때가 있다. 그럼으로써 일종의 노예 상태에서 해방되고 조금은 광명을 되찾을 수 있는 것이다. 일본은 한국의 역사책을 불태웠고 압수했다. 한국 민족이 이미 싹튼 제국주의 사상에 서서히 물들어 갔다면, 그 책과 한국의 언어는 필요하지 않게 되었을 것이다.

하나님은 모든 그의 자녀들을 도둑질, 살인, 파괴하지 말도록 만드셨다. 나는 3·1 운동 당시 그토록 용감하던 많은 사람들의 이름을 밝히고 싶지만, 함께 일했던 이갑성 씨(광복회 회장, 당시 학생), 이용설 씨(홍사단 책임자)를 제외하고는 기억할 수 없음이 안타깝다.

이제 한국인은 물질주의의 위험에 직면해 있다. 일전에 박 대통령이 정신적 근대화 및 정신적 면의 향상을 역설했을 때 퍽 반가왔다.

예수의 고행 시 사탄이 제시한 물질에 대해 한 말씀이 생각났다. 〈주 예수 가라사대 사람이 떡으로만 살 것이 아니요, 하나님 입으로 나오는 모든 말씀으로 살 것이니라.〉(마태복음 4장 4절)

21. 스코필드 박사 병상 단상록

『동아일보』 1970. 4. 16.

부정부패(不正腐敗) 근절에 강한 책임감을–

스코필드 박사 병상(病床) 단상록(斷想錄)

국가위신 생각한 자동차 도입은 비효율

이 겨레에 주고 싶었던 말, 이 나라에 남기고 싶었던 말들이 너무나도 많았던 스코필드 박사는 이 겨레의 영혼과 이 나라의 앞날을 위한 병상의 단상록을 남겼다. 병마에 시달리면서 엮은 단장들은 흐린 연필글씨로 깨알처럼 가늘었으나 거기 담긴 뜻은 뜨겁고 또 깊어 보는 이의 가슴을 뭉클하게 했다.

인생의 두 길

인생에 두 길이 있다. 배려의 길과 기도의 길이다. 배려의 생활은 환경의 압박에서 힘을 얻고 상식을 그 인도자로 삼고 행로의 불측(不測)을 각오하면서 항상 염려를 동반자로 한다. 기도의 생활은 사랑을 힘으로, 하나님을 인도자로, 진리를 행로로, 신의 평화를 무적의 수호자로 삼는다.

돈에 대해

예수는 상업이 발달한 사회에서 돈의 필요성은 큰 것이라 했다. 그러나 돈만을 추구하다 보면 얼마 못 가 몸은 부풀어 오르나 정신은 움츠러들게 된다. 따라서 사람들은 균형을 잃게 되고 마지막에 가서는 걸어다니는 송장이나 다름없게 된다.

정신적 근대화(제2경제)

70년대는 한국 역사상 중대한 시기가 될 것 같다. 그러나 이 연대에 한국이 이룩해 내는 성과의 정도에 대해서 나는 지금 단언할 수가 없다. 세계 어느 나라를 막론하고 거의 모든 국가에서 불법이 판을 치고 있다. 이러한 흐름을 보고 박 대통령은 놀란 것 같다. 나는 아직도 다음과 같은 그의 연설을 기억하고 있다. “경제의 근대화만으로는 충분치 않다. 우리는 정신적 근대화를 필요로 한다.”

나는 처음으로 정신적 근대화라는 말을 듣고 잠시 어리둥절했었다. 그러나 이 얼마나 적절한 표현이냐. ‘정신적 근대화’. 나는 이 말을 상기할 때마다 다음과 같은 생각을 하게 된다.

첫째, 무슨 일이건 동기만으로는 충분치 않다.

둘째, 거듭 태어나는 혁명의 정신이 필요하다.

셋째, 한국 사람들은 동남아시아의 어느 나라 사람보다도 특출하게 정신적인 면에서 예민하고 감수성이 빠르다. 이러한 점은 그들이 부정부패를 근절시켜야 한다는 강한 책임감을 불러일으킬 것이다.

넷째, 이 정신적 근대화가 좀 더 일찍 꽃을 피웠더라면 오늘날에 보는 부정부패가 미리 근절될 수 있었지 않았을까.

마지막으로 정신적 근대화란 단어의 개념 범위가 너무나 광범하여 나는 이것을 이해하기 위해 다음과 같은 실제 문제들을 오래도록 생각해 보았다.

① 재벌 범죄 –.

② – .

③ –.

(글자가 불명확)

효율성에 대해

가장 효율적인 정부는 가능한 최소의 조직으로 움직인다. 가장 비효율적인 정부일수록 쓸데없는 기구·제도가 많은 법이다. 한국 입장으로서 국가 위신을 생각한 자동차 도입이라든가 공장 건설은 효율적인 일이 못 된다고 생각한다. 자본이 부족할수록 노동력에 대한 적절한 이용이 급선무가 아닌가 본다. 뿐만 아니라 교육도 문제겠지—. 이처럼 양적으로만 팽배해 있는 교육이 되어서야.

22. 박정희 신임 대통령을 위한 기도문

박정희 신임 대통령을 위한 기도문, 취임 전 일요일에, 군인교회에서
1963. 12. 15.

모든 사람과 나라의 지배자이자 심판자이신 하나님, 오늘 아침 우리들은 당신 앞에 나와 우리들의 죄와 태만을 고백하고 당신의 용서를 빌기 위해 왔습니다. 우리들은 입술이 아니라 마음으로 고백합니다. 당신에게는 진리와 지혜가 있으며, 우리에게는 거짓과 헛됨이 있습니다.

우리들은 출세와 돈, 권력의 잘못된 신을 섬겨 왔고, 가난한 사람과, 과부, 고아들을 소홀히 하여 왔습니다. 당신께는 어떤 것도 숨길 수 없으니, 당신 앞에서 감히 어떠한 핑계도 대지 않겠습니다. 우리들은 어리석고 헛되었습니다; 우리들은 마음으로부터 당신의 용서를 구합니다. 당신은 정의로움 속에서만 한 나라가 부강해짐을 선포하시었습니다. 이 성스러운 율법을 우리는 무시하여 왔고, 그런 까닭에 우리들은 나약함과 혼돈으로 고통받습니다. 기도하오니 우리를 용서하소서. 여기 우리들의 대통령 박정희 씨가 당신 앞에 나와 우리와 함께 예배하고 있습니다. 우리들의 지도자가 당신의 종이 되기를 우리는 당신께 구합니다. 그가 부패한 모든 것을 증오함에 당신께 감사드리니, 모든 악에 맞서 싸우는 용기를 그에게 주시옵고, 또 더 큰 용기를 허락하시어 그가 선한 것만을 믿게 하소서. 그가 당신을 알고, 당신을 사랑하고, 당신에게 순종하게 하소서.

이 새로운 정부에 당신의 축복이 있기를 바라오며; 그들의 논의가 지혜롭되, 빈정댐과 무익한 다툼에서 자유롭게 하소서.

우리는 눈 멀었으니; 우리에게 당신의 빛을 주소서.
우리는 약하오니; 우리에게 당신의 힘을 주소서.
우리는 부패하였으니; 우리에게 당신의 순결함을 주소서.

이 모든 것을 구주 예수 그리스도의 이름으로 기원하옵나이다.
아멘.

(*이 자료는 1963년 12월 17일 박정희 대통령 취임식에 앞서, 12월 15일 서울 용산 소재 군인교회의 축하기도회에서 스코필드 박사가 드린 기도문이다.)

III

스코필드 박사에 대한 회고

01. 석호필 박사의 최후

『기독교사상』 1970. 5.

백난영, 전택부

노상 자신을 '호랑이 할아버지'라고 부르던 석호필(石虎弼/Frank William Schofield) 박사는 지난 4월 12일 하오 3시 15분에 국립의료원에서 81세를 한나이로 우리와 영원히 자리를 달리했다. 2, 3년 전만 해도 우리가 '호랑이 할아버지' 하고 부르면 반겨 대답하곤 하더니, 차츰 건강이 나빠지면서 "나는 호랑이가 못 돼요. 고양이밖에 못 돼요" 하며 웃기셨다. 허나 작고하시기 몇 달 전부터는 더 떨어져서 "나는 호랑이가 못 돼요. 참새요. 아주 약해요." 했던 것이다.

정말로 석호필 박사는 몇 해 전부터 건강이 서서히 약화되어 여러 달 동안 전혀 기동을 못하고 누워 계신 채 간신히 말씀만을 했었다. 그 음성조차 가냘퍼지고 그 마음씨는 처량하기 그지없었다. 그래서 이 호랑이 할아버지는 가끔 애원하듯이 "하나님께서는 두 푼에 팔려 가는 참새 한 마리도 버리지 않는데, 나도 참새만큼은 보아줄거야." 하며 눈물을 흘리시는 것이었다.

한번은 나를 오라고 해서 갔더니 자기 대신 편지를 써 달라면서 부르는 것이었다. 예를 들면,

My dear, Bob, I am too weak to write, I am unable to write, please understand my silence, ……thank you very much for your prayers, money, and medicine, ……My work is being carried out by the special Committee of YMCA.

The money is stocked, ……Uncle Frank.

이렇게 부른 후 어떤 사람의 이름을 말하고 나서는 "He is saints but I am sinner" 하시면서 하나님의 사랑과 긍휼을 애원하는 표정이었다. 석호필 박사는 노상 익살을 부리는 농담을 잘했다. 허나 그 농담 뒤에는 반드시 깊은 뜻이 있었다. 한번은 성경반 학생들이 찾아가니까 아주 침울한 표정으로 인사도 잘 받지 않았다. 그래서 왜 그러느냐고 물었더니 "내 동생이 오늘 죽었어!" 하며 대답하는 것이었다. 학생들은 깜짝 놀라면서 캐나다에서 편지가 왔느냐는 등 런던에서 무슨 비보가 왔느냐는 등 궁금해 하며 물어 보았던 것이다. 허나 뜻밖에 이 호랑이 할아버지는 "아니 내 동생이 한국에 있어요! 몰라요?" 하는 것이 아닌가? 학생들은 놀라서 한국 어디 있느냐 물었더니 "창경원에 있지 않소? 몰라요?" 하는 것이었다.

그 동생이란, 창경원의 호랑이가 죽었을 때 일이었다. 이 호랑이 할아버지는 신문에서 창경원 호랑이가 죽었다는 뉴스를 듣고 슬퍼하며 내심으로 "아 가엾어! 호랑이 직이가 잘 먹이지 않아서 죽었겠지! 거기에도 부패가 있고 부정이 있어서 그랬겠지?" 해서 말한 것이 분명했다. 허나 무심한 학생들은 노상 농담을 잘하는 할아버지니까 그러는 것이겠지 하며 그저 웃고 넘겼던 것이다.

작고하시기 약 열흘 전의 일이다. 저녁때 찾아갔더니 수표에다 사인을 한다면서 볼펜을 집어 달라는 것이었다. 찾아보니 책상 위에도 없고 서랍 속에서도 찾아낼 수 없었다. 그래서 서랍 속에 가죽가방이 없느냐기에 있다고 했더니 그것을 달라는 것이었다. 까맣게 손때가 묻었으나 만져 본 촉감은 아주 부드럽고, 그 속에는 연필도 있고 볼펜도 들어 있었다. 할아버지는 웃으면서 "이 가죽가방이 무언지 알아요? 이게 저 알래스카의 잘사는 여자들이 말 타고 사냥 나가서 쏘아 죽인 짐승의 가죽이요! 나는 그 짐승이 불쌍해서 이 가죽가방을 오래오래 사랑해요!" 하는 것이었다. 이 수의학박사 호랑이 할아버지는 짐승도 사람처럼 사랑했다. 그의 사랑은 한국 사람만 아니라 흑인만 아니라 호랑이와 사슴과 양과 고양이와 강아지와 참새에도 미친 극진한 사랑이었다.

이러한 사랑의 인간이기에 석호필 박사는 일평생 가슴속에 깊이 품고 있던 로맨스도 있었다. 남이 모르는 사랑, 고백하지 않은 자기만의 사랑, 비밀의 사랑, 영원한 사랑을 품고 계셨다. 이 고귀한 사랑을 작고하실 때 가까운 몇 사람에게 살며시 엿보이실 때는 좍좍 뜨거운 눈물을 흘리시는 것이었다.

어쨌든 이 사랑의 얘기는 여기서 다 펼쳐놓을 지면이 없다. 차라리 이 '호랑이 할아버지'가 또 하나의 질책, 또 하나의 경고, 교회와 사회에 대하여 한꺼번에 일침을 가했던 굉장한 얘기를 전하고 싶다. 지난 3월 8일이었다. 내가 수원에서 거행된 크리스챤 아카데미 트레이닝센터 기공식에 갔다가 돌아오는 길에 장성환 목사가 내 차에 동승하게 됐다. 물론 차 안에서는 장 목사님과 나는 스코필드 박사에 관한 얘기만으로 은혜로웠다. 피차 감격한 채 그 병실을 찾아 들었다. 내가 장 목사님을 나의 가까운 친구이며 교회의 목사라고 소개한즉, 어느 교회 목사냐고 묻기에 내가 Evangelical Church의 목사라고 했다. 그러니까 Oh it is not easy to become evangelical 하며 대번 교회 목사들에게 풍자를 하는 것이었다. 나는 웃으면서 이 목사님이 할아버지를 위해서 기도하면 어떠냐고 권했더니, 감사하다고 하면서 "당신은 좋은 기도를 해 줄 거요. 허나 당신 기도를 마친 후에 Bad Prayer에 대해서 내가 말하지요." 하는 것이었다.

장 목사님의 간절한 기도가 끝났다. 할아버지는 이어서 말을 꺼냈다. 낮은 음성이지만 강한 어조로 "영국 수상 쳄벌린이 제2차 세계대전 때 소련에 가서 스탈린을 만나고, 또 독일에 가서 히틀러를 만나고, 개선장군처럼 돌아와서는 영국 국민들에게 이제 영국에는 전쟁이 없다. 안전하게 되었다고 선언을 했다. 그래서 쳄벌린 수상은 에딘버러에 있는 대주교에게 명령하여 영국에 있는 모든 교회와 캐나다의 교회의 종까지 일제히 울리면서 하나님께 감사의 기도를 올리고 동시에 영국에 전쟁이 일어나지 않도록 기도하려 했다. 그러나 그 결과는 어찌되었던가? 그 후 1년간 전쟁이 나서 독일 공군의 폭탄 세례를 받았던 것이다. 왜 그랬는지 아오? 그들의 기도가 하나님께 상달되지 못했기 때문이요! 내용인즉, 쳄벌린이 히틀러와 비밀조약을 맺을 때에 체코슬로바키아를 독일 군대가 침공하는 것을 묵인하면서 영국의 안전만을 도모하는 불의를 범했기 때문이요. 영국 교회가 쳄벌린과 같이 동조했기 때문이요. 그래서 나는 쳄벌린에게 대어들고 싸운 일이 있는데, 이런 기도를 나는 bad prayer

라고 하오!" 더 설명할 것도 없이 이 호랑이 할아버지는 첫째로 형식과 거짓으로 가득 차 있는 오늘날의 교회에 대하여 경고했던 것이며, 불의를 행하고 부패할대로 부패한 일반 사회에 대하여 일침을 가하고 싶었던 것이다.

호랑이 할아버지는 마지막 숨을 거두는 순간까지 불의와 부패를 꾸짖으셨다. 더욱 이 석호필 박사는 죽음을 생각하고 부활을 생각하며 설교를 했다. 내게 준 유서(遺書)도 Easter Sunday라는 말로써 제목을 삼았고, 그 유서를 내게 준 날도 3월 28일, 즉 부활주일 전날이었다. 특히 이 부활주일을 전후하여 약 한 달 동안은 골똘히 죽음을 예비하고 부활을 생각하면서 찾아오는 사람마다 부활에 대한 설교를 했다.

다행히 이 호랑이 할아버지의 최후의 설교를 필기해서 남긴 분이 있다. 백난영 선생이다. 백난영 씨는 나보다 더 오래 할아버지를 가까이 모시고 딸처럼 사랑을 받던 여성이다. 숙명여학교에서 교편을 잡을 때부터 학생들을 데리고 할아버지의 성경반을 돕던 분이다. 그분은 영학문을 전공했기 때문에 누구보다도 정확하게 영어를 이해할 수 있었다. 4월 초하룻날인가 싶다. 백 선생이 병실을 찾아가자 할아버지는 무척 반가워 했다. 마지막 에너지를 다 쏟아 "내가 하는 말을 받아쓰라. 이 한 마디를 남겨주고 싶다"면서 할아버지는,

Jesus Christ beside us in the world. And all sufficient protection from the evil in the world. Jesus Christ before us in the world. And all sufficient advocate in the presence of Holy God.

(예수 그리스도 이 세상 우리 곁에 계시면 이 세상 모든 죄악에서 우리를 보호하고 남으리. 예수 그리스도 이 세상 우리 앞에 계시면, 거룩하신 하나님 앞에서 우리를 변호하고 남으리.)

4월 7일 백난영 씨가 다시 찾아갔을 때는 더 기운이 쇠잔해졌으나 무서울 정도로 정신은 예리했다. "내가 부를테니 받아쓰라"는 것이었다. 워낙 석호필 박사의 영어는 보통 사람보다 어려운 말을 많이 쓰는데다가 힘이 없이 발음이 똑똑치 못하여 받아쓰기가 어려웠다. 허나 백 선생은 필사적으로 침상에 다가앉아 받아쓰기 시작했다. 부활에 대한 설교였다.

"He is risen!," with these words on their lips, tens of thousands of Russian soldiers leaped out of the trenches of the first Easter of the I World War. Today, there is no army in the world whose soldiers would call out such religious words to his appointment, but Russian Churches consider the Easter most important event of the Church. A great surprise indeed for the enemy troops(chiefly German soldiers) to see this sight!

Russian church, by patriarch Constantinople, separated from the Roman church, but they retained their great reverence for the resurrection of Jesus Christ. Today, in any modern city in Europe or America, Easter Sunday has became more of a commercial fashion show than a Holy Day. Some years ago attendants in British church in Toronto where most of the ladies clad in beautiful clothes, I found my way back to the office of the minister and asked him, "How is it possible for you to preach to such wealthy and beautifully clad people who put their attendtion to hats and clothes more than to the sermon?" He was an honest man. He said, "I don't know wheather my preaching did very much good."

Some fifty years ago, I, spending Easter in Ugoslavia, found that the British church were remarkable in that the women clothing themselves with simple clothes...... three of four with long black dresses but nearly all in plain clothes, several carrying a great family Bible to church. This was a unique area which had been supported by the Empress Maria Terres, a hundred years ago.

Science with its oppositions to the miraculous has found the resurrection the most difficult of all miracles. The result is that in many churches the minister is very doubtable in what he says about the resurrection and would be happy indeed that it is a stupendous historical fact which could be eliminated from the belief of the Christian church. However, if the tomb was not empty or the transformed body of Jesus had not been seen, and questioned and finally believed, these would be absolutely no Christian church in the world today. This great act of God in raising Jesus from the death is so guarantee of forgiveness of sin and life everlasting.

여기까지 부른 할아버지는 "좀 더 strong words로 고쳐 써야 할테니 오늘은 이만 쓰고 돌아갔다가 다시 와서 쓰라"고 했다. 허나 이어 되찾아가 뵙지 못하고 백난영 씨는 "세상 살림에 쪼들려 사는 가련한 할아버지의 고아인 나는 그만 다시 가 뵙지도 못한 채 마지막 임종 시에야 뛰어갔을 뿐"이라고 후회하고 있지만 다시 갔었대야 이미 할아버지는 의식을 잃고 말을 더 계속할 수 없는 때였다.

"난영이! 너는 왜 그렇게 깊이 생각할 줄 모르느냐? 피상적이냐?" 이렇게 안타깝게 여기시는 할아버지의 말은 비단 백난영 씨에게만 아니라 나 '오리'와 가까운 친지들과 따르는 학생들에게도 말하는 안타까움이었다. 그토록 자기가 한국 사람들을 위하여 애써 일하고 괴로워했건만 그 까닭이 무엇인지 모르지 않는가?

노상 할아버지는 예수님이 왜 십자가에 못박히시기 전에 그토록 괴로워하며 기도한 줄 아느냐고 학생들에게 묻곤 했던 것이다. "죄가 얼마나 무서운 줄 모르는 사람은 예수님의 괴로움을 이해할 수 없다 …… 자기를 잡아 죽이는 유대인의 죄를 다 대신하고, 또 만인의 죄를 다 대신하고, 죽은 예수님의 괴로움은 몇 억 배 억만 배나 더 괴로웠을 것이 아니겠느냐! …… 그래서 될 수만 있으면 이 잔을 면하게 해 달라고 애원한 것이라고! …… 나는 평생 한국 사람을 위해서 …… 부패의 시정을 위해서 애써 왔다 …… 허나 나는 죄인이야! 일평생 저지른 내 죄가 많아! 나의 죄값을 면할 도리 없어! 한국 사람의 죄값도 내가 당해야 돼!" 이런 말을 하면서 이 호랑이 할아버지는 마지막 괴로움을 아파하는 것이었다.

그러나 그는 조금도 죽음을 두려워하진 않았다. 도리어 하늘나라를 동경하고 기뻐만 했다. 그래서 할아버지 앞에서는 자유롭게 죽음에 대해서 말할 수 있었다. "할아버지가 하늘나라로 가실 때에는 며칠 동안에 들러서 친구들을 만나고 마지막 날에는 남대문교회에 들러서 많은 사람들을 만날 겁니다."라고 말할 때도 피차에 아무런 거리낌이 없이 말할 수 있었다.

마지막 숨을 거두는 며칠 전, 어떤 사람이 문병을 와서 하늘나라에 가서 영원한 안식을 취하라고 하니까 "내가 왜 쉬어! 나는 하늘나라에 가서도 한국 사람을 위해서 일해요! 전도해요!" 하길래 하늘나라에도 전도할 사람이 있느냐고 말했더니 "한국 사람이 있는 곳엔 부패가 있거든." 하면서 웃기셨다는 것이다.

이제 마지막 숨을 거두는 순간이었다. 불쌍하기 그지없었다. 하나님밖에는 그를 위로할 사람이 없는 줄 알면서도 '하늘 가는 밝은 길'의 찬송을 불러 드렸다. 그 까닭은 가사 내용보다 그 곡조가 어릴 때의 향수를 느끼게 할 수 있는 스코틀랜드 민요곡이기 때문이다. 그리고 미리 마련했던 한복으로 수의를 입히고 캐나다 선교사 어윈 목사더러 입관식 예배를 주관케 했다. 그가 읽어 달라는 계시록의 새 하늘 새 땅의 구절, 베드로전서 1장 1~12절의 부활에 관한 구절을 읽도록 장례식 순서를 마련했다. 누가 무어라고 하든, 사회장을 못하는 한이 있더라도, 모든 순서가 할아버지 뜻에 어긋나지 않도록 지켜보았다. 할아버지 옷이나 몸에 사람들의 손때가 묻는 것쯤은 참을 수 있다. 허나 그 마음속에 그 가슴속에 악취를 풍기고 그 몸을 끌고 다니면서 악용하는 것은 참을 수 없다. 나는 밀려드는 인파를 밀어제치면서 호랑이 할아버지의 사회장을 정성스레 지켜보았다.

02. 고 스코필드 박사 간병 365일

『주간조선』 1970. 4. 17.

깐깐하고 근엄했던 고 스코필드 박사 곁에서 불철주야 365일간의 병상을 지키며 뒤를 보살펴 주었던 태신자 양—그녀는 지금 친할아버지를 잃어버린 것처럼 허탈 상태에 빠져 있다. 스코필드 박사의 양녀 임종희 양과는 진명여고 동창생—미국에 유학 중인 임양의 부탁을 받고 지금까지 수고를 해 왔던 거. 여기, 그동안 아무 곳에도 공개되지 않은 생활 기록을 통해 또 하나의 스코필드 박사를 투영해 본다. **편집자 주**

태신자

화창한 일요일인 1970년 4월 12일 15시 15분 메디컬센터 32병동 5호실에서 하늘이 열려 오는 찬란함 속으로 할아버지, 당신은 가셨습니다.

모신 지 만 1년이 되던 11일 19시, 알아듣기 어려운 메마른 발음으로 "태, 태"를 부르신 게 당신의 마지막 음성이 될 줄은 몰랐습니다. 바로 직전에 떠 넣어 드린 캐너더 드라이를 삼키시며 "굿, 굿" 하신 것도 마지막 표현이 될 줄은 정말 몰랐습니다.

그토록 안타깝게 괴로워하시던 기침이 멈추면서 두 눈을 감으신 당신은 이내 혼수상태로 빠지셨지만 넘기시고 깨어나셨던 당신이셨기에, 그래도 다시 깨어나시기를 믿고 싶었습니다.

언제, 어떻게, 행여나 혼자 있을 때에 할아버지의 돌아가심을 당하더라도 결코 놀라지 말고 슬퍼하지 말라고, 다만 먼저 갈 뿐이니 뒷날 스코필드님을 찾아오라고 늘 일러주셨던 당신이었고, 결국은 당신의 마지막을 지켜드려야 된다는 각오와 예감으로 나날을 맞이해 왔던 태였으면서도, 당신을 아끼고 존경해 온 많은 이들의 슬픔과는 더욱 다른 의미의 뜨겁고 짙은 아픔으로 해서 태는 괴롭습니다.

할아버지! 겉으로만 보아 왔고, 알고 있고, 표현되었던 당신은 역시 겉만의 당신 모습입니다. 생애를 회상하고 정리하며, 끝내 신앙심으로 사셨던 당신 모습입니다. 생애를 회상하고 정리하며, 끝내 신앙심으로 사셨던 당신의 마지막 생활을 지켜보았고, 함께 지냈으며, 그 많은 공개되지 않은 얘기들을 기억해 둬야 했던 태는 당신의 생애 자체가 철학이었고 사랑이었으며, 시였으며, 인고였던, 깊은 의미들을 어떻게 전해야 될는지 주저가 앞섭니다.

할아버지! 미국에 있는 임양께서 당신의 얘기를 쓴 편지를 받은 건 작년 2월 하순이었습니다. 건강에 무리를 하시면서도, 묻히실 땅 한국을 찾아 떠나시겠다는 박사님의 뜻을 도저히 만류할 수가 없었노라며, 귀국을 하시면 자주 찾아가 뵙고 근황을 전해 달라는 부탁이었습니다. 그때까지 태는 기록을 통해서나 당신을 뵈었을 뿐, 거의 모두에 대해 미지였습니다. 작년 2월 26일 귀국하셔서 메디컬센터 6호실에 입원해 계시다는 보도를 읽고 당신을 처음 방문했던 게 3월 4일이었습니다. 임양의 친구라고 인사를 하자, 함께 간 동생에게 학교(한양공업고등)에 대한 질문도 하시며 반가워하셨죠. 1주일 후에 다시 들러 달라시는 말씀을 받고 이내 돌아온 후 못가 뵙고 있을 때입니다.

4월 10일 밤 늦게 임양의 언니가 방문을 했습니다. 박사님께 들러 온다며 궁금해서 들렀다고요. 그때의 말끝에, 박사님께서 임양의 친구라 하며 누굴 자꾸 찾으시는데 이름도 모르고 찾자니 도저히 알 수가 없다고 하더군요. 무슨 얘기가 있으시다니, 혹시 태의 힘으로 도와드릴 수 있다면 도와드리는 게 우정이 아니겠느냐고요. 시간은 이미 22시였고 별로 마음 내키지 않았지만, 권유에 못 이겨 따라나섰습니다. 그때 초면인 이 교수님을 뵙게 되었고, 그분을 통해서 할아버지께 태가 소개되었습니다. 침대에 누우신 채 가만히 듣고 나신 당신은 웃으셨습니다. "내가 찾던 사람이 바로 이 사람입니다. 당신들이 찾아오기 전에 벌써 내가 찾아냈던 사람"이라고 하신 걸로 기억합니다. 며칠 전에 빨간 투피스를 입고 갔었다고까지 기억하시면서……. 두 분을 잠깐 내보내신 후에 당신은 첫마디를 이렇게 꺼내셨습니다.

"내가 무섭습니까?"

"조금 그렇습니다."라고 대답하자 얼굴에 그렇게 나타난다고 웃으셨습니다.

"당신 얼굴(후에 알고 보니 인상이란 뜻으로 많이 쓰셨음) 참 좋아요. 나는 그런 얼굴 좋아해요. 당신, 할아버지 일 도와줄 마음 있습니까?"

"글쎄요. 가능한 일이라면 돕겠습니다."

당신이 하시는 일을, 하나님의 일이라고 하셨습니다. 그것이 어떤 유의 간단한 심부름이 아니고, 생활의 전체를 도와드림을 의미한다는 걸 알고는 망설일 수밖에 없었습니다. 생활 습성이 다르고 성격이 다르고, 더구나 의사 소통에 원활하지 못한 태 입장으로는 불가능한 일이었습니다. 그러나 당신은 상대방을 꿰뚫는 듯한 시선으로 조용히 응시하시며, "내 눈 하나(왼쪽)는 보지 못해도, 다른 하나는 〈엑스 레이〉 눈입니다. 내 생각, 하나님께서 당신을 보내주셨습니다. 내가 돌아갈 때까지 당신은 나를 잘 도와줄 수 있습니다." 하시더군요. 우선 며칠 동안이라도 도와드리겠다는 마음으로 이튿날 일찍 당신을 뵈러 갔던 것입니다.

병원에 계셨을 때의 생활은, 당신 혼자 〈스칸디나비아 클럽〉에 가셔서 식사를 하실 수 있었던 정도였기 때문에 별로 애로는 없었습니다. 그러나 4월 26일 마포 아파트 3동 108호로 거처를 옮긴 후부터는 본격적인 난관에 부닥쳐야 했습니다. 성격과 습관은 물론, 사고와 세대의 차이를 뛰어넘는 타협과 이해를 갖게 되기까지에는 많은 갈등을 겪어야 했고, 특히 까다롭기로 정평이 나 있는 당신의 식성을 맞춰야 하는 문제는 오래 연구해야 했고 또 노력해야 했던 큰 과제였습니다. 〈태 수프(soup)〉라고 명명해 주시고 좋은 친구가 올 때면 외국인이든 한국인이든 즐겨 식사하게 하라셨던 수프가 끝내 인정받을 수 있었던 첫 성공작(?)이기도 했습니다.

커피 한 잔을 놓고도 성의의 척도를 재셨던 당신이셨기에, 농도와 색깔, 맛을 맞추기에 온 신경을 모아야만 했습니다만 그에 못지않은 사랑과 보호로 때로는 냉정하고 날카롭게, 때로는 뜨겁고 고맙게 영육의 괴로움에 관심 주셨던 고마운 할아버지셨습니다. 의복의 선택이며 디자인, 색은 물론, 언어 행동, 심지어는 정신생활의 구석구석까지 너무도 빈틈없는 배려 때문에 숨을 쉴 공기마저 제한하실 거라고 우울해 했을 때 당신은 태의 손을 꼭 잡고 "섭섭해요. 내가 당신을 나와 똑같은 사람 만들기를 원해요. 그러나 일 년으로는 부족합니다." 하셨죠. (그때부터 태는 막연히, 그러나 짐짓 불안해 하면서 4월을 맞았던 겁니다.)

아파트에서의 생활은 정말 어려웠습니다. 그러나, 내핍이 지나쳐 결핍 생활을 하시면서까지 가난하고 불쌍한 사람을 위해 희생하신 당신의 생활을 보며, 차츰 당신의 생활 자세를 닮아 갔던가 봅니다. 원만한 전기기구의 고장이며 수도 고장의 수리, 서툴렀던 망치질에도 익숙해 갔고 손가락 끝은 항상 거칠어야 했습니다. 그때마다 당신은 대개 "오-태-당신 여자예요. 일 너무 많이 합니다." 하고 말리시면서도 고장난 것을 고쳐 놓고야 말 때면 목이 메어 기뻐하시곤 하셨죠. 바쁘다는 이발사를 너댓 번이나 모시러 다니다가, 화가 나서 작은 손가락 가위로 두 시간이나 걸려 당신의 머리를 깎아 드렸을 때는 또 얼마나 기뻐하셨습니까.

그때까지 절대로 이발사에게 면도를 맡겨 보신 적이 없다고(생명과 관계되는 위험이라고 설명하면서) 하신 당신께서 이만큼 상처를 내기도 했던 태에게 면도를 맡기시고는 잠들어 버리실 때, 태는 너무 고마웠고 두렵기도 했습니다. 운명하시던 날의 당신 얼굴은 결코 수염이 텁수룩한 중환자의 모습이 아니었다는 게 한편 마음을 흐뭇하게 해 줍니다. 할아버지! 식생활을 하심에도 결코 배부를 때까지 먹는다는 건 이 세상의 배고픈 사람들에 대한 죄라고 늘 절식하시던 당신이셨습니다. 기름값을 아끼자고 하셔서 겨우내 밤에는 스팀을

넣지 않는 방에서 살아야 했으며(물론 할아버지도 냉방이었습니다.), 애써 구해 놓았던 단 한 벌의 내복마저도 가난한 방문객에게 들려 보내셨던 당신이셨지만, 때로는 몰염치한 방문객으로 인해서 슬퍼하시고 괴로워하시기도 했습니다.

물욕에 대한 욕심이 끊어질 줄 모르는 사람들이라며 실망했다고 눈물 흘리셨던 당신이기도 했습니다. 그때마다 이 나라 국민으로서의 극도의 수치감을 어쩔 수 없어서 몸둘 곳이 없었던 태였습니다. 그러나 무엇보다도 병원 생활에서의 마지막 50일은 태에게 가장 괴롭고 안타까웠습니다.

뼈만 남아서, 눌러 드리기에도 안쓰러운 가슴을 떨며 당신은 기침 때문에 얼마나 괴로워하셨습니까! 방문객이 오면, 가능한 대로는 만나시려던 당신이셨고, 얘기하시던 당신이셨습니다. 그러나 할아버지! 그들이 돌아가고 나면 호흡이 거세지셨고 열이 나셨고 밤새 괴로워하시기도 했습니다. 옆에서 안타까이 지켜봐야만 했던 태는 원망의 눈물을 얼마나 많이 흘렸는지 모릅니다. 발소리가 나는 것조차 염려스러워 맨발로 실내를 걸어다니면서까지 당신의 안정을 돕고 싶었던 태는 정말 고독했습니다.

할아버지!

국립묘지에 당신을 보신 후 오늘 삼우날이라고 해서 당신 앞에 갔었습니다.

몇몇 당신의 가까웠던 분들과 함께 당신을 위해 기도했고, 솔잎끼리 비벼대는 바람 소리를 뒤로 당신을 떠나왔습니다. 마포 아파트의 당신의 숨결 남긴 그 방에, 병원의 그 병실에, 당신이 계실 것만 같은 착란에 마음이 자꾸 바빠지더군요.

할아버지! 만나고 헤어짐 모두가 하나님의 뜻이었고, 언제고 당신을 다시 뵐 때의 인연도 하나님의 뜻임을 압니다. 가장 짧은 햇수를 당신을 모셨지만, 당신 생애를 통해 가장 오랜 시간을 함께 지낸 유일한 타인이며 증인이라던 태는, 평소에 들려 주시고 보여주신 당신의 내면 얘기를 빠짐없이 증언하고 싶습니다. 능력과 기회를 하나님께서 마련해 주실 때 태는 혼자만 지니기엔 너무도 아깝고 귀중한 〈스코필드 님의 생애〉를 남김없이 증언하였습니다. 할아버지!

신앙으로 사신 당신의 생명과 그 끝맺음이 그토록 곱고 경건하며 평화로웠음을 본 태는 이제 당신의 부활을 믿으며 당신의 돌아가심을 슬퍼만 하지는 않습니다. 편히 사십시오. 고요히 사십시오.

하나님의 뜻대로 사신 당신을 추모하며 당신의 〈디어 태〉가 드립니다.

03. 1919년 3·1 운동과 선교사들

Korea Calling 1975. 3.

J. 어니스트 피셔(J. Ernest Fisher)

나는 연희전문학교에서 선교사 겸 교수로서 일하기 위해서 1919년 10월 초 한국에 갔다. 이 무렵은 3월 1일의 독립운동이 일어난 지 일곱달 남짓 지난 시점이었고 여전히 많은 학생들과 일부 교수들이 감옥에 갇혀 있었다. 나는 3·1 운동과 이 운동이 연희전문학교와 선교사들에게 끼친 전반적인 영향에 대해 많은 것을 들었다. 이 운동에 선교사들이 직접적으로 개입했다는 이야기에 대해서는 많이 접하지 못했다. 일제 경찰이 여전히 3·1 운동에 참여한 사람을 모두 색출하기 위해서 매우 활발히 움직이고 있었기 때문에 선교사들이 개입한 이야기는 모든 것이 비밀에 붙여졌으며 이야기가 새 나가서 일본 식민당국의 주목을 받을 만한 곳에서는 일절 언급되지 않았다. 3·1 운동에 조금이라도 관련된 사람에 관한 정보를 끌어내기 위해서 고용인이나 한국인 동료 선교사들을 체포해서 심문하고 또한 고문을 할지도 몰랐기 때문이다.

선교사들과 3·1 운동에 직접적으로 참여하지 않은 한국인 사이에서 회자되던 이야기 중 내가 들은 핵심적인 것들로는 운동이 준비되는 과정에서 철저한 기밀이 지켜졌다는 점, 지하조직을 통해 소문이 전국적으로 효과적으로 퍼져나갔기 때문에 서울에서 '독립선언서'가 발표되자마자 외진 시골에서도 자발적인 시위가 이루어졌다는 것이었다. 물론 여전히 감옥에는 학생과 교사, 교회 당국자들이 수감되어 있었고 그들의 친구들과 선교사들은 그들의 안위에 큰 신경을 쓰고 있었다. 특히 겨울이 다가오면서 수감자들의 친구들과 가족들은 건강이 나쁜 사람들에 대해서 더 큰 걱정을 하게 되었는데 감옥에는 난방시설이 없는데다가 수감자들에게 주어진 의복이나 침구류는 추위를 막기에는 역부족이었기 때문이었다.

이승만 박사는 1948년 6월 제헌의회의 의장으로 선출된 뒤 처음으로 한 연설에서 '3·1 운동'에 대해 다음과 같이 말했다.

> 이 대한민국은 기미년 3월 1일에 우리 13도 대표들이 서울에 모여서 국민대회를 열고 대한독립 민주국임을 세계에 공포하고 임시정부를 건설하여 민주주의의 기초를 세운 것입니다. 불행히 세계 대세에 연유해서 우리 혁명이 그때에 성공하지 못했으나 우리 애국남녀가 해내, 해외에서 그 정부를 지지하며 많은 생명을 바치고 혈전 고투하여 이 정신만을 지켜온 것이니 오늘 여기에서 열리는 국회는, 즉 대한국민대회의 계승이요 이 국회에서 건설되는 정부는 즉 기미년에 서울에서 수립된 대한민국 임시정부의 계승이니 이날이 29년 만의 대한민국의 부활일임을 우리는 이에 공포하며 대한민국연호는 기미년에서 기산할 것이요, 이 국회는 전 민족을 대표한 국회이며 이 국회에서 탄생되는 대한민국 정부는 완전히 한국 전체를 대표한 중앙정부임을 공포하는 바입니다.

뒤에 국회에서 대한민국의 초대 대통령으로 선출된 이승만 박사는 그 자신이 '3·1 운동'에 큰 중요성을 부여하고 있음을 보여주었다. 이승만 박사는 기독교로 개종하였으며 감옥에 수감되어 있었을 때, 서울의 배재학당에 다니고 있었을 때, 그리고 훗날 서울 YMCA에서 활동하고 있었을 때 선교사들의 영향을 받았다. 이승만 박사는 1912년 YMCA에서 활동하고 있을 무렵 일본 식민당국에 반항하는 활동을 했기 때문에 한국을 떠나야만 했다.

한 사범학교의 졸업생은 나에게 미션스쿨에서 미국인 교사로부터 가르침을 받은 것이 애국심과 독립에 대한 열망을 길러 주어 1919년의 독립운동에 영향을 끼쳤다는 것을 자신의 역사 수업 시간에 가르쳤다는 이야기를 해 주었다. 학생들은 미국 혁명과 대영제국으로부터 독립하기 위한 투쟁에 대해 교육받았다. 또한 이들은 민주주의적인 정부의 원칙과 인권, 개인의 자유, 표현의 자유와 언론의 자유, 그리고 "인민의, 인민에 의한, 인민을 위한 정부"라는 미국의 구호에 대해서도 교육받았다. 한국 전역에 울려퍼진 "만세"의 함성과 한국의 자유를 요구한 대규모 시위에 이러한 교육의 영향도 있었을 것이라는 점은 의심할 여지가 없다.

1919년의 궐기에서 배재학당과 이화여자고등보통학교, 이화학당 학생들이 가장 활발하게 활동했다는 사실은 잘 알려져 있다. 여기에 참여한 많은 학생들이 투옥되어 고문을 받았고 이화학당 학생 중 한 명은 감옥에서 사망해 국가적인 영웅이 되었다. 이 당시 이화학당에서 가르치고 있었던 김활란은 선교사들과 매우 친밀하고 비밀스러운 관계를 가지고 있었는데 학당의 행정과 강의를 담당하면서 한국 전역에서 비밀리에 활동하는 운동가들이 모금한 막대한 양의 자금을 받았다. 김활란은 이 자금을 다시 이화학당의 선교사로 있는 친구들에게 전달했으며 이들은 다시 여러 곳에 있는 자신들의 친구에게 보내는 편지를 통해 전달했다. 이 편지를 받은 친구들은 미국 본토와 하와이, 그리고 상하이와 다른 곳에서 활동하는 운동가들에게 자금을 전달했다. 이러한 자금은 외국의 관심과 동정, 그리고 협력을 촉진하는 데 사용되었는데 한국인들이 독립운동을 수행하기 위해 거점을 마련한 지역에서 독립의 정당성을 고취하고 널리 알리는 데 큰 도움이 되었다는 점은 의심할 여지가 없을 것이다.

1947년 여름 미소공위가 열리고 있을 무렵 김활란 박사는 내게 만약 신탁통치가 완전히 미국에 의해서만 이루어진다면 한국인의 절대다수는 이것을 환영할 것이라고 말했다. 한국인들은 미소공위에서 제안하고 있는 방식의 신탁통치에 반대하고 있었는데 김활란 박사의 말에 따르면 그것은 소련이 한국에 대한 완전한 지배권을 가지기 위한 음모에 불과했기 때문이었다. 김활란 박사와 한국인들은 전반적으로 그녀가 독립운동 기간 중 경험한 것 때문에 미국에 대한 호감과 믿음을 가지고 있었다.

김활란 박사 자신도 1919년 독립운동 당시 건강이 악화되었다. 김활란 박사가 투옥될 수도 있다는 사실이 알려졌을 때 그녀의 친구들은 김활란 박사가 투옥 생활을 견뎌낼 수 없을 것이란 점을 알고 있었다. 김활란 박사의 선교사 친구들은 그녀의 직업을 "바느질 심부름꾼"으로 하고 가명과 함께 경성 외곽에 살고 있는 외국인 가족과 함께하도록 했다. 나중에 김활란 박사가 결핵 증상을 보이자 이화학당에서 구입한 옛 존탁 호텔의 객실로 비밀리에 이송되어 세브란스 병원의 선교사 겸 내과의사였던 밴버스커크(V. D. Vanbuskirk) 박사의 치료를 받았다. 나중에 김활란 박사는 경기도의 외진 곳에 있는 농가에서 생활하게 되었다. 김활란 박사의 선교사 친구들은 그녀와 긴밀한 관계를 항상 유지했으며 그녀가 필요로 하는 음식, 약품, 의복과 서적을 제공해 주었다.

1949년 나는 워싱턴에서 대한민국 정부가 장면 주미대사를 통해 평양의 장로교 계열 남자학교의 교장이었던 모우리(E. M. Mowry) 박사에게 3·1 운동 직후 몇 명의 학생들을 그의 자택에 숨겨 주고 보호해 준 것에 대하여 훈장을 수여하는 자리에 참석했다. 이 학생들은 일본 경찰에 수배된 처지였으나 모우리 박사는 일본 정부에 의해 그 자신도 박해 받을 위험이 있었음에도 이를 무릅쓰고 이들을 보호했다. 모우리 박사에 대한 훈장 수여 이후 있은 치사에서는 그가 한국인들의 독립을 위한 투쟁 당시 한국인들을 도와준 것에 대해 극도의 찬사를 했다. 나는 그 행사에 참석하여 한국인들이 그 사건에 대해 큰 중요성을 부여하고 있는 데 깊은 감명을 받았다.

1966년 3월 1일자 『코리아 타임즈』는 과거 전라북도 전주에서 미션스쿨의 교장을 지냈던 볼링 레이놀즈(Bolling Reynolds) 씨가 3·1 운동과 관련된 경험을 담은 한편의 글을 게재했다. 레이놀즈는 "늙고 몸이 불편했지만" 3·1 운동에 관여하였던 교사 한 명을 숨겨 준 일화를 회고했다. 레이놀즈는 그 노인을 자신의 넓은 집의 다락에 숨겨 두었다가 나중에 "작은 배를 타고 강을 따라 탈출하도록 배웅했다."

레이놀즈는 또한 그 글에서 서울을 방문했을 당시 스코필드 박사의 집 근처에 체류했는데 "스코필드 박사는 그 집의 지하실에 몇몇 한국인들이 애국적인 내용을 담은 문헌을 작성하는 위험한 일을 할 수 있도록 은신처를 제공했다." 레이놀즈는 또한 학교 교사들의 신뢰를 얻고 대중 시위가 일어나기 전에 그것들에 대해 알게 되는 등 행운을 누렸다고 적었다.

레이놀즈는 『코리아 타임즈』에 기고한 같은 글에서 영국인이지만 미국의 동양선교회(Oriental Missionary Society)에서 활동하고 있던 토마스 목사가 그 당시 시골 마을에 체류하고 있다가 일본 경찰에 붙잡혀 구타당한 사실을 이야기했다. 일본 경찰은 토마스 목사를 한 미국인 선교사에게 데려갔는데 일본 관헌은 한국인들이 갑자기 일본 식민당국에 대항해 일어선 것이 미국인 선교사들과 관련된 것이 확실하다고 믿었기 때문인 것으로 보인다.

나는 최근 3·1 운동 당시 애국적인 헌신을 인정받아 대한민국 정부로부터 훈장과 함께 약간의 연금을 받게 된 김태원 씨와 대화를 나눈 바 있다. 김태원 씨는 내게 3·1 운동 당시 그의 주된 역할은 농부로 위장하고 충청북도의 모든 마을을 방문하여 농부들과 접촉하는 것이었다고 이야기해 주었다. 그 목적은 비밀 애국 결사에 의해 만들어진 독립에 대한 문헌을 나누어 주기 위한 것이었다. 김태원 씨는 그가 배포했던 신문은 비밀리에 서울을 정기적으로 방문하여 밴버스커크 박사로부터 받았다고 회고하였다. 이 증언은 밴버스커크 박사가 3·1 운동과 매우 밀접하게 관련되었으며 운동이 진행되는 동안 이를 돕기 위해 역할을 수행했음을 입증해 주는 것이다.

김활란이 일본 경찰을 피해 숨어 있을 때 밴버스커크 박사가 그녀를 치료했다는 사실 또한 그가 3·1 운동을 적극적으로 지원한 선교사 집단의 핵심 인물 중 하나였음을 보여준다.

내가 아는 한도 내에서는 모우리 박사가 자신이 3·1 운동에 관여한 것을 공식적으로 인정한 유일한 사람이지만 그 밖에도 더 많은 사람이 있을 것이다. 많은 선교사들이 한국인들의 독립을 위한 투쟁에 다양한 방법으로 도움을 주었던 것으로 보이지만 이들의 이름은 정부 당국자들의 관심을 받지 못했으며 어떠한 인정도 받지 못했다.

3·1 운동과 관련하여 스코필드 박사와 그의 역할에 대해 언급하고자 한다. 최근에 나는 한 남학교의 한국인 교사로부터 내가 과거에 들어 본 적이 없는 스코필드 박사에 관한 이야기를 들었다. 그 젊은 교사는 대학 역사 강의에서 그 역사적인 밤에 명월관에서 독립선언서에 서명한 33인이 파고다공원으로 나가 독립선언을 공식적으로 발표하기 전에 결의문, 혹은 선언문을 작성하고 있었을 때 스코필드 박사가 함께 있었다는 내용을 들었다고 이야기해 주었다. 나는 이 이야기를 스코필드 박사로부터는 들은 바가 없었기 때문에 이 젊은 교사의 발언을 뒷받침해 줄 만한 추가적인 근거를 찾고자 했다. 스코필드 박사가 3·1 운동에서 매우 적극적인 역할을 했음은 의심할 여지가 없으며 그 때문에 스코필드 박사는 자신을 일본 경찰로부터 보호하기 위해서 한국을 떠날 수밖에 없었을 것이다. 스코필드 박사는 한국에서 거의 전설적인 인물이 되었다.

3·1 운동이 정의를 사랑하는 세계인들에게 한국의 상황을 크게

환기시켰다는 것은 이제 아주 잘 알려져 있다. 미국과 영국을 포함해 세계 각국의 정부가 항의를 했으며 일본인들 스스로도 세계 각국의 평화를 애호하는 사람들이 일본에 가하는 비판과 규탄을 피하기 위해 한국에 어떠한 조치라도 취할 것을 요구하게 되었다. 이름난 지도적인 선교사들이 이 문제를 그들의 정부에 제기했고 일본은 이에 대한 메시지를 받았다. 군부 출신의 총독이 소환되었으며 온건하고 노회한 사이토 자작이 한국 총독으로 파견되었다. 사이토 총독은 지도적인 위치에 있는 선교사들과 한국인들을 면담에 초대했으며 한국인들이 그들의 생활을 규제하는 규정과 법률을 제정하는데 더 큰 목소리를 낼 수 있도록 하는 개혁이 취해졌다. 나는 지도적인 위치에 있는 선교사들이 이 당시 취해진 개혁을 이끌어 내는 데 상당한 공로가 있다고 생각한다. 한국 총독과 면담을 하고 자문을 한 한국인 중 상당수가 기독교 선교사들의 영향을 크게 받은 이들이었다.

'3·1 운동'이 전개되던 무렵 고국에서 휴식을 취하고 있던 선교사들은 미국에 거주하는 한인과 여러 대학에 재학 중인 한국인 유학생들이 주최한 모임에서 연사로 설 것을 요청받았다. 이들 선교사들은 미국에서 한국의 정세에 대한 여론을 일으키는 데 큰 기여를 했다. 이 때문에 미국의 정치, 군부 지도층에서는 일본과 어떠한 형태의 평화 조약을 체결하든 간에 한국에 완전한 독립을 부여하는 확고한 조항을 만들어야 한다는 공통적인 인식이 생겼다. 나는 선교사들이 3·1 운동을 시작하고 수행하는 데 있어 직간접적으로 중요한 영향을 끼쳤다고 생각한다. 나는 오늘날 한국에서 훌륭한 교육을 받고 애국적인 시민이라면 기독교 선교사들이 3·1 운동에서 매우 중요한 역할을 했다는 데 즉시 동의할 것이라고 믿는다. 1919년 3월 1일 이전의 35년 동안 기독교 선교사들의 활동이 없었다면 3·1 운동은 일어나지 못했을 것이라고 해도 과언이 아닐 것이다.

출전: J. Ernest Fisher, "March First 1919 and the Missionaries," *Korea Calling*, Vol. xiv, No. 3, March 1975.

04. 구두 밑창에 3·1 운동 사진 필름 숨겨 임정(臨政)에 전달

『월간조선』 1997. 5.

정환범

- 임정(臨政) 외무차장, 초대 주중(駐中) 특사(特使), 주일(駐日) 대표부 대사(大使) 신한공사 총재, 대한체육회장을 거친 정 박사의 증언
- 3·1 운동 당시 일제 만행 고발한 사진의 내력
- 1, 2, 3등을 휩쓴 보스턴 올림픽 참가비 마련 비화(秘話)
- 정부수립 초기 한국외교 비사(秘史)

독립운동사 연구의 귀중한 자료

[편집자 주]

상해 임시정부 외부차장을 지낸 독립운동가 故 정환범(鄭桓範) 박사의 자서전과 유서, 유품 일체가 고인이 세상을 떠난 지 20년 만에 발견됐다. 재야 사학자 오수열(吳壽烈) 씨(60. 서울 노원구 공릉동)가 수년 동안 고인의 생전에 관계했던 단체와 친지들을 찾아다니며 수집해 지난 4월 13일, 상해 임시정부 수립 78주년 기념일을 맞아 공개한 이 자료에는 정 박사가 구술하여 대리인이 정리한 육필 자서전 전문과 귀국 전 미국에서 작성한 영문 유서와 서신, 미국 시민증·의료보험증 등 제 증명서와 고인이 생전에 사용하던 유품 등이 망

라되어 있다.

특히 정 박사가 소년 시절, 캐나다-스코필드 박사의 부탁을 받고 중국으로 가져가 일제의 만행을 세계에 알리는 데 사용한 3·1 운동 관련 사진 원본이 유품 속에 포함되어 있다. 이 사진들은 지금까지 미공개된 것이 대부분이며 여기저기에 흩어져 단편적으로 소개된 것들조차 그동안 촬영 경위와 출처가 모호한 상황에 놓여 있던 것들이어서 정 박사의 유품은 독립운동사 연구에 귀중한 자료가 될 수 있을 것으로 보인다.

[정환범 박사 약력]

1903년 10월 9일 충북 청원 출생

1916년 일본의 만행에 분노를 느껴 도보로 상해까지 감
박달학원[신규식(申圭植)선생 설립] 수학

1919년 3·1 운동 당시 임시정부 국무총리 대리 신규식 선생의 밀명을 받고 위험을 무릅쓰고 수차 고국에 드나들며 비밀문서 전달. 캐나다 선교사 스코필드 박사를 만나, 3·1 만세 시위 광경과 일본인들이 애국인사들을 고문하는 잔학한 현장이 촬영된 필름을 반출, 상해 임정에 전달함.

1921년 상해 남양대학 중학부 졸업.

1922~27년 영국 런던대학 졸업(상업경제 전공).

1927~32년 스위스 프라이부르크 대학 이학박사

1935~38년 영국 케임브리지 대학 경제학박사

1944~45년 중국 중경 소재 임시정부에 참여, 외무차장 역임. 1946

년 신한공사총재

1947년 조선육상경기연맹 초대회장, 조선체육회 회장, 올림픽파견 대표단 단장

1948년 11월 초대 주중 특사관 특사

1949년~1950년 제2대 주일 대표부 대사

1952년 미국 아메리칸 대학 정치학 박사

1955~1956년 청주대학장 미 대학원장

1961년 3·1 동인회 발기인

1962년 도미(渡美), 미국 캘리포니아 대학 상과대학 교수. 미 뱁티스트 대학 상과과장, 정치학과장. 찰슨 대학 정치학과장. 클래플린 대학 사회학부장

1976년 5월 일시귀국

1977년 7월 14일 조국서 영면

1990년 건국훈장 애국장 추서

(작성자: 오수열)

정환범 박사는 1903년 충북 청원 출생으로 케임브리지, 아메리칸 대학 등에서 이학·경제학·정치학박사 학위를 취득한 수재였으며 영어·중국어·불어 등 5개 국어에 능통해 주로 외교통으로 활약했다. 일제하 상해 임정 외무차장을 거쳐 1948년 정부 수립 후에는 초대 주중(駐中) 특사관 특사(特使)(지금의 대사에 해당), 주일(駐日) 대표부 대사(大使) 등을 거쳤고 신한공사총재, 대한체육회장을 거친 정 박사의 증언사관, 주일 대표부 대사 등을 거쳤고 신한공사 총재, 조

선육상경기연맹 초대 회장, 조선체육회 회장, 청주대학장·대학원장 등을 역임했다.

1961년 설립된 3·1 동인회 발기인의 한 사람이었던 그는 1962년 미국으로 건너가 63년 캘리포니아 뱁티스트 칼리지(California Baptist College) 경제학과장, 69년 남가주 클래플린 대학(Claflin University) 사회학부장 등으로 재직하다가 70년대 중반 은퇴한 후, 캘리포니아주 샌디에이고에서 조용히 여생을 보내왔다.

그가 영면한 것은 광복절 표창자로 일시 귀국해 있던 77년이었다. 표창을 받기도 전인 그해 7월 14일 서울 종로구 안국동 광복회관 앞길에서 지환인 심장병으로 쓰러져 작고한 것이다. 그는 미국을 떠나기 전 주로 재산 처리 문제와 관련된 내용을 구체적으로 기록한 유서와, 그가 거래했던 아메리카은행 담당자에게 보내는 편지를 남겨 고국에서의 죽음을 미리 예견한 듯한 행적을 보이기도 했다. 유언장에는 70년대 초반 당시 6~7천만 원에 이르던 재산 대부분을 한국의 육영사업에 쓰도록 남겼다. 그는 1990년 건국훈장 애국장을 추서받았고 대전보훈묘원(애국 지사 묘역)에 안장되었다. (묘지번호 55번)

자서전은 생전에 정 박사가 구술하여 녹음테이프를 만들고 그와 친교를 맺어 오던 강순희(姜順熙, 전 동명여고 교사, 작고)가 테이프를 정리하여 작성된 것이다. 정확한 작성 연대는 알 수 없으나 정 박사가 작고한 1977년 직전인 것으로 판단된다.

원고지 1천 매에 이르는 이 자서전에는 3·1 운동 당시 스코필드 박사가 찍은 사진 50여 장의 내력과 해외 유출 경로, 조선 체육회의 초창기 운영 및 자금 조달 내막, 주중·주일 외교관으로서의 초창기 외교사 등에 관한 실제 증언 등 주목을 끄는 내용이 수록되어 있다.

『월간조선』은 정환범 박사의 자서전과 관련 사진을 단독 입수 게재한다(이 책, pp. 8~11 사진). 자서전은 요약해서 실으며 원문에 충실하되 다소 이해가 어려운 부분은 약간의 수정을 가했다. 중간 제목은 편집자가 단 것이다.

천애고아

나의 본관은 동래(東萊), 양파(陽坡) 자손이다. 충북 청원군 남이면 팔봉산 밑에서 태어났다. 아버지 정대영(鄭大泳)과 어머니 이현옥(李賢玉)의 둘째아들로 농가의 집에서 태어났으니 때는 조선 왕조의 국운이 기울어 가는 1903년 10월 9일이었다.

단 한 사람뿐인 내 위의 형님은 내가 태어나기도 전에 세상을 떠났으니, 둘째란 말뿐이지 실질적으로는 장남인 셈이다. 그래서 어려서 나의 이름을 석순(石筍)이라고 지어 주셨다. 아마도 죽순(竹筍)보다도 더욱 굳세게 자라라는 뜻이었으리라 생각된다. 부모님은 내 밑으로 하난가 둘인가를 낳았는데 동생이 죽었을 때 내가 어찌나 슬펐던지 밥을 먹다 말고 부모님 계신 데서 눈물을 흘리기가 싫어서 굴뚝 뒤에 가서 울고 눈물을 씻고 들어왔던 기억이 난다. 누이동생은 내가 열세 살 때 생이별한 것이 영원한 사별이 되고 말았다. 두 살 때 고향이요 출생지인 남이면을 떠나 네 살 때 공주에 정착하였다.

나의 아버지께서는 보수적인 충청도 지방에서 일찍 기독교를 믿으시고 계룡산 뒤 경천이라는 곳에 교회를 세우셨다. 그러나 한창 일하실 서른여덟의 젊은 나이에 아깝게도 세상을 떠나셨으니, 내 나이 겨우 아홉 살의 코흘리개였다. 어머니께서는 아버지보다 더 일찍, 내가 일곱 살도 안 되었을 때 논산에서 이십 리 떨어진 노성이라는 곳에서 돌아가셨다. 나는 열 살도 안 되어 천애의 고아가 되고 호주가 된 셈이었다.

집안형편은 농사지어서 먹고살만큼 여유가 있었는데, 부모님께서 모두 돌아가시니 있는 재산도 다 빼앗겼다. 친척으로는 삼촌이 계셨는데 의병 활동을 하다가 일인(日人)을 피해 상해로 이사 가셔서 살고 계셨다. 그 숙부님은 아버지의 작고 소식을 듣고 오셔서 가옥 정리를 하시고 나와 여동생을 데리고 상주로 가셨다.

그때 나는 서당에서 한문을 1년 배우고 경천에 있는 원명(元明)학교를 거쳐 선교사들이 세운 공주의 영명(永明)학교에 다니고 있었다. 오늘날 영명중학교의 전신으로서 그때는 소학교 과정이었다. 나는 아버지의 작고로 부득이 그 학교를 쉬고 숙부를 따라 상주로 갔다. 그런데 숙부님께서는 무슨 일 때문이지 집안 아저씨 되시는 분과 함께 공주에 가셨다가 일본인 경관에게 잡혀 투옥되셨다.

숙부의 투옥 소식을 들은 후 누군가가 면회를 가야 했다. 그러나 집안에 장성한 사람이 없어 하는 수 없이 내가 가야만 했다. 상주서 공주까지 약 3백 50리 길을 걸어서 갔다. 그때 촌에서는 단돈 10전도 구하기 어려운 사정이어서 숙모님께서는 고이 간직하고 계시던 비단 몇 척을 주시면서 가다가 팔아서 노자 하라고 하셨다. 머리 위에는 수건을 물에 축여서 쓰고 등에는 도시락과 비단 몇 척을 짊어진 어린 나는 눈물을 머금고 공주 감옥으로 숙부님 면회를 갔다.

공주 감옥에 도착하여 면회 신청을 하니 일본인 간수가 한참을 보더니 "요렇게 어린 아이가 무슨 면회를 할 수 있나? 그래 너희 집에는 아무도 없느냐"고 했다. 상주에서 공주까지 3백 50리 길을 있는 힘을 다해서 걸어왔는데 안 된다고 하니 기가 막혔다. 집에 아무도 없어 내가 왔다고 했더니 일본인 간수는 면회 신청서를 써 오라고 했다.

대서소에 가서 면회 신청서를 부탁하였더니 조그마한 놈이 장하다며 돈을 안 받고 신청서를 써 주었다. 신청서를 써 가도 일본인 간수는 "너는 너무 어려서 안 되니 어른을 데려오라"고 했다. 면회를 시켜 줄 수 없었던 진짜 이유는 숙부가 의병으로 활동하다 잡혀와 복역하던 중 일본인 간수를 죽이고 탈옥하여 만주로 탈주, 시베리아로 망명하셨기 때문이었다.

숙부님의 면회에 실패한 나는 할 수 없이 그 전에 공주에 살 때 받을 돈이 있었던 집을 찾아갔다. 그 사람이 "상주 산골에 들어가면 농사나 짓게 될 것이니 여기서 공부해 가지고 외국 가서 큰 사람이 돼라"고 권했다. 생각해 보니 그럴듯하기에 숙모가 계시는 상주고 가는 것을 포기하고 영명학교에 다시 가서 그 전해에 전학 갈 때 휴학했던 학년에 다시 입학했다. 소학교에서 나는 두 번 월반을 하고 열두 살 때 졸업했다.

영명학교 때의 은사로 김관희라는 좋은 스승님이 계셨다. 와세다 대학을 졸업하신 분으로 중국 혁명에 대한 이야기와 세계 대세에 관해서도 이야기를 들었다. (그 말씀에 영향을 받아) 우리는 아무래도 일제하에서는 공부를 못할 테니까 걸어서라도 미국으로 가자고 말하기도 했다.

열두살 때 일본의 한국 노예화에 의분을 느끼고 굴욕적인 생활을 참을 길이 없어 조국 독립의 대열에 참가하겠다고 친구들과 맹세하였다. 여기서는 일본놈들 때문에 공부도 못하겠으니 뜻이 맞는 친구들과 외국으로 가야겠다고 생각했다. 외국에 가서 견문을 넓혀가지고 와서 내 나라를 위해 일하자고 해서 10여 명이 맹세를 했는데 막상 떠날 때가 되니까 다 포기해 버리고 나와 이정방(李鼎邦), 둘만 남았다.

공주서 걸어 상해까지 가다

이정방은 해방 후 내가 중국 주재 한국 특사관 특사로 나갈 때 참사관을 지내게 되는 나의 동지이다. 나의 수중에는 단돈 15전과 한국 지도 한 장, 그리고 옷 입은 그대로의 행장이 전부였다.

돈이 없으니 걸어서 가려면 지도가 필요했다. 단 한 사람 나의 형제인 여동생은 내가 고향을 떠날 때 열살 정도로 충북 보은군 앗시방이라는 동네 구본조 씨 집에 거처하고 있었다. 철모르는 누이는 속도 모르고 오라비를 따라가겠다고 나섰다. 나는 그런 누이에게 비가 와서 냇물을 못 건너니 다음에 오라비가 가마 가지고 와서 꼭 데려간다고 하면서 달랬다. "그럼 그때 참말로 와." 하고 헤어진 것이 영영 마지막 이별이 되고 말았다.

부산으로 가서 배를 타고 미국으로 갈까 고민하다가 부산은 일본놈이 많은 곳이라 포기하고 제물포에 가서 배를 타고 갈 궁리를 하다가 에라 백두산을 넘어서 시베리아로 가자고 결심을 했다. 그곳에 가면 미국에 갈 수 있은 길이 쉽게 열리리라 생각했기 때문이다. 지도를 펴 가지고 북쪽으로 향한 군(郡)만 찾아갔다. 길을 물어볼 때는 멀리 간다고 하면 남들이 의심을 할테니까 가까운 오십 리나 칠십 리 밖의 고을만 이야기했다.

걸어서 가는 데 돈이 없으니까 자연 남의 집에 가서 문전걸식을 하게 되었다. 얻어 먹고서 재워 달라고 하면 둘이서 밥도 너무 많이 먹으니까 싫어하는 것 같았다. 평양에는 죽음을 맹세한 동행자 동지인 이정방의 고모님이 살고 계셨다. 그의 고모님댁에 들러 쉬면서 평양 구경도 하고 가자고 했다.

평양에서 들어 보니까 백두산 넘어가는 것은 위험하고 만주로 해서 상해로 가면 미국에 가기가 쉽다고들 했다. 그래서 우리도 길을 바꿔서 안동현으로 해서 봉천으로 돌아가자고 결정을 했다.

삼 월에 떠나서 오 월에 신의주에 도달했으니 실히 두 달이 걸린 셈이다. 압록강 다리를 보니까 두 달 동안의 고생이 아침 안개 사라지는 듯 사라졌다. 너무 기뻐서 밥이 안 먹혔다.

말도 모르면서 단지 믿는 마음으로 중국 교회를 찾아갔다. 그런데 어떻게 하다 한국인을 만났다. 이국 땅에서는 동포를 만난다는 것같이 반가운 것이 없다. '한웅복' 씨라는 구한말에 외무부 국장을 하셨다던 분인데 목사이시고 중국말도 아주 잘하시는 분이었다. 우리들을 보시더니 너희들이 그렇게 몇 천 리를 걸어서 왔느냐며 대견해 하면서 칭찬을 해 주셨다.

어떤 사람이 와서 나와 동행자이던 이정방을 북경으로 데려가겠다고 해서 이정방을 먼저 북경으로 보냈다. 나는 좀 있다가 노자를 만들어서 상해로 가기로 하고 이정방과는 헤어졌다. 그렇게 안동현에 계속 머물고 있는데 변홍규(卞鴻圭) 학형이 오셨다. 남산교회에도 계셨고 감리교의 감독을 두 번이나 지내신 분인데 나이도 나보다 많고 영명학교 선배이기도 하다. 나는 그분의 도움으로 상해로 갔다.

신규식 선생님과의 만남

상해에 있는 환구(寰球) 중국 학생회에 가면 신규식 선생을 만나 뵐 수 있다고 했다. 환구 중국 학생회에서 요구하는 서류를 찾아가지고 신규식 선생님을 찾아갔다. 학생회 담당자가 어디서 왔느냐고 물었지만 그때 우리나라 사람은 다 중국 사람이라고 속이고 살았기 때문에 한국인이라고 말할 수가 없었다. 그저 모르는 척하고 중국 사람 손을 잡고 빨리 신규식 선생댁으로 가자고 우는 시늉만 했다. 중국 사람이 할 수 없이 우는 나를 선생님 댁으로 데려다 주었다. 신규식 선생이 거처하는 곳은 박달학원이었는데 한국 학생 20여 명을 데려다 중국어와 영어공부를 시켜서 중국 학교에 넣으려는 일종의 예비교와 비슷했다. 나중에 군관학교 노릇도 했다. 그때 거기엔 신규식 선생 이외에 홍명희(洪命熹), 조소앙(趙素昻) 선생도 계셨다.

환구 중구 학생회에 가서 국적을 말하지 못하고 그저 손을 붙잡고 우는 시늉만 했다고 말씀드렸더니 좌중의 어른들이 모두 열세 살도 안 되는 놈이 그렇게 똑똑하니 보통 놈이 아니라고 이구동성으로 칭찬이 대단하셨다.

신규식 선생님의 호가 예관(睨觀)인 것은 일본 헌병에게 맞아 눈이 사팔뜨기가 돼서 사람을 똑바로 보지 못하는 데서 비롯된 것이다. 맨 처음 중국에 가서 정부를 조직하신 분이 신규식 선생님이시다. 그리고 중국 정부와 제일 가까운 분이 또한 신규식 선생님이시다. 지금 나의 이름인 환범(桓範)은 신규식 선생님과 사학계의 권위자이신 단재 신채호(申采浩) 선생님이 지어 주신 것이다. 크고 굳세게, 그리고 남의 모범이 될 만한 인물이 되라는 뜻이란다.

박달학원에서 중국어와 영어를 조금 배운 나는 상해를 떠나 소주(蘇州)로 가서 동호대학교 중학부에 다녔다. 거기서 공부를 하다가 다시 상해로 와서 남양대학교 중학부에 입학했다. 중학교 1학년 때부터 운동을 잘해서 그 대학의 선수로 출전을 했으며 농구, 야구, 육상 단거리·중거리 선수로 활약했다.

3·1 운동과 나와 스코필드 박사

상해에 있을 때 고국에서는 3·1 운동이 일어났다. 백의민족의 노도와 같은 함성은 지구를 진동시켜서 세계의 이목을 집중시켰다. 그때 내 나이 열여섯 살이었다. 무슨 일이든지 죽더라도 고국에 가서 일을 좀 하겠으니 임무를 달라고 국무총리가 되신 신규식 선생님께 간청했더니 몇 군데 편지를 써 주셨다. 두 번이나 밀명을 받고 위험을 무릅쓰고 본국에 와서 그 편지들을 전했다.

신규식 선생이 내게 편지를 전달해 주라고 말씀하신 분 중에는 송달용(宋達用) 씨가 있다. 그는 신규식 선생님의 고모부로서 제중원(濟衆院, 현 세브란스 병원)에 근무하고 계셨다. 그분께서 나에게 소개해 주신 분이 바로 세브란스 의전 교수로 계신 스코필드 박사님이셨다.

스코필드 박사는 3·1 운동 때 독립시위를 하다가 참살당한 한국인들의 사진 필름 50여 매를 주시면서 상해로 가지고 나가서 각 장에 영어로 설명을 붙여 각국에 선전을 하라고 하셨다. 3·1 운동 때 7천여 명이 참사당하고 수십만 명이 투옥당했다.

카메라를 갖고 있는 사람도 극히 적었고 촬영 기술 또한 빈약했던 당시의 상황에서 군중 속을 헤매고 다니며 50여 장을 찍었다는 것은 굉장한 행동가가 할 수 있는 일이었으며 공분심의 발로라 하겠다.

이 귀중한 자료를 어떻게 국외로 가지고 갈까 궁리를 했더니 스코필드 박사가 구두를 내놓으라고 하셨다. 그러고는 내 구두 밑창 가죽을 따고서 거기에 사진 필름을 유지(油紙)로 싸서 못을 박아 주었다. 나는 한산 순모시 두 필을 짊어지고 마치 행상 같은 옷차림을 하고 국내를 빠져나갔다.

압록강 근처에 다다르니 일본 헌병들이 왕래하는 사람들을 잡아다가 주리를 틀고 문초를 했다. 양쪽 다리 입구에 조그만 지서가 있는데 그 속에다 잡아다 넣고 여자들은 발가벗겨 고문을 하는데 차마 눈 뜨고 못 볼 광경들이었다. 못된 헌병들을 죽이고 싶었다. 그러나 더 큰 사명을 위해 치밀어 오르는 분노를 참고 참았다. 나의 사명은 상해까지 가서 이 살아 있는 증거물을 전하는 데 있다.

분을 삭이고 압록강을 건넜다. 북하도(北下島)라고 조그만 섬이 있는데 그 섬에서는 중구 안동현으로 건너가기 쉬웠다. 때마침 비가 왔다. 파수 보는 사람이 없어 배를 타고 무사히 북하도까지 갔다. 그리고 돈을 더 얹어 주고 안동까지 갈 수가 있었다.

드디어 상해에 도착하여 보니 신규식 선생님은 와병 중이라 안계시고 여운형(呂運亨), 여운홍(呂運弘), 백남훈(白南薰) 선생이 계셨다. 그분들께 그 사진들을 전했다. 독립운동 책임자들은 이 사진의 각 장에 국문 및 영문으로 자세한 설명을 붙여 오천여 권의 책으로 만들어 각국에 발송하고 일본의 잔인성을 선전하였다.

이 사진으로 인하여 식민지 국가의 정책에서 일찍이 그 유례를 찾아볼 수 없었던 일본인의 잔인성이 세계에 알려졌으며, 현재의 미국 국회도서관에서도 이 자료들을 찾아볼 수 있다. 한국 일간지에 실린 모든 3·1 운동 관계 사진은 거의 여기에서 나온 것이다.

8·15 해방 후 이화여고 운동장에서 열린 스코필드 박사의 환영회 석상에서 나는 이 사진에 관련된 모든 이야기를 해 주었다. 스코필드 박사는 한국 독립을 위하여 많은 업적을 남겨 한국 사람들로부터 존경을 받았다. 특히, 독립선언서에 실제로 서명은 33인이 했지만 '34인'이라는 말이 있는 것은 스코필드 박사의 독립운동을 높이 평가하기 때문이다.

한국 독립을 위해 심혈을 기울였던 스코필드 박사는 8·15 후에 또 내한하여 캐나다 사람이면서도 한국의 민주주의를 위하여 대학생들과의 대화를 즐겼고, 5·16 후에는 한국의 호랑이라는 별명으로 통했으며 1970년 3월 국립의료원에서 운명하셨다.

정부에서는 그의 업적을 기려 국립묘지에 유택을 마련해 드렸다. 외국인으로서 남의 나라 국립묘지에 안장되는 경우는 극히 드문 일이다.

의열단 가입

1920년 상해에서 나는 의열단 단원으로 가입했다. 당시 의열단원들은 부산이나 밀양까지 가서 폭탄도 던지고 조선총독부에도 던지러 들어갔다가 잡히기도 했다. 일본의 육군대장이 상해를 통과해서 일본으로 갈 때 우리 동지가 총을 발사했는데 빗나가 그 대장은 안 맞고 애석하게도 미국 여자가 맞아 죽은 사건도 있었다.

일본 형사대가 급히 출동해 동지를 체포해서 일본 영사관에 가두었다. 우리 동지들이 자동차 두 대에 분승해 가서 영사관을 습격하여 영사관을 지키는 놈들을 꽁꽁 묶어 놓고 동지들을 빼내 왔다. 일본 정부에서는 의열단원들의 체포 명령을 내렸다. 그래서 그들은 유럽으로 도망을 가서 몇 사람은 러시아로 가고 몇 사람은 독일에 주저앉아 버렸다.

나는 이후 내 인생에 대해 생각해 보았다. 나는 행동대보다는 영어를 좀 아니까 공부를 많이 해서 우리나라 독립에 더 크게 이바지하려고 유럽으로 갔다. 1921년 유럽으로 가서 교회 등 각 집회소에 나가 한국이 독립되어야 한다는 주제로 강연을 수년간 했다.

상해에서 환구 중국학생회 회원이 되면 중국 정부가 발행하는 여권을 받을 수 있었다. 중국에 귀화하지 않아도 그때는 중국이 어찌나 어수룩한지 남쪽에 가면 북쪽에서 왔다고 하고, 북쪽에 가면 남쪽에서 왔다고 하면 다 통하게 되어 있었다.

윤보선 전 대통령의 여권도 내가 얻어 드렸는데 중국 여권 담당자가 윤보선 씨가 중국어를 못하는 것을 두고 왜 중국말을 못하느냐고 그러기에 몽고 근처에서 와서 그렇다고 대답했다. 한참 뒤의 일이지만 프랑스에서 다시 윤보선 씨를 만난 적이 있는데 그의 국적이 중국이 아니라 한국이라는 게 들통이나 중국 대사관에서 여권을 안해 준다고 해서 내가 가서 또다시 여권을 만들어 영국 유학을 떠나게 해 드렸다.

카프리 회사 동양 총지배인

1927년 런던대학을 졸업한 후 나는 좀 더 큰 뜻을 품고 스위스의 프라이부르크 대학에서 경제학을 전공했다. 박사과정의 연구 기간은 3분의 1만 출석하면 되었으므로 나는 1931년부터는 카프리 회사에 취직이 되어 생활의 안정도 찾았다. 일과 공부를 같이하면서 1932년, 나는 서른 미만의 나이에 경제학박사 학위를 받았다.

카프리 브라더스 식료품 회사는 초콜릿이나 음료수 등 여러 종류의 상품을 생산했다. 3백 년 전에 창립된 회사로 종업원이 1만 5천 명이나 되었다. 동양 총대표가 은퇴를 했다. 하여 원서를 제출했더니 대학 때 중국인 학생회장을 했던 경력을 인정받아 필기고사도 면제가 되었다. 구두시험을 거쳐 합격하고 보니 월급이 미화로 5천 달러였다. 벌써 40년 전의 일이니 돈 가치를 지금으로 환산하면 50만 달러는 족히 될 것이다.

1935년께의 일로 각국의 지사를 시찰 다닐 때였다. 극동 지배인이 되고 나니 동양 천지가 다 내 땅같이 느껴졌다. 영국인 이사를 데리고 홍콩에 오니까 모두 놀랐다. 홍콩에서는 동양 사람이 영국 사람 밑에 가서 일을 하지, 영국 사람이 동양 사람 밑에 가 일하는 경우는 거의 없었다. 그래서 영국, 중국의 부자들이 나를 초대하고 높은 지위에 있는 사람들이 딸을 나에게 주려고 청혼도 많이 들어왔다.

이 회사에서 5~6년 일을 하고 나니까 평생 밥걱정은 안할 만큼의 돈을 모았다. 그래서 나는 공부를 더 해야겠다고 생각하고 캐임브리지 대학에 가서 석·박사 과정을 밟기로 했다. 등록을 하고 나니 세계 제2차 대전이 일어났다.

탈출

2차 대전이 시작되었을 때 나는 영국·프랑스를 거쳐 중국을 향해 여행을 하고 있었다. 배를 타고 마르세이유를 출발해 홍콩에 도착하자마자 전쟁 발발 소식을 들은 선장이 계속해서 가는 것을 거절했기 때문에 나는 더 이상 그 배를 타고 길 수가 없었다. 그래서 상해로 가는 배를 갈아탔다. 상해 생활은 일본의 광범위하고 철저한 군대통치로 말미암아 억제되어 있었다. 나는 내가 한국 사람임을 알고 있는 사람들과의 접촉을 일체 두절하고 나 자신을 숨길 수밖에 없었다. 중국인으로 가장하고 살면서 진단대학과 호강대학에서 강의를 하였다.

매일같이 나는 나의 진짜 신분을 알만한 한국인들이나 중국인들을 만날지도 모르는 공적인 장소에 가지 않기 위해서 끊임없는 노력을 해야만 했다. 어떤 때에는 거리를 걸어갈 때 나를 알고 있는 사람이 내 쪽으로 걸어오는 것을 보면 일본 경찰에 밀고할지도 모른다는 생각으로 즉시 그 자리를 피했다.

때때로 나는 의심스럽게 느껴지는 일본인이 멀리서 나의 거동을 살펴보는 것을 보았다. 거처로 돌아왔을 때 나는 신변의 위협을 느꼈다. 하지만 일본이 중국의 절반 정도를 지배하고 있었고 해안 변경 지방은 전부 일본인들이 차지해서 어느 곳 하나 안전한 곳이 없었다.

일주일 후에 내가 오로라 대학에서 강의를 마치고 집에 돌아왔을 때 나는 6명의 수상한 사람들이 집을 포위하고 있는 것을 보았다. 나는 유럽식 양복을 입은 몇 명의 일본인들과 일본 경찰을 돕고 있는 몇 명의 젊은 중국인들을 보았다. 그 집은 프랑스인 소유였는데 내가 알기로는 그때까지는 한 번도 감시받은 적이 없는 곳이었다.

처음에 나는 상해에서 도망가 버릴까 하는 생각을 했는데 그 이유는 그때쯤(1943년)에는 2차 대전의 전환이 일본에 불리한 방향으로 급전되고 있어서 절망적인 상태에 있는 일본인들은 아무나 잡기만 하면 과격하게 취급했기 때문이었다.

나는 상해 시립병원장인 중국인 의사에게 전화를 걸고 내가 환자로 입원할 수 있게 해 달라고 부탁했다. 모든 병원이 밤마다 수색되었기 때문에 나는 이곳이 숨기에 더 좋은 곳이라고 생각했다. 입원 중 내가 가르치던 학생들이 동행할 의사가 있음을 알고 연락해서 중경으로 탈출할 준비를 했다. 나는 이들과 함께 변장을 하고 남경까지 가는 차를 탈 수 있었다.

그러나 남경에서 중경까지 가는 길은 동행자 중 아무도 몰랐다. 유일한 안내자는 중구 지도였고 내가 할 수 있는 일이란 매일같이 중경 방향으로 중간 목적지를 고르는 것뿐이었다.

일본인들이 해안 지방을 점령했을 때 중국 정부는 중국 내부 지역으로 갔고 나중에는 중경에까지 들어갔다. 전쟁 동안의 임시 수도 중경과 일본 점령 지역 사이의 연락은 매우 위험하고 아슬아슬한 것이었다. 그러나 중국인들 진지 사이의 연락과 수송은 끊이질 않았다.

전란 속에서는 생활이 아니라 그저 생존이 있을 뿐이다. 인간의 존엄성이란 찾아볼 수가 없는 것이다. 때때로 우리는 미국 전투기와 일본 전투기가 싸우고 있는 것을 보기도 했다. 중경으로 가는 길에는 수많은 도둑떼와 약탈자로 변한 군인들이 들끓고 있었다. 며칠씩 계속되는 비와 더위 속을 한데 잠을 자면서 약탈자들을 피해 걸어가야만 했다.

헤아릴 수 없이 많은 여행자들이 이 도적과 더위와 굶주림으로 인하여 죽어 갔다. 비가 올 때는 도로를 걸어 다닐 수 없게 되었다. 진흙뻘은 매우 깊어 거의 발목까지 찼다.

내가 상해로부터 3개월 이상이나 걸려 중경에 도착했을 때 사람들이 너무 많아서 잘 곳이 없었다. 화장실 옆에서 잠을 자고 다음날 대한민국 임시정부를 찾아갔다.

중경에는 내가 가르치던 중국 학생들이 많아서 그들과 내 친구들이 환영회를 열어 주었다. 나는 답사로 다음과 같은 인사말을 하였다. "상해에서 중경에 이르는 길은 위험하고 매우 아슬아슬하여 이루 말로 표현할 수가 없었습니다. 나는 이 세상 재물을 다 주고 절세미인의 무한한 사랑을 준다고 해도 다시는 그 길을 밟지 않을 것입니다. 그러나 만일 한국과 중국이 저 잔인한 일본의 군국주의로부터 해방되어 이 세상을 더 살기 좋은 곳으로 만들 수 있다면 나는 그 길을 다시 걸어갈 것입니다."

임시정부 시절

나는 외무부 부장관으로서 한국 임시정부에 가담했다. 젊은 나는 김구 주석과 임시정부의 임원들을 위해 심부름하러 뛰어다녀야 했다. 나는 임시정부를 위해 중경에 있는 미국, 프랑스 대사관과 접촉을 가졌다. 특히 한국의 독립을 위해 일본과 싸울 한국 지원자들을 찾는 데 관심이 있는 중경의 OSS(미국 육군 전략처)의 총책임자 루스벨트 소령을 만났다.

우리는 이 군대를 훈련시키기 위해 2개의 훈련장을 가지고 있었다. 우리는 루스벨트 소령의 도움으로 굉장히 많은 젊은 남녀들을 비행기에 태워서 일본전선 뒤로 데려다 놓았다. 그 당시 우리의 목적은 많은 사람을 훈련시켜 통신 장비와 무기를 가지고 미국 잠수함이나 비행기를 이용해 한국에 보내는 것이었다. 불행인지 다행인지 실천 직전에 일본은 우리의 예상보다 빨리 항복했다.

환국

중경에서 임시정부 외무차장으로 있을 때 욕심인지 모르지만 경제학박사 학위도 가지고 있으니까 한국을 개발하는 데 일할 수 있도록 상공장관을 시켜달라고 그랬더니 시켜 주지 않아 싸움을 한 일이 있다. 그런데 그때 나를 싫어한 분이 계셨다. 임정 공보장관을 지낸 분이다.

8·15 해방이 된 후 임시정부 요인이 상해로 내려와 그곳에서 미군정청이 제공한 비행기를 타고 갔다. 그런데 나만 상해에다 떼어놓고들 가 버렸다. 그 공보장관이 동승을 못하게 했기 때문이다. 나

는 개인적으로 환국할 방법을 강구해야 했다.

미국 군부에 가서 이야기하니까 해군부로 가라고 해서 거기에 갔더니 쾌히 승낙을 해 줬다. 마침 상해를 출발하여 청도에 기항했다가 인천으로 가는 군함이 있었다. 군함은 DDS775로 4천여 t 규모의 구축함이었다. 항해 중 나는 국빈 대우를 받았다. 함장이 목욕탕이 있는 자기 방을 내게 주었고 식사 때면 먼저 식사하는 법이 없이 나를 기다리고 청도에 기항했을 때도 밖에 나와서 내가 오기를 기다리곤 했다.

그러나 서울 미군정청 하지 중장에게 갔더니 대우는 완전히 달라졌다. 미군들이 한국에 와서 수개월 동안 우리 동포들의 약점을 파악해 냈고 그 때문에 우리 동포를 무시하는 듯한 느낌이 들었다. 어쨌든 그 당시 상해에서 한국에 들어오기란 극히 어려웠는데 나는 그 어려운 고비를 넘기고 무사히 귀국한 것이었다.

신한공사 총재

해방 후 처음 맡은 공식 직책은 신한공사 총재였다. 신한공사란 동양척식회사의 후신이다. 동양척식회사는 일본인들이 한국을 삼킨 뒤 막대한 돈을 들여서 토지조사를 실시한 후 한국 재산의 반 이상을 강제로 자기들의 소유로 만들어 버린 제국주의 토지회사이다.

신한공사 자체가 우리나라 반 이상의 막대한 재산을 가지고 있고 한국은행에도 수억 원씩을 빌려 주었고 쌀 또한 굉장히 많았다. 돈이 많은 회사의 총재니 자연 유혹도 따르게 마련이었다. 그러나 일생을 조국 독립을 위해서 살아온 내가 해방된 내 나라에 와서 그런

짓을 할 수 없었다. 어떤 동지들은 광복된 조국도 보지 못한 채 지하에 누워 있는데…….

연말연시가 되면 어느 지방의 지점장은 사과궤짝 속을 돈으로 채우고 위에만 사과를 얹어 선물로 가져왔다. 어디서 이렇게 많은 돈이 나왔느냐고 불호령을 하며 돌려보내고 다시 이런 짓 하면 처벌하겠다고 한 적이 있다.

어떤 사람이 나에게 “총재님이 결혼하시면 신한공사 지점이 전국에 1백 20개 소나 있으니까 지점장이 적어도 50~1백만 원씩 결혼축의금으로 가져오면 총재님은 곧 부자가 된다”고 말했다. 나는 “아무리 내가 인격이 모자라는 사람이라도 그런 축의금이나 바라고 일생일대 중대사인 결혼을 하겠느냐”고 했다.

신한공사에는 8·15 전 동양척식회사 시절부터 재직한 사람이 여럿 있었다. 회사의 내막에 대해서는 나보다 훨씬 잘 알고 있는 노병들이었다. 이 노병들이 합작을 해서 부정한 짓을 저지르자는 압력을 가해 왔다. 나는 일생을 양심적으로 살자는 일념으로 살아왔기 때문에 응하지 않았더니 자연 충돌이 생겼다. 중상모략도 많아서 위태로운 때도 있었지만 실질적으로 아무런 죄상이 없었기 때문에 결과적으로 자기들이 벌을 받고 추방당했다.

대한체육회 회장

해방된 조국에서 나는 대한육상경기연맹의 초대 회장으로 선출되었다. 그때 마침 미국에서 보스턴 마라톤대회(1947년)가 열릴 시점이어서 우리 선수단을 파견하려 했는데 난관에 부딪쳤다.

첫째, 돈이 없었다. 정부에서 한 푼의 보조가 없으니 유지들의 기부금에 의지해야만 했다. 둘째, 달러가 없었다. 돈을 마련한다고 하더라도 미국 달러로 바꿔야 하는데 당시로서는 바꿀 도리가 없었다. 신한공사 총재 당시 신한공사 소유의 서울에서 제일 큰 목장을 내가 주선해서 김활란(金活蘭) 여사를 통해 이화여대에 기증한 일이 있었다. 젖소가 60마리에 수천 평에 달하는 목장이다. 이화여대는 미국 선교회와 관련이 있어서 미국 달러로 도움을 받고 있는 것을 알고 있었기 때문에 김활란 여사에게 부탁하면 달러를 구할 수 있을 줄 알았다. 게다가 개인 일도 아니요, 국위선양도 할 수 있는 일인데 협조해 줄 것으로 생각했다. 그런데 그건 것 바꾸어 주었다가 군정청에서 알든지 하면 귀찮은 일이 생길지 모르니 못하겠다고 일언지하에 거절당했다.

갖은 신고 끝에 겨우 연세대의 언더우드 박사한테 이야기했더니 요행이 선수단이 다녀올 만큼의 여비는 마련해 주겠다고 했다. 그렇게 5천 달러를 바꾸어서 몇 사람을 보냈는데 가서 1, 2, 3등을 모조리 우리 한국이 차지했다. 그 진보를 받고서는 그저 눈물이 쏟아졌다. 1등에는 서윤복(徐潤福), 2등에는 남승용(南昇龍), 3등에는 함기용(咸基鎔) 선수들이다. 해방 이후 처음으로 세계의 하늘에 태극기를 휘날린 것이다.

1947년 대한체육회 회장직을 맡고 계시던 여운형 선생께서 암살로 작고하신 후 문교부장(현재의 교육부장관)과 체육회 부회장을 겸직하고 계시던 유억겸(俞億兼) 선생께서 체육회 회장직을 맞고 계시다 몇 달 후 병사하셨다. 내가 대한체육회 부회장이었던 탓에 회장직에 추천되었다. 당시 나같이 많은 직책을 맡은 사람도 없을 것이다. 육상경기연맹 회장, 대한체육회 회장, 대한올림픽위원회 위원장, 대한체육회 올림픽 파견 대표단 단장 등의 중책을 맡았다.

대한체육회 올림픽 파견 대표단 단장으로 단원을 인솔하고 런던 올림픽(1948년)에 참가하기 위해 출발하게 되었다. 처음 대표단을 선정하는데 공교롭게도 44명으로 구성하게 되었다고 44라는 숫자가 비행기를 타면 불길하다며 나보고 가지 말라고 했다.

나를 믿고 대표단 단장의 책임을 맡겼는데 숫자가 불길하다고 가지 못하게 하는 것은 말이 안 되는 일이었다. 내가 생각할 때는 44명이 아니라 71명의 인원이 참가해야 하는데 경비 부족으로 인원을 제한한 것이었다. 내가 강력히 주장하니 그나마 50명으로 참가 인원을 늘려 주겠다고 했다.

나는 그때 한국 사람이 한 사람이라도 더 외국에 나가 정치, 경제, 생활양식 등 견문을 넓히고 오면 그만큼 새 한국을 건설하는 데 도움이 되겠다고 생각했다. 그래서 한 사람이라도 더 데리고 가기 위해 홍콩으로 해서 인도양을 통해 영국으로 가는 쪽으로 여정을 짜 모두를 다 데리고 갔다. 훨씬 여비가 싸게 먹혔기 때문이다.

또 하나의 잡음이 생겼다. 여자 선수가 겨우 1명이라 또 데리고 가지 말란다. 여자 혼자 있으면 여러모로 경비가 많이 든다는 것이었다. 나는 우리나라 인구가 삼천만 명인데 반수가 되는 여자들도 세계 무대에 진출하는 남자와 같이 새로운 한국을 건설하는 데 같은 자격으로 나가게 만들어야만 된다고 하면서 인솔하고 갔다. 결국 71명 모두가 참가할 수 있었다.

그때 올림픽에 참가한 결과 총점은 동양에서 1위였고 세계 순위로는 20등을 하고 왔다. 그때 우리는 마라톤에 많은 기대를 걸었었는데 아깝게도 탈락하고 말았다.

지금은 정부에서 1년에 3~5억 원이 체육회로 나오지만(1970년대 초반 기준—편집자 주) 48년 당시 정부의 보조를 한 푼도 못 받을 때 출전해서 동양에서 첫째, 세계에서 20등을 하고 온 것이다. 당시 대한체육회는 YMCA 건물에 방 2개를 얻어 가지고 꾸려 가는 옹색한 살림살이였다. 오늘날의 대한체육회 회관의 위용을 보니 더욱 가슴이 설레인다.

주중 특사(駐中 特使)

3년간의 미군정에 종지부를 찍고 1948년 8월 15일 대한민국 정부가 남한에서만 수립되었다. 민족의 염원인 통일 정부가 서지 못한 것이 아쉬울 뿐이었다.

48년 말 나는 초대 주중(駐中) 특사가 되어서 남경으로 부임해 갔다. 그때는 아직 국민당 정부가 남경에 있을 때였다. 상해를 지나 남경으로 가서 장개석 주석에게 한국을 대표해서 신임장을 올렸고 일주일 후에 대한민국 정부의 승인을 받았다.

49년 3월 1일 일본 대사로 발령을 받고 1년 미만의 남경 생활을 마치고 떠나야만 했다.

주일 대사(駐日 大使)

1949년 3월 1일, 나는 주일(駐日) 대표부 대사로 부임해서 재일교포의 등록을 하라는 정부의 훈령을 받았다. 일본 각지에 산재한 교포들을 등록하려면 일본 정부의 협력이 필요했다. 그래서 맥아더 사령부에 도움을 청하고 1949년 4월 15일, 맥아더 장군의 연락장교 테트 대령과 함께 요시다(吉田) 수상의 공관으로 수상을 만나러 갔다.

요시다는 나에게 세 가지 질문을 하였다. 첫째, 왜 많은 한국의 극렬분자들은 아주 조그만 일에도 일본인에 대항하여 싸우며 사사건건 폭력을 행사하는가. 둘째, 왜 한국 사람들은 일본이 지금 식량난에 허덕이고 있다는 것을 알면서도 떡과 술을 만들어 팔고 있는가. 셋째, 왜 많은 한국인들은 일본으로 밀항하여 재입국해 오는가. 요시다씨는 절박한 이 문제를 해결할 대책이 무엇이냐고 불쾌한 낯으로 물었다.

나는 요시다씨에게 왜 일본인들은 한국인들에게 행한 잔인한 식민통치를 간과하고 단지 일부 한국인들이 지난 1년 동안 저지른 비행만을 기억하느냐고 물어 보았다. 그런 후 나는 6백 명의 일본 무장 경찰에 의해서 포위되어 있는 동경의 후가가와(深川) 거주 2천 명 한국 교포들에 관련된 그 당시의 사건(1949년 초 동경에서 발생한 절도 사건의 용의자 2명이 동경 후가가와 거주 한국인이라는 것 때문에 후가가와 거주 교민들을 집단으로 격리시켰던 사건을 일컬음—편집자 주)에 일본 수상의 관심을 환기시켰다.

후가가와에서는 당시 어떤 한국 어린이도 학교에 못 가게 하고 어떤 한국 사람도 음식을 사거나 직장에 나가는 것이 며칠간 금지되었다. 일본 경찰은 그 지역을 새끼줄로 차단시켰다. 이러한 일은 단지 두 사람의 한국인 도적을 잡기 위해서 행해졌다. 나는 요시다 씨에게 무고한 한국인 2천 명이 단 두 명의 도적 때문에 당해야 하느냐고 물어보았다. 그러나 그 행동은 일본 정부의 승인을 받은 것이었다. 다시 말해서 일본의 폭력주의는 일본 정부에 의해 승인받았고 반면에 한국인의 폭력은 개인적인 분노에 의한 것이었다.

너희 일본의 폭력죄는 우리의 것보다 몇 백 배가 더하다, 이런 종류의 경찰 폭력은 일본 제국주의가 절정에 달했을 때조차도 볼 수 없었던 것이었는데 새로운 민주주의 국가인 일본에서도 거의 저지되지 않고 있는 것이라고 말했다.

두 번째 질문에 대해서는 일본의 패배가 한국인들 때문에 일어난 것이 아니었음에도 불구하고 패배한 일본은 우리 교포들에게 어떠한 일자리도 주는 것을 거절했다. 그들은 살기 위해서 싼값의 떡과 술을 만들기 시작했다. 그 이윤은 매우 낮았고 한 번 잡히면 그들은 오랫동안 감옥 생활을 해야만 되었다. 생계비를 벌 기회만 준다면 그들은 감옥살이의 위험을 무릅쓰고 떡이나 술을 만들지는 않을 것이라고 말했다.

밀항 문제에 대해서도 일본의 식민지 통치 시절에도 재일 한국인들은 자유롭게 고국에 다녀올 수 있었는데 일본 패전 후 고국을 방문했던 사람들이 가족이 살고 있는 일본으로 돌아와야 하는데 이것을 막으니 불법적으로라도 일본에 있는 부모, 형제, 처자와 합치려고 하는 것은 당연한 것이 아니냐고 항변했다.

테트 대령은 이런 문제들에 대해 "이 문제에 있어서 나는 정 대사와 동조해야 할 것같이 생각됩니다"라고 말했다. 요시다는 처음에 약간 당황해 하다가 웃으면서 "다음 강화조약 때 이 문제를 해결합시다"면서 얼버무렸다. "당신은 어째서 사실을 잘 알지도 못하면서 남의 나라 대사한테 그렇게 항의를 합니까" 하고 내가 꾸짖는 낮으로 말하고 2~3분 말을 않다가 "우리가 지금부터 일본에 있는 한국인들에 대해 등록을 할테니 당신은 각 군과 구에 통지해서 한국 사람 등록하는 것을 도와달라고 해 주시오." 했더니 요시다씨가 승낙했다.

도미(渡美)

주일 대사로 발령받은 다음 해 6·25가 터졌다. 식민지에서 해방된 조국은 불과 5년 만에 전장으로, 동족상잔의 생지옥으로 변해 버렸다. 누구를 원망하며 탓하리요. 가난하고 헐벗은 백성들이 세계의 뉴스로 보도될 때 그 참상은 이루 말할 수 없었다. 어질고 선량한 백성에게는 너무나 가혹한 시련이었다. 정부에서는 주일 대사를 사임시키고 호주 뉴질랜드의 대표단 단장으로 내정하겠다는 통지를 보내왔다. 그런데 나는 어려서부터 미국 가서 공부하고 싶은 것을 마음대로 못하였기에 이 기회에 미국 가서 공부하고 오는 게 좋겠다는 생각이 들어 사직하고 도미 유학의 길을 떠났다. 대학교수도 장년기에 속하는 50대에 또 박사학위를 받겠다고 떠나는 나의 용기 또한 놀랄 만한 일이었다. 처음 하바드에 입학하여 6개월간 정치학을 전공하다가 워싱턴의 아메리카 대학으로 옮겼다.

(정 박사는 50대의 나이에도 불구하고 놀라운 학구열로 20개월 만에 정치학박사 학위를 취득하고 귀국하였다. 귀국 후 고향과 가장 가까운 청주대학에서 학장

과 대학원장을 1년여 역임했다. — 편집자 주)

취임 직전 좌절된 영국 대사(大使)

청주대 학장을 사임하고 서울 와서 이일 저일 하다 외국에서 가지고 온 돈 천만 원이나 되는 것 다 쓰고 없어질 무렵 영국 대사로 추천이 되어 영국의 현 엘리자베스 여왕이 아그레망까지 보내와서 받았다. 그런데 국내의 몇몇 사람이 모략을 해서 나의 취임을 방해했다. 여러 가지 터무니없는 이야기를 유포시켰다. 나의 영국 대학 졸업이 거짓이며 여자관계가 복잡하다는 것이었다.

영국에 확인해 보면 금방 진실이 밝혀질 텐데도 이러한 이야기가 떠도니까 외무부나 대통령께서도 찜찜한 생각이 들었던 모양이다. 개인 대 개인의 일이 아니요, 국가 대 국가의 일인데 영국 정부의 아그레망까지 받아 놓은 상태에서 풍설만 듣고 취소시키다니 국가의 체면에 관한 노릇이라는 생각이 들었다.

대통령을 비롯한 정부 관리의 일처리가 도무지 이해할 수 없었고 국가의 이익보다는 개인의 영달을 위해 권모술수를 쓰는 사람들 앞에서 더 싸우고 싶지가 않아서 그만두었다. 주한 영국 대사관에서 나에게 환송회까지 베풀어 준 후였으니 국가의 위신이 무슨 꼴이란 말인가?

정부에서는 영국 대사로 이기붕 씨와 친분이 두텁고 육군과 친한 사람을 대신 보냈다.

미국서 교수 생활

(정 박사는 영국 대사 부임이 좌절된 후 영국 카프리 회사 극동 지배인을 지냈던 경험을 살려 동남아로 진출 말레이시아, 인도네시아, 싱가포르, 필리핀 등지에서 교수 생활을 하면서 홍콩, 대만, 필리핀, 일본을 잇는 무역업을 추진했다. 그러나 한국 정부의 현지 대사관 등에서 그의 외국 활동을 적극적으로 방해하여 일을 할 수 없었다고 술회했다. — 편집자 주)

동남아 시장 개척의 꿈도 타의에 의해 여지없이 깨어지고 나는 방랑자 아닌 방랑자가 되어 갖은 고생 끝에 정식 여권도 없이 6개국의 입국 허가를 받는 데 간신히 성공했다. 그리하여 미국 경유 프랑스로 가려고 일본을 떠나 미국으로 갔다. 그런데 캘리포니아 대학교 책임자로 있는 어느 동창생이 나보고 강의를 맡아 달라고 부탁을 했다. 보수도 구라파보다 많은 것 같았다.

캘리포니아 대학의 한 리허설에 박정희 대통령이 참관하러 오신 적이 있다. 미국에서의 일정을 마치고 가실 때 운동장에서 헬리콥터를 타기 직전 여러 군중 앞에서 나를 부르더니 귀에 대고 "내가 초청하니 한국 가십시다. 지금 가실 수 있다면 이것 타고 같이 가십시다"고 말씀하셨다. 그때 대학과의 계약 기간이 남아 있어서 갈 수 없다고 사양했다.

박 대통령은 내가 계약 때문에 갈 수 없다는 것을 알고 당시 미국 국회의 국방위원장을 통해 다시 한 번 한국에 오는 게 좋겠다는 말씀을 전해 온 적이 있다. 그러나 내가 나이도 먹고 한두 해 더 있으면 계약 이행도 끝내는 것이 되고 또 경제적 기반도 굳어지겠고, 강의하며 공부할 수 있는 기회도 놓치기 아까워 또 한 번 사양했다.

(정 박사의 자서전은 여기서 끝을 맺고 있다. 그는 쓸쓸한 말년을 보내면서 남기고 싶은 말이 많았을 것이다. 그러나 그가 마지막 하고 싶었던 말은 테이프에 녹음되지 못했다. 샌디에이고 독신자 아파트 열쇠와 미국 은행의 금고 열쇠를 지닌 채 그는 아무도 돌보아 주지 않는 고국에서 숨을 거두었다. 그의 죽음은 그만큼 갑작스러운 것이었다. — 편집자 주)

〈정리·해설 김덕한(金德翰) 기자〉

05. 스코필드: 조선을 치유한 의사

『한국사시민강좌』 2004. 2.

정운찬

1. 머리말

스코필드는 3·1 운동의 제34인으로 불리는 영국 태생의 캐나다인다. 그는 1916년 세브란스 의학교에서 세균학을 가르치러 우리나라에 왔다가 일제의 침략으로 고통받는 한국인들의 현실을 목도하게 되었다. 이후 그는 조선의 독립투사들에게 국제정세를 알려주는 한편, 일제의 조선에 대한 만행을 해외에 널리 알리고, 조선의 독립운동을 지지하는 글을 여러 나라의 신문에 투고하였다.

총독부의 미움을 받아 1920년 캐나다로 귀국했던 그는 온타리오(Ontario) 수의과대학에서 세균학 교수로 줄곧 재직하다가 1958년 한국 땅을 다시 밟았다. 그 후 서울대학교 등에서 학생들을 가르치는 한편, 영어성경반을 열어 학생들에게 이웃과 나라 사랑, 부지런하고 정직한 삶의 태도, 건설적인 비판정신 등을 심어 주려고 애썼다. 가정 형편이 어려운 학생들을 물심양면으로 지원해 주고, 불우한 아동들을 돌보는 데에도 많은 정성과 노력을 기울였다. 또 여러 언론에 한국 정부와 한국인들의 부정부패와 비민주주의적인 행동들을 거침없이 비판하여 한국의 사회발전에 기여한 바가 사뭇 컸다.

나는 중학교에 들어갔을 때 처음 그를 알게 되었고, 고등학교에 다닐 때는 영어성경반을 통해 학교에서 배운 것 못지않게 많은 것을 배웠다. 특히 약자에게는 비둘기 같으나 강자에게는 호랑이 같은 그의 태도는 참석한 모든 학생들에게 깊은 인상을 남겼다. 평소에는 고양이라도 웃길 정도로 익살스러우면서도 우리가 지각한 이유를 둘러댈라치면 "핑계대지 마시오."라고 또박또박 우리말로 꾸짖으셨다. 1960년대의 경제성장 과정에서 부익부 빈익빈 현상이 가속화하는 것을 보면서, 한국에서는 부자가 가난한 사람을 눈곱만큼도 사랑하지 않는다고 개탄하던 그의 모습이 아직도 눈에 선하다.

이제 이 글을 통해 스코필드의 삶과 공헌을 살펴보기로 하겠다. 아무쪼록 이 글이 스코필드의 한국에 대한 아낌없는 헌신을 되새기는 조그만 계기가 되기를 희망한다.

2. 의지로 새로운 삶을 개척하다

프랭크 윌리엄 스코필드(Frank William Schofield, 1889~1970)는 1889년 3월 15일 영국 워릭셔(Warwickshire) 주의 럭비(Rugby) 시에서 태어났다. 어머니가 그를 출산한 후 며칠 지나지 않아 산욕열로 돌아가신 까닭에 그는 아버지와 계모 슬하에서 자랐다. 아버지 프랜시스 윌리엄 스코필드(Francis William Schofield Sr.)는 신학교에서 신학성서와 희랍어 등을 강의하는 신학자이자 엄격하고 독실한 기독교도였다. 4남매 중에 막내였던 스코필드는 장난꾸러기로 동네에서 이름을 날렸다. 뒤늦게 철이 들어 학업에 전념했지만, 1905년 고등학교 과정을 마치고 대학에 진학할 때가 되었을 때는 집안형편이 좋지 않았다. 그는 형들이나 누나와는 달리 후원자가 생길 만큼 공부를 썩 잘하지도 못했다. 결국 그는 그해에 대학에 진학하지 못했다.

그러나 그의 아버지는 막내아들이 스스로 노력하여 대학에 진학하기를 바랐고, 그 역시 대학 진학에 대한 꿈을 잃지 않았다. 스코필드는 학비를 마련하기 위해 집을 나와 농장에서 일을 하기 시작했다. 그는 두어 곳의 농장에서 약 2년간 일을 하였지만, 숙식만 해결했을 뿐 저축은 생각할 수도 없었다. 당시 영국에서는 노동자들의 급료도 적었을 뿐만 아니라 노동 환경도 매우 열악한 상태였다. 그는 영국에서는 대학에 갈 수 있을 만큼 충분한 돈을 마련할 수 없다는 것을 차츰 깨닫게 되었고, 노동자들의 열악한 처지에 대한 깊은 이해심과 동정심을 갖게 되었다.

그는 고민 끝에 자신의 희망을 이룰 수 있으리라 여긴 캐나다로 이주하기로 결심하고, 1907년 초 영국을 떠나 캐나다의 토론토에 도착하였다. 이민국의 주선으로 토론토에서 약 100킬로미터 떨어진 농장에서 일을 하기 시작했다. 분위기가 자유롭고 보수도 영국보다 나았던 그 농장에서 반년 정도 일하고 나자 대학에 들어갈 만큼의 돈을 모았고, 토론토에 다시 돌아와 온타리오 수의과대학에 입학할 수 있었다. 그가 수의과대학을 선택한 것은 농장에서 일할 때 보았던 일이 계기가 되었다. 병에 걸린 말을 수의사가 치료해 주는 것을 보고, 생명을 구해 주는 행위에 매력을 느꼈기 때문이다.

어렵게 진학한 그의 대학 생활은 참으로 힘들었다. 대학에 진학한 첫해 겨울에는 지하실 방 한 칸을 빌려서 살았다. 잠도 다른 학생에게 침대 삯을 지불하고 같이 잤다. 낮에는 일을 하고 저녁 6시 반부터 밤 12시까지 공부하는 생활을 하루도 빠짐없이 계속했다. 그러한 노력으로 스코필드는 우수한 성적을 거둘 수 있었고, 2학년 때부터는 장학금을 받을 수 있었다. 그리고 방학 때는 일을 해서 학비를 모았다.

그러나 2학년 과정을 마친 1909년 여름, 그는 소아마비 증세를 보이며 병상에 눕게 되었다. 부족한 영양 상태에서 힘들게 일과 학업을 병행했기 때문에 생긴 병이었다. 병석에 누운 스코필드는 자신의 처지에 깊이 상심했지만 마음을 추스르기 위해 노력했고, 몇 개월이 지난 그해 가을 그의 몸은 많이 회복되었다. 그러나 왼쪽 팔과 오른쪽 다리의 마비는 완전하게 회복되지 않았다. 그렇지만 그러한 신체적인 불편함도 그의 학업 의지를 꺾지 못했다. 그는 비장한 각오로 공부를 다시 시작했고, 1910년 최우등생으로 대학을 졸업할 수 있었다.

그는 졸업 후 토론토에 있는 온타리오 주 보건국 산하의 세균학 연구소에서 조수로 근무하게 되었다. 연구소에서 그가 한 일은 토론토 시내에서 판매되는 우유에 유해한 세균이 들어 있는지 검사하는 일이었다. 스코필드는 자신이 맡은 일상적이고 반복적인 공무(公務)에 종사하는 한편, 개인적으로 관심이 있는 주제에 대해 연구했다. 졸업한 다음 해인 1911년 그는 1년여에 걸친 자신의 연구 결과를 논문으로 작성하여 온타리오 수의과대학에 제출하고 마침내 박사 학위를 취득했다. 그 후에도 그는 계속 연구에 열중했고, 연구소 내에서 승진을 하기도 했다. 1913년에 피아노를 전공했던 앨리스와 결혼했고, 1914년에는 온타리오 수의과대학의 세균학 강사가 되었다.

3. 스코필드 박사, 한국에 오다

스코필드가 '한국'에 대하여 처음으로 알게 되는 것은 그의 나이 아홉 살 때인 1897년 여름으로 거슬러 올라간다. 그의 아버지는 1891년에 재혼을 하면서 더비셔(Derbyshire) 주의 '배즈로'라는 마을로 이사했다. 그곳의 선교사 양성 학교인 클리프 대학(Cliffe College)으로 이직했기 때문이다. 그런데 1897년 어느 날, 당시 클리프 대학에 유학 중이던 한국인 여병현(呂炳鉉)이 그의 집을 방문하게 되었다. 그날 어린 스코필드는 여병현에게서 처음으로 '한국'이란 나라에 대해 들었다.

스코필드가 한국과 다시 인연을 맺게 된 것은 1916년 어느 날 한국에서 날아온 에이비슨 박사의 편지 때문이었다. 올리버 에이비슨(Oliver R. Avison) 박사는 캐나다 출신의 의사로 1893년 한국에 와서 고종의 어의를 역임했고, 1899년에 설립된 제중원의학교의 초대 교장을 지냈던 사람이다. 1916년 당시 세브란스 의학교 교장으로 있던 그는 편지에서 "한국과 같은 외딴 나라에서 굳은 의지와 정열로 교육 활동을 할 수 있는 사람이 필요"하다고 하면서, 스코필드에게 이 학교에 와서 세균학을 가르쳐 달라고 부탁했다. 더구나 "선교사업을 같이하고 있기 때문에 기독교 정신이 투철한 사람이 꼭 필요하다"고 하면서 "여러 사람들이 조건에 가장 적합한 사람으로서 스코필드를 소개했다"고 덧붙였다.

스코필드를 아끼는 주위 사람들은 한국의 생활 여건이 열악하고 그의 신체가 불편하다며 한국행을 강력하게 만류했다. 그러나 그는 어렵고 힘든 상태에 있는 한국을 도와달라는 에이비슨 박사의 제안을 하나님의 뜻으로 생각하고 한국행을 결심했다. 1916년 8월 초 그는 아내와 함께 캐나다를 출발하여, 그해 10월 한국 땅에 첫발을 내딛게 되었다. 그 후 50년이 넘는 긴 세월 동안 인연을 맺은 스코필드의 한국 생활은 그렇게 시작되었다.

스코필드는 서울에 도착한 후 세브란스 의학교에서 세균학과 위생학 강의를 시작했는데, 통역을 두고 강의를 해야만 하는 것을 몹시 답답해 했다. 다른 한편으로 선교사가 되기 위해서도 한국어는 필수적이었다. 그래서 영어를 썩 잘하는 목원홍에게 한국어를 배우기 시작하여 1년 만에 '선교사자격획득 한국어시험'에 합격했고, 2년이 지났을 때는 서툴지 않게 한국어로 강의도 할 수 있게 되었다. 유머 감각이 뛰어났던 스코필드는 종종 한국어로 농담을 하여 주위 사람들이 웃음을 터뜨리게 만들었다.

그는 '석호필(石虎弼)'이라는 자신의 한국식 이름도 지었다. 그는 발음이 스코필드와 비슷한 이 이름을 무척 마음에 들어 했고, 다른 사람에게 자신의 이름이 갖고 있는 뜻을 종종 설명하기도 했다. 즉, "'돌 석石'은 자신의 철석같이 굳은 의지를 나타내고, '범 호虎'는 자신이 호랑이같이 무서운 사람이라는 것을 보여주고 '도울 필弼'은 영어의 'pill'과 발음이 같아서 자신이 의학을 공부하고 있다는 것을 나타낸다"고 좋아했다.

그는 한국 생활에 순조롭게 적응하는 편이었다. 그러나 성격이 다소 까다로웠던 아내 앨리스는 쉽게 적응하지 못했다. 그의 아내는 히스테리를 일으키기 시작했고, 의사는 얼마간 따로 떨어져서 전문적인 치료를 받을 것을 권유했다. 결국 앨리스는 혼자서 한국에 온 지 1년 만에 만삭의 몸으로 캐나다로 돌아가게 되었다.

그러나 혼자 남은 스코필드의 생활은 이전과 다름없이 계속되었다. 교수로서의 그의 근무 태도는 다른 사람의 귀감이 될 만한 것이었다. 실습과 지도를 위해서 새벽부터 준비를 했고 밤늦게까지 실험실에서 일을 했다. 스코필드는 선교사업에도 혼신의 힘을 기울였다. 학교 업무를 하면서도 서울 근교의 마을을 돌아보거나 당시의 저명한 한국인 인사들과 교류했다. 선교사업과 관련하여 각계 인사와 친분을 나누던 그는 당시 기독교청년회 회장이던 독립운동가 이상재 선생, 정화여학교의 설립자인 김정혜 여사와 특히 두터운 친분을 쌓았다. 김정혜 여사는 스코필드의 사람됨을 보고 그를 친아들처럼 아껴 주었다. 어머니를 일찍 여의였던 스코필드는 그녀를 수양어머니로 모시게 되었다.

4. 3·1 운동의 제34인

1919년, 스코필드는 서른한 살이 되었다. 2월의 어느 날 세브란스의학교에 근무하던 이갑성이 그를 찾아왔다. 그는 스코필드에게 자신이 하고 있는 일을 설명하며 도움을 청했다. 독립운동 준비의 일환으로 국제 사정을 알려달라는 것이었다. 이후 그는 외국 신문이나 잡지 등에서 한국의 독립운동에 조금이라도 도움이 될 만한 기사는 설명을 붙여서 모두 알려주었다.

마침내 1919년 3월 1일 탑골공원에서 만세의 물결이 시작되었다. 자신도 모르게 같이 만세를 부르던 스코필드는 미리 준비한 카메라를 가지고 역사적인 순간들을 담기 시작했다. 너무 촬영에 열중한 나머지 그는 일본인의 가정집 2층에까지 올라가 사진을 찍다가 도둑으로 오인받아 쫓겨나기도 했다.

3·1 운동에 뒤이어 총독부의 검거 열풍이 붙었다. 그가 근무하던 세브란스 의학교의 학생이자 『3·1 신문』이라는 지하신문을 만들어 배포하던 이용설도 일본 경찰의 검거를 피해서 중국으로 망명했다. 그 밖에 다른 학생들도 점차 그의 주위에서 사라져 갔다. 스코필드는 강의와 선교에 앞서 자신이 무엇이든지 해야만 한다고 느꼈다. 그는 일본인의 비인도주의적인 행패를 전 세계에 알리는 것이 자신이 할 일이라고 생각했다.

그때부터 스코필드는 틈만 있으면 서울 거리로 나갔다. 경찰에 잡혀 가는 학생을 보면, 그 학생을 "자신의 집에서 일하는 학생"이라고 하여 빼내 왔고, 여학생이 파출소에 잡혀 있을 때는 "우리집 식모 아이요."라고 하면서 데리고 나오기도 했다. 그러한 방법이 더는 통하지 않게 되자 총독부 고위관리의 명함을 구하여 그들과 친분이 있음을 과시하며 여러 사람을 구해 내기도 했다. 물론 이러한 방법이 오래 가지는 못했지만 이러저러한 명목으로 그는 감옥에 수감되어 있는 사람을 면회하여 그들의 형편을 돌봐 주었다. 또한 총독부로 찾아가 총독이나 총감을 만나서 감옥에서의 학대를 중단할 것을 요구하기도 했다.

그는 학교에서 가까운 서울역에도 자주 나갔다. 시골에서 구속된 사람들이 서울로 압송되어 오는 광경을 살피기도 하고, 그 모습을 사진에 담아 신문사에 투고하는 일도 게을리 하지 않았다. 일본인이 발행하던 영자 신문 『서울 프레스(*Seoul Press*)』에 여러 차례 투고하여 일본 정부의 시책을 비판했다. 그 신문사의 사장인 야마가타(山縣)는 스코필드와 친한 사이여서 그의 일본 정책에 대한 비판적인 기사를 익명으로 실어 주었다.

1919년 4월에는 3·1 운동에 대한 보복으로 수많은 사람들을 몰살했던 '제암리 사건'과 '수촌리 사건'이 발생했다. 그 소식을 접한 스코필드는 직접 수원으로 달려가 사진 촬영을 하고 「수촌리에서의 잔학 행위에 관한 보고」, 「제암리에서의 잔학 행위에 관한 보고」 등을 작성하기도 했다. 그러나 제암리에서 일어난 사건은 그 진상이 너무나 잔혹하여 공개하는 것을 주저했다. 그 이유는 한국인이 과거의 원한을 되살려 미래의 일본인까지도 원수로 삼게 되는 것을 꺼려했기 때문이다.

한편 1919년 9월에는 일본에서 '극동지구 파견 기독교 선교사 전체회의'가 열렸다. 이 회의에는 한국, 중국, 필리핀, 일본 등지에서 활동하고 있던 선교사 약 800명이 모였는데, 그는 회의에서 3·1 운동의 진상과 당시 한국의 실정을 외국인 선교사들에게 널리 알렸다. 또한 일본에 머무는 동안 하라(原敬) 총리대신 등 일본의 여러 유명인사와 만나 그들의 비인도적인 행위를 시정할 것을 요구하기도 했다.

한국인을 비호하고 일본의 행위를 끊임없이 비판한 스코필드의 행동은 일본 경찰이나 헌병이 볼 때 용납할 수 없는 것이었다. 그러나 일본 경찰은 당시 일본과 동맹 관계에 있는 영국의 국민이자 선교사였던 스코필드를 거칠게 다룰 수는 없었다. 그들은 간접적인 방법으로 압력을 가하기 시작했다. 즉, 그가 근무하던 세브란스 의학교에 그의 행동을 중단시켜 달라고 요구했고, 그를 귀국시키라고 압박하기도 했다. 교장 에이비슨 박사는 적당히 얼버무리며 넘어가기도 했지만, 점차 문제가 확대되어 박사의 신변과 관련한 전체 교직원 회의를 열었다. 하지만 그는 자신의 행동이 정당하다는 것과 아무도 그를 쫓아낼 수는 없다고 주장했다. 그는 일본의 암살미수 등 여러 가지 직간접적인 알력 속에서도 예전과 같이 계속 활동했다.

그러나 그는 일본인들의 태도로 볼 때 자신이 계속해서 한국에 남아 있을 수 없다는 것을 알고 있었다. 계약 기간인 4년이 되는 1920년 하반기에는 한국을 떠나야 한다고 생각한 그는 자신이 보고 들은 것들을 기록해서 보관했고, 카메라에 담은 내용을 잘 정리했다. 특히 출판하기 위하여 「끌 수 없는 불꽃」이라는 3·1 운동의 목격기를 작성하였다. 그는 출국하기 전 며칠 밤을 새워 가며 필사하여 세브란스 의학교 지하실 바닥에 묻어 두고 원본은 자신의 짐 속에 꾸려 넣었다.

1920년 7월 스코필드는 여러 지인들의 배웅을 뒤로 한 채, 한국 땅을 떠나 그해 8월 캐나다에 도착했다. 그는 캐나다에 귀국해서도 한국의 사정을 널리 알리는 일을 계속했다. 먼저 「끌 수 없는 불꽃」의 출판을 시도했다. 그러나 불행히도 경제적인 문제 때문에 출판은 끝내 실패했고, 나중을 위해서 출판사에 맡겨 둔 원고의 원본도 분실하게 되었다. 그러나 그는 잡지에 게재하거나 많은 강연에서 원고의 내용을 단편적으로나마 지속적으로 소개했다. 그의 강연이나 글들은 해외에 있는 우리 동포들에게 많은 감동을 주었고, 이들은 스코필드에게 감격과 감사의 편지를 전하기도 했다. 또한 캐나다와 미국의 각지에서 강연을 듣기 위해 그를 초빙하는 편지도 계속 줄을 이었다.

5. 후학을 양성하고 불우아동을 돌보다

한국에서 스코필드의 활동은 3·1 운동을 지원하고, 당시 한국의 사정을 세계에 알리는 데 그치지 않았다. 그는 농장에서 힘겹게 일하던 노동자들에 대한 기억과 어렵게 대학교육을 마친 자신의 경험을 잊지 않고 있었다. 또한 불우한 사람들을 도와야 한다는 기독교 정신에도 철저한 사람이어서, 어려운 형편의 학생들을 돕거나 고아들을 돌보는 데 관심과 정성을 기울였다.

또한 교육과 연구에도 많은 노력을 기울였다. 그는 세브란스 의학교에서 강의를 듣는 학생들의 마음가짐을 특히 중요하게 여겼다. 특별한 사유 없이 강의에 늦거나 결석하는 것을 매우 싫어했고, 학생들의 생활이 검소하지 않거나 지나치게 멋을 내고 다니는 것도 경계했다. 스코필드는 "한국에 와서 학생이 구두닦이 소년에게 발을 내밀어 구두를 닦는 모습을 보고 매우 놀랐다"고 하면서 학생답게 검소하게 생활하고 열심히 공부할 것을 당부하기도 했다.

캐나다로 귀국한 뒤, 스코필드는 1921년에 모교인 온타리오 수의과대학 교수로 부임하여 정년을 바로 앞둔 1955년에 건강상의 이유로 퇴직했다. 그동안 그는 2천 명에 가까운 학생들을 가르쳤는데, 한국에 있을 때처럼 캐나다에서도 아주 모범적인 교수였다. 강의 준비에 많은 시간과 노력을 들였을 뿐만 아니라 연구도 게을리 하지 않아, 평생 140여 편이 넘는 논문과 저술을 발표했다. 그 결과 오늘날 수의병리학·수의세균학 관계 문헌에는 스코필드의 이름이 여러 곳에서 발견되며, 수의학발달사 서적에는 그의 업적이 크게 기록되어 있다. 또 그러한 노력들을 인정받아 1952년에는 독일에서 명예 수의학박사 학위를 받았고, 같은 해에 미국 가축질병연구회 회장으로 추대되었다. 1954년에는 캐나다 불어권 수의학협회가 수여하는 생텔르와(Saint Eloi) 훈장을 받았고, 미국 수의학회에서 열두 번째 '국제수의학회상'을 받는 영예를 차지하기도 했다.

퇴직 후 건강이 좋아진 스코필드는 1958년 대한민국 정부의 초청을 받아 국빈 자격으로 한국을 방문하게 되었다. 1926년 여름방학에 잠시 다녀간 이후 32년 만의 한국 방문이었다. 나이는 일흔에 가까웠지만 그는 아직도 많은 일을 할 수 있다는 자신감이 있었다. 그는 서울대학교 수의과대학을 방문하여 학생들과 공부하고 싶다는 희망을 밝혔다. 당시 이영소 학장은 크게 환영했고 바로 다음 날 스코필드는 수의병리학을 담당하는 교수로 임명되었다. 이후 연세대학교와 중앙대학교 등에도 출강하였다.

한편 그는 어려운 처지의 학생들을 도와주는 일을 계속 이어갔다. 장학사업과 보육원에 대한 관심과 정성은 그가 젊어서 세브란스 의학교에 있을 때부터 시작되었지만 1958년에 다시 온 후 더욱 활발해졌다. 그렇다고 스코필드의 경제력이 그다지 넉넉한 건 아니었다. 그는 자신의 얼마 되지 않는 수입 중에서 일부 생활비를 떼어 놓은 나머지를 모두 장학금과 보육원 활동 비용 등으로 기부했고,

스스로는 철저히 내핍 생활을 했다. 또 이러한 자금을 마련하기 위해 여러 가지 다른 방법을 강구하였는데, 우선 해외 각지에 흩어져 있는 친구들에게 협조를 요청했다. 그의 친구들은 대부분 돈과는 거리가 먼 사람들이었지만, 그의 요청에 흔쾌히 응해 주었다. 또한 그러한 친구들의 원조에 대해서 아무리 적은 액수라도 그 용도를 반드시 밝히고 감사의 회신을 보내주어, 자신의 친구들에게 끊임없이 관심과 원조를 베풀도록 만들었다. 스코필드의 노력에 호응하여, 그의 친구들은 '스코필드 기금'을 설립하고 기금을 모아서 그에게 보내주었다. 그는 이 기금도 역시 용도를 밝혀서 회신을 보냈다.

스코필드는 어려운 처지에 있는 학생이나 다른 사람을 무조건 도와주지 않았다. 학생의 인간성, 가정환경 등을 확인하여 공부를 계속하기에 지장이 없는 정도에서 학비를 보태 주었다. 그리고 언제나 열심히 공부할 것을 당부했고, 그렇게 해서 학생이 공부를 잘하게 되면 그의 학교를 찾아가서 수업료 면제 등의 편의를 부탁하는 것이었다. 그렇게 해서 지출이 줄어 남은 돈은 또 다른 어려운 학생을 돕는 데 썼다. 그리고 외국에서 유학하고 싶어 하는 학생에게는 외국 대학의 장학금을 받는 일이나 일자리를 구하는 일에 대해 성심껏 조언했다.

학생이 아닌 어려운 이웃을 도울 때는 방법이 달랐다. 어떤 일을 시켜 성실하게 일하면, 품삯을 주되 남들보다 월등하게 많이 주는 방법을 택했다. 연구실에서 자신의 일을 돕는 사환을 도와준 경우도 있는데, 이때 학비를 빌려 주되 학업을 마친 후 최대한 빠른 시일 내에 갚으라는 조건을 붙였다. 그 학생은 양재학교를 마치고 그의 주선으로 일터를 잡은 후에 빌린 돈을 갚기 시작했다. 물론 그는 그 돈을 다른 사람을 도와주는 데 사용했고, 그 여학생도 그 돈의 사용처를 잘 알고 있었다.

또한 그는 두 군데의 보육원을 지원하고 있었다. 그곳은 3·1 운동 당시 감옥에 면회를 가서 알게 된 어윤희 여사가 운영하는 마포에 있는 유린보육원과 자신이 유학 비용을 모금해 주었던 이경지 여사가 운영하는 봉은보육원이었다. 그는 보육원을 지원할 때는 아무런 조건도 달지 않았다. 아마도 천진난만한 어린아이들이 즐겁고 건강하게 뛰어노는 것만으로도 훌륭한 보상이라고 생각했던 것 같다. 실제로 그는 어린아이들이 뛰노는 모습을 보며 눈물이 글썽해질 정도로 다감했고, 가끔씩 오랜 시간을 보육원에서 어린아이들과 함께 보내기도 했다. 한국 친구들이 박사에게 선물한 라디오나 시계 따위는 받은 다음 날이면 벌써 보육원에 가 있기도 했다.

1970년 4월 12일 오후, 스코필드는 지금의 국립의료원 별관 32병동 5호실 병상에서 운명했다. 그의 유해는 국립묘지에 안장되었다. 한국 땅에 살았던 17여 년 동안 수많은 한국인을 만났고 교육과 봉사에 힘썼던 그는 마지막 날까지도 한국의 어려운 이웃들과 함께 하고자 했다. 그는 마지막 책 한 권, 구두 한 켤레까지 주위의 모든 사람들에게 나누어 주었고, 보육원과 기독교청년회 YMCA에 남은 재산을 헌납하고 떠났다.

6. 맺음말

1960년대에 학창 시절을 보내 나는 당시 보행이 불편한 스코필드를 부축하고 대학로를 산책할 기회가 많았다. 그때마다 그는 나에게 항상 정의로운 사람이 되라고 가르쳤다. 특히 건설적이 비판정신을 기르라고 강조했다. 또 정치와 거리를 두라고 했지만, 사회가 어려운 상황에 처할 때는 몸과 마음을 바칠 수 있어야 한다고 덧붙였다. 실제로 그는 신문이나 잡지에 한국 사회의 부정부패를 폭로하고 정부의 비민주성과 야당의 파쟁성을 비판하기도 했다. 그것 때문에 때로 정부와 정치권은 그를 경원하기도 했다. 하지만 그의 한국 비판은 모두 한국에 대한 크나큰 사랑에서 나왔음을 나는 지금도 전혀 의심치 않는다.

나는 젊은 시절 스코필드를 알게 된 것을 행운으로 생각하며 지금도 항상 감사하는 마음을 갖고 있다. 그의 삶의 철학과 방식은 나를 비롯하여 그를 아는 많은 사람들의 귀감이 되었고, 지금까지 인생의 고비마다 나를 채찍질하고 지탱하는 버팀목이 되었다. 오늘도 스코필드는 양지바른 서울 동작동 애국지사 묘역에서 나에게 또 우리에게 더 부지런하게, 정직하게, 정의롭게 사랑하며 살라고 가르치고 있는 듯하다.

참고문헌

이장락, 『한국 땅에 묻히리라—프랭크 윌리엄 스코필드 박사 전기』(제1 · 2부 합본), 정음사, 1980.
이상현, 『호랑이 할아버지』, 성서교재간행사, 1986.
김근태, 『희망은 힘이 세다』, 다우출판사, 2001.
정운찬, 『때로는 비둘기처럼, 때로는 호랑이처럼』, 다우출판사, 2001.
한홍률, 「스코필드 박사의 생애와 대한민국에 대한 그의 사회적 · 학문적 공헌」, "2003

ERD DAY 및 스코필드 박사 추모강연회", 서울대학교 수의과대학 수의과학연구소, 2003.

E. V. Ermakova, "Lichnost'v Istorii Goroda: Professor G. V. Podstvin," Izvestiia Rossiiskogo Gosudarskvennogo Istoricheskogo Arkhiva Dal'nego Vostoka, tom V(예르마코바, 「블라디보스토크시 역사의 인물: 포트스타빈 교수」, 『러시아국립극동역사문서보관소 소식』 제5호), Rossiiskii Gosudarskvennyi Istoricheskii Arkhiv Dal'nego Vostoka, Vladivostok, 2000.

Iz istorii Vostokovediniia na Rossiiskom Dal'nem Vostoke, 1899~1937 gg: Dokumenty I Materialy(『러시아 극동의 동방학 역사에서: 1899~1937』), Rossiiskii Gosudarstvennyi Istoricheskii Arkhiv, Vladivostkok, Izdalte'stvo Dal'nevostochnogo Universiteta, 2000.

Koeitsy na Rossiiskom Dal'nem Vostoke(vt. pol. XIX~hach. XX vv.): Dokumenty I Materialy(『러시아 극동의 한인들(19세기 후반~20세기 초) 문서와 자료』), Rossiiskii Gosudarstvennyi Istoricheskii Arkhiv, Vladivostok, Izdalte'stvo Dal'nevostochnogo Universiteta, 2001.

06. 프랭크 W. 스코필드 박사: 비범한 수의학자

더글라스 C. 메이플스던(Douglas C. Maplesden)

1장

1910년 온타리오 수의과대학(Ontarion Veterinary College)의 가장 우수한 학생이었던 프랭크 W. 스코필드는 우수한 수의학자이자 교사, 그리고 선교사로의 운명을 걷게 되었다. 스코필드의 의학 연구로 수많은 동물과 사람이 생명을 구할 수 있었으며 지금도 그러하다. 스코필드는 그의 생애를 불행한 이들을 돕는 데 썼으며 글자 그대로 그가 줄 수 있는 것은 모두 다 도움을 필요로 하는 이들에게 주었다.

1889년 3월 15일, 프랜시스 W. 스코필드 주니어라는 이름의 아이가 영국 워릭셔 주 럭비에서 프랜시스 W. 스코필드 시니어와 미니 호크스푸드 스코필드(Minnie Hawkesford Schofield)의 아들로 태어났다. 미니는 프랜시스를 낳고 며칠 뒤 산욕열로 사망했다. (1849년 헝가리의 내과의사인 이그나츠 필립 제멜바이스(Ignaz Philipp Semmelweis)가 산욕열은 패혈증의 일종이며 내과의사의 부주의로 인해 전염되는 것을 입증했지만 이로부터 40년이 지난 뒤에도 여전히 여성들은 이렇게 예방 가능한 감염 때문에 목숨을 잃고 있었다.)

스코필드 집안에는 프랜시스가 태어날 당시 메리, 존, 그리고 스티븐이라는 세 명의 자녀가 이미 있었다.

1889년, 프랜시스 스코필드 시니어는 33세였고 지역의 초급 학교에서 수학을 가르치고 있었다. 럭비의 인구는 5만 명 수준이었다. 럭비 학교는 워릭셔의 또 다른 명물로서 다른 학교들과는 다른 방식의 축구를 했으며 여기서 오늘날 럭비 경기의 명칭이 유래되었다.

1891년 프랜시스 시니어는 재혼하여 더비셔(Derbyshire)의 배즈로(Baslow)로 이주했다. 배즈로는 즐거운 작은 전원 공동체로 1년 내내 꽃이 피며 울창한 숲과 높은 언덕으로 둘러싸여 있었다. 프랜시스 시니어는 이곳에서 선교사 교육을 전문으로 하는 작은 대학인 클리프 대학(Cliff College)에서 구약성경과 그리스어를 강의했다.

스코필드의 아버지는 엄격했으며 스코필드의 모범적인 새어머니 또한 스코필드에게 경외심을 불어넣었는데 이러한 엄격한 대우는 스코필드의 어린 시절에 중요한 영향을 미쳤다.

스코필드의 가족은 배즈로에서 9년을 살았다. 스코필드는 여섯 살의 나이에 베이크웰(Bakewell)에 있는 매너스(Manners) 부인의 사립학교에 입학하게 되었고 매일같이 6킬로미터(약 4마일)의 거리를 두 번 걸어다녀야 했다. 스코필드의 어려움은 학교를 다니면서 더 늘어갔다. "나는 다른 아이들보다 더 많은 회초리를 맞았기 때문에 다루기 어려운 아이가 되었던 것 같다…… 방과후 학교에 늦게까지 남게 되었을 때는 혼자서 집까지 걸어가곤 했다. 겨울이 되면……. 어둑해진 뒤에나 집에 도착할 수 있었다."

스코필드는 친구들과 노는 것을 좋아했고 항상 우두머리가 되었다. 다른 불량한 행동에 더해 스코필드의 장난기 어린 행동은 때로는 다루기 어려울 정도였는데 다른 집의 굴뚝에 돌을 떨어뜨리거나 빨랫줄에 널어놓은 세탁물을 더럽히곤 했다.

이때까지 스코필드의 이름은 프랜시스였는데 그는 이 이름이 너무 여성적으로 들린다고 생각했으며 그의 부친에게 이름을 바꿔달라고 졸라댔다. 스코필드는 그의 아버지 이름을 따르고 있었기 때문에 이 대화는 꽤 흥미로웠을 것이다. 마침내 프랜시스 시니어는 두 손을 다 들었고 그의 아들의 이름을 법적으로 프랭크로 고쳤다.

1897년 스코필드가 여덟 살이던 해에 그는 그의 부친을 찾아온 여병현이라는 한국인을 만났다. 비록 이 당시만 하더라도 스코필드는 깨닫지 못했지만 이때 처음으로 한국인을 만난 것과 이후 한국인들과의 만남은 그가 성인이 된 뒤 중요한 기억으로 영향을 끼치게 되었다.

스코필드는 12세에 초등학교를 마친 다음 그의 누나와 형들이 이미 다니고 있었던 런던의 쿠퍼스 컴퍼니 스쿨(Coopers Company School)에서 중등교육을 받게 되었다. 가족들도 이 무렵 런던으로 이주했으며 프랜시스 시니어는 역시 선교사를 양성하던 할리(Harley) 대학에서 강의를 하게 되었다. 스코필드의 가족은 런던 동부 외곽에 집을 구했는데 이곳은 다소 환경이 좋지 못한 곳이었기 때문에 스코필드는 배즈로의 전원적이고 즐거운 삶을 그리워했다. 스코필드는 이곳에서 억압적인 분위기를 느꼈기 때문에 여기에서 벗어나려고 자전거를 타고 이곳저곳을 돌아다녔다.

프랭크 스코필드의 교육자로서의 역정을 살펴보았다면 쿠퍼스 컴퍼니 스쿨의 교장이 두려움의 대상이었다는 점은 흥미롭게 느껴질 것이다.

에드워드 기번은 1776년에서 1788년에 걸쳐 간행된 여러 권으로 구성된 기념비적인 저작 『로마제국흥망사(*The History of the Decline and Fall of the Roman Empire*)』에서 여러 종교들 간의 충돌에 대해 고찰하였다. 기번은 종교란 "공포, 미신과 의례"에 기반한다고 결론지었다. 스코필드가 그의 생에 전반에 걸쳐 학교의 교장선생과 두 부모님으로부터 주입받은 엄격한 교육뿐만 아니라 종교적인 교육에 완전히 몰두하지는 않았다 하더라도 영향은 받고 있었을 것이라는 점은 쉽게 짐작할 수 있는 것이다. 태어나자마자 어머니를 잃게 된 것은 스코필드에게서 어머니와의 유대를 통한 따뜻한 마음과 연민이 결여되게 했으며 아마도 이것이 흔히 "스코필드의 이해할 수 없는 행동"으로 이야기되는 것들을 형성하도록 했을 것이라고 짐작할 수 있다.

스코필드는 그의 중등교육을 받는 마지막 해였던 열다섯 살 때 자신의 인생에서 무엇인가를 이루기 위해서는 철이 들어야 한다는 점을 자각하고 깨닫게 될 때까지 말썽을 피웠다. 스코필드가 깨달음을 얻은 뒤 그의 성적은 현저하게 향상되었다. 스코필드는 대학에 진학할 뜻을 밝혔지만 그의 부친은 자녀들을 먹이고 입히는 것도 힘겨워할 정도였고 프랭크를 대학에 보낼 여력이 없었다. 스코필드의 성적은 계속 나아지고 있었지만 후원을 받을 정도로 좋은 것은 아니었다. 스코필드의 누나와 형들은 장학금을 받았기 때문에 스코필드의 부친은 따로 교육에 돈을 들이지 않고 있었다.

스코필드의 누나인 메리는 왕립의과대학을 졸업한 뒤 그곳에서 수년간 병리학을 가르쳤으며 훗날 리즈(Leeds) 시의 모든 여성병원을 감독하게 되었다. 스코필드의 첫째 형인 존은 유명한 건축가가 되었다. 제1차 세계대전이 끝난 뒤 존은 남아프리카로 이주하여 더반(Durban)시의 건축감독관이 되었다. 스코필드의 둘째 형인 스티븐은 런던경제대학(London School of Economics)을 졸업한 뒤 옥스포드 대학에서 경제사를 가르쳤다.

스코필드는 농장에서 일을 해서 자신의 학자금을 모으기로 결심했다. 그는 체셔(Cheshire)의 한 농장에서 일하게 되었지만 자신이 고용된 하인처럼 대우받는다는 느낌을 받았다. 방과 탁자가 주어졌지만 그의 미래를 위해 저축할 만큼의 돈을 받을 수 없었다. 곧 스코필드는 윈저 근교의 한 농장에서 가축관리인의 조수 자리를 얻을 수 있었다. 이곳에서는 돈을 줬지만 생활비는 제공해 주지 않았다. 매주가 끝날 때 스코필드의 수중에는 저축할만한 돈이 별로 남지 않았기 때문에 그는 이러한 상황이 만족스럽지 못했다.

이 무렵 영국에서는 일을 해서 대학에 진학하는 것이 어려웠고 스코필드는 자신이 온전히 학문에 전념하는 데 필요한 수업료와 기타 비용을 댈 수 있을 정도로 충분한 돈을 모을 수 없다는 것을 깨달았다. 영국의 계급 구조는 보수적이고 경직되어 있었다. 스코필드는 유일한 방법이 이민 가는 것 외에는 없다고 생각을 굳히게 되었다. 스코필드는 대영제국의 일부분인 캐나다에서는 자신과 같은 사람을 환영할 것이며 그가 원하는 기회를 제공해 줄 것이라고 생각했다. 스코필드는 캐나다에 아는 사람이 아무도 없었지만 그의 아버지로부터 허락을 받아 캐나다 이민국에 이민 신청을 했다. 1907년 1월 스코필드는 캐나다로 출발했다. 당시 운임은 25달러였다.

2장

스코필드가 토론토에 도착했을 때 그는 17세였고 미래의 성공을 위해 열심히 일할 준비가 되어 있었다. 캐나다 이민국에서는 스코필드를 토론토에서 서쪽으로 100킬로미터(60마일) 정도 떨어진 농장으로 보냈다. [당시 버나도 협회(Barnardo Association)라는 곳에서 고아나 가난한 가정 출신의 청년들이 캐나다로 이민을 와서 농장에 취업하는 것을 후원하고 있었고 스코필드도 이러한 도움을 받았을 가능성이 있다.]

스코필드는 캐나다의 임금이 영국보다 높았기 때문에 농장일에 만족했다. 스코필드는 6개월 만에 대학이 진학하는 데 충분한 돈을 모았다. 어느날 농장의 말 한 마리가 넘어져 심각한 부상을 입었다. 수의사 한 사람이 능숙하게 말을 치료해 회복시켰다. 스코필드는 이때까지 무엇을 공부할 것인지 결정하지 못하고 있었는데 수의사가 되어야겠다고 결심하게 되었다.

스코필드는 토론토 대학의 온타리오 수의과대학에 입학하여 학문에 매진하였다. 스코필드는 온타리오 수의과대학에서 보낸 첫해를 이렇게 묘사했다. "그해 겨울은 견디기 힘들만큼 추웠으며 나는 돈이 별로 없었다. 나는 한 달에 1달러를 내고 지하방을 얻었다. 침대가 없었기 때문에 다른 학생에게 1주일에 50센트를 내고 침대를 빌려서 잠을 자야 했다. 첫 3개월 동안은 말라붙은 호밀빵, 말린 생선과 물만 먹으면서 살아야 했다."

그의 오랜 친구들은 스코필드가 학창 시절에 너무 가난해서 제대로 된 하숙집을 얻을 수 없어서 학교의 양계장 구석에서 잤다고 회고했다.

스코필드는 온타리오 수의과대학에 재학하는 동안 음주에 반대했으며 초저녁에 거리를 돌아다니며 그의 동료 학생들이 술집에 가지 말 것을 권하곤 했다.

스코필드는 지식에 대한 추구에 사로잡혀 매일 밤 자정을 넘겨가며 공부했다. 스코필드는 3년간의 대학 시절 단 하루도 저녁 시간의 공부를 거르지 않았으며 단 한 번 병에 걸렸을 때를 제외하면 수업도 빠지지 않았다. 3년의 교육과정 중 2년차의 여름에 스코필드가 병에 시달렸다는 점을 고려한다면 이것은 놀랄만한 성과가 아닐 수 없다. (오늘날의 북미 지역 수의학과는 교육 체계에 따라 6년에서 8년간 가르친다.)

스코필드는 항상 승부욕에 불타는 테니스 선수였다. 어느 날 스코필드는 고열에 시달렸지만 경기에 출전할 예정이었기 때문에 늘 하던 대로 출전했으며 그렇게 경기를 계속했다. 고열은 수일간 계속되었으며 스코필드는 자신의 더러운 방에서 홀로 참았다. 결국 열은 가라앉았지만 스코필드는 왼팔과 오른쪽 다리가 마비되었고 평생 이로 인해 고통을 받아야 했다. 스코필드는 홀로 방에서 지내는 동안 심각한 척수성 소아마비와 싸워야 했다. 스코필드는 나중에서야 지팡이 두 개의 도움으로 움직일 수 있게 되었으며 그의 엄격한 학습 일정은 물론 활발하게 활동하는 생활 방식을 계속해 나갔다.

토론토 대학에서 병리학을 강의하였고 지역보건위원회의 위원장이었던 J. A. 아미오(Amyot) 박사는 온타리오 수의과대학의 존경받는 교수진의 일원이었다. 당시 온타리오 수의과대학이 토론토에 있었을 무렵에는 수의과대학의 교수진 상당수가 토론토 대학 의과대학에도 적을 두고 있었다. 아미오 박사는 매년 여름마다 자신의 연구실에 세 명의 학생을 고용했는데 프랭크 스코필드는 수의과대학 학생으로는 처음으로 고용되었다. 이것은 스코필드의 매우 훌륭한 연구 및 교육 경력의 시작이었다.

스코필드는 온타리오 수의과대학에서 공부하게 된 첫해에는 과에서 2등이었다. 둘째 해와 셋째 해에는 경제적 어려움과 육체적인 고난에도 불구하고 80명이 있는 과에서 수석을 차지했다. 수의과는 과거에는 규모가 더 컸으나 자동차로 인해 말 사육이 줄어들면서 수의학에 대한 필요도가 감소하고 있었다.

1910년에 온타리오 수의과대학은 토론토의 템퍼런스(Temperance)가에 있었다. 1914년 이 학교는 유니버시티 애비뉴 110번지에 위치한 새 건물로 이전했다. 그리고 1922년에는 성장하는 축산업으로 수의학에 대한 수요가 늘면서 겔프에 있는 온타리오 농업대학 근처의 새 건물로 이전했다. 온타리오 수의과대학은 1897년 이래 토론토 대학에 소속되어 있었으며 1964년까지 이 조직을 유지하다가 새로 설립된 겔프 대학으로 편입되었다.

온타리오 수의과대학이 토론토에 있었을 때는 매우 이상적인 조건에 있었다. 그 당시 학교가 주력하던 분야는 말을 치료하는 것이었고 당시에는 아직 자동차와 농업용 기계가 중요한 영향을 끼치기 이전이었기 때문에 말이 도시와 농장의 주요 운송 수단이었다. 그러나 시대는 변화하고 있었고 아직 초기 단계에 있었으나 성장하고 있었던 작은 가축을 포함해 가축에 대한 치료가 발전하고 있었다.

1862년에 설립된 토론토 수의과대학은 북미에서 가장 오래된 전통을 가진 수의과대학이었다. 이 학교는 오늘날 강력한 연구 추진력과 함께 수의학의 모든 분야에서 탁월한 역량을 가진 세계 최정상의 수의과대학으로 인정받고 있다.

20세기 초반의 의학도와 수의학도들은 해당 학과장들조차 통제하기 어려울 정도로 난폭한 집단이었다. 스코필드가 학생이었을 무렵 신입생들은 수술대에 묶여서 엉덩이를 맞는 것으로 시작했으며 저항하면 더 심하게 맞았다. 수의학과의 학생들이 해부실 창문 바깥으로 동물의 사지라든가 이보다 더 불쾌한 물건을 집어던지면서 창문 아래의 보행자들을 놀라게 하고 불쾌하게 만드는 것은 흔하게 일어나는 일이었다. 이러한 행동은 1970년대에 토론토 수의과대학을 다녔던 학생들에게서도 반복되었는데 졸업을 앞둔 학생들은 마지막 시험을 치르고 나면 교수진에게 행패를 부려 중요한 사회 문제가 되기도 했다. 오늘날 학생들은 수의학에 대한 교육을 처음 받는 순간부터 전공 분야의 주류로 편입되고 있으며 그들이 선택한 전공의 모든 부분에 걸쳐 구성원의 일원이 되었다는 감정을 느끼는 경향이 강하고 분노를 품는 경향은 덜하다.

스코필드가 졸업할 무렵 온타리오 수의과대학의 수의학 과정은 영국식 체계를 따르고 있었는데 수의학 학사학위(Bachelor of Veterinary Science, BVSc)를 수여하고 박사 학위를 위해서는 추가적인 연구를 수행해야 했다. 온타리오 수의과대학의 졸업생들은 1946년 이후로 수의학박사(Doctor of Veterinary Medicine, DVM) 학위를 수여받고 있다. 그 이전에 졸업한 학생들은 약간의 수수료를 지불하면 수의학학사

학위를 수의학박사 학위로 바꿀 수 있다.

스코필드는 1910년 학교를 졸업한 뒤 온타리오 보건국의 조수로 임용되었다. 스코필드는 그곳에서 그의 주도하에 지역에서 공급되는 우유에 있는 박테리아에 관해 연구했다. 스코필드는 우유를 공급하는 농장에서 조사를 수행하였으며 농장에서 박테리아가 발생한다는 사실을 입증하였다. 온타리오의 우유 공급 과정에 저온살균이 의무화된 것은 이로부터 거의 30여 년이 지난 뒤에 이루어졌다. 스코필드는 1911년「토론토 시내에서 판매되고 있는 우유의 세균학적 검토(The Bacteriological Analysis of Milk Being Sold in Toronto)」라는 제목의 논문을 발표하여 수의학박사 학위를 수여받았다.

스코필드 박사는 1912년 온타리오 수의과대학의 강사가 되어 1916년까지 근무하였다. 그는 매우 빨리 연구 능력을 발휘하였고 유행병의 원인에 관한 독창적인 연구를 많이 수행했다.

스코필드는 아직 강사에 불과했을 때 그레인즈(Grange) 학장을 찾아가 연구에 필요한 동물을 요청했다. 스코필드는 그의 연구 목적에 대해 개략적으로 설명했고 그레인즈 학장은 흰쥐와 기니피그면 충분할 것이라고 생각했다. 스코필드는 돼지나 송아지, 그리고 말을 기우기 위한 우리를 필요로 했다. 그레인즈 학장은 스코필드가 정신이 나갔다고 생각했다. 그 무렵은 전쟁 중이었고 쓸 수 있는 말은 모두 전쟁에 동원되고 있었다. 스코필드는 그의 생애 내내 그랬던 것처럼 직접 최고위층을 찾아갔다. 스코필드는 농림부장관이 말의 질병에 관한 연구가 중요하다는 것을 납득하도록 했고 장관은 스코필드에게 말과 우리를 제공하도록 그레인즈 학장에게 강하게 권고했다. 세균 감염으로 인한 망아지의 패혈증(농혈성 관절염)에 대한 스코필드의 연구는 성과를 거두었다. 스코필드는 포도상구균과 대장발란티듐 백신의 예방 효과를 입증했다.

1913년 9월, 스코필드는 친구를 통해서 만나게 된 피아니스트 앨리스와 결혼했다.

스코필드는 1916년까지 온타리오 수의과대학에서 근무하다가 선교 업무 및 세브란스 의전에서 세균학과 위생학을 강의해 달라는 요청을 받게 되었다.

3장

한국의 서울에 위치한, 1909년에 설립된 세브란스 의전의 학장 O. R. 에비슨 박사는 1893년 의학과 기독교 신앙을 전파하기 위하여 한국으로 가기 전까지 토론토 대학의 의대 교수로 재직하고 있었다. 에비슨 박사는 세균학 강사를 필요로 하고 있었다. 자격을 갖춘 후보자는 많이 있었으나 이들 중 스코필드 박사를 제외하면 후진 사회에서 견뎌낼 수 있는 의지력과 인내심을 가진 이는 아무도 없었다. 또한 세브란스 의전은 선교 기관이었기 때문에 후보자는 독실한 기독교인이어야 했다.

스코필드는 한국에 관해 아는 것이 아무것도 없었지만 그는 배즈로에 있는 아버지의 집에서 만났던 한국인을 기억해 내면서 그와 같은 사람들을 상대하는 것이며 한국도 배즈로의 이상적인 환경과 비슷한 곳일 것이라고 생각했다. 계약은 4년 기한이었으며 이후 4년을 더 연장할 수 있었다.

스코필드는 그레인즈 학장과 학교의 동료들과 이 제안에 대하여 상의하였다. 모두가 이것에 반대했으며 스코필드의 팔과 다리가 마비된 것이 한국에서는 심각한 장애로 작용할 것이라고 지적했다. 스코필드는 자신이 마음에 품고 있는 것들을 수행하지 못할 정도로 장애가 있다고는 생각하지 않았다. 스코필드는 불행한 이들을 돕는데 관심을 가지고 있었으며 다른 이들을 그리스도교회의 품으로 인도하고자 하는 열망을 가지고 있었기 때문에 한국으로 와 달라는 제안을 거절할 수 없는 것으로 받아들이고 있었다. 스코필드는 그의 동학들이 그랬던 것처럼 전쟁에 나가지 못했기 때문에 한국인들에게 공헌을 할 수 있었으며 신이 그에게 이 기회를 주신 것이었다.

세브란스 의전을 관할하고 있었던 캐나다 장로교회는 스코필드를 선뜻 받아들였으며 스코필드와 그의 아내는 한국으로 출발했다. 1916년 8월, 26세의 수의학자와 그의 아내는 샌프란시스코행 기차에 올랐다. 이들은 샌프란시코에서 여객선을 타고 여행을 시작한지 두 달 만에 한국의 부산에 도착했다. 스코필드는 기차로 서울에 도착해서 에비슨 박사의 환영을 받았다. 에비슨 박사는 스코필드를 만나게 되어 기쁘다는 인사를 건넨 뒤 소명에 충실할 것을 강조했다. 물론 스코필드는 아내가 있든 없든 간에 자신의 엄격한 기준에 따라 그의 소명을 이행하는 길을 막는 것은 어떠한 것도 용납하지 않았다. 에비슨 박사는 걱정할 필요가 없었다. 에비슨 박사의 옆에는 스코필드가 어린 시절 배즈로에서 만났던 여병현이라는 한국인 신사가 있었다.

스코필드는 세균학과 위생학에 대한 강의를 배정받았으나 통역을 통해서 강의를 해야 했다. 스코필드는 이런 방식은 너무 느리고 성과가 없다고 생각해 한국어 공부를 시작했다. 2년도 안 되어 스코필드는 한국어로 강의를 할 수 있게 되었으며 외국 선교사에 필요한 한국어 시험을 통과했다.

스코필드 박사는 한자로 된 한국식 이름을 지었는데 석호필(石虎弼)이었다. 석은 돌이라는 뜻으로 그의 굳은 결심을 상징했다. 호는 호랑이라는 의미로 강인하지만 열정적인 성격을 나타냈다. 필이란 돕는 것을 뜻하는 것으로 모두에게 스코필드가 의사라는 사실을 상기시켰다.

스코필드는 또한 한국의 역사를 공부하기 시작했으며 한국이 1910년 일본에게 국권을 빼앗기고 그 이후로 한국인들은 가혹한 군사 통치로 고통을 받으면서 이에 대해 격렬한 반감을 가지게 되었다는 것을 알게 되었다. 스코필드는 곧 한국인들의 어려움에 동정심을 가지게 되었다.

스코필드가 한국에 도착한 지 불과 1년밖에 되지 않았을 무렵 신경이 예민하고 스코필드가 가난한 이들을 돕는 것을 불쾌해 하던 그의 아내는 심각하게 신경질을 부리고 불안감에 사로잡혔다. 두 사람은 자주 상의를 했다. 스코필드의 아내는 병세가 악화되어 심각한 히스테리를 일으키게 되었으며 의사들은 두 사람이 헤어질 것을 조언하였다. 앨리스는 캐나다로 돌아갔다. 앨리스는 캐나다에 도착할 무렵 임신한 것을 알게 되었다. 아내가 임신했다는 소식과 그녀가 정신적으로 불안정하다는 사실도 스코필드가 한국에서 맡은 과업을 계속하는 것과 그의 계약을 이행하는 것을 흔들어 놓지는 못했다. 앨리스는 캐나다에서 홀로 출산을 해야 했다. 앨리스의 정신 상태는 더 악화되었으며 시설의 보호를 받게 되었다.

스코필드는 그의 아내가 떠난 뒤 이른 아침부터 늦은 밤까지 그의 연구실에서 그날의 강의를 준비하고 어학 공부를 하는 등 일을 했다. 이렇게 해서 스코필드가 그의 연구자로서의 일생 동안 계속해 나간 하루의 긴 일과가 시작되는 것이었다. 스코필드는 곧 한국인들의 독립을 위한 투쟁을 돕는 데 관심을 가지게 되었고 그가 가르치는 학생들에게 민족으로서의 책임감을 불어넣기 시작했다.

스코필드는 또한 선교사였으며 많은 시간을 설교하는 데 썼다. 스코필드는 서울 근교에서만 설교를 한 것이 아니라 한국의 다른 지역을 여행하면서 조국과 동포들을 사랑하는 영향력 있는 인사들을 만났다. 이들 중 많은 사람은 기독교인이 아니었지만 스코필드는 그들이 한국의 독립을 추구하는 쪽에 서 있는 한 편견을 가지지 않았다. 스코필드는 독립협회의 부회장이었고 YMCA의 전임 회장이었던 이상재(李商在)와 개성에 정화여학교(貞和女學校)를 세운 김정혜(金貞惠)를 크게 존경했다. 김정혜는 한국의 미래는 여성의 손에 달려 있다고 믿어 학교 건립에 그녀의 모든 노력과 재산을 썼다.

스코필드는 종교 수업을 했지만 또한 수업을 듣는 남녀 학생들에게 시민으로서의 의무에 대하여 가르쳤다. 스코필드는 학생들이 독립을 추진하도록 열정적으로 이야기했으며 국제 문제에 대한 시야를 넓혀 주었다.

스코필드는 어린 시절부터 자전거를 즐겨 탔으며 이것을 계속해서 한국에서 먼 거리를 여행했다. 한국인들은 스코필드가 팔과 다리가 마비되었음에도 불구하고 그가 자전거를 잘 탄다는 점과 그들 자신은 자전거를 타는 문화에 익숙하지 않았기 때문에 놀라워했다.

1916년부터 1920년까지 스코필드는 한국인들이 일본의 압제를 타도하려 하는 것을 돕고 조언을 했다. 스코필드는 일본 군대의 행위를 사진에 담기 위해 여러 도시를 다녔다. 스코필드는 서구의 여러 나라에 사진과 글을 보냈고 일본에 의한 부당한 형벌과 잔인함에 공개적으로 반대하였다. 스코필드는 서구 사회와 연결되어 있었으며 3·1 운동에 우호적이었다. 스코필드는 1919년에서 1920년 사이에 전개된 봉기와 시위에 있어 주도적인 인물이었다.

1919년 3월 1일, 한국의 문화계와 종교계의 지도자 33인이 모여 서울에서 대규모 군중들의 앞에서 낭독된 독립선언문에 서명을 하였다. 스코필드 박사는 일본에 항의하고 비판을 거침없이 했기 때문에 '한국 독립운동의 34번째 민족대표'라는 칭호를 얻게 되었다. 1920년까지 1,500여 차례의 시위에 2백여만 명 이상의 인원이 참여했다.

시위는 초기에 평화적이었으나 일본측은 신속하고 가혹하게 대응했다. 시위에 참여한 사람 중 23,000명이 사망하거나 부상당했다. 47,000명이 체포되었고 5,000명이 투옥되었다. 결국 항의가 성과를 거두어 일본은 태도를 누그러뜨렸지만 스코필드 박사를 내쫓고 난 뒤였다.

스코필드는 한국에 있는 동안 많은 여성들을 포함한 여러 학생들을 후원했으며 실제로 그들에게 자신이 가진 돈을 모두 주었다. 스코필드는 그의 나머지 생애 동안 그의 시간과 돈을 불행한 한국인들을 돕는 데 사용했다.

일본이 그에게 압력을 가하는 동안 스코필드는 일본의 총리 하라와 면담할 기회를 잡았다. 스코필드는 일본 총리에게 한국인들에 대한 가혹한 처우를 따졌다. 스코필드는 총리에게 그의 사진 한 장에 서명을 해서 나중에 우편으로 보내달라고 부탁했다. 스코필드는 나중에 이 사진을 일본 경찰들에게 그가 일본 총리와 가까운 관계라는 것을 과시하고 호감을 사는 한편 집요한 감시에서 벗어나기 위해 사용했다. 스코필드는 그가 살아가는 동안 계속 사용했던 '윗선'에 줄을 대는 방식을 사용한 것이다.

스코필드는 캐나다인이었으나 영국 여권을 소지하고 있었고 이로 인해 영국과 우호적인 관계에 있었던 일본은 그를 건드릴 수가 없어 대신 선교회 본부에 압력을 가했으며 스코필드는 재계약을 할 수 없었다. 스코필드는 1920년 캐나다로 돌아갔지만 모든 곳에서 한국과 불의에 대한 싸움을 멈추지 않았다.

스코필드는 289쪽 분량의 「끌 수 없는 불꽃(An Unquenchable Fire)」이라는 제목의 원고를 작성했는데 이것을 경찰에게 빼앗기지 않고 한국 밖으로 반출할 수 있을 것인지 걱정했다. 이 글은 일본인이 한국인들에게 자행한 잔학 행위를 묘사하고 있었다. 스코필드는 문서 전체를 베껴서 잘 포장한 뒤 세브란스 의전의 지하실에 파묻고 원본은 그가 가지고 갔다. 이 원고는 선동적인 성격 때문에 영국의 한 출판사로부터 출판을 거부당했는데 그 출판사는 그 원고가 영국과 일본 사이의 조약에 해를 끼칠 수 있다고 생각했다. 스코필드와 그의 한국인 동료 한 명은 원고를 플레밍 레벨(Flemming Revell)이라는 뉴욕의 출판사에 맡기면서 출간에 필요한 비용을 마련하겠다고 약속했다. 이 출판사는 원고를 분실하고 말았다.

스코필드는 온타리오 수의과대학에서 교육과 연구에 종사하던 33년 동안 한국을 여러 차례 방문했다. 스코필드는 66세의 나이에 시력 때문에 은퇴를 한 뒤 영국에 가서 치료를 받았는데 이로 인해 시력이 크게 좋아졌다. 그리고 스코필드는 한국으로 돌아가 남은 생애를 한국인들을 위해 쉼없이 일하는 데 바쳤다.

4장

1919년 스코필드는 캐나다로 돌아갔을 때 토론토 종합병원에서 세균학자로 근무했으며 그 뒤 1921년에는 다시 온타리오 수의과대학에 돌아가 가축 위생 및 연구과장으로 재직했다. 스코필드는 토론토에서는 아미오 박사 아래서 학생으로 일했으며 그 뒤에는 서울의 세브란스 의전을 창립한 에비슨 박사와 일한 바 있었다. 스코필드는 수의학과 의학 분야의 연구를 했기 때문에 비교 의학에 강한 관심을 가지게 되었으며 그가 발견한 것들은 동물과 인간의 질병 치료에 지대한 영향을 주었다.

이 무렵 스코필드는 그의 아들을 기르면서 보호시설에 있는 아내를 책임졌다. 스코필드의 아들은 자란 뒤 캐나다 공군의 조종사가 되었으며 뒤에는 민간 조종사가 되었다. 스코필드 박사는 손자와 손녀 둘을 둔 할아버지가 되었다. 스코필드는 손자와 손녀를 매우 사랑했지만 며느리와는 잘 지내지 못했다. 이 때문에 아이들과 친밀한 관계를 가지는 데 어려움이 있었다.

온타리오 지역의 농장에서는 소들이 겨울을 외양간에서 나는 동안 출혈성 질병에 걸리는 경우가 빈번했다. 스코필드는 감염성 질병에 관해 잘 알고 있었기 때문에 이 출혈성 질병은 감염으로 인한 것이 아니라고 결론을 내리고 그 원인을 입증하기 위한 준비를 했다. 스코필드가 입증한 것은 20세기 수의학 분야의 발견 중 가장 중요한 것 중 하나로서 사료용으로 저장한 스위트 클로버에 핀 곰팡이가 원인이라는 것이었다. 이 질병에 대한 스코필드의 연구에 관한 철저한 설명과 이것이 의학에 끼친 영향에 대해서는 2003년 서울대학교에서 열린 제1회 스코필드 추모 강연에서 토니 헤이즈(Tony Hayes)가 발표하였다.

이 연구는 수백만 명의 생명을 구했으며 그 결과 심방세동, 뇌졸중, 심장수술, 심근경색과 그밖에 응고 시간을 지연시켜야 하는 질병 치료에 요즘도 사용되는 중요한 약품(와파린)이 만들어졌다. 스코필드는 이 연구를 어떠한 지원도 받을 수 없고 모든 예산이 운영비와 온타리오 수의과대학을 겔프로 이전하는 데 사용되고 있어서 제한적인 예산만 사용할 수 있었던 시기에 수행했던 것이다. 스코필드는 가장 기본적인 연구 장비만 가지고 연구를 수행했다. 연구가 진행되는 동안 응고 튜브를 외바퀴수레나 사료통에 넣어 둬야 했다.

이 당시 오늘날 사용되고 있는 연구 요강은 아직 확립되지 않았다. 스코필드는 세균학, 병리학, 그리고 면역학에 대한 지식과 그의 예민한 직관력을 더하여 결론을 이끌어 냈는데 이 방식은 자주 비판받기도 했으나 보다 상세하고 비용을 들인 실험을 실시하면 옳은 것으로 검증되었다.

스코필드는 일상적인 업무에 대해서는 생각이 없었던 것으로 보인다. 스코필드는 오전 0시에 일과를 시작해 오전에는 조금만 일했다. 밤에는 경비가 필요 없었으며 스코필드는 건물에 홀로 남는 경우가 빈번했다.

겔프의 온타리오 수의과대학 건물에는 실험실이 몇 개 없었다. 스코필드 박사는 다른 연구자들이 귀가하고 난 뒤에 그의 작업을 하는 경우가 많았으며 종종 다른 분과의 실험실을 사용하기도 했다. H. T. 배트(Batt) 박사와 R. L. 게이트킨(Gwatkin) 박사, 그리고 A. A. 킹스코트(Kingscote) 박사는 실험실을 깨끗이 정리하고 다음 날 얼룩 한 점 없는 상태로 이용할 수 있도록 준비를 해 놓았지만 다음 날이면 실험실이 엉망진창이 된 것을 발견하곤 했다. 개수대는 염료로 더럽혀져 있었고, 유리용기는 때가 묻은 상태로 책상 위에 놓여 있었으며, 배양액은 '빌려 간' 상태였다. 마침내 게이트킨 박사가 스코필드 박사를 상대하기로 했다. 게이트킨 박사는 스코필드 박사의 연구실로 갔는데 스코필드 박사는 책, 서류, 학술지, 슬라이드와 그 밖의 다른 물건들이 잔뜩 쌓인 책상 앞에 앉아 있었다. 스코필드의 뒤에 있는 카운터도 마찬가지로 엉망이었다. (스코필드 박사가 은퇴했을 때 쌓여 있던 쓰레기들을 모두 정리했는데 이때 카운터 위에 쌓여 있던 서류뭉치 밑에서 개수대가 하나 나왔다. 이건 누구도 예상하지 못한 일이었다.) 게이트킨 박사가 말을 꺼내기 위해 생각을 정리하기도 전에 스코필드 박사가 주도권을 빼앗았다. "아. 게이트킨 박사, 내가 뭘 발견했는지 알아맞혀 보시지요?" 어안이 벙벙해진 게이트킨 박사는 질책하려 했던 것을 그만두고 한 마디도 하지 않은 채 연구실을 떠났다.

어느 날의 늦은 저녁에 스코필드 박사는 매우 허기를 느끼고 있었는데 세균학과의 냉장고에서 상태가 좋은 간 한 덩어리를 발견해서 이것으로 식사를 하기로 했다. 스코필드 박사는 간 덩어리를 압력솥에 넣고 요리를 했다. 다음 날 강의에서 간추출물을 준비하는데 사용할 간이 없어졌다.

어느 날 스코필드 박사는 무릎에 심한 통증을 느껴서 방사능과에 가서 기계를 작동하고 직접 자신에게 많은 양의 방사선을 쬐었다. 불행하게도 그는 그의 무릎의 금속판에 대한 반작용을 계산하지 못했고 심한 반작용에 시달리게 되었다.

스코필드는 온타리오 수의과대학에 있던 대부분의 기간 동안 어려운 환경하에서 연구를 했다. 스코필드가 동물을 조달하기 위해 그레인즈 학장을 제쳐두었던 초창기에도 그는 그렇게 했다. 이 연구는 성과를 거두는 경우가 흔했고 질병의 원인을 발견하는 것은 물론 예방백신까지도 이르곤 했다.

스코필드가 1921년 교수진으로 돌아왔을 때 학장이었던 C. D. 맥길브레이(McGilvray)는 장애물이었다. 맥길브레이는 재정적인 측면에서 잘 알려져 있었고 온타리오 수의과대학은 대공황으로 인한 전공 수요의 감소와 자금 부족을 견뎌낼 수 있을 것으로 보이지 않았다. 미국의 몇몇 학교는 이 무렵 문을 닫는 지경이었다. 하지만 자금과 장비의 부족에도 불구하고 스코필드는 연구용 동물을 조달하는 방법을 찾아냈다. 스코필드는 그가 치료하는 대형 동물을 기증받으면 이것을 담보로 연구용 동물과 기자재를 구입했다. 스코필드는 이것들의 존재를 학장으로부터 숨겼으며 학장이 연구실을 방문할 경우 그것들에 대해 알지 못하게 하기 위해서 우리를 책장이나 찬장의 뒤에 숨겼다.

스코필드 박사는 질병의 원인을 처음으로 밝혀낸 것이 수없이 많았다. 다른 이들이 대장균이 질병과는 무관한 장에 서식하는 균이라고 믿고 있었을 때 스코필드는 이것이 돼지의 부종성 질병의 원인으로서 병원성을 가졌음을 입증하였다. 덜 익힌 소고기로 인해 대장균에 시달린 사람들은 고기의 변질이 인체에 병을 옮길 수 있다는 데 동의할 것이 틀림없다.

스코필드는 밍크 장염이 바이러스에 의해 감염되는 것이라는 사실, 돼지 비염에 세균이 끼치는 역할, 양의 이질에 대한 첫 번째 보고서, 곰팡이가 핀 알사이크 클로버를 먹은 말이 걸리는 바이러스성 뇌염과 그 밖의 새로운 질병의 다양한 형태에 대해 밝혀냈다.

스코필드는 악성 카타르가 발생한 것이 틀림없다고 의심되는 사례를 조사하기 위해 청구한 출장 비용이 거부되자 자신의 돈으로 출장을 갔고 뒤에 확실한 진단을 내놓았다. 온타리오 지역에서 이와 같은 질병은 처음으로 보고된 것이었다. 그는 학교로 돌아가자 맥길브레이 학장의 책상에 끈적거리는 감염된 허파를 집어던졌고 이것은 책상과 벽에 튀겼다. 그보다 덜 중요한 인물이었다면 바로 해고되고 말았을 것이다.

이 무렵 스코필드는 새끼돼지들의 철분 부족을 간단하게 예방할 수 있는 방안을 제안했다. 이 외의 다른 발견 중에는 소의 유방염의 원인과 이것을 젖통을 살균하는 간단한 방법으로 예방할 수 있다는 것이 있었다. 스코필드는 또한 송아지가 걸리는 백색근의 질병을 연구해서 이것을 비타민 E로 예방할 수 있음을 밝혀냈다.

스코필드가 관심을 가진 분야와 그 결과는 1962년에 머피(Murphy)와 헐랜드(Hulland)가 정리한 방대한 문헌에 나타나 있다.

맥길브레이 학장이 온타리오 농림국에서 은퇴하였을 때 그를 위해 환송연이 치러졌다. 온타리오 수의과대학의 교수진 중에서 환송연에 참석한 것은 스코필드 박사가 유일했으며 환송연의 사회자는 스코필드에게 맥길브레이 박사에 대해 5분 정도의 축사를 해 줄 것을 부탁했다. 스코필드 박사는 훌륭한 화법으로 답했다. "5분은 이분이 했던 좋은 일에 대해 이야기하기는 너무 길지만 이분이 했던 나쁜 일에 대해 이야기하기에는 너무 짧습니다. 그래서 저는 몇 마디만 하겠습니다."

스코필드 박사는 A. L. 맥납(MacNabb) 학장과 T. L. 존스(Jones) 학장(1964년에 온타리오 수의과대학이 겔프 대학의 창립 학과 중 하나가 되면서 학장 칭호가 Principal에서 Dean으로 변경되었다.)이 재직하던 시기에 더 많은 지원을 받았다. 학생의 수가 증가하면서 모든 교수진이 심한 부담을 안게 된 것이 사실이었지만 스코필드 박사는 동물을 다루는 사람들과 여름 동안 고용한 학생들의 도움을 받으면서 연구를 계속해 나갔다.

스코필드 박사는 강의실과 학술적인 모임 혹은 종교적인 행사에서 뛰어난 화술을 발휘했다. 그의 강의는 언제나 기억에 남을 만한 것이었고 병리학이나 그 밖의 의학 분야에 대한 지식을 전수할 때 자신의 신념을 알리는 데 주저하지 않았다. 스코필드의 철학은 이런 것이었다. "학생의 정신이란 채워야 할 그릇이 아니라 불타오르기 시작하는 불과 같이 다뤄야 한다."

내가 입학했을 당시(1950년도) 온타리오 수의과대학은 19세기 이래 가장 많은 학생을 받았는데 이때의 학생들은 대부분 제2차 세계대전에 참전한 경력이 있었다. 스코필드 박사는 이들이 엄청난 고통을 견뎌냈음에도 불구하고 이들에게 경외심과 공포감을 불어넣어 두려움의 대상이 되었다.

스코필드는 강의에서 작은 동물들은 "특권을 가진 이들의 아무짝에도 쓸모없는 재산"이라는 점을 장시간에 걸쳐 역설했다. 스코필드는 그가 미국에 있는 작은 동물들을 위한 병원에서 목격한 애완동물과 사람들에 대한 웃기는 이야기들을 해 주었다. 스코필드는 사람들이 이런 경박한 짓거리에 돈을 낭비하기 전에 가난하고 힘없는 이들을 돕는 방법을 생각해야 한다고 믿었다. 스코필드는 현대음악을 좋아하지 않았으며 우리들에게 여러 차례 다음과 같이 말했다. "색소폰은 악마가 만든 물건이야."

우리들이 병리학 실험실의 책상에 앉아서 스코필드 박사의 표본에 대한 강의를 듣고 있을 때 벨이 울리면서 50분의 시간이 지났다는 신호가 왔다. 스코필드는 벨소리를 무시하고 강의를 계속했다. 그는 우리 중의 한 사람이 담배를 꺼내는 것을 보았다.

스코필드가 물었다. "젊은이. 자네 이름이 뭔가?"

수업을 듣는 모두가 숨을 죽였다.

톰 멜라디(Tom Melady)가 답했다. "음…… 멜라디입니다. 교…… 수님."

"자네가 손에 들고 있는 게 뭔가?"

"아…… 담…….배인데요, 교수님."

"강의는 내가 끝내기 전에는 끝난 게 아니고 나는 그 악마의 잡풀을 다시는 보고 싶지 않네."

우리는 톰 멜라디가 말을 더듬는 것을 전에는 본 적이 없었다. (나중에 내가 개업을 하게 되었을 때 톰 멜라디의 형제가 고객으로 왔는데 그는 심하게 말을 더듬었다.)

스코필드 박사는 그 자신에 관해서 다음과 같은 이야기를 해 주었다. "영국의 한 저택에서 저녁 식사를 하게 되었을 때 기독교를 믿는 과학자였던 그곳의 여주인이 질병은 그 병에 걸린 사람이 사악한 생각을 하기 때문에 일어난다고 이야기를 했네. 물론 나는 초대받은 입장에 불과했지만 그 자리에서 대답을 하지 않고는 견딜 수가 없었네. 나는 창문 밖을 바라보며 이렇게 이야기했지. '부인, 만약 제 앞에 보이는 풀을 뜯는 양들이 아프게 된다면 이것은 양들이 사악한 생각을 해서 그렇게 된 걸까요, 아니면 양치기가 사악한 생각을 해서 그렇게 된 걸까요?'"

한번은 1950년도 입학생들이 오후 1시 강의를 듣기 위해 스코필드 박사를 기다린 일이 있었다. 학생들은 강사가 늦을 경우 평소에는 오래 기다리지 않지만 그때는 스코필드 박사의 강의였기 때문에 나는 우리가 얼마나 더 기다려야 할지 알 수 없었다. 우리는 기다리는 동안 강의실의 앞문을 열어 놓았는데 복도를 따라 빠르게 걸어가고 있던 스코필드 박사가 문 안으로 머리를 들이밀더니 이렇게 말했다. "여기서 무슨 일이 있나?" 한 학생이 말했다. "교수님 수업입니다. 스코필드 박사님 들어오세요." 스코필드는 문으로 들어와서 코트를 벗어 책상 위에 놓고는 강연대 앞에 서서 노트도 보지 않고 강의를 했다.

스코필드는 기본적인 지식에 대해서는 인정을 받고 있었으나 임상의로서의 실력에 대해서는 잘 알려져 있지 않았다. 내가 대형 동물병원이나 이동 진료소에서 이상한 사례를 접하게 되면 여러 교수들에게 의견을 구했다. 나는 어떤 진단을 내려야 할지 전혀 알 수 없어 완전히 당황했으며 스코필드 박사의 의견을 구하러 갔다. 스코필드 박사는 연구실에 있을 때는 언제든지 찾아갈 수 있었다. 내가 그의 연구실 문에 들어서자 그는 내가 물어볼 것이 있다는 것을 알아채고는 나를 바라보면서 이렇게 말했다. "아. 메이플스덴, 오늘은 뭘 해야 하나?" 그는 언제나 나에게 수수께끼 같은 질병의 원인을 해결하는 문제를 던져 주었다.

스코필드 박사는 송아지가 백색근병에 걸리는 원인에는 비타민 E뿐만 아니라 인(燐)도 포함되어 있다고 생각했다. 이로 인해 온타리오 농업대학의 소떼를 대상으로 하여 연간 소 혈액의 인 수치를 조사하는 2년 기간의 연구가 시작되었다. 이 연구는 임상학, 영양 및 축산학 간의 협동 연구였으며 두 분과 대학 간에 처음으로 이루어진 주요한 연구 협력이었다. 이 연구와 이후의 연구는 백색근병에 인이 작용하는 역할을 밝혀내는 데는 실패했지만 나는 이 연구를 여러 종의 백색근병과 비타민 E 및 셀렌의 역할에 관한 나의 박사 학위 논문 주제의 일부로 활용할 수 있었다.

한 교수회의에서 어떤 참석자가 소의 유선염의 원인은 감염성 인자가 아니라는 주장을 한 일이 있다. 나는 돈 바넘(Don Barnum) 박사의 협력을 받아 이 병에 대해 광범위한 연구를 수행하고 있었고 그의 주장에 대해 강하게 반박했다. 이때 스코필드 박사가 입을 열었다. "메이플스덴 박사가 옳습니다. 이 병은 감염에 의해 초래되는 것이며 이것은 예방할 수 있는 것입니다." 이 문제는 더 이상 논의되지 않았다.

많은 연구자들이 스코필드 박사의 탁월함과 그의 활력에 위압을 느꼈다. 그는 지칠 줄 모르고 분노한 것처럼 보였다. 한번은 어떤 교수회의에서 케인즈(Cairns) 박사가 연회의 초청 연설자를 해밀턴의 교회 목사로 할 것을 제안한 일이 있었다. 케인즈 박사는 회의에 참석한 사람들에게 목사가 설교는 하지 않을 것이며 대중적인 주제로 재미난 이야기를 헤서 청중들의 관심을 끌 것이라고 확언했다. 그때 스코필드 박사가 들어와서 그 제안에 대해 들었다. 그가 입을 열었다. "에. 당신이 원하는 게 광대라면 그것도 나쁘진 않겠소." 케인즈 박사가 쏘아 붙였다. "광대라면 스코필드 박사를 필요로 하겠지요. 박사님을 초청하겠습니다."

마침내 연회가 열렸을 때 스코필드 박사가 연사로 초빙되었다. 그는 연회 전날 나를 불렀다. "메이플스덴, 내일 밤 연회에 참석하게나. 내가 자네에게 도움이 되는 이야기를 해 주겠네." 나는 그날 참석하겠다고 약속했다. 연회에서 그는 다섯 명의 연구자들을 칭찬했다. 짐 아치볼드(Jim Archibald), 짐 헨더슨(Jim Henderson), 트레버 존스(Trevor Jones), 더그 메이플스덴(Doug Maplesen)과 짐 슈로더(Jim Shroder)였다. 아치볼드는 나중에 내외과 주임이 되었다. 헨더슨은 부학장이 되었으며 뒤에 워싱턴 주립 수의대의 학장이 되었다. 존스는 학장(겔프 대학이 설립되면서 학장은 Dean으로 명칭이 바뀌었다.)이 되었다. 메이플스텐은 온타리오 수의과대학의 학장이 되었다. 슈로더는 병리학과장이 되었다.

5장

프랭크 스코필드 박사는 1921년에서 1955년까지 온타리오 수의과대학에서 세균학과 병리학 교수로 재직하는 화려한 이력 속에서 논란에 휩싸인 인물로서 명석하고 말을 할 때는 거침이 없었으며 그의 개성에 대해 많은 인상을 남겼다. 그의 가르침을 받거나 그와 함께 일한 모든 이들은 그들이 원한다면 할 수 있는 일화나 이야기를 가지고 있다. 어떤 이들은 스코필드의 미덕에 대해 오랫동안 이야기를 하고 또 다른 이들은 이야기할 것이 별로 없거나 거의 없다며 부정적인 감정을 가지고 있다. 나는 아직까지 살아 있는 동료들에게 연락해서 이 원고를 작성하기 위한 조언을 구했지만 모두가 답을 해 준 것은 아니었다.

온타리오 수의과대학의 1952년 입학생(85%가 군경력자였다)들은 스코필드 박사가 실험실이나 강의실에서 다음과 같은 질문을 던지며 말을 시작했다고 기억한다. "누가 이 질문에 답할 수 있을까?" 그는 잔뜩 긴장한 학생들을 둘러보면서 이렇게 이야기했다. "아. 저기 괜찮은 친구가 있군. 자네 이름이 뭔가?" 해리 번디(Hary Bondy)가 일어서서 답했다. "번디라고 합니다. 교수님." "좋아. 블론디(Blondie), 한번 답해 보게." 번디는 항상 위축되어 답을 하지 못하고 자리에 앉았다. 수업이 끝나는 마지막 주까지 이런 일이 계속되다가 번디는 스코필드에게 틀에 박힌 대답을 내놓았다. "음, 블론디. 이제 부터는 자네를 지목하지 않을 것 같네."

또 다른 회고에 따르면 어느 날 온타리오 수의과대학으로부터 이어지는 칼리지 애비뉴에 있는 제이크 슬링어(Jake Slinger)의 가게에서 한 학생이 스코필드 박사의 옆자리에 앉아서 점심 식사를 한 일이 있었다. 이 학생은 온타리오 수의과대학 교수진의 실력이 부족하다고 불평을 계속해서 늘어놓았다. 스코필드 박사는 그 학생을 쳐다보면서 이렇게 말했다. "여보게, 자네는 대학에 대해서 얼마나 알고 있는가?" 그 학생은 스코필드 쪽으로 고개를 돌리고 그가 누구인지 모르는 상태에서 그의 가슴을 툭툭 치고는 이렇게 말했다. "이보시오 형씨, 내가 거기 다니고 있습니다." 이 학생은 나중에 온타리오 수의과대학에서 요란한 경력을 쌓게 되었으며 여러 차례의 비행을 저질렀음에도 불구하고 학교의 행정당국에 의해 계속 다닐 수 있었다. 그 학생은 마지막 해에 스코필드 교수가 지도하는 세미나에 참석했다. (북부 온타리오에서 기관이 소유한 소떼가 간디스토마에 걸렸기 때문에 이곳에서 온타리오 수의과대학에 조사를 위한 시료를 보내 놓았다.) 스코필드는 그 학생을 해부대 앞으로 오라고 지명한 뒤 시료에 관한 질문을 던졌다. 그 학생은 잘 답변했다. 그가 자기 자리로 돌아가자 스코필드는 이렇게 이야기했다. "잠깐 실례하겠네. 나는 이런 수업에서 자네와 같은 학생을 만난 일이 있는데 그 학생은 자네처럼 대답을 잘했네. 하지만 그 친구는 야비한 성격을 가졌기 때문에 학계에 받아들여지지 않았네. 그 친구가 자기 자리로 돌아갈 때 나는 간에서 디스토마를 하나 떼어내서 그 친구의 손에 쥐어 주며 이렇게 이야기했네. '자네가 대학을 졸업하면 디스토마 같은 존재가 될 걸세.' 이제 디스토마가 두 개로 늘었구먼." 다른 교수들이 스코필드의 견해를 받아들이지 않았기 때문에 그 학생은 졸업을 할 수 있었지만 그 후 그의 경력 전체 걸쳐 학계와 앨버타(Alberta) 수의학회의 골칫거리가 되었다.

스코필드가 한 젊은 유능한 수의학도가 '사악한 길'에 빠져드는 것으로부터 구하려 한 것 중에는 다음과 같은 일화가 있다. 스코필드는 그 학생이 젊은 "매춘부"를 데리고 겔프 시내의 웰링턴 호텔에 들어가는 것을 목격했다. 스코필드는 그 학생의 자동차 밖에 몇 분간 앉아 있다가 호텔 로비에서 이들을 가로막았다. 스코필드는 "매춘부"에게 그가 젊은이를 집에 데려다 줄 것이라고 했다. 매춘부가 대답했다. "퍽도 그러시겠네요. 내가 이 사람을 여기로 데려왔으니 집에 바래다 주는 것도 내가 할 거예요."

스코필드 박사는 자선 행위로 알려져 있었다. 그는 한 개 이상의 은행계좌는 가지지 않았으며 가진 돈은 모두 털어서 필요로 하는 이들에게 주었다. 한번은 토론토의 로열 요크 호텔에서 식사를 한 다음에야 자신의 주머니에 있는 모든 돈을 어떤 궁핍한 사람에게 줬다는 사실을 깨달았다. 다행히 스코필드는 호텔에 아는 사람이 있었기 때문에 그에게서 식사비와 겔프로 되돌아가는 데 충분한 돈을 빌릴 수 있었다. 또 한번은 토론토에서 겔프로 가는 전철('레이디얼(Radial)'이라는 이름으로 알려져 있는)을 탔다. 스코필드는 돈이 한 푼도 없었기 때문에 승무원에게 집까지 태워 주면 다음 날 요금을 내겠다고 했다. 승무원이 거부하자 스코필드는 내린 다음 몇 분이 지나서 요금을 가지고 나타나 다른 승객들을 놀라게 했다. 스코필드는 기관사에게서 돈을 빌린 것이었다.

한 연구자는 스코필드 박사와 두세 차례의 현지 조사를 갔던 경험을 알려주었다. 처음에는 스코필드가 운전을 했지만 나중에는 그에게 운전을 하도록 했다. 그는 스코필드가 "운전대를 잡으면 난폭해졌다. 그가 살아서 한국으로 돌아간 건 기적이다."라고 말했다.

한번은 스코필드 박사가 여름 기간 동안 고용한 학생과 함께 현지 조사를 간 일이 있었다. 두 사람은 운전을 하고 가다가 자동차 바퀴 하나가 앞으로 굴러가는 걸 보고 놀랐다. 자동차 왼쪽 뒷부분이 길에 주저앉으면서 의문이 풀렸다. 스코필드는 타이어를 교체하면서 단단히 조이지 않은 것이었다.

개인적으로 나는 스코필드 박사의 흥미로운 면을 발견했으며 그의 명민한 두뇌, 그의 가르침과 연구 능력, 그리고 그의 친절함에서 비롯된 행동을 존경했다. 그는 교사로서 우리를 집중하게 했지만 공포의 도움을 받아야 했다. 그는 질문을 하나씩 던지면서, 그러지 않기도 했지만, 학생들을 사로잡거나 그들과 소통하면서 내면을 전율하게 하는 지식을 가르쳐 주었다. 당시 스코필드의 제자들은 그의 생애에 대해서 아는 것이 거의 없었다. 우리들 중에서는 스코필드의 부인이 보호시설에 있다는 것을 아는 사람이 한 명도 없었으며 그에게 아들이 있다는 것은 소문으로 아는 정도였다. 일부는 스코필드가 한국에서 보낸 시절에 대해 안다고 주장했지만 널리 알려지지는 않았다. 물론 우리는 스코필드가 종교적인 인물이었으며 그가 자신의 강의에서 신앙에 관하여 자세히 이야기하곤 했기 때문에 그의 믿음이 어떠한지에 대해서는 알고 있었다. 내가 이 책을 쓰기 위해서 조사를 하는 동안 나를 이토록 가르치고 지도해 준 인물이 과거에는 어떤 인물이었는가를 알고 나서는 매우 놀랐으며 심지어는 충격을 받기도 했다.

6장

이 장의 내용 상당수는 이장락이 집필하고 최진영이 영어로 번역한 『한국 땅에 묻히리라(*I shall be buried in Korea*)』에 기반하고 있다. 이 글은 주로 스코필드 박사의 한국에서의 삶에 집중하고 있다. 이 판본은 1980년에 완성되었으며 온타리오 수의과대학 문서고와 인터넷에서 열람할 수 있다.

스코필드 박사는 1920년 캐나다로 돌아간 뒤에도 한국으로 귀환하겠다는 열망을 잃지 않았다. 그는 자신의 얼마 안 되는 급여에서 3분의 1을 모으기로 결심하고 10년이면 한국으로 돌아갈 돈을 모을 수 있을 것이라고 계산했다. 그는 예상했던 것보다 더 많은 돈을 모아서 1926년 5월 한국으로 떠났고 6월 23일에 도착했다. 그는 한국어를 매일 연습하고 혼자서 되뇌었으며 이렇게 해서 한국어로 대화를 할 수 있었다.

이 무렵은 이씨 왕조의 마지막 왕 순종의 장례식을 계기로 6월 10일에 일어난 봉기가 있어서 엄청나게 혼란스러웠다.

6월 25일 그 당시 서울에서 가장 유명한 식당이었던 명월관에서 스코필드 박사를 환영하기 위해 연회가 열렸다. 스코필드 박사는 기억에 남을 만한 연설을 했는데 그중 일부는 다음과 같다.

> 오늘날 세계의 가장 큰 문제는 과학이나 산업에 있는 것이 아니라 도덕심의 결핍에 있습니다. 한국인들의 첫 번째 소명은 이를 바로잡는 것입니다……. 영국은 세계에 섬유를 공급하고 미국은 철강을 공급합니다. 그러나 한국은 세계에 양심과 기개를 가진 사람을 줄 수 있습니다. 유태인들은 세계에서 가장 혹독한 박해를 받았습니다만 예수 그리스도를 주었습니다. 마찬가지로 한국은 신념과 용기를 갖춘 위대한 인물을 낳으라는 신성한 소명을 가지고 있습니다. 한국이 해야 할 일은 많습니다만 가장 중요하고 시급한 것은 이러한 사람을 배출하는 것입니다.

스코필드 박사는 그의 오랜 친구들과 그가 수년간 가르치고 후원했던 제자들을 만났다. 그는 예정대로 8월 초순 한국을 떠났고 8월 말 캐나다에 도착했다.

1945년 8월 15일 한국은 일본으로부터 독립했다. 스코필드 박사는 고무되어 그의 여러 한국인 친구들에게 편지를 썼으며 축하를 전하면서 용기를 북돋았다. 그는 한국이 남과 북으로 갈라지거나 한국전쟁이 일어나서 깊은 슬픔에 처하게 될 것이라고는 생각도 하지 못했다.

제2차 세계대전이 끝난 직후에 스코필드 박사는 전쟁 기간 중 브리티시 컬럼비아에서 추방된 일본인들과 유럽에서 추방되어 온타리오의 켈프에 도착한 이들을 도왔다.

1957년 묻혀 있던 「끌 수 없는 불꽃(An Unquenchable Fire)」의 사본이 이 저작에 대해 알고 있었고 사본을 찾아서 출간하고자 노력해왔던 정대위(鄭大爲) 박사(학생 시절 토론토 대학에서 신학을 공부했었다)에 의해 스코필드에게 보내졌다. 이 원고가 어떻게 되었는지는 알려져 있지 않다.

온타리오 수의과대학의 정년은 70세였으나 스코필드는 백내장과 이로 인한 안구의 통증 때문에 시력이 나빠져서 66세에 퇴임을 하게 되었다. 한국에 있던 그의 친구들은 한국으로 올 것을 권했다. 대한민국 정부도 스코필드를 국빈으로 초청하길 원했으나 스코필드는 눈에 문제가 있어 이를 받아들일 수 없었다. 스코필드는 이승만 대통령에게 여러 훌륭한 단체에서 봉사한 자신의 친구들을 도와줄 것을 요청했다. 이승만 대통령은 이에 응했으며 그들 중 일부를 직접 방문하기도 했다. 스코필드 박사는 눈을 치료하기 위해 영국으로 갔다. 몇 년 안 되어 시력이 회복되었고 직접 빛을 쪼이지 않으면 눈의 기능도 정상이 되었다.

스코필드의 아내 앨리스 스코필드는 몇 년이 지나도 정신 상태가 나아지지 않았으며 1957년 72세로 사망했다. 스코필드의 부친은 1940년 84세의 나이로 사망했다. 스코필드의 아들 프랭크 스코필드 주니어는 결혼을 해서 두 명의 자녀를 가졌지만 스코필드는 이들과는 많이 왕래하지 않았다.

스코필드 박사는 은퇴한 뒤에도 가만히 앉아만 있지 않았다. 1958년, 그의 눈이 회복되자 한국에 있던 그의 친구들은 그가 돌아올 것을 부탁했고 스코필드도 그렇게 하기로 결심했다. 이승만 정부는 스코필드를 기꺼이 초빙했다. 이때는 대한민국의 건국 10주년이었고 한반도가 일본으로부터 해방된 지 13년이 지난 해였다. 이때는 매우 좋은 시기였으며 스코필드는 1958년 8월 토론토에서 비행기로 출발해 한국의 손님으로서 환대를 받았다. 그는 이승만 대통령을 만나 한국의 독립에 대한 그의 큰 공로에 대한 치하를 받았다. 스코필드 박사는 이때에도 자신의 생각과 정부에 대한 비판을 억누르지 못해 면담은 갑작스레 종결되었다.

스코필드 박사는 농민들의 처지와 도시의 물신주의, 그리고 거리를 방황하는 전쟁고아들에 대한 외면을 보며 불편해 했지만 전쟁이 끝난 직후라는 점을 생각하면서 미래에 대한 긍정적인 전망을 하게 되었다. 그는 과거에 해 왔던 것처럼 젊은이들을 정신적, 물질적으로 후원하기로 결심했다. 스코필드 박사는 서울대학교 수의과대학에서 일을 하겠다고 제안했다. 서울대에는 편의시설이 부족했지만 스코필드는 그의 나이에도 불구하고 불편하게 생각하지 않았다. 1958년 8월 21일, 스코필드는 69세의 나이로 수의병리학 교수가 되었다. 스코필드는 부지런히 일했다.

스코필드는 국빈으로서 기차 2등석의 자유탑승권을 가지고 있었지만 그는 일반인들과 부대낄 수 있는 3등석을 선호했다. 한 여행에서 그는 가방을 도둑맞아 1919년 일본 정복자들이 한국인을 고문하는 장면을 촬영한 것을 포함해 25장의 사진을 포함한 짐을 잃어버렸다. 스코필드는 9월 말 국빈으로서의 지위가 만료되자 안도감을 느꼈으며 일반 시민들과 같이 움직이면서 친구들을 만날 수 있었다.

스코필드 박사는 한국에서 학생들을 가르칠 때는 온타리오 수의과대학에서 했던 것처럼 엄격했다. 스코필드는 수업에 늦는 것과 품행이 단정치 못한 것을 허용하지 않았다.

스코필드는 서울대학교 외에도 연세대학교 의과대학과 중앙대학교 약학대학에서도 강의를 했다. 그는 다른 학교에도 강사로 초빙되었으며 한국 사회에 대한 그의 견해를 감추지 않았다.

스코필드는 두 명의 고아를 후원하면서 세계 각지의 친구들과 지인들로부터 후원을 받았다.

스코필드 박사는 한국 정부에 매우 비판적이었으며 한국 정부는 그에게 압력을 가했다. 이승만 대통령의 정권은 학생들이 일으킨 봉기로 붕괴했으며 스코필드 박사는 다음과 같이 논평했다. "오늘 우리는 독재와 부패, 그리고 잔학 행위에 대한 큰 승리와 정의, 용기와 자유가 회복된 것을 축하합니다." 스코필드는 한국인들에 대한 공헌으로 대한민국 문화훈장과 서울특별시 행운의 열쇠를 받아 서울의 명예시민이 되었다.

스코필드는 국민의 마음에 관심을 가지도록 설득하고 복음을 전파하는 일을 계속했다.

스코필드는 그의 한국인 동료들과 연구를 계속해서 1959년에서 1961년 사이에 다음과 같은 논문들을 간행하였다.

F. W. Schofield and Un Ik Chung(1959). "The Introduction and spread of Atrophic Rhinitis of Swine in Korea." JAVMA 135: 375~376.

F. W. Schofield and Chong Bum Paik(1961). "Paragonimus Invasion of the Lung of a Cat." JKVMA 5(1): 38.

F. W. Schofield and Kim Chung Man(1961). "An Outbreak of Newcastle Disease Among Pheasants in the Zoo. Seoul, Korea." JKVMA 5(1): 39~40.

F. W. Schofield and Cheon Suk Chang(1961). "Infectious Canine Hepatitis." JKVMA 5(1): 41~42.

Kim Sang Nam and F. W. Schofield(1961). "Histo-pathological Studies of Blobidiosis in Cattle." JKVMA 5(2): 2~6.

F. W. Schofield and Ik Soo Seo(1961). "Acute Pneumonitis Caused by Pasteurella multocida B Type in Swine." JKVMA 5(2): 61.

스코필드는 1961년 캐나다와 유럽을 여행하기 위해 6월에 한국을 떠난 뒤 10월에 귀국했다.

1962년 온타리오 수의과대학은 설립 100주년을 기념하였다. 스코필드 박사는 토론토 대학으로부터 명예 법학박사 학위를 받았다. 그는 기억에 남을 만한 연설을 했다.

스코필드는 1963년 다시 한국으로 돌아갔는데 이때 수의과대학은 수원에 있던 농업대학으로 이전해 있어서 스코필드는 수원으로 출퇴근을 해야 했다. 그럼에도 불구하고 그는 수업이나 연구 활동에 빠지지 않았다.

스코필드는 한국에 머무는 동안 활동과 저술, 연구, 학문 지도, 논평, 조언, 저산 활동과 복음 전파를 멈추지 않았다. 그의 건강은 계속 나빠지고 있었지만 그는 빡빡한 일정을 계속했다.

1964년 스코필드는 다시 캐나다를 방문해서 피어슨 총리에게 한국인 유학생의 할당을 늘려줄 것을 요청했다.

1965년 경북대학교는 명예 수의학박사 학위를 수여했으며, 고려대학교는 창립기념일에 명예 법학박사 학위를 수여했으며, 1966년 경희대학교는 권위 있는 대학장을 수여했다.

1966년 스코필드는 다시 북미와 유럽을 방문했는데 영국에 있는 그의 친척들은 그가 영국을 떠나지 말고 함께 살 것을 간청했으나 그는 10월에 한국으로 돌아왔다.

1968년 스코필드는 캐나다에서 1년 반을 보내면서 휴식과 함께 건강을 회복했다. 이 시기에 그는 대한민국 정부로부터 대한민국 건국공로훈장이라는 민간인으로서는 최고의 예우를 받았다. 백선엽 한국대사가 스코필드 박사가 머무르고 있던 온타리오의 브레슬로(Breslau)까지 와서 훈장을 달아 주었다.

1969년 초 스코필드는 3·1 운동 50주년 기념식에 귀빈으로서 공식초청을 받았다. 스코필드는 한국으로 가는 길에 들러야 할 곳이 여러 곳 있다고 느꼈다. 스코필드는 그가 입양한 딸인 임종희와 로스앤젤레스에서 보냈고 하와이와 도쿄에서는 친구들과 만났다. 이것은 그가 1920년 이래 다섯 번째로 한국을 방문하는 것이었다. 그의 주치의는 가지 말 것을 권했다.

스코필드는 시카고에서 로스앤젤레스로 비행기를 타고 가던 도중 호흡에 곤란을 느꼈다. 그의 맥박은 빨라졌다 느려졌다를 반복했으며 의식을 잃게 되었다. 스코필드는 덴버에서 비행기를 내렸고 공항의 응급실에서 치료를 받은 뒤 덴버 병원에 일주일간 입원해야 했다. 로스엔젤레스에서는 임종희의 간호를 받았으며 시간이 조금 지난 뒤 한국으로의 여행을 계속할 수 있게 되었다. (스코필드 박사가 로스엔젤레스에서도 입원했다는 증언이 있으나 스코필드가 회고한 바에 따르면 덴버에서 입원한 이야기로 보인다.)

스코필드는 3·1절 50주년 기념식에 참석했으나 건강이 좋지 않은데다 그 이후로 악화되었다. 스코필드는 1970년 3월 15일에 81세 생일을 맞았다.

스코필드는 임종을 맞아 그의 한국인 친구들에게 그가 마라 라자비쉬(Mara Lazarhvish)라는 여성과 비밀리에 사랑을 했다는 것을 털어놓았다. 스코필드의 아내는 정신병원에 오랫동안 입원해 있었기 때문에 스코필드는 집안일을 돕기 위해 마라를 고용했었다. 스코필드는 그녀와 가까워지면서 죄책을 느꼈고 그녀에게 다른 일을 알아봐주었다. 스코필드의 친구들과 친지들은 그가 아내와 이혼하고 유고슬라비아에서 온 마라와 결혼할 것을 권했지만 그는 거부했다.

이러한 관계의 압박과 그 무렵 그의 형들 중 하나가 무신론자가 된 사실을 알게 된 것은 죄책감을 가지게 했으며, 그는 자살을 시도하게 되었다. 스코필드는 수면제를 한웅큼 먹고는 손목을 베었다. 그러나 그는 의식을 되찾고 천천히 회복되었다.

스코필드는 유럽을 방문했을 때 유고슬라비아에 있던 마라를 만났다. 마라는 스코필드에게 한국으로 따라갈 것을 부탁했지만 스코필드는 그렇게 하지 않는 것이 낫다고 생각했다. 스코필드가 1968년 한국으로 떠날 때 마라는 스코필드에게 꽃무늬가 들어간 솜털베개를 선물했고 스코필드는 이것을 남은 생애 동안 가까이 두고 아꼈다. 마라는 스코필드에게 수놓은 테이블보와 뜨개질로 만든 스웨터를 보내주었고 그는 이것을 아꼈다.

1970년 4월 12일 스코필드는 서울에서 숨을 거두었다. 그의 장례식이 성대하게 치러졌다. 친구들과 동료들이 조사로 그의 명예를 기리기 위한 시를 바쳤다. 스코필드는 외국인으로서는 처음으로 대한민국의 국립묘지에 안장되었다.

온타리오 수의과대학은 1970년부터 매년 스코필드에 대한 강연을 시작했다. 이 강연은 전 세계의 의학 및 생물학 분야의 우수한 학자들이 참석하고 있으며 오늘날까지 계속되고 있다. 2003년부터 서울대학교에서 스코필드 기념 강연을 하게 되었다.

출전: Douglas C. Maplesden, *Dr. Frank W. Schofield: Veterinarian Extraordinaire*, Ontario Veterinary College, 2005.

07. 국립묘지에 잠든 벽안의 애국지사 프랭크 W. 스코필드 박사

『월간샘터』 2006. 3.

이삼열

내가 스코필드 박사님을 처음 알게 된 것은 서울 사대부고 2학년 때였다. 어느 날 학교에서 명사 초청 강연이 있었는데, 백발의 노인이 오셔서 천여 명 학생들을 강당에 모아 놓고 우리말과 영어를 섞어 가며 3·1 운동 이야기를 하시는 것이었다. 그때가 1957년이었으니까 내 나이 열여섯, 이승만 정권 말기였다.

스코필드 박사님은 3·1 운동 당시 캐나다 선교사로 한국에 들어와 세브란스 병원에서 의학부 교수로 계셨다. 한국 사람들을 돕고자 일본인들의 잔혹한 탄압 행위를 세계 만방에 알리고 비판하다가 결국 쫓겨나시기까지 했다. 특히 1919년 수원 제암리 교회당에서 학살사건이 일어나자, 당시 30대 청년이었던 스코필드 박사는 자전거를 타고 수원으로 내려가 불탄 교회당과 죽은 사람들의 사진을 찍어 미국과 캐나다로 보내 제암리 학살사건을 세계에 알렸다.

그때 신문에서 박사님을 두고 3·1 운동의 34인이라고까지 할 정도로 칭송이 자자했다. 외할아버지가 105인 사건에 연루되어 7년 감옥살이를 했고, 일제 탄압 이야기를 어려서부터 많이 들으며 자란 나는 스코필드 박사의 이야기에 큰 감동을 받았다. 어떻게 서양 사람이 이토록 우리 민족을 사랑할 수 있을까. 이분을 만나 보아야겠다는 생각이 들었다.

그러나 대학입시 준비에 밀려 용기를 못내다가, 마침 서울 문리대에 입학하고 나서 바로 의과대학 구내 외국인 교수 숙소에 스코필드 박사님이 계신 것을 알고는 찾아갔다. 당시 박사님은 캐나다에서 정년퇴직을 하시고 서울대학교 수의과대학에 교환교수로 오셔서 병리학 강의를 하고 계셨다. 한국의 장래를 많이 걱정하셨던 박사님은 젊은 인재들을 올바르게 양성하는 데 큰 관심을 갖고 계셨다. 그래서 수의대에서는 한두 강좌만 하시고 나머지 시간에는 대학생, 고등학생들을 만나 영어성경을 가르치면서 정신적인 지도를 더 많이 하셨다.

영어회화를 배울 겸 해서 많은 교수와 학생들이 스코필드 박사님 댁을 드나들었다. 나도 영어성경반을 만들어 매주 스코필드 박사님의 '안방강의'를 들을 수 있는 특혜를 누리게 되었다. 이렇게 시작된 스코필드 박사님과의 인연은 영어 공부에 그치지 않고 철학, 종교, 정치, 사회 문제에 대한 토론과 봉사활동으로 이어졌다. 항상 가난한 학생들을 돕고 직업소년학교, 야학 등을 찾아다니며 격려금을 나눠 주시던 박사님의 모습은 우리를 감화시켰다.

박사님은 철학 문제와 이성적 사고에만 경도되어 있던 나에게 사회봉사와 나눔의 실천을 가르쳐 주셨다. 수년 뒤 나는 박사님 댁에서 함께 영어성경을 공부하면서 만난 이화여대생과 결혼까지 하게 되었고, 박사님은 식장에 오셔서 특별 축사까지 해 주셨으니 나에게는 큰 스승이요, 은인이시다.

그 사랑과 가르침의 은혜를 갚지 못하고 내가 독일 유학을 떠난 사이에, 스코필드 박사님은 별세하셨고 동작동 국립묘지 애국지사 묘지에 묻히셨다.

스코필드 박사님은 정이 많고 자애로운 분이지만, 불의와 부정을 보면 여지없이 꾸짖고 비판하는 엄격한 분이셨다. 4·19와 5·16을 겪고 정치, 사상 문제로 고민이 많았던 대학 시절에 스코필드 박사님은 어느 교수님보다 가까운 나의 상담자셨다.

스코필드 박사님과의 10여 년에 걸친 추억담은 이곳에 다 기록할 수 없지만, 지금껏 가슴에 가장 아련히 남는 것은 그분의 검소한 삶과 철저히 남을 돕는 모습이다. 그는 가난한 이들과 어려운 학생들을 돕기 위해, 밤늦게까지 캐나다와 미국의 친구들에게 자세히 편지를 썼다. 그러면 50불, 100불씩 돈이 오는데, 이걸 모아 고아원과 소년원을 돕고 가난한 동네를 찾아다니며 학생들에게 장학금을 주시기도 했다. 그러나 정작 당신 자신을 위해선 옷 한 벌 사지 않았다. 종이 한 장도 아껴 쓰시고 전깃불도 책상 등만 켜서 절약했다. 편지를 길게 여러 장 쓰시면 봉투에 넣어 조그만 저울에 다셨는데 5g, 10g 초과되면 항공우편료가 더 비싸진다고 편지의 여백을 가위로 잘라서 무게를 줄이실 정도였다.

스코필드 박사님의 그 모습이 일생 나의 가슴속에 살아서 내가 오만해지거나 방만해질 때마다 나를 꾸짖으시니, 당신은 죽어서도 부족한 제자에게 큰 사랑을 베푸시고 계신 것이다.

스코필드 박사에 대한 연구 논문

Ⅳ

01. 프랭크 스코필드 박사와 한국인의 민족의식

도레타 모티모어(Doretha E. Mortimore)

1970년 4월 16일, 이름 높은 한국의 친구 한 사람이 성대한 의식과 함께 서울 외곽의 국립묘지에 안장되었다. 서양인이 한국의 국립묘지에 묻힌 것은 흔치않은 일이었을 뿐 아니라 그가 묻힌 곳이 그토록 신성하고 거룩한 곳이었다는 점은 진정으로 범상치 않은 일이었다. 이토록 영예를 누린 인물은 대한민국 건국공로훈장의 수여자로서 삼일운동의 34번째 민족대표로 불렸다. 그는 프랭크 W. 스코필드 박사였다.

스코필드 박사는 한국의 역사에서 결정적인 시기였던 일본의 식민통치시기에 앞으로 서술할 여러 가지 활동들을 통하여 한국인들에게 유용한 도움을 주고 용기를 북돋아 주었던 인물이다. 한국인들은 1919년 3·1 운동 이전에도 그랬지만 특히 운동 이후에는 "독립만세"라는 외침에 대한 일본의 보복으로 인하여 크나큰 고통을 겪어야만 했다. 프랭크 스코필드는 3월 1일의 중요한 사건을 계획한 이들에게 국제사회에 대한 중재자이자 대변자의 역할을 했다. 일본의 야만성과 불의의 제물이 된 이들에게는 원조자이자 구원자였다. 스코필드 박사는 그의 개인적인 성품이 가진 힘과 그가 외국인이라는 사실 때문에 한국인들에게 있어서 세계가 조선의 어려움을 깨닫게 될 것이며 한국인들의 독립에 대한 요구를 도와줄 것이라는 희망의 상징이 되었다는 것이 필자의 논지이다. 또한 스코필드는 한국인들의 대의를 적극적으로 지원함으로써 한국인들의 마음속에 민족의 목표와 정체성을 굳게 해 주었다. 한국인들은 스코필드의 깊은 동정심, 옳은 일과 정의에 대한 의식, 그리고 한국인들의 안위에 대한 걱정 등에 대해 알고 있었다. 이러한 것들을 통해 한국인들은 용기를 다시 찾았다.

프랭크 스코필드는 1917년 캐나다 장로교회의 해외 선교 위원회의 후원을 통해 조선을 처음 방문했다. 세브란스 의학전문학교의 교장이었던 에비슨(O. R. Avison) 박사(토론토 대학에서 아직 스코필드가 그 학교의 학생이던 시절 강의를 하고 있었다.)는 스코필드가 수의 세균학과 병리학 분야에서 매우 뛰어난 능력과 갈수록 높아지는 명성을 누리고 있다는 것을 알고 있었다. 에비슨 박사는 1916년 초 스코필드에게 편지를 보내 세브란스 의전에 합류할 것을 요청했다. 또한 그는 해외 선교 위원회의 총무 맥케이(R. P. Mackey) 목사에게 편지를 써서 스코필드를 그 중요한 자리로 보내줄 것을 요청했다.[1] 스코필드는 기꺼이 받아들였으며 1917년 9월 세브란스 의전의 연구원 겸 강사의 업무를 수행하기 시작했다. (스코필드 박사의 해외 선교 사업, 특히 조선에 대한 관심은 상당 부분 그의 부친의 영향 때문이라고 할 수 있는데 스코필드 박사의 부친은 일생을 해외로 파송되는 선교사들에 대한 교육에 헌신했고 한국인

1 Kim Young-sang, tr., 이장락, 『우리의 벗 스코필드』(서울: 정음사. 1962). 출간되지 않은 원고, p. 24.

들에 대해 꾸준히 친밀한 관계를 만들어 나갔다.)

스코필드 박사는 상대적으로 조선에 도착한 지 짧은 시간 만에 조선어로 일상회화를 하는 데 숙달되었으며 1년 반 만에 장로교 선교회의 정식 구성원이 될 수 있을 정도로 조선어를 읽고 쓸 수 있는 능력을 가지게 되었다. 스코필드 박사가 초기에 조선에서 진행한 가축 질병에 대한 연구와 강의에 대한 두드러진 헌신은 그의 동료들의 찬사를 받았으며 장로회 선교 위원회로부터 "우리에게 있어 가장 훌륭하고 절대로 없어서는 안 될 인물 중 한 명"이라는 인정을 받게 했다.[2] 하지만 여기서 가장 중요한 점은 스코필드 박사가 조선 학생들과 한국인 동료들로부터 갈수록 인기가 높아졌다는 점이다. 이갑성(독립선언문에 서명한 33인 중 한 명)과 이상재(독립협회 부회장)이 그 무렵 세브란스에 있었다. 이러한 젊은 민족주의자들은 스코필드 박사가 강의실이나 그가 주최한 저녁 성경반을 통해 만난 다른 사람들과 마찬가지로 스코필드 박사가 국제 문제에 대해 높은 지식을 갖추고 있으며 동정심이 많은 휴머니스트라는 점을 알게 되었다. 1971년 필자가 이갑성과 인터뷰한 내용에 따르면 이갑성은 스코필드 박사는 세계 여론의 동향과 국제적인 사건의 추이에 대해 그가 선정한 주제들에 대해서 동의하지 않는 일이 잦았다고 한다. 1919년 3월, 활동가인 학생들에게 특별히 인기를 끈 것은 스코필드의 다음과 같은 의견이었다.

2 Archives of the United Church of Canada, Korea Mission Correspondence, Box 3.

여러분도 알다시피, 나는 영국에서 태어나서 그곳에서 자랐으며 다른 사람들 만큼이나 영국인을 사랑합니다. 하지만 영국이 나의 조국이라 하더라도 나는 영국이 해외에 식민지를 유지하는 정책에는 반대하고 있습니다. 나는 세계의 어떠한 나라라도 영원히 식민지를 유지할 수 없다고 믿습니다.[3]

이 계획은 1919년 3월 1일 시작된 평화로운 전국 규모의 독립운동으로 귀결되었는데 이 글에서 자세히 이야기할 필요는 없을 것이다. 스코필드 박사가 이러한 계획에서 중요한 인물이었다는 것을 이야기하는 것으로 충분할 것이다.

1919년 2월 5일 늦은 저녁 스코필드 박사는 학생이면서 세브란스 병원에서 근무하고 있었던 이갑성의 방문을 받았다. 스코필드 박사는 이갑성을 그의 방으로 초대한 뒤 그의 요청에 따라 블라인드를 내리고 나서 그가 늦게 방문한 이유를 물었다. 이갑성이 난처하고 불안해 보이는 상태로 계속 말을 하지 못하자 스코필드 박사는 무슨 곤란한 일이라도 생겼냐고 물었다. 이갑성은 이에 대해 스코필드 박사의 의향을 묻고자 방문한 것이라고 답했다. 이갑성은 조선 북부에 거주하는 장로교 선교사이자 순천에 있는 기독교 병원의 감독으로 있는 알프레드 셔록스(Alfred M. Sharrocks)가 자신을 방문해 셔록스가 최근 미국을 방문했을 때 겪은 일들을 이야기 해 주었다고 말했다. 셔록스가 워싱턴에 가기 전에 우드로 윌슨 대통령은 같은 달의 파리평화회담에서 제안할 14개조의 평화안을 발표했다.

3 이갑성과의 인터뷰, 1971년, 또한 이장락, 『우리의 벗 스코필드』, p. 32를 참고하라.

셔록스 박사와 함께 워싱턴을 방문한 인물로는 미국에서 조선의 민족 독립을 위하여 활동하고 있었던 이승만 박사와 안창호가 있었다. 이승만 박사와 안창호는 조선에 있는 동포들이 힘을 합쳐 민족 독립을 세계에 호소하기 위하여 그들과 제휴하기를 원하고 있었다. 이들은 우드로 윌슨이 제안한 14개 조항과 곧 있을 파리평화회의에서 한국인들이 세계에 그들의 고난을 알릴 수 있는 특별한 기회를 잡을 수 있을 것이라고 생각했다. 이갑성은 그 이후로 한국인들이 어떤 행동을 취해야 할 것인지 정하기 위하여 모임이 분주하게 열렸다고 이야기했다. 이갑성에 따르면 결국 3월 1일에 조선 독립을 위한 전국 단위의 평화 시위를 연다는 계획이 세워졌다. 스코필드 박사는 한국인들의 계획이 세워진 경위와 그 성격에 대해서 듣고 시위를 조직한 학생 지도층에서 그가 외부 세계화의 연락책을 맡아주도록 선택했다는 이야기를 들은 뒤 일본의 군사력 앞에서 운동이 성공할 수 있을 것인지 의문을 품기는 했지만 그가 줄 수 있는 도움은 기꺼이 주겠다고 답했다. 실제로, 스코필드 박사는 자신의 얼마 되지 않는 급여에서 80달러를 제공하려 했다. 그러나 이갑성은 한국인의 자금만을 사용할 것이라며 스코필드 박사의 호의를 거절했다.[4] 이렇게 해서 스코필드 박사는 이갑성에 의해 앞으로 닥치게 될 날 중요한 역할을 맡게 되었으며 조선 독립운동을 대표하는 유명한 33인과 함께하게 되었다. 이 이후로 프랭크 스코필드는 3·1 운동의 "민족대표 34인"으로 알려지게 되었다.

---

4 이갑성과의 인터뷰, 1971년.

3월 1일 이전까지 프랭크 스코필드는 베르사이유 평화회의에서 중요한 모임, 평화회의에서 어떤 결정이 내려질 것인지에 관한 세계 여론, 그리고 조선과 같은 압제받는 국가들에 대해 어떤 결론이 내려질 것인지, 국제 문제에서 일본의 새로운 역할에 대한 세계의 여론에 관한 영어 언론의 보도를 번역하고 알려주는 역할을 담당했다. 또한 스코필드는 조심스럽게 고국으로 귀환하는 다른 외국 선교사들에게 고국의 사람들에게 일본의 조선 통치에 대한 대중적인 여론을 확인해 달라고 부탁했다. 더 나아가서 스코필드는 자신의 거처를 3·1 운동의 학생 지도자들의 비밀 회합의 장소로 여러 번 제공했다.[5]

한국인들이 전국적인 평화 시위를 시작하기 전날 저녁 이갑성은 다시 스코필드 박사를 방문해서 그에게 독립선언문의 사본을 보여주고 3월 1일에 있을 사건들을 후대에 알리기 위하여 사진을 촬영해 줄 것을 요청했다.

이렇게 해서 1919년 3월 1일 오후 2시, 30세의 프랭크 스코필드 박사는 독립선언문이 공개적으로 낭독된 파고다 공원 바깥에서 카메라를 들고 대기하면서 이 기념비적인 사건의 유일한 사진 기록이 된 역사적인 사진들을 찍었다. 이 역사적인 날의 나머지 시간 동안 무슨 일이 있었는가는 잘 알려져 있다. 다음 날 3월 3일의 고종의 국장 준비가 계속 되는 와중에 서울 전역과 주변 지역에서 독립 시위가 잇달아 일어났다. 일본 경찰은 검거를 계속했고 얼마 안 가

---

5 Ibid.

경성의 감옥 대부분은 수감자로 넘쳐나게 되었다. 스코필드 박사는 이러한 경과를 깊어 가는 근심으로 지켜보았다.

1919년 3월 8일, 혹은 그 무렵 일본 경찰과 사복경찰이 외국인의 선동에 대한 준칙[6]에 의거하여 세브란스 의학전문학교에 나타났으며 에비슨 학장에게 즉시 수색을 실시할 것이라고 통보했다.[7] 에비슨 박사는 즉시 영국 공사관에 연락하여 일본측의 요구 사항에 대하여 알렸지만 달라진 것은 없었고 수색을 허가해야만 했다. (이 날 오전 한국인 정보원으로부터 수색이 있을 것이라는 통보가 왔으며 그랬기 때문에 세브란스 의전 측에서는 준비가 전혀 안 된 것은 아니었다.) 조선에서 스코필드 박사의 가까운 친구 중 한 명이었던 허버트 오웬스(Herbert T. Owens)[8]는 그의 회고록에 다음과 같이 기록했다.

> 에비슨 학장이 수색조에게 세브란스 의전에 대한 침입에 대해 항의하는 동안 외국인 교수 중 한 명이었던 프랭크 스코필드가 학장실과 그 주변에 모여 있던 군중 사이에 끼어들었고 무슨 일이 일어나는지 듣기 시작했다. 스코필드는 계획된 수색이 있다는 것을 듣지 못했으며 학생들이 감옥에서 겪은 경험들에 대한 많은 이야기들을 타자기로 정리한 것이 그의 책상 위에 있었다. 스코필드 박사는 무슨 일이 닥칠 것인지 깨닫자마자 자신의 연구실 바닥의 널빤지 하나가 느슨해져 있다는 것을 떠올리고는 그 부분을 마구 차서 서류 뭉치들을 넣을 만큼

---

6 일본 당국은 즉시 한국인과 외국 선교사를 포함한 기독교 공동체가 독립운동을 선동하고 계속해서 불안을 일으킨다고 의심하였다.

7 Owens, Herbert T. 출간하지 않은 개인 문서, 캐나다 토론토에 거주하는 엘리노어 오웬스 월든(Eleanor Owens Walden) 소장.

8 허버트 오웬스는 세브란스 의전과 연전의 회계과장이었다.

넓은 공간을 만들어 넣고 다시 원래 위치로 돌려놓았다. 그리고 그는 연구실에서 천천히 계단을 내려와 무슨 일이 일어나는지 듣기 시작했다.[9]

일본 당국이 세브란스 의전을 수색한 것은 이것이 마지막은 아니었다. 며칠 뒤 여러 명의 일본 경찰이 다시 와서 재산에 대한 조사를 실시하겠다고 요구했으며 이번 수색의 목표는 조선 학생들이 『삼일일보』라는 작은 신문을 인쇄하는 데 사용한 등사기를 찾아내는 것이었다. 또다시 외국 선교사들과 독립운동 간의 연결고리를 찾으려는 시도인 것이 분명했다. 한동한, 이용설(과 그의 친구 몇 명)이라는 학생이 비밀리에 다양한 독립운동 조직에 대한 소식과 해외 동포들에 대한 소식, 국제 정세에 대한 내용을 담은 이 신문을 제작하고 있었다. 스코필드 박사는 수색 도중 일본 경찰 전부가 범죄의 증거물을 찾던 도중 다락방에 있는 그의 사진실에서 발을 헛딛는 것을 "즐겁게" 구경했다. (스코필드는 필름이 모두 노출되는 것을 우려하여 불을 켜지 못하도록 했다.)[10] 모든 걱정에도 불구하고 등사기는 지하실의 석탄창고에 숨겨졌으며 발견되지 않았다. 이용설과 그의 친구들은 일본 당국이 의심을 품고 수색을 한다는 보고를 받자 고향으로 피신했다.

스코필드 박사는 몇 주 사이에 그의 한국인 학생과 친구들의 상당수가 그를 찾아오지 않는다는 점과 그의 강의와 연구실에 참석하

9 허버트 오웬스 문서.

10 Ibid.

는 사람의 수가 눈에 띌 만큼 줄어들었다는 점을 알게 되었다. 스코필드는 이 사실과 함께 일본 경찰의 잔인성과 고문에 대한 소식을 갈수록 접하게 되면서 자신이 한국인 친구들을 위하여 긍정적이고 즉각적인 행동을 취해야 한다고 확신하게 되었다. 스코필드는 한국인들을 도울 때 자신이 가지고 있는 장점이 무엇인지 잘 알고 있었다. 스코필드는 아직 영국 시민권과 여권을 가지고 있었다. 일본측이 스코필드를 지나치게 가혹하게 조사함으로써 영일동맹을 통해서 일본이 얻은 이익들을 약화시킬 이유는 없었다. 상대적으로 초기에는 거칠 것이 없었기 때문에 스코필드는 가능한 조선의 많은 지역을 방문했다. 사람들과 대화하고 그가 줄 수 있는 도움을 주기도 하였으며 감옥을 방문하고 그가 사용할 수 있는 모든 수단을 동원하여 일본의 야만적인 행위를 폭로하였다.[11] "육체적인 힘이 필요한 일이라면 뒤로 물러서 있을 수 있습니다. 하지만 나의 눈으로 보고 나의 입으로 이야기하는 데 있어서는 물러서 있을 이유가 없습니다. 나는 내 눈으로 볼 수 있는 것은 모두 볼 것이며 내가 쓸 수 있는 수단은 모두 사용하여 세계가 한국인들의 소망을 알도록 할 것입니다."[12]

스코필드는 첫 단계로서 경성 시내를 돌아다니기 시작했다. 스코필드는 일본 경찰이 끌고 가는 일단의 학생들과 다른 사람들이 다가오자 정당한 분노를 느끼면서 큰 마음을 먹고 그들에게 다가가

11 스코필드 박사는 18세에 소아마비의 희생자가 되었고 남은 생애 동안 심하게 다리를 절었으며 항상 지팡이에 의지해야 했다.

12 이장락, p. 42.

소년이나 소녀를 한 명씩 붙들고서는 "이런, 내 하녀/하인에게 어떻게 이럴 수가 있소? 이 문제에 대해서는 내 집으로 전화를 걸든가 영국 대사관에 연락해서 내 신분을 확인하도록 하시오."라고 하든가 "이런. 나는 캐나다 선교사입니다; 내 조교를 데려갈 수는 없습니다; 그/그녀는 아무 잘못도 하지 않았습니다. 그냥 그/그녀를 데리고 가겠습니다."라고 소리쳤다. 스코필드는 그 사람의 팔을 낚아채자마자 그가 사는 곳으로 발걸음을 서둘렀다. 두말할 나위 없이 스코필드 박사는 같은 헌병에게 두 번이나 이러지 않도록 극도로 조심했지만 이런 방식으로는 매우 적은 수의 죄 없는 한국인을 일본 감옥으로부터 구해 낼 수 있을 뿐이었다.[13]

다른 날, 스코필드는 그의 친구들을 돕기 위한 다른 방법을 숙고하던 중 그가 큰 명성을 얻게 되는 방법을 착안하게 되었다. 스코필드는 어느 날 경무국장 마루야마 쓰루키치(丸山鶴吉)를 찾아갔다. 스코필드 박사는 그의 요청이 순전히 사교적인 것인 것처럼 위장하면서 의례적으로 명함을 교환하였다. 그리고 스코필드는 경찰관들에게 마루야마의 명함을 보여주면서 한국인들을 감옥에서 구해 줄 수 있었으며 그가 마루야마와 친밀한 관계임을 보여주면서 죄수를 석방하는 것이 잘못된 것이 아니며 문책을 받지 않을 것이라는 보증을 해 주었다. 이러한 방식은 스코필드 박사가 여러 중요한 순간에 사용하였다. 이러한 일이 있은 이후 그는 이 이야기를 자신의 한국인 친구들에게 들려주었고 그들은 매우 유쾌하게 즐겼다.

---

13 이상현, 『호랑이 할아버지 스코필드 박사 일생』(서울: 한국기독출판사, 1973), p. 87. 미시건 칼라마 주의 앤드류 남(Andrw C. Nahm) 박사가 번역한 부분.

곧 스코필드 박사는 자신이 목격한 것과 비판하고자 하는 것을 글로 쓰기 시작했다. 1919년 4월 13일 『서울 프레스』[14]는 「정치의 선악 여부는 사람들이 행복한지 불행한지에 달려 있다」라는 제목으로 '한 외국인 친구'가 쓴 글이 실렸다. 이 글의 내용은 필자인 프랭크 스코필드 박사가 일본인들이 조선에 주었다는 물질적인 이득이 실제로 한국인들에게 도움이 되었느냐 그렇지 않느냐에 관한 것이었다. "정부의 진정한 의무는 인민들을 물질적으로 부유하게 하고 지적으로, 육체적으로 건강하게 하는 것에 그치지 않는다. 부와 지식 또는 체력은 이것들이 인민의 행복과 복지를 위한 것일 때에만 의미가 있다." 스코필드는 이 글의 결론을 내리면서 일본 관료들에게 한반도의 불안정한 상황의 원인을 면밀히 관찰할 것을 촉구하면서 한국인들은 물질적인 풍요보다 정신적인 자유를 더 갈망하고 있다고 주장했다.[15]

불행히도 일본 식민지 관료들은 스코필드 박사의 존재에 큰 관심을 기울이지 않았다. 실제로는 이 글이 실린 지 며칠 지나지 않아서 서울에서 얼마 떨어지지 않은 곳에서 큰 비극이 일어났다. 한동안 일본은 그들이 기독교도와 선교사들이 독립 시위에 개입했다는 혐의를 두고 있다는 것을 교회를 불태우는 것으로 보여주었다. 1919년 4월 말 일본 경찰은 수원 근교의 제암리에 나타났다. 그곳에서 22명의 마을 남자들이 "만세"를 불렀다는 혐의로 마을 교회 안으로 들어가도록 명령을 받았고 총과 총검으로 살해당했다. 헌병은 학살을

14 『서울 프레스』는 일본의 후원하에 서울에서 인쇄되는 외국인을 위한 영자지였다.

15 *The Seoul Press*(Seoul), April 13, 1919.

한 뒤 마을 전체를 불태웠다. 비슷한 학살은 수촌리, 화수리 그리고 그밖의 다른 근처의 마을에서도 이루어졌다. 스코필드 박사는 이 비극에 대한 소식을 접하자마자 즉시 수원으로 출발했다.

> 매우 심각한 이야기였기 때문에 즉시 진위를 확인해야 했다. 나는 여행 허가를 받을 수 없어서 내 자전거를 가지고 부산으로 가는 아침 열차를 탄 뒤 수원에서 내렸다. 문제가 발생한 곳의 위치를 물어보는 것은 현명한 일이 아닌 듯싶었다…… 논두렁의 급격하게 꺾이는 모퉁이길은 결코 잊을 수 없을 광경이었다. 마을은 불타 있었고 (다만) 약간의 잔해만이 여전히 연기를 뿜고 있었다. 아무도 이야기할 수 없었을 것이다. 모두가 공포에 질려 있었다. 나는 통역자에게 쌀을 사도록 돈을 조금 주고 교회의 잔해를 사진으로 찍은 뒤……. 수촌으로 출발했다.[16]

스코필드 박사는 수촌으로 향하면서 더 많은 비극의 흔적을 발견했다. 수촌에서는 주택의 절반이 불타 버렸다. 스코필드는 남아 있는 집 한 채에서 한 노인이 왼팔 윗부분에 총검으로 입은 상처가 감염되어 심하게 고통받고 있는 것을 발견했다. 스코필드는 그 노인을 병원으로 옮길 수 있도록 허락을 받았지만 그는 얼마 있지 않아 사망했다. 스코필드는 그의 공책에 다음과 같이 적었다.[17]

16 Schofield, Francis W. “The Unquenchable Fire,” 캐나다 온타리오의 브레슬로의 조지 카디널(George I. Cardinal)이 소장한 미간행 원고.

17 Schofield, Francis W. “The Unquenchable Fire,” 캐나다 온타리오의 브레슬로의 조지 카디널(George I. Cardinal)이 소장한 개인 미간행 원고.

나는 7~8명의 소년이 선교병원에 입원한 다음 날 수촌에 도착했다. 시위 이후 경찰은 많은 수의 학생들을 체포하고 이들 중 일부를 경고의 사례로 삼았기 때문에 더 이상의 시위가 발생하지 않았다. 십자가 비슷하게 생긴 틀에 묶인 채로 3일 연속으로 매일 30대씩의 구타가 자행되었고 이 중 많은 수가 며칠 뒤 사망했다. 다른 이들은 큰 고통에도 불구하고 병원까지 자전거를 타고 가서 한 명을 빼고는 건강을 되찾았다. 경무국장은 미국 선교병원에 이들이 입원해 있다는 정보를 받고는 급히 몇 명의 경찰 소속 의사인 "고문 기술자"들을 데리고 병원 병동으로 왔는데 그때 나는 사진을 촬영하고 있었다. 경무국장은 굉장히 화가 나 있었고 카메라 앞을 가로막고는 "아무도 사진을 찍어서는 안 된다! 아무도 사진을 찍지마라!" 하고 소리를 질렀다. 내 마지막 희망은 전에 입수한 물건을 보여주는 것이었다. 그것은 조선 헌병대사령관 고지마(児島惣次郎) 장군의 명함이었다. 그리고 절반의 진실, 즉 내가 그의 친구라는 점을 이야기하면서 보호를 받고자 했다. 장군의 명함은 얻는 것이 어려웠으며 약간의 기적을 발휘해서 상대하기 곤란한 관료들의 태도를 바꾸어 놓곤 했다. 그러나 이번에는 통하지 않았다. 약간의 대화를 나눈 뒤 명함을 받기는 했지만 병동에서 쫓겨났다. 며칠 뒤 경성에서 고지마 장군과 불편한 면담이 있었고 힘들여서 쌓은 친분 관계는 끝났다. 세 시간 동안 기다린 뒤 경찰측 대표는 떠났으나 괴저와 사망의 원인에 대해서는 확인해 주지 않았으며 단지 당뇨와 같은 혈액순환 장애라는 의견을 내놓았을 뿐이었다. 나는 필요한 사진을 모두 촬영했으며 경성으로 급히 돌아가 고지마 장군에게 내 자신에 대하여 변론을 했다. 고지마 장군은 매우 화가 나 있었으며 내가 국제적인 문제를 일으켰다고 힐난했다.

스코필드 박사는 작은 마을들에서 일본이 저지른 잔학 행위에 대한 물증을 입수하는 목표를 달성하고 그가 도와줄 수 있는 한 많은 부상자들을 도와준 뒤 경성으로 가는 저녁 열차에 올랐다. 스코필드 박사는 여행으로 인한 허기를 달래기 위해 식당칸으로 가서 저녁을 주문했다. 스코필드는 식당칸 주변을 둘러보다가 나이 많은 신사 한 사람이 일본 경찰에 둘러싸인 것을 발견했다. 스코필드 박사는 그 사람이 낯이 익다는 느낌이 들어 그에게 자신을 소개했다. 노인은 스코필드를 만나서 반갑다고 답하고 자신의 이름이 이완용이라고 한 뒤 말을 계속했다. "이보시오. 캐나다 선교사 양반. 예수님을 믿고 구원을 받으려면 어떻게 해야 합니까?" 스코필드 박사는 신문과 잡지에서 이완용이라는 이름은 한국인들에게 매국노로 비난받는다는 것을 읽었던 기억을 떠올리고는 즉시 이렇게 답했다. "물론 예수님을 믿으실 수는 있습니다만 기독교인이 되어 구원을 얻으시려면 삼천만의 한국인들에게 진심어린 사죄를 하셔야 할 것입니다."[18]

다음 날 스코필드 박사는 제암리의 주민들을 방문하여 그들의 고통을 덜기 위해 자신이 줄 수 있는 도움을 제공하기 위하여 다시 수원으로 떠났다. 스코필드는 가장 심한 부상을 입은 사람들을 수촌에서 만났으며 경찰이 그의 행동을 다시 저지하려 했음에도 불구하고 끝내 이들을 선교 병원에 입원시키는 데 성공했다.

스코필드 박사는 일본군에 의해 희생된 수원 근교의 다른 마을들

18 이장락, 『우리의 벗 스코필드』, p. 44.

을 방문한 뒤 다시 경성으로 돌아왔다.

스코필드 박사는 수일간 자신의 친구 및 동료들과 대화를 나누면서 경성의 경계가 강화되고 있다는 사실을 알게 되었다. 이 당시 외국공관들은 일본 당국이 안전을 보장할 수 없다는 이유로 자국민들의 야간 외출을 피하도록 하라는 통보를 했다. 이에 대하여 대부분의 공관에서는 일본 당국에게 그러한 지시는 할 수 없으며 자국민이 해를 입을 경우 그에 대한 책임은 모두 일본 정부가 져야 할 것이라고 답했다. 나중에 일본 당국이 외국인도 포함된 "사고"를 의도적으로 계획하고 있었다는 것이 드러났다.[19] 게다가 몇몇 외국인들은 일본 당국이 일본에서 일단의 무뢰배(壯士)들을 고용하여 서양인들의 거주지 부근에 풀어놓아 서양인들이 구타를 당하거나 학대를 받게 하려한다는 정보를 입수했다. 일본인들은 무뢰배들에게 한국인의 복장을 하게 하면 한국인 시위대가 비난을 받을 것이라고 믿었다. 이 소식은 곧 사실로 확인되었다. 허버트 오웬스는 이렇게 기록했다.[20]

> 놀고 있는 사람에게는 사탄이 일을 준다는 속담처럼 서양인을 공격할 기회를 잡지 못한 무뢰배들은 일부 한국인 경찰과 실랑이를 벌였고 이들 중 한 명은 심하게 맞아서 병원으로 실려왔다. 물론 이 이야기는 알려지게 되었다. 의전의 직원 중 한 명이었던 캐나다인 세균학자 프랭크 스코필드 박사는 이 소식을 듣고 이것이 사실인지 확인하기

19 허버트 오웬스 문서.

20 Ibid.

로 결심했다. 스코필드 박사는 소아마비로 인해 다리를 절었기 때문에 여기저기 돌아다닐 때 자전거를 탔다. 야간 교통 규정상 모든 탈 것은 밤에 등을 켜야 했으며 자전거를 타는 사람들은 보통 제등(提燈)을 사용했다. 스코필드는 중요한 교차로에 있는 파출소가 가까워지자 등의 불을 끈 뒤 경찰관에게 가서 불을 빌렸고 이렇게 해서 다시 불을 켤 수 있었다. 스코필드는 조선어 회화에 능숙했기 때문에 경찰관에게 말을 걸 수 있었고 경찰관에게 최근 서양인들이 겁에 질려 있다고 이야기 해 주었다. 경찰관은 그 이유를 물어봤는데 스코필드는 일본에서 일단의 무뢰배들이 건너왔기 때문이라고 답했다. '대략 백 명 정도는 되겠지요. 아닌가요?' 경찰관이 답했다. '아뇨. 60명 정도밖에 안 됩니다.' 그러자 스코필드는 실랑이 과정에서 부상당한 사람이 죽었는지 물어보았는데 경찰관은 그리 심한 부상은 아니라고 대답했다. '부상자는 어디에 있습니까?' 스코필드가 질문했다. '공립병원에 있습니다'라는 답변이 돌아왔다. 스코필드 박사는 다른 파출소에서도 비슷한 과정을 반복했으며 더욱 확신을 가지게 되었다. 얼마 되지 않아 무뢰배들은 일본으로 돌아갔다.

간헐적으로 독립운동에 참여했거나 참여했다는 혐의를 받고 있던 학생들과 그 밖의 한국인들에 대한 검거가 계속되면서 스코필드 박사는 그의 가까운 친구들이 겪는 고통에 대한 소문을 듣게 되었다.

스코필드는 『서울 프레스』 5월 11일자[21]에 실린 기사에서 서대문 형무소는 "서대문 휴양소"나 "서대문 직업학교"라는 명칭이 더 적합할 것이라고 주장하는 기사에 격분했다. 일본인 기자는 그가 서

21 *The Seoul Press*(Seoul), May 11, 1919.

대문형무소에서 본 훌륭한 모습들을 재치 있는 문장으로 요란한 수식어를 사용하여 묘사하였다. 일주에 한 번씩 목욕을 할 수 있으며 따뜻하고 편안한 숙소에 매일 운동을 할 수 있도록 해 주며 수감자들이 석방된 뒤 생활에 도움이 될 수 있도록 직업교육을 실시한다는 내용이었다. 스코필드는 5월 12일『서울 프레스』에 기고한 글[22]에서 외국인 공동체에서는 한국인 친구들이 최근 "서대문 직업학교의 근처에 있는 비좁고 더러운 감방과 일본 간수의 잔인한 대접과 고문을 받는 곳"에서 석방되었고 당연히 그 신뢰성에 대해서 회의적이긴 하지만 그러한 주장을 환영하는 바라고 밝혔다. 스코필드는 글을 마무리하면서 수감자의 가족들이 마음을 편히 할 수 있도록 일본인 기자가 쓴 유익한 기사를 조선어로 번역할 것을 제안했다. 이 빈정대는 글로 인해 스코필드 박사는 서대문형무소를 방문하여 일본인 기자의 기사의 진위 여부를 확인할 수 있도록 초청을 받을 수 있었다. 스코필드 박사는 감옥을 방문하는 동안 세브란스 병원의 간호사 노순경, 이화학당의 학생 유관순, 개성의 감리교회 전도부인 어윤희 등과 조금이나마 대화를 나눌 수 있었으며 그들이 생활하는 환경을 살펴볼 수 있었다. 스코필드가 시찰한 결과는 외국 선교사들이 받은 정보를 입증해 주는 것이었다. 생활 조건은 어떤 기준에서 보더라도 개탄스러운 수준이었으며 수감자들은 심한 고문을 받았다. 서대문형무소 방문과 심한 구타를 당한 뒤 세브란스 병원에 입원 치료를 허가받은 또 다른 수감자 이애주와의 장시

22 *The Seoul Press*(Seoul), May 12, 1919.

간에 걸친 대화는 스코필드 박사가 직접 하세가와 총독과 정무총감 미즈노에게 격렬한 항의를 하게 했다. 스코필드의 항의는 『서울 프레스』와 『재팬 애드버타이저』에 기고된 야만 행위에 대한 비판과 보다 문명화된, 인간적인 정책을 종용하는 글들과 함께 서대문형무소의 고문 폐지와 수감자들의 생활환경 개선을 가져오게 했다. 나중에 출간된 보고서와 회고록[23]에서 노순경과 유관순은 이러한 노력은 스코필드 박사가 매주 형무소를 방문한 것과 함께 "우리에게 안도감과 용기를 주었다. 우리는 스코필드 박사의 우리를 위한 행동에 큰 용기를 얻었다. 그의 행동은 우리에게 큰 신념을 주었다"고 밝혔다.

1919년 여름부터 스코필드는 그의 제2의 조국의 사람들이 받은 고문과 학대를 조사하기 위해 여행을 하면서 자신이 목격한 것에 대한 보고서, 한국인 피해자들의 셀 수 없이 많은 진술서, 그리고 부상자와 사망자의 통계 등을 기록하기 시작했다. 다행히 이 기록들 중 일부는 그의 동료들이 남긴 기록과 함께 조선 밖으로 반출되어 미국과 캐나다의 선교단체 지도부에게 전달되었다.

실제로 이 무렵 미국의 그리스도의 교회 연방 협의회의 주도하에 본토에서 강력한 항의 움직임이 조직되기 시작하였다. 이들 조직은 갈수록 중국의 신문 보도를 통해 얻은 소식과 함께 현장으로부터 그 규모와 어조 면에서 강력해지는 항의를 받게 되면서 일본 당국에 한국인에 대한 모욕적이고 비인간적인 처우에 대하여 항의하기 시작

23 이장락, 『우리의 벗 스코필드』, p. 48.

했다. 시간이 지나도 부정적인 보고들이 줄어들지 않고 계속되면서 연방 협의회는 자료를 수집하여 최종적으로『조선의 정세』라는 제목의 공식 항의서로 출간했다.[24] 상당수의 자료들, 즉 스코필드가 수집한 자료들은 영국 해외 성경 협회의 총무 릿슨(Ritson)의 편지를 통해 토론토의 장로교회 선교위원회의 총무 암스트롱(A. E. Armstrong) 목사에게 전달되었다. "(지난번 릿슨이 보낸) 8월 14일자 편지는 스코필드 박사가 보낸 문서를 다루고 있다. 나는 이것을 우리 위원회에 회부하여 일본이 조선에서 자행하고 있는 잔학 행위에 관한 사실들을 조금이라도 알 수 있게 하려고 한다."[25]『조선의 정세』에 실려 있는, 현존하는 스코필드와 그 밖의 인물들이 기록한 일본의 잔인성에 대한 일치된 목격담들은 우연이라기에는 너무나 충격적이다.

스코필드 박사가 수집한 목격자들의 보고는 상당한 양으로 늘어나면서, 그리고 1919년이 저물어 가면서 스코필드가 조선에서 보낼 수 있는 시간이 얼마 남지 않았다는 점이 분명해졌으며(후술) 그는 총괄적으로 정리된 기록을 해야겠다는 생각을 하기 시작했다. 1919년 11월, 그러한 구상은 300여 쪽에 달하는「정복할 수 없는 조선(Korea Unconquered)」, 그리고 나중에「끌 수 없는 불꽃(The Unquenchable Fire)」이라는 제목의 원고로 정리되었다. 청년 프랭크 스코필드는 이 글에서 자신의 능력을 최대한 발휘하여 그가 목격하고 들은 것들을

24 Commission on Relation with the Orient of the Federal Council of Churches of Christ in America. *The Korean Situation*. New York: Commission on Relations with Orient of the Federal Council of Churches of Christ in America, 1919.

25 Archives of the United Church of Canada. Korea Mission Correspondence, Box 4.

밝혔다.

> 이 책은 조선 독립을 세계에 호소하기 위한 것이 아니다. 이것은 단지 1919년 봉기에서 있었던 사건들을 신중하게 기록하고자 하는 노력일 뿐이다. 이 책의 각 장에 실린 기록과 이야기들은 현재 일본 정부가 조선에 적용하고 있는 강제적인 동화와 탈민족화를 위해 경찰이 취하고 있는 특정한 수단에 대해 묘사하고 있다. 그리고 한국인들은 어떠한 대응을 했는지 보여준다. 한국인들의 대응은 가슴을 뭉클하게 하는 이야기이다……. 한국인들은 자유를 얻고자 하는 투쟁을 더 강화했다……. 새로운 민족의 정신이 탄생한 것이다. 그 정신은 공포를 몰아내었다. 나는 필요한 문학적 교육과 소양이 부족한 상태로 기꺼이 이 책을 쓰는 책무를 담당하기로 하였지만 한편으로는 한국인들이 그들의 자유를 위한 투쟁에서 겪은 고통과 그들이 발휘한 영웅적인 모습에 대한 진실된 이야기를 전해야 한다는 부담을 느끼고 있다.[26]

이 기념비적인 저작은 사건의 역사, 목격담과 압제받는 이들과 압제자들과 나눈 대화를 축약한 자료로 구성되어 있다. 일본 관료들은 그들이 고문을 사용했음을 고백하면서 이러한 비인간적인 방식을 정당화하려고 했다. 3월 1일 이후의 격동의 시기에 헌병사령관 고지마는 스코필드 박사에게 다음과 같이 말했다.

> 태형은 구 조선의 관습으로 우리와 당신과 같은 교육받은 사람(서양인)이 보기에는 야만적인 처벌 방법입니다. 하지만 우리가 당장 이러

26 Schofield, Francis W. *The Unquenchable Fire*, pp. i~iv.

한 관습을 사용해야 하는 원인은 한국인들 사이의 선동과 불안에 있습니다. 통치자는 반드시 그들이 통치하는 사람들의 의지와 욕구에 따라서 통치를 해야 한다는 사실을 명심해야 합니다.

훗날 고지마는 공개적으로 다음과 같이 발언했다. "조선의 경찰 체제에 고문 같은 것은 없다." 또 스코필드 박사는 신원을 밝히지 않은 일본인 교수가 다음과 같이 털어놓았다고 기록했다. "우리는 한국인들이 고문을 받아야만 진실을 털어놓는다는 것을 알아냈다." 스코필드 박사는 이 인용문들이 포함된 부분의 결론을 내리면서 다음과 같은 신문 보도를 인용하였다. "고다마 소좌는 육군부에서 조선의 소요사태에 대해 설명하면서 다음과 같이 말했다. '조선의 폭도들을 진압하는 방법은 그들을 때리고 그들을 죽이는 것이다.'"[27]

이렇게 하여 가슴을 움직이는 드라마가 스코필드의 저작에서 펼쳐졌다. 실제로 8장은 그가 수원 근교의 황폐화된 지역을 방문한 뒤 헌병사령관을 방문한 사건과 서대문형무소를 시찰한 초기에 관해 상세하게 서술하고 있다. 이들 장[28]에서는 그가 한국인들의 고난을 덜어주기 위해 취한 여러 차례의 시도에서 부딪친 많은 장애들에 대하여 서술하고 있다. 또한 이 부분에서는 프랭크 스코필드를 조선에서 쫓아내려 한 일본 관헌의 조직적인 시도에 대하여 기록하고 있다. 이러한 시도는 특히 『서울 프레스』에 기고한 「다음에는 무엇이 올 것인가?(What will be the Aftermath)」라는 글이 배포된 다음부

27 Schofield, Francis W. *The Unquenchable Fire*, p. 138.

28 Ibid.

터 시작되었다.[29] "한 독자"라는 이름으로 실린 이 글에서는 그때까지 많은 수의 한국인이 살해당하고 부상을 당했으며 투옥되었다고 이야기하면서 궁극적으로 "이 모든" 대가에도 불구하고, 그 대가는 자유를 위해 치러진 것이라고 하였다. 스코필드는 기고문을 마무리하면서 만일 일본인들이 한국인들에게 더 많은 자유를 주지 않는다면 "일본인들은 미래에 한국인들보다 더 큰 고통을 겪게 될 것……" 이라고 예측하였다.

그로부터 얼마 지나지 않아 이시이라는 이름의 남자가 스코필드의 일일 활동에 대한 보고와 가능한 한 스코필드를 방해하라는 임무를 받게 되었다. 이 "끄나풀"은 스코필드가 1920년 초 조선을 떠날 때까지 남아 있었다.[30]

1919년 9월 초 조선 선교사들의 대표로서 도쿄를 방문하여 극동에 파견된 8백여 명의 선교사들이 모인 집회에 참석하였다. 스코필드는 조선의 상황에 대해 말해 달라는 요청을 받고 일본의 야만성에 대해 오랫동안 감동적인 비판을 했다. 스코필드가 경성으로 돌아오기 전 그는 같은 주제를 두고 하라 케이 총리, 가토 자작, 사이토 미노루와 그 밖의 일본 유력 정치인들과 회견을 했다.[31] 이 사건이 광범위한 대중적 관심을 끌게 되자 이 귀찮은 캐나다인을 쫓아내려는 일본의 욕구는 더 강해졌다.

1919년 12월 10일 스코필드는 『재팬 애드버타이저』에서 "주동자

---

29 *The Seoul Press*(Seoul), June 6, 1919.

30 이장락, 『우리의 벗 스코필드』, p. 55.

31 Archives of the United Church of Canada. Korea Mission Correspondence, Box 4.

(Arch Agitator)"라는 비판을 받았다.[32] 뒤에 다른 외국 간행물에도 소개된 이 글은 사이토 총독의 발언으로 시작하는데 구체적으로는 다음과 같다.

> 조선의 불온한 움직임의 배후에 기독교 선교사들이 있다는 것은 명백하며 경성의 세브란스 병원에 소속된 스코필드라는 인물이 이러한 선동가 중 가장 두드러진 인물이다. 나는 조선으로 출발하기 전 스코필드를 도쿄에서 만났었다. 그는 그때나 지금이나 가장 과격한 시각을 가지고 있다는 인상을 주었으며 항상 한국인들이 일본 정부에 저항하도록 용기를 북돋고 있다. 스코필드는 가장 위험한 인물이며 조선에서 꾸준하게 독립을 선동하고 있으며 심지어 선교사들 중에서도 스코필드의 격렬한 방식을 불신의 눈으로 보는 이가 있을 정도이다……

그러나 프랭크 스코필드는 단념하지 않았다. 1919년 12월 15일자 편지[33]에서 스코필드는 암스트롱 복사에게 다음과 같이 썼다.

> …… 최근 저에 대해 걱정을 하는 사람이 많습니다…… 폭력배들이 저를 쫓아다니며 일본 경찰은 지독한 중상모략을 하고 있습니다. 저는 바로 일본 총독에게 전화했지만 그는 모든 것을 부인했습니다. 총독은 제게 가장 친절합니다. 저는 누가 배후에 있는지 짐작이 갑니다. 바로 경찰입니다. 그들은 최근 제가 그들의 고문 행위에 대하여 폭로했기 때문에 저를 죄악처럼 바라보고 있습니다…… 그자들은 저

32 *The Japan Advertiser*(Tokyo), December 10, 1919.

33 Korea Mission Correspondence, Box 4.

를 끝장냈다고 생각합니다. 저는 세브란스에서 하고 있는 모든 일을 그만두고 죄악에 반대하는 운동을 조직하고 싶습니다……

얼마 안 가 세브란스 병원과 에비슨 원장에게 스코필드를 캐나다로 돌려보내라는 압력이 강화되기 시작했다. 에비슨은 스코필드의 활동에 대해 알고 있었고 이해도 하고 있었지만 일본의 압력이 너무나 강했기 때문에 결국 이 문제를 협의하기 위해서 전체 교직원 회의를 소집해야 했다. 에비슨은 회의를 시작하면서 조선의 민족적 대의에 대한 외국인들의 동정과 활동에 대한 전반적인 내용과 함께 프랭크 스코필드가 이러한 사람들 중에서도 가장 주요한 "문제아"라는 낙인이 찍혔다는 특별한 문제를 설명하였다.[34] 선교사들의 주된 책임은 신앙과 교육 사업에 있으므로 정치 문제에 개입하는 것은 정당화할 수 없다는 것이 공통된 견해였으며 더 나가 스코필드는 세브란스 의전의 존재 자체가 위협받고 있기 때문에 활동을 중단해야 한다는 데 의견이 일치되었다. 회의가 끝나갈 무렵 스코필드 박사는 자신을 변호하기 위해 일어섰다.[35]

조선에서 우리의 교육과 선교사업은 전적으로 한국인들의 이익을 위한 것이어야 한다는 것이 저의 믿음입니다……. 이러한 환경(일본의 폭압) 아래에서 우리가 손을 놓고 추이를 관망하고 있어야 하겠습니까? 우리는 강의실과 교회에서 밤낮으로 악에 대항해 싸우고 약자를

34 이장락, 『우리의 벗 스코필드』, p. 65.

35 이장락, 『우리의 벗 스코필드』, p. 67.

> 돕자고 설교를 해 놓고는 이제 와서 경찰이 두렵다는 이유로 손도 쓰지 못하고 있습니다…… 만약 자신들의 조국을 이미 잃은 조선 사람들이 그나마 남아 있는 독립정신마저 잃어버린다면 우리는 누구를 도울 것이며 조선에 머무르는 것을 무엇으로 정당화할 것입니까?

스코필드는 그가 학교와 동료들에게 끼친 곤란함에 대하여 사과하는 발언을 끝낸 뒤 만약 필요하다면 스스로 세브란스를 떠나겠다고 했으나 곤경에 처해 있는 한국인들을 돕는 일을 계속하겠다는 의지를 다시 한 번 천명하였다.

이날 회의에서는 어떠한 결정도 나지 않았으며 스코필드는 조사와 보고서 작성을 계속해 나갔다. 1919년 12월 말경에 스코필드는 일본 경찰이 '대한민국 애국부인회'[36]의 활동을 적발했으며 많은 수의 젊은 여성이 체포되어 대구의 감옥으로 이송되었다는 정보를 접하였다. 스코필드의 절친한 친구들 중 김마리아, 이혜경, 이정숙 등이 체포된 사람에 포함되어 있었다. 스코필드는 즉시 대구로 출발했으며 미즈노 렌타로 정무총감의 명함을 제시하여 이들 젊은 여성들이 수감된 감방을 방문할 수 있었다. 스코필드는 그들을 방문하여 정신적인 위안을 주었으며 고문으로 인해 다친 사람들을 돌봐주었다. 최은희 여사는 그녀의 저작인 『샤론의 땅으로 가는 방향(*The Direction of the Land of Sharon*)』에서 프랭크 스코필드가 이때 방문한 것과 그 뒤에 방문한 것을 큰 연민과 인간성을 발휘한 행동으로 묘사

36 애국부인회는 1919년 10월 수원에서 이선균에 의해 조직된 혈복단(血復團)과 같은 다양한 조선 여성 단체들의 연합이었다. 또한 *The New York Times*, January 1, 1920을 참고하라.

했으며 그들(여성들)은 스코필드의 "격려와 형제애적인 활동"을 결코 잊지 못할 것이라고 확언하였다.[37]

1919년이 저물어 가면서 스코필드는 수감된 한국인들을 방문하는 것과 『서울 프레스』에 기고하는 것을 계속했으며, 일본 관료들을 끈질기게 방문하고 또 방문하여 교도소의 가혹한 처우와 형편없는 환경에 대해 불만을 제기했다. 추가적으로 해외에서도 글을 발표했는데 특기할 만한 것은 『뉴욕타임즈 현대사 매거진(*Current History Magazine*)』 1920년 1월호에 실린 글이다.[38] 스코필드는 이 에세이에서 가장 전형적인 고문 방법 몇 가지를 폭로하고 대부분 조선의 상황에 대해서는 완전히 무관심한 일본의 고위 당국자들에게 조선의 상황에 대한 통보를 계속해야 할 필요성이 있다고 재차 확인했다. "고문이 필요하다고 믿는 하급 관료들의 태도 때문에 이들(교육 받은 일본의 고위 관료들)이 훨씬 더 필요하다."

1920년의 처음 몇 주 동안 프랭크 스코필드의 조선 체류가 끝나게 되었을 뿐만 아니라 거의 위태로운 존재를 위협하는 사고가 발생하기도 했다. 2월 말의 어느 날 저녁 스코필드가 사는 집의 관리인은 스코필드의 방에서 나는 이상한 소리로 인해 오후 10시경 잠에서 깼다. 관리인은 스코필드가 더 늦은 뒤에야 돌아온다는 것을 알고 있었기 때문에 스코필드의 방으로 달려가 문을 열어 당겼다. 처음 방안을 들여다봤을 때는 아무것도 볼 수 없었지만 창가로 다

---

37 이장락, 『우리의 벗 스코필드』, p. 81.

38 *New York Times Monthly Current History Magazine*, Volume XI, Part II, No. 1, p. 169.

가가자 한 남자가 집으로부터 달아나는 모습을 볼 수 있었다. 불을 켜자 창턱에 침입자가 현장에서 달아나면서 떨어트리고 간 것이 분명한 칼이 한 자루 있는 것을 발견할 수 있었다. 관리자 유씨는 스코필드 박사가 귀가하자 이 사실을 이야기해 주었고 그날 저녁 이후 프랭크 스코필드는 집의 앞에 집 지키는 개를 묶어 두었다.[39]

스코필드는 조선에 남아 있고자 했으나 사건이 일어나자 결정을 내리는 것은 그의 손을 벗어나고 말았다.

1917년 앨리스 스코필드가 조선을 떠난 이후 그녀의 정신적인 상태는 계속해서 악화되었다. 그녀가 조선에서 귀환한 뒤 두 사람의 자녀 프랭크가 태어난 이후 그녀는 토론토의 하숙집에서 생활했다. 아이는 건강하게 자라났지만 스코필드의 부인은 절망에 사로잡혔고 계속해서 분노를 터뜨리고 있었는데 실제로 1920년 초가 되면 그러한 상태가 더 심각해지고 잦아졌다. 또한 1920년 초가 되면서 스코필드의 수그러들지 않는 한국인들에 대한 지원은 선교 위원회에서 우려를 할 정도가 되어 상황의 악화를 고려할 때 스코필드를 소환할 적절한 구실이라고 생각하였다.

스코필드는 곧 조선을 떠나야 한다는 것을 알고는 있었지만,[40]

---

39 이장락, 『우리의 벗 스코필드』, p. 91.

40 스코필드가 소환된 표면적인 이유는 토론토에 살고 있던 그의 아내가 심각하게 몸이 좋지 않다는 것이었다. 그러나 다른 많은 서한들은 이것 외에도 다른 이유가 있었음을 보여준다. 특히 Korea Mission Correspondence, Box 4에 포함된 암스트롱이 그리어슨(Robert Grierson)에게 보낸 1922년 4월 18일자 서한을 참고하라. "당신이 이야기한 것처럼 우리는 일본인들이 스코필드를 감금하려는 생각을 하기 전에는 그를 조선에서 내보내는 것이 편하다고 생각하게 될 경우가 아닌 이상 그를 소환하지 않을 것입니다."

3·1 운동 1주년을 지켜볼 수 있을 때까지 남아 있을 수 있었다. 그날 스코필드는 서대문형무소에 수감된 친구들을 면회하였으며 유관순이 이끄는 몇 명의 여성들이 기념식을 열었다가 구타와 고문을 당했다는 사실에 괴로움을 느꼈다.

1920년 3월 1일의 이와 같은 행동은 서대문형무소에 국한되지 않았다. 실제로는 전국 방방곡곡에서 산발적인 시위가 열렸으며 그 결과 검거와 투옥이 빈발했다. 스코필드는 조선을 떠나기 이전 곳곳을 여행하다가 선천의 한 고등보통학교에 들러 앞으로 몇 년 간은 조선에서의 마지막이 될 강연을 했다. 스코필드는 약간의 농담을 한 뒤 학생들에게 매우 유명한 찬송가인「올라가」를 부르도록 했다.[41]

> 주를 앙모하는 자 올라가 독수리같이 모든 싸움 이기고 근심걱정 버린 후 올라가 독수리같이 주 앙모하는 자 주 앙모하는 자 주 앙모하는 자 늘 건강하여라

노래와 박수갈채가 끝나자 스코필드는 이런 말을 남겼다.[42] "선천 고등보통학교의 학생들은 모두 독수리처럼 용감합니다. 여러분 자신과 동포들을 위하여 용기를 내고 공부를 하고 열심히 일하는 것을 잊지 마십시오."

1920년 3월 17일로 시작된 한 주의 어느 날, 프랭크 스코필드는

---

41 Nahm, Andrew C. tr. "Themes of Popular Songs and Poems of the Korean as Oppressed Peoples.", 이 책, p. 199.

42 이장락,『우리의 벗 스코필드』, p. 97.

그의 동료들과 조선의 친구들에게 작별 인사를 한 뒤 캐나다로 향하는 몽테글(Montegle)호를 타고 '휴가차' 조선을 떠났다.

마지막으로 나는 다시 한 번 이갑성 씨와 인터뷰한 내용을 인용하고자 한다.

> 우리가 모일 때마다 스코필드 박사는 여러 번 주님께 우리의 안녕을 빌고 우리가 독립할 수 있도록 도와달라고 요청하는 기도를 했습니다. 스코필드 박사는 우리에게 진정으로 유익한 도움을 준 유일한 외국인이었습니다. 우리는 그분에게서 투쟁을 계속할 수 있는 큰 용기를 발견했습니다.

이 이야기는 프랭크 스코필드 박사가 조선의 민족 통합과 독립을 위한 운동에 끼친 영향에 관해서 다른 모든 증언을 뛰어넘는다. 스코필드는 그가 사용할 수 있는 모든 수단, 특히 영국 시민권을 동원하여 한국인들을 위해 최대한 활용했다. 스코필드는 그의 친구들이 그의 활동을 대중적으로 알리고자 했음에도 이를 피했으며 전체적으로 겸손한 자세를 유지했다. 실제로 우리는 눈에 띄는 것과 스코필드가 영국 시민으로서의 면책권을 사용하여 고통에 시달리는 이들을 보호하고 도와준 것을 환영하였다. 일본이 스코필드에게 그의 활동을 그만두고 조선을 떠나도록 더욱더 압력을 가하자 스코필드의 명성은 한국인들 사이에서 더욱더 높아졌다. 필자는 조선의 독립운동이 스코필드 박사의 도움이 없었다면 크게 악화되거나 실패했을 것이라고 주장하려는 것은 아니다. 하지만 필자는 독립운동은 스코필드가 많은 독립운동 지도자들에게 불어넣은 용기와 영감으로 인해 더욱더 강해졌다고 믿는다. 스코필드는 조선의 외국 선교사들이 일본인들의 야만성에 대해 항의한 것을 제외하면 중립을 지켰으며 조선이 일본으로부터 독립하는 정치적 문제에 대해서 중립이었다는 가설에서 예외인 인물이다.[43] 스코필드는 중립이 아니었으며 그는 한국인들이 외국의 친구들로부터 원조와 지원을 절실히 필요로 하고 있었을 때 그것들을 적극적으로 제공해 주었다.

스코필드는 기독교인은 설교만 할 것이 아니라 그의 신념에 따라 행동해야 한다고 믿었으며 최소한 그에 따라 행동하였다. 스코필드는 한국인들이 외국의 친구들로부터 절실히 필요로 했을 때 적극적으로 원조하고 도덕적인 지원을 해 주었다. 한국인들의 마음과 정신 속에서 프랭크 스코필드는 3·1 운동의 '민족대표 34인'이 되었다. 스코필드는 그가 헌신할 방법으로서, 한국에 대한 사랑 때문에 1958년 한국으로 돌아갔다. 스코필드는 그때부터 1970년 4월 15일 서울에서 숨을 거둘 때까지 그가 사랑했던 한국인들을 위하여 정의와 자유를 위한 투쟁을 평생 펼쳐 나갔다.

출전: Doretha E. Mortimore, "Dr. Frank W. Schofield and the Korean National Consciousness," *Korea's Response To Japan: The Colonial Period 1910~1945*, The Center for Korean Studies Western Michigan University, 1977, pp. 245~261.

43 이갑성 인터뷰.

02. 프랭크 스코필드(Frank W. Schofield)의 영성[1]

남태욱[2]

Ⅰ. 여는 글

한국 이름 '석호필'(石虎弼),[3] 프랭크 윌리엄 스코필드(Frank William Schofield, 1889~1970)는 민족대표 34인 중 한 사람이다. 이는 한국 역사상 매우 이례적인 일이다. 우리 민족의 독립을 위해 일제 강점기, 1919년 3월 1일 민족대표 33인은 독립선언문을 공표하였고 비폭력

1 본 논문 「프랭크 스코필드(Frank William Schofield, 1889~1970)」의 영성"은 캐나다 토론토의 스코필드 박사 기념사업단(Dr. Schofield Memorial Foundation)에서 지난 2007년 12월 1일 토론토 동물원에 기공된 스코필드 박사 동상과 추모공원(The Dr. Schofield Statue and Memorial Garden)과 더불어 스코필드 박사를 추모하고 그의 업적을 기념하는 사업의 일환으로 계획된 것이다. 스코필드 박사 기념사업에 관한 구체적인 사업 내용과 일정은 www.drschofield.org에 상세히 소개되어 있다. 또한 서울대학교 수의과대학 수의과학연구소에서는 수의학자인 스코필드 박사의 업적을 계승 발전하기 위해 지난 2003년부터 매년 4월 스코필드 박사 추모 심포지엄(Dr. Schofield Memorial Symposium)을 개최하여 6회에 이르고 있다.

2 서울신학대학교 강사.

3 이장락, 『민족대표 34인 석호필』(성남: 바람출판사, 2007), p. 43. 프랭크 윌리엄 스코필드(Frank William Schofield, 1889~1970)이다. 원래 그의 아명은 프랜시스 윌리엄 스코필드(Francis William Schofield Jr.)였다. 그의 어린 시절 친구들로부터 프랜시스(Francis)가 여자 이름이라고 놀림을 받고 아버지에게 청하여 이름을 바꾼 이후로 프랭크(Frank)로 불려졌다. 석호필은 우선 발음이 스코필드와 비슷한데다가 그 뜻도 좋고 해서 그는 석호필이라는 이름을 기분 좋게 사용했다. '돌 석'은 자기의 철석 같은 굳은 의지를 나타내며, '호랑이 호'는 자기가 호랑이 같이 무서운 사람임을 보여준다고 자랑스럽게 설명했고, '도울 필'은 어려운 사람을 도와준다는 것을 뜻한다고 생각했다. 그리고 특히 '필'은 영어로 알약을 가리키는 'pill'과 발음이 같으니 이것은 자기가 의학을 공부한다는 것까지 알려준다며 한국 이름을 참 아꼈다.

평화적 만세운동은 전국적으로 확산되었으며 3·1 운동은 독립운동의 기폭제가 되었다. 푸른 눈의 서양인, 영국계 캐나다 선교사[4]이었던 스코필드 박사는 이 당시 거국적인 민족적 거사를 촬영하여 일제에 의한 한국 지배의 부당함을 세계 언론에 보도하여 세계적 여론을 환기시켰다. 이에 대한 공로를 인정하여 한국 정부는 스코필드 박사에게 대한민국 문화훈장(1960)과 1968년 대한민국 건국공로훈장(국민장)을 수여했다.

이장락은 스코필드 박사의 남다른 한국 사랑을 다음과 같이 회고한다.

"프랭크 윌리엄 스코필드는 그를 낳고 길러 준 영국보다도, 그를 가꾸고 세워 준 캐나다보다 대한민국을 더 사랑했습니다." 그의 활동은 여기서 그치지 않고 언론을 통해 일본의 식민정책을 비난했고 1919년 4월 제암리와 수촌리 사건의 현장을 답사하여 사진을 찍어 기록으로 남겼다. 3·1 운동 후 옥고를 치르고 있었던 동지들을 만나 격려했고 기회가 있을 때마다 3·1 운동의 실상을 세계에 알렸

---

4 캐나다 장로교회에서는 1898년 처음으로 선교사를 파송했다. 캐나다 장로교회가 한국에 파송한 대표적인 선교사들은 다음과 같다. 제임스 개일(James Scarth Gale, 1863~1937), 그의 주된 임무는 번역이었다. 로버트 하크니스(Robert Harkness, 1858~1938)는 개일과 함께 한국에 온 캐나다인이었다. 이 둘은 개인적으로 친구였다. 말콤 펜윅(Aalcolm C. Fenwick, 1865~1936)은 1896년 한국에 그리스도의 교회(The Church of Christ in Korea)를 설립했다. 로버트 하디(Robert Alexander Hardie, 1860~1956)는 의료선교사로 한국에 왔지만 몇 년 후 그의 원래 사명을 포기하고 전도와 종교 활동에 헌신했다. 올리버 에비슨(Oliver R. Avison, 1860~1956)은 한국 역사상 가장 유명한 캐나다인으로서 한국 근대 의약과 의학 교육의 창시자이다. 윌리엄 매켄지(William John Mckenzie, 1861~1895)는 의료선교사로 입국하여 1895년 6월 23일 소래에서 임종을 맞았다. 이외에도 다수의 여성 선교사들이 있다. 그리고 프랭크 스코필드(Frank William Schofield, 1889~1970)도 그 중의 하나였다. Canadians in Korean History, 『한국 역사 속의 캐나다인들』, 주한 캐나다 대사관.

다. 그의 이런 활동은 일본 정부에 의해 1920년 추방될 때까지 계속됐다. 해방 후 1958년 한국 정부의 초청으로 방문한 이후 남·북미 및 유럽의 친구들의 도움으로 '스코필드기금'을 설치(1959년)했고, 개인적으로 수많은 학생들에게 장학금을 주었으며, 고아들을 지원했을 뿐만 아니라, 한국의 민주화를 위해 비판적 역할을 했다.[5]

> 두 길[6]
>
> 인생에 두 길이 있다: 배려의 길과 기도의 길이다. 배려의 길은 환경의 압력에서 힘을 얻고, 상식을 그 인도자로 삼고, 행로의 불측을 각오하며, 항시 염려를 동반자로 한다. 기도의 생활은 사랑을 힘으로, 하나님을 인도자로, 진리를 행로로, 신의 평화를 무적의 수호로 삼는다.

이 글은 스코필드의 아버지 프랜시스 윌리엄 스코필드(Francis William Schofield, Sr.)가 남긴 것이다. 스코필드는 아버지의 가르침을 평생의 생활신조로 삼아 살았다. 이 글을 중심으로 그가 한국 땅에서 실천한 삶과 그 의미를 재조명하고 그의 인생의 여정을 통해 드러난 영성을 규명하는 것을 본 연구의 목적으로 삼고자 한다. 필자는 "두 길"을 중심으로 스코필드의 영성을 기도와 배려로 구분하

5 이장락, 전게서, p. 30.

6 상게서, p. 456. Two Ways: There are two ways through life: the way of care and the way of prayer. The way of care has pressure of circumstance for its force, common sense for its guide, uncertainty for its path, fear for its attendant and guard. The way of prayer has love its force. the Spirit of God for its guide, truth for its path, and the Peace of God for its invincible guard. written by Frank William Schofield, Sr.)

여 고찰하고자 한다. 또한 이장락의 스코필드 박사 전기와 그가 한국과 캐나다의 언론을 통해 기고한 글들을 중심으로 문헌사적 고찰을 하고자 한다. 스코필드 박사에 대한 저작은 이장락에 의한 전기, 『우리의 벗 스코필드』(1962), 『한국 땅에 묻히리라』(1980), 『민족대표 34인 석호필』(2007) 등이 있다. 최초의 전기인 『우리의 벗 스코필드』는 1962년 스코필드 박사의 73회 생일을 기념하기 위해 출판한 것이고 『한국 땅에 묻히리라』는 그의 서거 10주기를 맞아 『우리의 벗 스코필드』에 스코필드 박사가 언론에 기고한 글들을 추가하여 엮은 것이며 『민족대표 34인 석호필』(2007)은 앞의 두 권의 내용을 현대적 어법에 맞춰 개정한 것으로 내용은 앞의 두 권과 대동소이하다. 그러므로 이장락의 전기는 내용상 별 차이가 없으며 동일한 저자에 의한 저술로 스코필드에 대한 심층적인 해석과 평가를 기대하기 어렵다. 그리고 캐나다 수의학자 더글라스 매이플스던(Douglas C. Maplesden)의 『비범한 수의학자 프랭크 스코필드 박사(*Dr. Frank Schfield Veterinarian Extraordinaire*)』(2005)가 있다. 이 작품은 간략한 스코필드의 전기와 주로 수의학자로서의 스코필드의 공헌과 업적을 정리한 것으로서 이 역시 인문학적 연구 자료로는 불충분하다. 이외에 인문학적으로 기존의 연구 자료가 거의 전무한 것이 본 연구의 한계임을 밝혀두는 바이다.

II. 기도의 영성

기도는 인간과 하나님 사이의 수직적 차원의 영성, 일차적 관계를 의미한다. 기독교인의 삶의 특징이라면 인간과 인간, 인간과 자연의 관계보다 우선 하나님과의 관계를 일차적이고 우선적으로 고려하는 것이다. 이것은 기독교 영성의 수직적인 차원이다. 1916년 이른 봄, 세브란스 의학전문학교 교장인 에비슨(O. R. Avison) 박사는 스코필드에게 세균학 교수로서 헌신해 줄 것을 제안했다. 동년 가을 스코필드는 아내 앨리스(Alice)와 함께 평신도 선교사 자격으로 입국했다.[7] 그는 신실한 기독교 신자였다. 그의 신앙의 뿌리는 그의 아버지 프랜시스에게 있다. 그는 경건한 기독교인으로서 선교사를 양성하는 클리프 대학(Cliff College)과 런던 소재의 할리 대학(Harley College)에서 각각 신약성서와 희랍어를 가르쳤다. 스코필드는 그러한 아버지를 칠순을 넘긴 나이에도 존경했고 다음과 같이 아버지를 추억했다.

> 아버지는 선량하고도 믿음이 깊은 분이시며, 유능한 학자이기도 했다. 아버지는 라틴어, 그리스어, 헤브라이어에 능통했다. 나는 여태껏 아버지보다 더 훌륭한 기독교인을 만나본 적이 없다. 아버지는 나에게 예수 그리스도 다음으로 가장 강력하게 영향을 미치고 있다. 가난한 사람, 병든 사람, 일터를 잃은 사람에 대한 아버지의 사랑과 관심은 대단했다. …… 우리가 어릴 때부터 아버지는 우리들에게 나이 많은 이의 보따리나 짐을 들어줄 것을, 그리고 넉넉한 사람에 대해서

---

7 상게서, p. 40. "나도 전체 인류의 행복을 위해서 일해 보자. 내가 일할 곳이 이역만리 코리아면 어떠랴. 하나님은 민족과 국가를 초월해서 온 인류에게 골고루 은혜를 베풀고 계시지 않는가. 듣건대 코리아는 지금 강제로 일본에 합쳐져 있다고 한다. 거기에는 약하고 어려운 사람들이 더욱 많이 있을 것이다. 이번 기회는 하나님이 약하고 어려운 사람을 돕겠다는 나의 평소의 신념을 시험해 보시려고 만드신 것임에 틀림없다. 하나님이 나에게 주시는 시련이라면, 그 무엇을 두려워하랴. 가자! 코리아로, 그곳에서 민족을 초월하여 맘껏 일해 보자!"

나 가난한 사람에 대해서나 똑같이 공손하게 응대할 것을 가르치셨다. 아버지는 목사는 아니었으나 덕행과 학식이 뛰어나서 가끔 교회에서 설교를 부탁받곤 했다. 지금도 나는 아버지의 설교가 목사들보다 훨씬 좋았다고 생각한다. 나는 일흔세 살이 된 오늘에 이르기까지 아버지를 누구보다도 존경하고 있다. 아버지에게 있어서는 인생의 첫째 목적은 가난한 사람을 도와줌으로써, 병든 사람과 슬픔에 잠긴 사람을 위안해 줌으로써, 모든 사람을 하나님께로 인도함으로써 하나님을 기쁘게 해 드리는 것이었다.[8]

첫째, 스코필드의 영성은 그의 아버지로부터 유전된 것이다. 그의 아버지는 철저한 기독교 신자이자 청렴한 교육자였으며, 자녀에 대해서는 지나칠 정도로 엄격한 사람이었다.[9] 그의 신앙적 열정은 그의 이력에서도 엿볼 수 있듯이 평신도의 신분으로 선교사를 양성하는 클리프 대학과 할리 대학에서 라틴어와 히브리어, 그리고 신약성서와 그리스어를 가르칠 정도로 신학적인 소양을 갖춘 학자였으며 신실한 신앙인이었다. 스코필드는 평생 자신의 아버지를 예수 그리스도 다음으로 자신의 인생에 영향을 미치고 있는 인물로 생각하였고 평생을 존경했다. 스코필드는 그의 아버지를 인격적으로 신앙적으로 존경했을 뿐만 아니라, 그의 아버지의 평생의 좌우명인 "두 길"을 자신의 좌우명으로 평생을 간직하고 실천할 만큼 아버지를 따라 살고자 했다. 따라서 스코필드가 자신의 아버지의 신앙과

8 상게서, p. 141.

9 상게서, p. 133.

영성을 이어받았다는 사실을 추론하는 것은 그다지 어려운 것이 아니다.

그는 기도하는 사람이었다. 그는 하루의 일과를 기도로 시작하여 기도로 마감했다. 스코필드가 기도하는 사람이라는 소문이 나자 故 박정희 대통령은 취임식에 앞서 가진 대통령 취임축하기도회에 직접 기도를 부탁하기도 했다.[10] 그의 전기 작가인 이장락은 기도의 사람 스코필드를 다음과 같이 회고한다.

> 그의 평상시 일과는 매우 규칙적이다. 그는 아침 8시면 일어나 바로 기도 올린 후 그날의 할 일을 확인하다. …… 그는 잠자리에 들기 전에 무사히 하루를 보냈음을 감사하는 경건한 기도를 올린다.[11]

또한, 스코필드는 하나님 나라와 부활을 믿었던 신앙인이었다. 임종 전 자신을 간호하는 테신자에게 "나에게 신앙의 힘이 없었다면 벌써 죽었을 것이다. 너는 내가 죽는 걸 걱정하지 말고, 내가 먼저 부정부패가 없는 하나님의 나라 천당에 가서 너와 살 곳을 마련하고

---

10 상게서, pp. 230~231. 이 기도문은 1963년 12월 15일 용산의 군인교회에서 행한 대통령 취임축하기도회에서 행한 기도로서 서울 YMCA에 기록으로 보관되어 있다. "전능하신 하나님 아버지, 오늘 우리는 박정희 장군이 대한민국 대통령으로 당선된 것을 축하하며, 정식 취임하기에 앞서 하나님의 가호를 빌기 위하여 여기 모였습니다. 하나님, 널리 굽어 살펴주십시오! 우리 국민이 또 핑계 말게 하십시오. 대통령도 핑계 말게 하십시오. 또다시 도탄에 빠지지 않도록 도와주십시오! 그리고 박정희 대통령이 대한민국을 이끌어 나갈 때 여러 가지 어려운 일에 부딪치더라도 넘어지지 않도록, 하나님 붙들어 주십시오. 부패와 부정을 용감하게 제거하며 오직 국민들의 행복만을 위하여 몸 바쳐 일하게 하나님 도와주시기를 간절히 기도합니다. 아멘."

11 이장락, 『민족대표 34인 석호필』, p. 289.

기다릴 테니 너도 오면 얼마나 즐겁겠느냐"[12]고 오히려 위로했다. 그의 기도는 초월적인 하나님께 의존한 신앙에 의한 것이었으며 하나님 나라와 부활을 믿었다. "죽는다고 겁내지 말라. 내 비록 육신은 죽는다 할지라도 정신은 영원히 살아 부활을 기대하고 있다"[13]고 고백했다. 이장락은 신앙인 스코필드를 다음과 같이 평가한다.

> 그의 가슴에 흐르고 있는 마음은 하나님에 대한 그의 깨끗하고도 굳은 신앙심일 것이다. 그는 기독교 정신을 존중하지, 그 형식에 관해서는 그다지 관심이 없는 것 같다. 그는 성경말씀은 지극히 소중한 것으로 믿고, 젊은 학생들과 함께 신약성경반을 열기도 하지만 교회에는 그다지 규칙적으로 나가는 편이 아니다……. "하나님이 시켜서 한국에 왔고, 하나님을 위해서 한국에서 일한다."[14]

> "기도의 생활은 사랑을 힘으로, 하나님을 인도자로, 진리를 행로로, 신의 평화를 무적의 수호로 삼는다."

그가 추구한 기도의 영성은 첫째, 하나님의 사랑을 원동력으로 삼는다. 기독교는 사랑의 종교이다. 구약성서의 율법서, 모세오경에는 육백열세 개의 율법이 있다. 이를 둘로 구분하면 '무엇을 행하라'는 긍정적이고 적극적인 명령이 이백사십팔 개이고 '무엇을 행하지 말라'는 소극적이고 부정적인 명령이 삼백육십오 개다. 이것을

---

12 『한국일보』, 1970년 4월 14일.

13 이장락, 전게서, p. 270.

14 상게서, pp. 294~295.

열 개로 요약하면 십계명이다. 십계명(출애굽기 20:)을 다시 두 부분으로 나누면 첫째~넷째 계명은 하나님 사랑과 다섯 째~열 번째 계명은 이웃사랑으로 구분할 수 있다. 예수는 "첫째는 이것이니 이스라엘아 들으라 주 곧 우리 하나님은 유일한 주시라 네 마음을 다하고 힘을 다하여 주 너의 하나님을 사랑하라 하신 것이요 둘째는 이것이니 네 이웃을 내 몸과 같이 사랑하라 하신 것이라 이에서 더 큰 계명이 없느니라"(마가복음 12:29~31)는 사랑의 이중계명으로 요약했다. 그리고 기독교의 사랑의 계명은 기독교의 궁극적 규범인 동시에 이상이다. 그리고 기독교의 사랑의 계명은 역설적이다. 곧 사랑은 직설법인 동시에 명령이다. 하나님은 사랑이시다(직설법). 너희도 이와 같이 사랑하라(명령법). 궁극적으로 사랑의 이중계명은 모든 율법의 총화이다.

예수의 사랑은 아가페(agape)의 사랑이다. 예를 들어, 최후의 심판 때 표준이 되는 어려운 이웃에 대한 관심(마태복음 25:31~46), 부자와 나사로(누가복음 16:19~30), 선한 사마리아 사람의 비유(누가복음 10:29~37) 등과 같은 이웃사랑의 극치는 예수의 십자가에서 구현된 사랑이다. 이는 죄인에 대한 용서이며 희생적, 무차별적, 비타산적, 비이기적 사랑이다. 기독교가 추구하는 유일한 윤리적 계명과 규범이 있다면 이는 필히 십자가에서 구현된 아가페의 사랑이다. 이는 하나님의 계시인 동시에 최고의 윤리적 규범의 이상이다. 아가페의 사랑은 자발적인 동시에 명령할 수 있는 것이다. 전혀 자발적인 사랑을 명령한다는 것이 일견 모순일 수 있다. 그러나 하나님은 사랑이시다. 그리고 이 사랑은 의심할 수 없는 정언명령 이상의 절대적이고 초월적인 규범이기 때문에 명령할 수 있다. 이것이 사랑의 역설(paradox)이다. 예수의 아가페적 사랑은 사랑의 행위를 의미한다. 그리고 십계명에서 구현된 종교와 윤리의 결합은 예수의 사랑의 이중계명(마태복음 5:43~48)으로 요약되어 일관되게 신앙과 윤리가 결합된다. 이웃사랑은 단순한 도덕이나 인도주의가 아니다. 여기서 말하는 이웃사랑은 하나님 사랑과 언제나 결합되어 있다. 예수의 사랑의 이중계명은 사랑이 당위적이기 때문에 이웃사랑은 권고나 권면, 혹은 가언명법이 아닌 정언명령이다. 그리고 예수의 이웃사랑은 보복 금지(누가복음 6:29~30)와 원수 사랑의 계명(누가복음 6:27~28), 그리고 황금률[15](누가복음 6:31)로 구체화된다.

둘째, 그의 영성은 하나님 중심(God centered)의 영성이다. 스코필드는 1962년 5월 17일 온타리오 수의과대학 졸업반 학생들에게 행한 연설에서 현대문명이 하나님께 대한 적극적이거나 또는 살아 있는 믿음에서 이탈하여 표류하고 있다고 진단했다.

> 우리는 캐나다에 살든 한국에 살든 간에 매우 추악하고 혼란과 증오로 가득하고, 위험하게 파멸로 접근하고 있습니다. 이 추악하고 무서

15 유석성, 「인(仁)의 윤리적 의미: 서(恕)와 황금률」, 『신학과 선교』 31집(2005): pp. 172~175. 황금률의 특징으로는 1. 예수의 황금률은 이전의 황금률보다 적극적이다. 2. 예수의 황금률은 율법의 총화(Summe des Gesetzes)이며, 산상설교의 요약이며 결론이다. 3. 황금률은 이웃사랑 계명의 구체화이다. 4. 황금률은 마태복음뿐 아니라, 초기 기독교 문헌에서 근본적인 윤리적 준칙이다. 5. 황금률의 윤리적 규범은 인간행동의 호혜주의뿐만 아니라 인간행동의 실체성까지도 뛰어넘는다. 6. 황금률은 예수의 이웃사랑의 계명을 철저화한 것이다. 7. 황금률은 예수 그리스도를 뒤따르는 자들의 새로운 공동체를 위한 기초를 세우는 의(義)의 요구를 말한다. 8. 황금률은 그리스도의 뒤를 따르는 제자직의 길이다. 9. 황금률은 이타적이다. 10. 황금률은 인류가 나아갈 삶의 보편적인 기준이다.

운 세상은 하나님의 의도도 인간의 의사도 아니지만, 그것은 대체로 하나님에 대한 적극적이거나 또는 살아 있는 믿음에서 특히 이탈하여 표류하고 있는 결과입니다.[16]

또한 일정한 방향 감각이 없는 것이 현대인의 특징이며, 그것은 하나님에 대한 믿음의 상실의 결과라고 보았다.[17] 그리고 기독교 신자에 있어서 하나님에 대한 믿음은 하나님께서 오는 빛으로 우리의 약한 배를 운행하며 그 빛은 예수 그리스도에서 가장 찬란히 빛난다고 한다.[18] 인생의 의의, 목적과 참다운 가치는 이런 중요한 것들이 요구하는 확실한 태도로서 인간이 결코 결정할 수 없으며 그 대답은 창조물에서가 아니라 조물주에게서 얻어야 한다고 역설한다.[19] 인간의 위엄의 가치 역시 하나님과의 대화에서 생긴다고 한다.[20] 그는 현대의 인본주의에 대하여 "진정한 인본주의가 하나님의 존재를 부인함으로써 해결할 수 없는 문제에 있어서 인간을 완전히 불가사의한 것으로 만들고 있다"[21]고 비판한다. 그리고 과학지상주의에 대해서도 우리가 조물주 앞에서 겸손함을 잊게 된다면, 우리의 과학적 성취는 우리의 완전한 파멸을 초래할 것이라고 경고한다.[22]

---

16 이장락, 전게서, p. 382.
17 상게서, p. 384.
18 상게서, p. 383.
19 상게서, p. 384.
20 상게서, p. 385.
21 상게서, p. 398.
22 『코리아 타임즈』, 1969년 8월 12일.

셋째, 그의 영성은 기독론적 영성이다. 스코필드는 진리를 행로로 삼는다고 한다. 스코필드에게 진리란 하나님의 말씀의 현현인 예수 그리스도이다. 따라서 진리인 하나님의 말씀을 따라 사는 말씀 중심(the Word of God centered)의 영성이다. 그는 예수에 대하여 "예수는 유토피아보다 더 훌륭한 것을 제공하며 새로운 성질의 인생, 즉 그가 가졌고, 옛날의 값싼 인생을 새로운 인생과 바꾸기 위하여 그를 깊이 믿는 모든 사람에게 나누어 주려는 풍부한 인생, 즉 영원한 인생을 제공한다[23]고 확신했다. 현대적 위기의 해결책 역시 예수 그리스도에게서 찾았다.

> 이 세상은 자비와 사랑이 전반적으로 부족하므로 공포가 증가하고 있으며, 이 공포는 안전을 찾으려는 헛된 희망에서 한층 효과적인 군비에 의지하게 된다. 지금으로부터 약 1900년 전에, 이 땅에 지금까지 볼 수 없었던 사람이라는 특성을 지닌 한 낯선 사람이 찾아왔다. 그는 법의 권력(교리의 권력)의 심한 미움을 받아 마침내 살해됐으나, 그 사랑의 빛과 불꽃은 결코 사라지지 않았다. 우리가 살아남을 수 있는 단 하나의 확실한 희망은 그 사람을 다시 발견하는 일이다.[24]

그의 영성은 성서의 진리에 근거한 것이다. 그렇지 않았으면 그가 평생을 평신도 선교사의 입장에서 어린 학생들에게 성서를 가르치지 않았을 것이다. 지금의 인사동 승동예배당(현 승동교회) 근처에

---

23 『코리아 타임즈』, 1967년 1월 24일.

24 『코리아 타임즈』, 1969년 8월 12일.

자리 잡은 영어성경반에는 많은 젊은 학생들이 모여들었다. 학생들 사이에서는 다른 어느 성경반보다 인기가 높았다.[25] 스코필드는 영어성경 공부반을 통해 한국의 많은 학생들의 학비와 생활비를 지원해서 현재 우리 사회를 이끌고 있는 수많은 지도자들을 키워 냈다.[26]

넷째, 그의 영성은 하나님의 평화(shalom)를 궁극적인 목표로 하는 평화적 영성이다. 그는 성서적 가르침인 보복금지와 원수사랑의 무저항에 대하여 다음과 같이 이해했다.

> 이와 같은 무저항의 행위는 인간에게 잠재하고 있는, 상해를 입은 사람의 매우 보기 드문 반응으로 활성화될 수 있는 한층 고상한 성질의 인생과 미덕을 지향하려는 호소력인 것이다. 예수가 재판을 받았을 때, 그는 자기의 가르침을 따라 아무런 원한도 없이 그 고통을 받아들였다. 초기 기독교회는 이 가르침에 충실했으며, 오늘날에도 어떤 교파들, 특히 메노파교도들은 신체적인 상해에 대하여 어떤 행동도 취하기를 거부하고 있다. 악과 악마에 저항하는 일[27]은 예외없이 신약성서와 교회의 가르침이다.[28]

---

25 상게서, p. 46.

26 정운찬 서울대 전 총장, 이삼열 유네스코 한국위원회 사무총장, 김근태 전 국회의원 등이 스코필드의 지도와 지원을 받아 한국 사회의 지도자들로 성장했다.

27 아마도 이 부분은 오타이거나 오해일 것이다. 무저항의 원리에 근거한다면 "저항하지 않는 일"로 정정해야 할 것이다. 그의 생애를 통해서 그가 비폭력적 저항을 한 것으로 보아 아마도 무저항과 비폭력 저항을 혼동한 것 같다.

28 『코리아 타임즈』, 1967년 1월 24일.

스코필드는 평생을 평화를 추구하는 삶을 살았다. 그러나 그가 추구한 평화는 희랍신화에 기초한 심적 평화(eirene)도 아니고 지배질서로서의 평화(pax Romana, pax Americana, pax Atomica, pax Sovijetica)도 아닌 성서적인 정의로운 평화(just peace)이다. 희랍의 심적 평화의 개념은 자연적 상태의 폭력과 전쟁을 당연시하고 지배질서로서의 평화는 평화를 정의에 선행시킴으로 평화를 성취한다는 명분하에 폭력과 전쟁에 정당성과 합법성을 부여한다. 그러나 성서적 평화의 개념은 적극적인 정의의 실현을 통해 실현되는 평화이다. 따라서 평화란 완성된 실체요 목적이 아니라 실현 과정 속에서 있는 평화다.[29] 스코필드는 정의와 선의 궁극적인 승리를 굳게 믿었다.[30] 그는 자신이 헌신한 3·1 운동 역시 사랑과 정의의 행동으로 성취된 것으로 확신했으며 풍요한 사회나 복지국가에 앞서 정의로운 사회부터 이룩해야 한다고 역설했다.[31] 또한 그는 인권적 정의에도 남다른 관심을 보였다. 일제 강점기 일본인들이 한국 사람들을 차별하는 것에 대하여 비판하였고 인종 차별에 대하여서도 확고한 입장을 가지고 있었다. 캐나다 토론토에서 스코필드가 온타리오 수의과대학 병리학 정교수로 재직 시 그의 친구 중에 은행책임자가 있었다. 그 당시 여전히 흑인 차별이 존재해서 백인만 이용하는 은행이 있어 하루는 흑인을 받으면 백인들이 없어져서 문을 닫게 될 것이라고 염려하는 친구에게 흑인과 거래해도 오히려 은행이 잘 될 것이라고

29 남태욱, 『라인홀드 니버와 사회정의』(서울: 국제교육문화원, 2006), pp. 219~220.

30 이장락, 전게서, p. 207.

31 『동아일보』, 1969년 2월 28~3월 1일. "하나로 뭉친 독립만세."

강권하여 관철시킨 일화와 자신이 재직하던 수의과대학에 흑인 청소부 할머니의 딸을 학장을 설득해서 자신의 조교로 채용한 일화는 유명하다.[32]

Ⅲ. 배려의 영성

기도의 길이 영성의 근원이자 토대라면, 배려의 길은 이웃사랑의 수평적이며 실천적인 영성이다.

> 배려의 길은 환경의 압력에서 힘을 얻고, 상식을 그 인도자로 삼고, 행로의 불측을 각오하며, 항시 염려를 동반자로 한다.

첫째, 배려의 영성은 현실주의적(realistic) 영성이다. 배려의 길은 변화하는 자기 환경을 잘 파악해서 상식에 어긋나지 않는 방향으로 생활을 이끌어 가되, 앞날이 순탄하지 않을 것을 미리 생각하여 언제든지 마음을 놓지 않고 살아가는 것이다. 배려의 길에는 지나친 비약과 터무니없는 요행을 바라지 않는 그의 현실성이 잘 나타나 있다.[33] 스코필드는 자신을 현실주의자라고 고백했다.[34] 그는 현실을 있는 그대로 인정하고 받아들이고 그 현실 속에서 현실적 명령을 듣는다고 했다. 결코 현실에 안주한 것이 아니라, 현실을 향상시

---

32 이장락, 전게서, pp. 170~172.

33 상게서, pp. 295~296.

34 『중앙일보』, 1969년 3월 1일. 「3·1 운동은 한국 정신의 상징」. "지고(至高)의 현실(실재)인 하나님이 영원한 것처럼 이들 이른바 현실주의자들이 영원하지 못하다. 나는 또 다른 의미에서 현실주의자다. 그것도 과격한……"

키려는 노력을 게을리하지 않았다. 배려의 영성은 환경의 압력에서 힘을 얻는다고 한다. 환경에 굴복하거나 타협하는 태도가 아니라, 오히려 환경의 압력으로부터 힘을 얻는다. 이는 환경의 압력을 회피하거나 고통스러워하지 않고 오히려 압력 자체를 현실적으로 인정하고 수용하는 현실주의적 입장이다.

스코필드는 캐나다 선교사로서 완전한 선교의 자유가 주어지지 않은 상황과 모든 것이 불비한 한국의 형편에 개의치 않고 한국에 봉사하는 것을 하나님의 뜻으로 간주하고 한국행을 결행한 것과 한국에 도착해서 얼마 되지 않아 이필성의 부탁을 받고 1919년 3월 1일 독립선언문을 낭독시 그것을 촬영하여 세계에 여론을 환기시켜 줄 것을 제의받았을 때도 한순간의 주저함도 없이 흔쾌히 허락했으며, 일본 정부의 압력과 심지어 암살의 위험을 무릅쓰면서도 이에 굴복하지 않았다. 3·1 운동 직후 수많은 수감자들을 돌아보며 격려했을 때도 자신의 안위를 걱정하지 않고 위기가 있을 때마다 지혜롭게 모면했다. 대한민국이 해방을 맞이하고 이승만 정권과 박정희 정권[35]의 불의한 모습을 볼 때, 가차없이 독재자라고 비판했다. 그의 영성의 현실주의적 성격은 20세기 미국의 예언자라 일컫는 라인홀드 니버(Reinhold Niebuhr)의 현실주의적 영성과도 유사하다. 니버의 유명한 "평온 기도문(The Serenity Prayer)", "주여! 변화시킬 수 없는 일들을 받아들일 수 있는 평온함과 할 수 있는 것들을 바꿀 수 있는 용기, 그리고 그 차이를 분별할 수 있는 지혜를 주옵

35 『동아일보』, 1963년 3월 23일. 「스코필드 박사, 박의장에게 서한」.

소서"[36]와 같은 현실주의적 면모를 공유한다.

둘째, 배려의 영성은 변혁적(transformative) 영성이다. 배려의 길은 상식을 인도자로 삼는다. 그의 배려의 영성은 현실적이기 때문에 현실 속에 이상을 무리하게 적용하지 않는다. 현실적인 삶에서 이상은 물론이고 상식 수준의 실천에도 무력함을 경험적으로 알 수 있다. 스코필드는 이승만 정권의 부패한 실정에 대하여 "그들이 만든 신보안법은 북으로부터 오는 공산도배보다는 자기들의 정권을 잡는 데 사용했으며, 경찰과 깡패는 그들의 주구였으며, 부자 기업가들은 그들의 친구였다고 비판했으며, 교회는 잠자고 있으며 교리와 교권 문제로 싸우고 있을 뿐이라고 한탄했다.[37] 상식적으로 정부는 국민을 위해 일해야 한다. 그리고 교회는 하나님의 뜻을 지상에 실현하는 전위요 책임적인 공동체이다. 스코필드 자신은 이와 같은 권리가 있다고 당당하게 말했다."[38] 이와 같이 그의 영성은 변화와 변혁, 그리고 저항의 영성이다. 물론 그는 한국인도 투사도 아닌 선교사요 수의학자였다. 그럼에도 불구하고 그는 현실의 변혁을 위해 개인적인 노력을 아끼지 않았다.

그리고 현실적인 배려의 영성은 행로의 불측을 각오하며 염려

36 Elisabeth Sifton, *The Serenity Prayer: Faith and Politics in Times of Peace and War* (New York: Norton, 2003), p. 9.

37 『한국일보』, 1962년 3월 2일. 「43년, 그날과 오늘」; 『재팬 애드버타이저』, 1919년 8월 2일, 「한국 민심의 발견」. 현명한 정부는 정당하고 떳떳한 이상, 민심에 기반을 두고 통치해 나가는 것이다…… "민심은 진정한 정치인의 교과서가 되어야 하는 것이다."

38 『동아일보』, 1963년 8월 17일. 「3·1 독립선언 기념탑 제막식에서 한 스코필드 박사의 축사」. 나 자신 한국의 분신으로서 의당 말할 권리가 있다고 생각한다.

를 동반자로 한다. 여기서 우리는 그의 인생관과 세계관을 엿볼 수 있다. 그는 인생이나 세계를 닫힌 체계나 고정불변한 실체로 이해하지 않았다. 그렇다고 현실을 이상적으로 파악하지도 않았다. 인생은 항상 변화하고 열려 있으며 지상의 세계는 늘 불완전하기 때문에 개선의 여지가 있는 과정으로 인식했다. 그래서 인생 행로에는 항상 불측을 각오해야 하며 염려를 동반자로 삼아야 하는 것이다. 스코필드는 부모와 형제가 있는 자신의 모국 영국을 떠나 자유를 찾아 혈혈단신으로 캐나다로 이주했을 때와 캐나다에서 선교사로 자원해서 한국행을 결심했을 때도, 그리고 이길성의 부탁으로 3·1 운동에 동참할 때, 그리고 일제의 살해의 위험 속에서도 이에 굴하지 않고 늘 고난에 당당히 맞서는 삶을 살았다. 심지어 개인적으로 자신의 아내가 향수병으로 캐나다에 돌아갈 때, 그리고 정신병으로 고통받아 하나밖에 없는 아들을 자신의 손으로 양육할 때도 항상 최선을 다해 불평 없이 살았다. 그는 평생을 한국의 독립과 인권과 복지를 위해 싸웠다. 3·1 운동 후 투옥된 열사들을 위해 감옥과 형무소를 뛰어다니며 그들의 구명을 위해, 더 나은 생활의 개선을 위해 자신의 신변의 위험에도 아랑곳하지 않고 고통받는 이웃을 위해 헌신했다. 1919년 4월 15일 수원 향남면 제암리와 수촌리에서 발생한 일본군의 만행에 분개한 나머지 선교사의 열악한 신분에도 불구하고 4월 18일 열차편으로 출발하여 만행의 현장을 답사하고 찍은 사진과 기록을 세계에 알렸다. 이를 계기로 일본 정부의 미움을 사 1920년 4월 추방당하게 된다. 그리고 1958년 한국 정부의 초청으로 다시 방문해서 1970년 4월 12일 국립중앙의료원에서 영면하기까지 한국의 만연한 부정부패와 싸웠으며,[39] "만일 이 나라에서 조금이라도 부패가 줄어들고 핑계하는 버릇이 적어진다면 이곳에서 뼈를 묻고, 그렇지 않으면 좋은 친구가 있는 딴 나라로 훌쩍 떠나버리겠다"[40]고 했을 정도로 부정부패와의 싸움은 단호했다.

셋째, 그의 배려의 영성은 세상 내적 금욕적 영성(worldly ascetic spirituality)이다. 스코필드는 가난한 한국의 학생과 고아들을 위해 장학회를 설립하고 세계 각처로부터 오는 후원금과 자신이 내핍하면서 모은 돈을 아낌없이 기부했다. 이런 그를 한국의 한 언론은 다음과 같이 기억했다.

> 그는 6년 동안 미국이나 캐나다에 있는 친구들로부터 돈을 얻어다가 가난한 한국 학생 연 3백여 명과 봉은·마포 두 고아원 1백 60여 명을 길러 온 박사의 이삿짐이라고는 입고 있는 소맷깃 낡은 동복 한 벌과 하복 한 벌, 그리고 겨울 오바가 전부이다. 동대문 시장에서 5백 원 주고 샀다는 우비는 그의 시중을 들어온 서울대학교 외인교수관의 백 노인에게 물려준다 했다.[41]

39 『한국일보』, 1961년 1월 8일. "한국의 장래는 오로지 경제적 발전에 달렸으며, 이 경제적 발전은 대부분의 사람들이 생각하는 것보다 훨씬 더 철저한 부패일소에 의존한다. …… 부자들이 가난한 사람들의 형편을 걱정하지 않는 것이 오늘날 한국에서 가장 창피하고 위험한 경향이다"; 『동아일보』, 1963년 2월 28일. "한국의 부끄러운 민주주의는 정치인을 위한, 정치인에 의한 국민의 정부였다."; 『조선일보』, 1970년 3월 1일. "국민은 불의에 항거해야만 하고 목숨을 버려야만 할 때가 있다."

40 『경향신문』, 1963년 9월 14일. 「핑계 많은 버릇 이대로 가면 내 뼈 묻을 곳을 따로 찾겠다」.

41 『조선일보』, 1964년 4월 16일. 「잘 있어라, 제2의 조국아!」.

스코필드는 자신의 삶은 물론 국민적, 국가적 차원의 내핍을 강조했다. 한국 경제를 염려하면서 "이 질병을 치료하자면 내핍이란 약이 필요하다는 데 이의가 없다. …… 내핍은 모든 사람들이 자발적으로 수락할 엄격한 도덕적 규율을 요구한다 …… 만일 한국도 도덕적인 용기만 있다면 능히 내핍 생활을 견디어낼 수 있을 것이다. …… 내핍은 수범에 의해서만 가르칠 수 있고 내핍은 경제 법령의 실시에 있다."[42]고 역설했다. 뿐만 아니라, 그는 죽는 순간까지도 자신의 모든 것을 희생했다. 유린보육원 1,500달러, 서울 중앙기독교 청년회 1,000달러, 내 아들 프랭크 영소 이에게, 나머지는 3월치 학교 수업료로 나눠 줄 것을 힘없는 손으로 직접 적어 유언으로 남겼다.[43] 이런 스코필드의 개인적인 내핍으로 인한 고통과 고난은 베버(Max Weber)가 말한 프로테스탄트 영성, 즉 세상 내적 금욕주의(worldly asceticism)[44]라고 정의할 수 있다. 이는 세상을 등진 수도원적 영성과는 차별되는 기독교 영성의 한 전통이다. 즉 만인제사(왕)설에 기초한 직업적 소명의식으로 세상 속에서 하나님의 뜻을 실현하며 노동을 통한 금욕적 삶의 실천으로 육체의 욕망을 제어하여 이웃에게 봉사하는 영성이다. 필자의 견해로는 스코필드는 금욕적 내핍을 생활화한 20세기의 전형적인 프로테스탄트 영성의 소유자라고 생각한다.

---

42 『동아일보』, 1964년 1월 16일. 「내핍은 수범에서만」.

43 이장락, 전게서, p. 253.

44 Max Weber, *The Protestant Ethic and the Spirit of Capitalism*, trans. by Talcott Parons (New York: Charles Scribner's Sons, 1958), p. 95.

끝으로 그의 배려의 영성은 환경주의적, 생태학적 영성(ecological spirituality)이다. 그의 영성은 이웃사랑에 머무르지 않고 자연과 동물, 즉 생태계로 확대된다. 그는 형과 누나의 대학 진학으로 가정 형편이 어려워지자 자신의 학비를 벌기 위해 영국의 한 농장에서 일하게 되는 것으로 자연과의 인연을 맺게 되었고 1907년 2월 캐나다의 농업의 중심지인 토론토로 이주하여 역시 농장에서 가축들을 돌보았다. 거기서 앓던 말 한 마리가 수의사의 도움으로 회복하는 것을 본 그는 수의사가 되기로 결심하고[45] 반 년을 열심히 일해 토론토 대학교 온타리오 수의과 대학에 입학하여 1910년 졸업하고「토론토 시내에서 판매되고 있는 우유의 세균학적 검토(The Bacteriological Analysis of Milk Being Sold in Toronto)」라는 논문으로 1911년 수의학박사가 된다.[46] 스코필드는 수의사이며 자연과학자이다. 그의 수의학적 공헌은 아직도 유효한 이론으로 남아 있다.[47] 그의 자연과 동물에 대한 애정과 열정은 남달랐다. 또한 그 당시 과학자로서는 남다른 자연관을 갖고 있었다.

---

45 이장락, 전게서, p. 148.

46 Douglas C. Maplesden, *Dr. Frank Schfield Veterinarian Extraordinaire*(Santa Fe, New Mexico: Lomaland Books, Inc., 2005), p. 14.

47 Douglas C. Maplesden, 상게서, p. 14. 학사학위를 받고 스코필드는 1914년 그의 비범함을 인정한 모교로부터 세균학 강사로 강단에 선다. 1921년 모교로 복직한 그는 「외관상으로 출혈성패혈증과 기종저처럼 보이는 새로운 소 질병의 원인체인 부패한 스위트 클로버(Damaged sweet clover: The Black Leg)」라는 제목의 논문을 발표한다. 이외에도 성실한 연구로 1955년까지 143편의 크고 작은 연구논문을 발표했다. 이로 인해 1952년 독일 뮌헨 루드비히 막시밀리안 대학교에서 명예 수의학박사 학위를 받고 1954년 미국 수의학회 연례회의에서 열두 번째로 국제수의학회상을 수상한다. Douglas C. Maplesden, 상게서, pp. 50~67.

> 나는 '자연의 정복'이란 말이 끊임없이 쓰이는 것을 싫어한다. 이 말은 자연은 원래 인간에게 적의가 있다는 그릇된 인상을 주게 된다. 자연의 신은 외관상으로 어떤 모순이 있기는 하지만 역시 은총의 신이다.[48]

스코필드의 자연관은 진보와 성장의 이데올로기에 고무된 현대의 과학기술이 자연을 정복과 착취의 대상으로 인식하는 것에 대한 우려와 비판을 표명한 것이다. 그는 이미 20세기의 과학기술의 한계를 인식했다. 스코필드는 수의학자와 세균학을 가르치는 자연과학자로서의 자신의 직업적 소명을 확신했고 그 누구보다 자신의 일에 자부와 자긍심을 소유한 사람이었으나, 과학기술문명을 맹신하고 신봉한 사람은 아니었다. 인간중심의 과학기술문명은 자연을 정복과 착취의 대상으로 인식하여 오늘과 같은 환경 및 생태학적 위기를 초래했다. 이와는 다르게 스코필드는 자연을 은총의 신으로 이해했다. 16세기 종교개혁 이후 기독교 신학은 성서 중심적인 은총(특별계시)에 집중했다. 일반은총(자연계시)에 대한 폄하와 경시가 오히려 인간중심적 세계관을 강화했다. 자연을 '다스리고 정복하라'(창 1:26, 28)와 같은 성서 구절의 해석의 오류는 자연을 정복과 착취의 대상으로 인식하는 것에 대한 신학적, 종교적 시인을 제공했다. 린 화이트(Lynn Townsend White Jr., 1907~1987)에 의하면 첫째, 성서는 인간에 의한 자연의 지배를 옹호하고 인간 중심주의적 경향을 확립한다. 둘째, 기독교는 하나님의 형상으로 창조된 인간과 영혼 또

48 『코리아 타임즈』, 1969년 8월 12일.

는 이성이 없고 열등한 창조의 잔여물로써 자연을 구별한다고 비판했다.[49] 이는 1960년 이후 제기된 환경 및 생태학적 위기에 대한 최초의 기독교적 반성이었다. 린 화이트는 신 중심적인 세계관으로의 전환과 자연친화적(nature friendly) 생태신학(echo-theology)으로의 전환을 제안하면서 환경 및 생태학적 위기를 극복하기 위한 기독교적 대안으로 중세의 성자인 아시시의 프랜시스(St. Francis of Assisi)의 입장(Franciscanism)을 따를 것과 인간은 더 이상 자연의 지배자가 아닌 자연의 책임적인 관리자로서 청지기직(stewardship)을 회복할 것을 제안한 바 있다. 비록 스코필드가 자연과 생태계에 대한 전문적인 저술과 체계적인 이론은 남기지 않았지만 그의 입장은 친환경적이고 생태학적 영성에 매우 접근하고 있음을 알 수 있다.

Ⅳ. 닫는 글

글을 닫기에 앞서 필자는 스코필드의 영성을 신학사적으로 평가하고자 한다. 그가 살았던 20세기 신학사조가 자유주의적 프로테스탄티즘(Liberal Protestantism)이 역사의 무대 뒤편으로 사라지고 신정통주의(Neo-Orthodoxy) 신학 또는 위기의 신학(Theology of Crisis), 곧 하나님의 말씀의 신학(Theology of the Word of God)이 역사의 전면에 등장하는 시기로서, 그의 영성은 신정통주의 시대의 산물인 것을 알 수 있다.

첫째, 그가 평생을 인생의 좌우명으로 삼았던 "두 길"에 나타난

49 Lynn Townsend White Jr., "The Historical Roots of Our Ecological Crisis," *Science* Vol. 155(1967), pp. 1203~1207.

배려와 기도의 길은 동시대 독일 신학자인 디트리히 본회퍼(Dietrich Bonhoeffer, 1906~1945)와 그의 '제자직'의 영성과 정확히 일치한다. 본회퍼에 의하면 기독교인이라는 것은 두 가지 존재 방식에 의해서만 성립된다. 기도와 인간 사이에 정의를 행하는 것이라고 정의한다.[50] 다만 차이가 있다면 스코필드의 '두 길'이 좀 더 구체적이라는 것뿐 구조는 정확히 일치한다. 또한 스코필드가 추구한 배려의 길은 본회퍼의 비폭력적 저항의 영성과 일맥상통하는 면이 있다. 다만 차이가 있다면 본회퍼의 삶의 자리가 히틀러의 파시즘적 독일 사회와 교회에서의 신학적이며 교회적 저항과 투쟁이라는 것과 스코필드는 주로 한국과 캐나다라는 사회적 배경과 주로 개인적 차원의 비판적 활동이라는 것의 차이가 있을 뿐이다. 개인적으로는 스코필드가 본회퍼의 제자직(discipleship)의 영성에 충실했던 것으로 판단된다. 스코필드 역시 자신을 예수 그리스도의 사도라고 역설[51]하였을 뿐만 아니라, 평생을 순종 속에 살았던 사람이었다. 본회퍼의 제자직은 직접적인 순종과 단순한 순종, 그리고 구체적인 부름에 대한 구체적인 순종이다. 본회퍼는 신앙과 순종은 하나라고 본다. "신앙은 오직 순종 안에 존재하고 순종 없이는 아무것도 없다. 신앙은 오직 순종의 행위 안에 있는 신앙이다."[52]

---

50 Dietrich Bonhoeffer, *Letters and Papers form Prison*, Eberhard Bethge ed. (New York: Touchstone, 1997), p. 300.

51 『동아일보』, 1970년 3월 2일. 「나는 예수의 사도입니다. 그는 나를 무엇으로든지 만들 수 있습니다」.

52 Dietrich Bonhoeffer, *The Cost of Discipleship* (New York: Macmillan Publishing Co., Inc., 1976), pp. 87~94.

둘째, 스코필드는 자신을 '현실주의자'라고 하였다. 그의 현실주의적 면모는 20세기 미국을 대표하는 신학자 라인홀드 니버(Karl Paul Reinhold Niebuhr, 1892~1971)의 입장과 매우 유사하다. 라인홀드 니버의 신학은 기독교 현실주의(Christian Realism)이다. 니버의 현실주의적 이론은 물론이고 영성을 대표하는 유명한 "평온 기도문(The Serenity Prayer)"은 스코필드의 "두 길"과 현실주의적 유사성을 보여준다. 있는 그대로의 현실을 인정하고 수용하며 현실에 안주하지 않고 불의한 현실을 끊임없이 변혁하려는 의지와 행동, 그리고 현실을 선과 악의 공존하는 것으로, 악은 선의 부재로 이해한 점, 세상의 현실과 하나님 나라의 긴장 속에서 지상에서의 상대적 정의의 실현을 위해 활동한 것[53]이 매우 유사하다.

본 연구에서 필자는 스코필드의 영성을 기도와 배려의 영성으로 구분하여 고찰했다. 이는 양자의 상호관계를 규명하기 위한 것이다. 그 결과 그의 영성은 기도와 배려가 상호 분리되지 않고 긴밀한 통전성이 있음을 발견할 수 있었다. 기독교 영성(Christian spirituality)[54]은 하나님과의 사랑의 관계 속에 있는 부름 받은 사람들의 삶의 한 단면만을 이야기하는 것이 아니라, 삶 전체와 관련이 있다. 그래서 영성은 우리의 존재 전제, 즉 육체, 정신, 감정 그리고 의지, 결단을 포함하고 있는 우리 존재 전체에 영향을 미치고 또한 우리들의 생

53 이장락, 전게서.

54 기독교 영성의 유형으로는 첫째, 심령주의(spiritualism), 둘째, 도피주의(escapism), 셋째, 열광주의 혹은 열정주의(enthusiasm), 넷째, 전체적(total) 또는 통전적(wholistic) 영성으로 구분된다. 고범서, 「부흥운동과 사회변혁의 영성」, 『부흥운동과 사회변혁의 영성』, 한국기독교윤리학회논총 Vol. 9(2007): pp. 15~16.

각, 행동, 상상 등 모두 다 영성에 영향을 준다. 그러므로 영성은 본질적으로 전체적(total)이고 통전적인(wholistic) 특징을 지닌다. 통전적 기독교 영성은 자연적인 것과 초자연적인 것, 물질적인 것과 영적인 것, 세속적인 것과 성스러운 것과를 수직적으로 구분하지 않을 뿐 아니라, 이 세상과 저 세상, 시간과 영원, 역사와 종말을 수평적으로도 나누지 않는다. 또한 통전적 기독교 영성은 개인과 사회, 개체와 공동체, 내적인 것과 외적인 것, 종교적인 것과 정치, 경제적인 것, 개인의 회심과 구조적 변화 등도 구분하지도 않는다. 다시 말해서, 그것은 사물에 대한 이원론적 사고의 틀, 이것이냐 아니면 저것이냐(either or) 하는 삶의 방식 혹은 이것이면 되고 저것이면 안 되는 것과 같은 편협한 삶의 방식이 아니라, 이것과 함께 저것도(both and)와 같은 통합적이고 포괄적이며 포용적인 삶의 방식이다. 따라서 참된 기독교 영성이란 예수 그리스도 안에서 계시되고, 교회 생활 속에서 성령의 은사를 통해 경험된 전적인 인간의 삶, 즉 육체적·심리적·사회적·정치적 차원을 포함하는 전인적인 삶(the human life as totality)이라고 정의할 수 있다. 기독교 영성은 단순히 내면적인 생활이나 내적인 사람을 위한 것이 아니라, 영혼과 육체 모두를 위한 것이며, 하나님과 이웃을 사랑하라는 그리스도의 두 가지 명령의 이행을 지향한다. 그리고 기독교 영성에는 인류와 자연이 포함된다.[55] 이상의 기준에 적용해 볼 때 스코필드의 영성은 전체적이며 통전적 영성임을 알 수 있다.

---

55 Gordon S. Wakefield ed., *A Dictionary of Christian Spirituality.* [『기독교 영성 사전』, 엄성옥 역(서울: 도서출판 은성, 2002), p. 403]

주제어

영성, 기도자, 치료, 사실주의, 생태학, 프랭크 스코필드, 석호필, 제자직

참고문헌

고범서, 「부흥운동과 사회변혁의 영성」, 『부흥운동과 사회변혁의 영성』, 한국기독교윤리학회논총 Vol. 9(2007): pp. 11~24.

남태욱, 『라인홀드 니버와 사회정의』, 서울: 국제교육문화원, 2006.

유석성, 「인(仁)의 윤리적 의미: 서(恕)와 황금률」, 『신학과 선교』 31집(2005): pp. 151~179.

이장락, 『우리의 벗 스코필드』, 서울: 정음사, 1962.

_____, 『한국 땅에 묻히리라』, 서울: 정음사, 1980.

_____, 『민족대표 34인 석호필』, 성남: 바람출판사, 2007.

Bonhoeffer, Dietrich, *The Cost of Discipleship*. New York: Macmillan Publishing Co., Inc., 1976.

_____, *Letters and Papers form Prison*. Eberhard Bethge ed., New York: Touchstone, 1997.

Maplesden, Douglas C., *Dr. Frank Schfield Veterinarian Extraordinaire*. Santa Fe, New Mexico: Lomaland Books, Inc., 2005.

Sifton, Elisabeth, *The Serenity Prayer: Faith and Politics in Times of Peace and War*. New York: Norton, 2003.

Wakefield, Gordon S. ed., *A Dictionary of Christian Spirituality*.(『기독교 영성 사전』, 엄성옥 역. 서울: 도서출판 은성, 2002)

Weber, Max, *The Protestant Ethic and the Spirit of Capitalism*. trans. by Talcott Parons. New York: Charles Scribner's Sons. 1958.

White, Lynn Townsend Jr., "The Historical Roots of Our Ecological Crisis," *Science*. Vol. 155(1967): 1203~1207.

『경향신문』, 1963년 9월 14일.

『동아일보』, 1963년 2월 28일.

『동아일보』, 1963년 3월 23일.

『동아일보』, 1963년 8월 17일.

『동아일보』, 1964년 1월 16일.

『동아일보』, 1970년 3월 2일.

『조선일보』, 1964년 4월 16일.

『조선일보』, 1970년 3월 1일.

『중앙일보』, 1969년 3월 1일.

『코리아 타임즈』, 1967년 1월 24일.

『코리아 타임즈』, 1969년 8월 12일.
『한국일보』, 1961년 1월 8일.
『한국일보』, 1962년 3월 2일.
『한국일보』, 1970년 4월 14일.

출전: 『종교연구』 제53집, 2008, pp. 283~305.

03. "주동자": 프랭크 스코필드 박사와 한국 독립운동

바바라 리걸트(Barbara Legault), 존 프레스콧(John F. Prescott)

1919년 3월 1일 일본 통치 아래에서 근 10여 년간의 병합 및 군사 통치가 이루어진 끝에 한국인들은 한국의 독립을 요구하고 나섰다. 직후 전개된 대규모 시위는 '3·1 운동'으로 알려졌다. 이 운동은 평화적인 방식이었음에도 불구하고 한국에 주둔하던 일본군에 의하여 잔혹하게 진압되었으며 6월 중순까지 수천 명의 한국인이 체포되어 고문을 받게 되었다. 한국에 있던 선교사들은 일본이 자행한 "잔학 행위"를 폭로하기 위한 국제적인 대중 운동을 전개하면서 한국인 시위자들에 대한 끔찍한 고문과 투옥에 항의하였다. 이 운동은 일본 정부의 적대감을 불러일으켰으며 한국에서 활동하고 있던 기독교인과 선교사들에 대한 불신을 가져왔다. 1919년 12월 조선총독이 "한국의 불온한 움직임의 배후에 기독교 선교사들이 있다는 것은 명백하며 경성의 세브란스 병원에 소속된 스코필드라는 인물이 이러한 활동가 중 가장 두드러진 인물이다."라고 했다는 이야기가 전해졌다.[1]

사이토 총독이 지목한 선교사는 캐나다 장로회를 통해 세브란스 의학전문학교와 병원에서 근무하고 있던 캐나다인 수의학자 프랭크 스코필드(Frank W. Schofield) 박사였다. 스코필드 박사와 그의 아내 앨리스는 3년 전인 1916년에 한국에 도착했다. 스코필드 박사의 활동력과 한국인들에 대한 솔직한 지원은 훗날 한국인이 그에게 "34번째 애국지사"라는 칭호를 붙이게 했으며 그가 사망했을 때는 국립묘지의 애국지사 묘역에 안장되게 했다.[2]

프랭크 스코필드는 디쿠마롤이라는 중대한 발전으로 이어지는 부패한 스위트 클로버의 항응고 효과를 발견한 것으로 수의학계에서 명성을 얻었다.[2] 캐나다인 수의학자이자 선교사가 일본 정부가 증오하는 적이 되고 한국인들에게 있어서는 그토록 중요한 영웅으로 남았는가에 대해서는 더 살펴보도록 하겠다. 1920년 스코필드를 선교사업에서 물러나도록 한 것에 관해서는 흔히 일본에 의한 추방으로 잘못 이야기되고 있지만 그보다는 스코필드가 갈수록 일본의 식민 정책에 대해 극단적인 위치에 서게 된 것과 관련이 있을 것이다. 선교사들이 한국인에 대한 잔인한 학대에 일반적으로 반대하는 입장에 있었던 데 비하여 스코필드를 구별짓도록 하는 근본적인 차이점은 그가 더 나아가 한국의 독립을 지원했다는 점이다. 스코필드의 일본 식민 정책에 대한 비판은 더 나아가 식민주의에 대한 비판으로 이어졌으며 그는 갈수록 영국이 인도와 아일랜드에서 제국주의적인 노력을 기울이는 것이 제국으로서 실패라고 지적했다. 비록 스코필드의 반식민주의적인 태도는 캐나다로의 소환으로 인해 방해를 받게 되었지만 그는 계속해서 국제적으로 중요한 영향력이 있는 몇 안 되는 캐나다인 수의학자로 남게 되었다. 스코필드의 국제적인 공헌은 그의 과학적인 역량과 수의학도들에 대한 영향력과 합쳐져 그를 캐나다 역사에 있어 중요한 인물 중 하나가 되도록 했다.

일본의 식민지화와 한국의 독립

1910년 8월 대한제국이 일본에 의해 병합되자 한국을 일본 문화로 통합하기 위한 개혁이 잇따랐다. 여기에는 한국의 역사책과 문헌들을 체계적으로 파괴하고 모든 한국어 정기간행물과 신문을 폐간하는 것이 포함되었다. 교육 체계에 있어서는 일본어와 일본 역사, 일본 문학, 그리고 일본 문화를 가르치도록 했다. 한국인들은 권위나 부유함을 얻을 수 있는 모든 직장에서 배제되었다. 토지개혁으로 인해 한국인 농민들은 그들의 토지에서 밀려났으며 징세를 통해 그들의 자원을 수탈당했다.[3] 그러나 가장 중대한 변화는 헌병통치 체제로서 일본 경찰과 군대는 이를 통해 고소를 하지 않고도 한국인을 감금하고 잔인하게 학대할 수 있었다. 기독교 교회들은 합병 이후 한국인들에게는 허락되지 않았던, 사회 기구를 위한 교육과 장소를 제공했다. 개신교 교회들은 종종 일본이 통제할 수 없는 민족주의 기구가 되기도 했다.[4] 일본 당국은 독립운동 지도자들과 기독교의 관계 때문에 종교적인 교육 및 기구에 제약을 가하기 시작했다.[5]

한국의 문명과 민족에 대한 이와 같은 가혹한 압제에 직면해, 1918년과 1919년에 일어난 사건들은 일부 한국인들이 독립을 선언할 수 있도록 고취했다. 첫 번째로 1918년 1월 우드로 윌슨 대통령은 '약소민족의 자결권'을 옹호하는 문서인 '14개조 원칙'을 발표했다. 한국 민족주의자들은 탄원서와 세 명의 대표를 준비하여 파리평화회의에 파견했다. 그러나 대표단은 여권 발급을 거부당했다.[3]

두 번째 중요한 사건은 1919년 1월 22일 대한제국의 전 황제 고종이 사망한 것이었다. 고종의 죽음은 곧바로 한국 독립을 위한 탄원서의 '실패'와 연결되었다. 2월 24일, 여러 집단의 민족주의 지도자들이 33인에 의해 서명된 선언서를 작성했다. 1919년 3월 1일까지 3천 부 이상의 선언서가 배포되었다. 오후 2시 약 5천여 명의 인파가 선언서 낭독을 듣기 위하여 경성 중심가의 파고다공원에 모여들었다. 군중 속에 있던 학생들이 태극기를 흔들면서 만세를 부르기 시작했다. 이날 134명이 체포되었는데 여기에는 서명자 29명이 포함되었다. 시위는 3월부터 4월까지 한국 전역으로 확산되었으며 한국인들이 대부분 평화롭게 시위를 했음에도 불구하고 일본 헌병은 '불온행위'를 진압하기 위하여 폭력적으로 대응해 나갔다.[3]

프랭크 스코필드 박사: 34번째 애국지사

스코필드 박사(이 책, p. 4, 아래 오른쪽 사진)는 3·1 운동의 계획에는 참여하지 않았지만 일본의 제국주의적 통치를 거침없이 비판하는 인물로 널리 알려졌으며 이 운동이 전개되기 전 그 사실을 먼저 알게 된 유일한 선교사였다.[3] 스코필드는 이미 일본의 식민화가 한국 사회에 끼치는 영향, 특히 그중에서도 한국에 공창제를 도입한 것에 대한 거침없는 비판으로 유명했으며 일본 식민 통치기구가 한국인을 '문명화'시키는 것이 아니라 '매독 환자로 만들고 있다'고 비판한 것으로 잘 알려졌다.[6] 1919년 2월 28일 스코필드의 학생 중 한 명이 다음 날 어떤 행사가 준비되고 있는지 알려주었다. 그 학생은 스코필드에게 독립선언서의 사본을 전해 주면서 이것을 세브란스 병원의 동료들에게 배부해 줄 것과 미국 백악관에 전달해 줄 것을 약속해 달라고 했다.[7] 스코필드는 뒷날 이렇게 회상했다. "나는 [그 학생에게] 계획이 전반적으로 얼마나 잘못된 것인지 납득시키기 위해 최선을 다했다. 그의 대답이 흥미로웠다. '선생님은 영국인이지요, 그러나 제국주의자처럼 생각하시는 것이라고 생각합니다. 그래도 우리는 선생님을 믿습니다."[8] 스코필드는 계획에 대해 우려했지만 그래도 도움을 주겠다고 승낙했다. 스코필드는 문서를 작성하고 이 사건을 카메라에 담는 임무를 맡을 정도로 신뢰를 받았다.[3] 스코필드가 촬영한 많은 사진들이 독립운동을 다룬 기록물에 사용되었다.[9,10] 그가 촬영한 사진 중 가장 유명한 것 중 하나는 3월 1일에 일본인 상점의 2층 발코니에서 독립에 대한 지지를 표명하기 위해 시청 바깥에 운집한 군중들을 촬영한 것이었다(이 책, pp. 6~7, 위 사진). 가장 주목할 만한 것은 스코필드가 서울 전역에 주둔한 무장한 일본 군인들을 촬영할 수 있었다는 것이다.[11] 파고다공원 근처에 주둔한 일본군 부대의 사진(이 책, p. 7, 아래 오른쪽 사진)과 서울의 공공장소를 경비하고 있는 무장 병력은 공포와 군사 통치의 분위기를 포착하고 있다. 스코필드가 경찰과 군대에 발각되지 않고 은밀하게 사진을 찍을 수 있었다는 사실은 매우 놀랍다. 그가 찍은 사진들은 이 시기 한국에 대한 군사적 억압의 결정적인 증거를 마련해 주었다.

한국의 외진 지역에서의 '소요' 진압은 농촌 마을들을 파괴하는 형태로 나타났다. 가장 악명 높은 사건 중 하나는 서울 외곽의 수원이라는 지역에서 15곳의 마을을 파괴한 것이다. 스코필드는 이 중 두 곳의 기록을 남겼다. 수촌리와 제암리였다. 4월 6일, 일본군이 아직 주민들이 잠을 자고 있었음에도 불구하고 수촌리의 가옥들 초가지붕에 하나하나씩 불을 질렀다. 불을 끄려던 주민들은 총을 맞았다. 스코필드는 4월 말 이곳을 방문했을 때 파괴된 가옥의 잔해를 촬영했다(이 책, p. 6, 위 작은 사진). 이 사건이 일어난 직후인 4월 15일에는 제암리가 비슷하게 파괴되었는데 이번에는 마을의 남성들을 '집회'가 있다는 명목으로 마을 교회로 불러모은 뒤 산 채로 불태워 죽였다.[12] 탈출하려고 시도하던 사람들은 총에 맞거나 총검에 찔렸고 대부분이 그들의 친지가 바라보는 앞에서 산채로 불에 타 죽었다. 수촌리와 제암리 학살에 대한 스코필드의 증언은 많은 잡지와 신문, 단행본 분량의 3·1 운동 조사보고서에 실렸다.[9, 10, 12]

비록 시위는 4월 말까지 대부분 진정되었지만 고문과 폭압은 끝나지 않았다. 1919년 6월까지 2만 명이 넘는 한국인이 체포되었고 이 중 1만 1천여 명이 폭행을 당했다.[6] 이런 끔찍한 광경은 스코필드에게 한국인을 도와야 한다는 생각을 더 고취했을 뿐이었다. 스코필드는 구타당한 한국인들을 그의 집에 받아들였으며 이러한 사람들을 치료하기 위해 감옥이나 그들의 집을 직접 방문했다.[3] 스코필드는 일본 통치 당국의 야만성을 폭로하기 위해서 『재팬 애드버타이저(*The Japan Advertiser*)』, 그리고 익명으로 식민정부 소유의 『서울 프레스(*Seoul Press*)』와 같은 일본 영자지에 일련의 글을 실어 처벌과 한국인들이 겪고 있는 고통의 증거들을 상세히 밝혔다. 이후 많은 한국인들이 치료를 위해 세브란스 병원으로 왔기 때문에 스코필드는 심문과 투옥으로 인한 전율할 결과를 직접 목격할 수 있었다. 스코필드는 잔학 행위를 멈추도록 하기 위해 일본과 북미의 신문에 매일 고문의 사례를 소름끼칠 정도로 자세하게 기술했다.[13~15] 스코필드는 캐나다로 돌아가서 남성, 여성, 그리고 아동들이 구타당하고 총검에 찔리고 달군 인두로 지져진 이야기들을 계속했다.[16] 수감자들은 뼈가 탈구되고, 꼬집혔으며, 질식당하거나 음식과 물을 먹지 못했다. 가장 흔한 고문 방법은 태형이었다. 이것은 '죄수'를 형벌대나 나무십자가에 두고 대나무 막대기로 다리와 둔부를 때리는 것이었다. 태형은 수일에 걸쳐 집행되었기 때문에 고통이 계속되었다.[17] 구타는 종종 괴저를 일으켰고 간혹 죽음에 이르게까지 만들었다. 스코필드의 글은 "피부와 그 아래의 세포조직의 상당 부분이 벗겨져 나갔다. 간호사들이 매번 노출면을 만질 때마다 드러난 근육조직이 경련을 일으키고 불우한 이들이 고통속에 신음"하는 과정을 시각적으로 묘사했다.[10] 스코필드의 시각적인 묘사는 일본의 식민지 군사통치의 잔학성을 드러내는 한편 한국인들이 대의를 위해 믿을 수 없을 정도로 헌신하고 있음을 보여주고자 하는 것이었다.

1919년 여름 동안 스코필드와 미국 감리교 선교회의 비숍 웰치(Bishop Welch)는 많은 일본 정치인을 만났으며 여기에는 하라 다카시(原敬) 총리와 사이토 마코토 총독이 포함되어 있었다.[3, 18] 하라 수상은 스코필드가 경험한 잔학 행위에 대해 접하자 그 자신은 식민지군 간부들의 활동에 대해서는 알지 못했으며 한국에 대한 동화정책을 고수할 것이라고 밝혔다.[19] 스코필드는 대담하게도 하라 총리에게 동화정책을 계속하게 된다면 '유혈 혁명'으로 치닫게 될 것이며 일본제국 차원의 조사를 요구했다.[20] 1919년 7월 스코필드는 일본 수상이 신문에서 보도한 한국에서의 잔학 행위에 대한 보도는 단지

"소문의 흔적"만을 보도한 것이라고 주장하자 이에 대한 반론을 공개했다.[21] 스코필드의 글은 총리를 이해시키기 위해서 잔인한 내용을 세부적으로 명쾌하게 전달하고 있었다. 스코필드의 직설적이고 비꼬는 어조는 군사 행동을 은폐하거나 '개별' 장교들의 행동에 대해 알지 못했다고 변명하는 일본의 시도를 조롱하는 것이었다.

스코필드가 촬영한 사진들과 직접 목격한 사실들은 3·1 운동 초기 선교사들이 보고한 내용을 뒷받침하는 이론의 여지가 없는 물증이자 근거가 되었다. 실제로 캐나다의 외교 업무를 담당하던 영국 외무상 커즌(George Nathaniel Curzon)경은 1919년 7월 일본 대사와 만나 이 문제를 논의했는데 아마도 주로 스코필드의 보고서와 사진을 위주로 한 근거들을 제시했던 것으로 추측된다.[6] 또한 이 시기 전반에 걸쳐서 스코필드는 「한국인의 자결권」이라는 제목으로 된 289쪽 분량의 원고에 모든 것을 기록했던 것이 명백하다.[2] 이 원고는 1920년에 이것을 전해 받은 뉴욕의 출판업자 때문에 잃어버렸다. 이 원고의 두 번째 사본은 1947년 세브란스 의과대학의 마룻바닥에서 발견되었다고 전해지는데 출간되지는 못했다.[22] 고문과 잔학 행위에 대한 스코필드의 꼼꼼한 기록은 그가 일본 관헌에 여러 차례에 걸쳐 공개적으로 도전한 것과 함께 그의 업적을 한국의 '34번째 애국지사'로 부르기에 충분하다.

캐나다 장로교회

스코필드는 가장 격렬한 비판자였으나 그 혼자서 한국인에 대한 고문과 학대에 대해 비판한 것은 아니었다. 소수의 선교사들이 기독교인에 대한 박해와 평화적인 운동에 대한 가혹한 탄압의 현장에 있으면서 이를 목격했다.[5] 이들의 구호는 "야만 행위에 대해 중립으로 있어서는 안 된다"였다.[3] 이들의 방식은 야만 행위에 대한 사실에 근거한 보고서와 증거를 가지고 '폭동'을 진압하기 위해 사용한 잔학 행위에 대한 국제적인 관심을 이끌어 내는 것이었다. 캐나다 장로교회와 미국 감리교회가 특히 이러한 테러에 대한 비판에 단호한 입장이었다. 영국 선교사들과 영국 외무성은 영일동맹조약 때문에 훨씬 조심스러운 태도를 취했다.[23]

1919년 3월, 30명의 선교사들이 한국에 모여 일본 정계에 영향을 끼치기 위해서 일본의 잔학 행위를 폭로하는 운동을 전개하기로 결정했다. 캐나다 장로교회의 해외 선교본부 총무 암스트롱(A. E. Armstrong) 목사는 독립선언서와 야만 행위에 대한 목격자들의 증언을 가지고 귀국했다. 암스트롱 목사의 증언은 4월에 『뉴욕타임즈』와 토론토의 『글로브 앤드 메일(*Globe and Mail*)』에 실렸다. 암스트롱 목사는 "수감자로부터 자백을 받아내기 위해 사용되는 수단이 너무나 끔찍하기 때문에 사람들의 피를 끓게 한다"고 끔찍한 고문에 대해 묘사했다.[24] 캐나다로 돌아간 암스트롱 목사는 선교본부의 총무로서 맥케이(R. P. MacKay) 박사와 함께 캐나다와 영국의 정치인들에게 연락해서 이들이 일본에 압력을 넣도록 탄원했다. 맥케이는 '평신도 선교 운동'의 전 의장에게 다음과 같은 편지를 보냈다.[25]

> 편지와 전문은 검열받고 있으며 세계는 일본이 문명국가로 행세하고 있기 때문에 알지 못하고 있다. 2천만의 한국 민족 전체가 평화적인

방법으로 전개되는 운동에 참여하고 있다. 그 과정에서 일본 군인들이 시위대에 발포를 하고 많은 수를 체포했으며 자백을 받기 위해 많은 사람을 고문하고 있다. 한마디로 말하면 아르메니아 학살이 반복된 것이라 할 수 있다.

암스트롱은 돌아가는 과정에서 전미 그리스도 교회 연합 위원회의 동양 관계 위원회와 접촉했으나 이들은 자신들이 뉴욕에서 일본측과 개별적으로 협의하기 전까지는 사건의 진상을 숨길 것을 요구했다.[26] 위원회는 미국 정부보다는 일본과의 사업적 이해관계에 호소함으로써 일본에 압력을 가할 수 있을 것이라고 생각하고 있었다.

마지막으로 7월에 위원회는 선교사들이 항의한 잔혹 행위와 테러의 사례들을 모은 보고서, 서한, 그리고 한국의 선교사들의 증언을 담은 소책자를 발행했다.[1] 이 책자는 선교사들의 편지, 글, 그리고 보고서를 통해 독립운동과 이에 대한 지속적인 탄압을 상세하게 이야기했다. 위원회는 한국이 독립을 얻는 것과는 별개로 "이러한 잔학 행위, 고문, 비인간적인 처우, 종교에 대한 박해는 모든 곳에서 중단되어야 한다"고 명시했다.[1] 이 운동은 조선총독이 한국에서 질서를 회복하는 것을 목표로 한 것이 아니라 고문을 사용하는 것을 반대하고 보다 공정한 식민지 정책의 이행을 요구하는 것이었다.[23] 이와 반대로 스코필드는 정치적 중립을 강조하지만 인권이 유린당하는 경우에는 예외로 하는 캐나다 장로회의 사상에 고취되어 이를 실천하는 과정에서 갈수록 반식민지적인 자세를 취하게 되었다. 이러한 차이가 한국에서 스코필드가 용납될 수 없는 위치에 서게 했다.

스코필드의 소환

일반적으로 스코필드가 선교 현장에서 소환된 것은 일본에 의한 추방으로 서술된다. 스코필드의 명성과 그가 그토록 정성스럽게 도움을 준 나라와 국민들에게 돌아가기까지 30여 년이나 걸렸다는 사실은 이러한 설명이 어느 정도 타당하게 보이도록 한다. 그러나 해외선교본부의 서한을 면밀히 검토해 보면 보다 복잡한 이야기가 드러난다. 스코필드는 갈수록 격렬한 발언과 글을 발표했지만 한국인의 독립운동을 도왔던 다른 선교사들이 투옥되고 고문을 받는 동안 일본으로부터 큰 피해를 받지 않고 있었다.[3] 사이토 총독의 매우 노골적인 비난과는 별개로 스코필드 자신은 한국 독립운동을 공개적으로 지원한 것에 대해 어떤 처벌도 받지 않았으며 일본 정부로부터 떠날 것을 강요받지도 않았다. 그 대신 캐나다 장로회가 은밀히 스코필드를 소환함으로써 사과를 하려 했다.

스코필드 박사와 앨리스(앨리) 스코필드는 원래 1916년 12월 함께 한국에 도착했다. 1917년 5월이 되자 앨리는 정신적으로 불안정한 징후를 보이기 시작했다. 암스트롱 목사는 앨리의 주치의인 윌리엄 골디(William Goldie)에게 보낸 편지에서 그가 서울에 도착했을 때 앨리는 '정신적으로 열악한 상태'에 있었다고 썼는데 그로부터 2~3일이 지난 뒤에는 앨리스가 정신이상이 분명하다고 확신하게 되었다.[27] 골디는 앨리스가 골반 때문에 자신의 치료를 받은 적이 있으며 그녀가 "남편과 주변 사람들에게 화를 내곤 했다고" 회신했다.[28] 골디는 앨리스가 "영구적으로 정신이상"이 될 수 있다고 우려하면서 앨리스를 캐나다에 있는 친구나 친지들에게 돌려보내거나 지역 보호시설에 보내야 한다고 조언했다.[28] 1917년 12월 10일, 스코필드의 동료인 그리어슨(Grierson) 박사는 암스트롱에게 편지를 써서 스코필드가 앨리스를 "고베로 데리고 가서 캐나다행 기선에 태웠으며" 또한 "스코필드 박사는 앨리스가 혼자서 무사히 돌아갈 수 있을 것으로 생각한다"고 했다.[29] 앨리스 스코필드는 캐나다로 돌아간 지 얼마 되지 않아 프랭크라는 이름의 아들을 낳았다. 프랭크에 대해 처음 언급하고 있는 편지는 1918년 9월의 것이다.[30] 스코필드나 선교본부에서 앨리스가 혼자서 귀국하기 이전에 임신한 상태인 것을 알고 있었는지는 확실하지 않다. 그러나 당시에는 여성이 혼자서 이토록 먼 거리를 배편으로 이동하는 것이 흔치 않은 일이었으며 젊은 여성이 아이를 홀로 키우는 것은 교회에서 보기에 불편한 것이었다. 교회에서 이것을 승인한 것은 매우 특이한 일이었다. 그러나 스코필드가 한국에서 맡은 업무의 중요성은 그의 임신한 상태에서 정신적으로 불안정한 상태였던 아내에 대한 명백히 냉담한 태도를 정당화해 주었다.

앨리스 스코필드는 1918년에서 1919년 사이에 선교본부와 정기적으로 접촉을 하고 있었다. 앨리스의 편지에서는 경제적인 우려와 아이를 홀로 키워야 하는 부담에 대한 내용이 끊이지 않았다. 1919년이 되자 앨리스의 청원은 더욱더 절망적이 되었으며 그녀는 스코필드가 "귀국해서 내가 도움을 받을 수 있도록 돌봐줄 수 있도록 해 주세요. 제 상황은 좋지 않으며 내년 봄까지 이 상황을 견뎌낼 수 있을지 두렵습니다. 내 사랑하는 남편이 한국에서 일을 훌륭하게 해 내고 있음을 알고 있습니다. 그리고 저도 다른 사람들의 생각에도 불구하고 항상 남편을 지지했습니다. 하지만 때로는 그의 업무가 가정에 있기도 합니다."라고 청원했다.[31] 비록 선교본부에서는 별거와 앨리스의 정신 상태가 악화되는 것으로 인한 어려움에 대해 알고 있었지만 스코필드가 한국에서 이룩한 과업의 중요성을 언급하면서 이러한 우려를 일축하곤 했다. 1919년 12월 스코필드는 마침내 맥케이에게 전보를 보내 그가 캐나다로 돌아가야 할지 말아야 할지에 대한 조언을 구했다. 그 결과 맥케이는 스코필드가 아니라 앨리스에게 분노에 찬, 그러나 다소 억지스러운 반응을 보였다. 맥케이의 편지는 앨리스가 스코필드의 일을 방해하고 있다고 힐난하는 내용이었다.[32] "한국으로부터 오는 모든 보고는 당신이 그곳에 있을 무렵과 같은 어려운 여건이 존재하고 있다는 인상을 줍니다. 당신은 남편과 함께 생활할 수 없을 겁니다. 스코필드 박사의 생활은 대부분 극복되었으며 그 자신도 앨리스 당신이 떨어져 사는 것이 낫다고 느끼고 있습니다. 그러므로 당신에게 다시 묻겠습니다. 만약 스코필드 박사가 귀국한다 하더라도 상황이 더 나아지겠습니까?" 맥케이는 스코필드가 한국에서 달성한 업적이 중요하다는 점을 반복해서 이야기한 뒤 "스코필드는 여전히 당신에게 헌신하고 있습니다. 그러나 그가 하고 있는 일이 너무나 중요하고 또한 시급하기 때문에 일반적인 요청으로는 그를 귀국시킬 수 없습니다."라고 강조하면서 스코필드의 귀국 대신 다음과 같은 제안을 했다. "당신의 삶과 소명에 대해 새로운 관점을 가지기 바랍니다."[32] 그랬기 때문에 12월에 교회의 선교본부는 스코필드가 한국에서 맡은 업무가 매우 중요한 점을 들어 두 사람의 별거를 옹호하는 입장을 취하기로 결정했다.

그러나 1920년 1월이 되자 해외 선교본부는 갑작스럽게 생각을 바꾼 듯이 보였다. 1월 21일 암스트롱은 스코필드에게 긴급 전보를 보내 "아내의 상태가 매우 나쁘니 최대한 빨리 귀국"할 것을 요청했다.[33] 암스트롱은 앨리스 스코필드의 상태가 "심각한 것은 아니다. 그녀는 지난 몇 달간만큼 지내고 있다"고 인정했지만 스코필드가 즉시 귀국할 것을 종용했다.[33] 이 지점에서 암스트롱은 그의 편지의 요점이 무엇인가로 옮겨 가고 있다. 스코필드가 12월에 '밥' 데프리즈에게 보낸 편지와 발췌한 자료들이었다. 그 편지는 사이토 총독이 스코필드가 3·1 운동에 개입했음을 보여주는 혐의를 제기했다는 보도 내용을 담고 있었다. 스코필드는 이러한 비난의 배후에는 경찰이 있다고 의심했는데 경찰은 "내가 최근 경찰의 고문 기술을 폭로했기 때문에 나를 죄악처럼 혐오하고 있습니다. 이 자들은 그들이 나를 궁지에 몰아넣었다고 생각합니다. 나는 이곳에서 경찰의 손에 붙잡힌 사람들은 누구라도 동정하고 있습니다."라고 적었다.[20] 해외 선교본부가 이전까지는 스코필드의 명성에 대해서 잘 알지 못했을 가능성이 있는데 이 글은 선교본부가 걱정을 하도록 만들었을 것이다. 암스트롱은 "선교사들은 정치적 개입을 삼가왔기 때문에, 일본 관헌에서 외국인이 단지 수감자들에 대한 비인도적인 처우와 독립운동에 대한 야만적인 '진압' 방식에 항의한다고 해서 체포할 만큼 어리석은 짓을 하리라고는 생각하지 않습니다."라고 조언했다.[33] 암스트롱의 편지에서 앨리스 스코필드의 상태에 관한 이야기는 정치적 중립에 대한 이야기에서 부차적인 것으로 밀려나고 있다. 선교본부는 과거 앨리스의 요청과 걱정을 무시해 왔지만 그녀는 스코필드를 귀국시키기 위한 편리한 구실이 되고 말았다.

선교본부의 서한들을 검토하면 스코필드를 소환하게 된 원인이 그의 아내의 건강을 진심으로 걱정했기 때문이 아니라 스코필드의 활동 때문이라는 것이 드러난다. 암스트롱은 세브란스 병원에 있던 선교사 중 한 명이었던 맨스필드(T. D. Mansfield)에게 보낸 편지에서 "조금만 생각해 본다면 선교본부에서 스코필드 박사를 소환하려 하는 부차적인 이유인 스코필드 여사나 캐나다와는 상관없는 이유를 짐작할 수 있을 것입니다."라고 적었다.[34] 암스트롱의 대응은 다소 미묘하지만 스코필드의 소환은 그가 식민주의에 강력하게 반대함으로써 일본은 물론 영국 외무성의 반발을 샀기 때문으로 보인다.[6] 스코필드는 마침내 1920년 4월 초 캐나다로 떠나게 되었다.

스코필드의 귀국은 캐나다 교회 권력에 의한 입막음이 명백했으며 이것은 1921년에서 1922년 사이 스코필드와 선교본부 사이에 오간 편지들을 면밀하게 살펴보면 더욱더 명확해진다. 1921년 스코필드는 암스트롱에게 편지를 보내 그가 한국으로 돌아갈 수 있게 해 준다면 '중립'으로 남아 있겠다고 약속했다. "내가 한국에 돌아간 뒤 정치에 개입하는 것에 대해서는 우려할 필요가 없습니다."[35] 그러나 활동가로서의 자신의 명성을 포기할 생각은 아직 없었던 듯 한데 스코필드의 편지는 다음과 같이 계속된다. "그러나 일본인들이 매우 나쁜 일을 하게 된다면…… 그때는 나 또한 좋지 않은 일을 하게 될지도 모릅니다. 하지만 여기에 대해서는 크게 우려할 필요가 없습니다."[35] 스코필드가 중립을 지키겠다고 약속했음에도 불구하고 선교본부는 스코필드의 과격한 견해에 우려를 표명하고 있었다. 1922년 3월 맥케이는 스코필드에게 편지를 보냈다.[36]

> 당신의 공공 발언, 특히 영국의 영향력과 정책, 그리고 이에 덧붙여 한국에 있는 동료 선교사 겸 교사들에 대한 생각 등에 대한 항의가 계속해서 들려오고 있습니다. 일부는 당신이 발언한 것에 대하여 확실히 분개하고 있으며 당신이 해외 선교본부의 생각을 반영하고 있는 것인지 의문을 가지고 있습니다.

스코필드는 맥케이에게 곧바로 답장을 보내지 않기로 했으나 다음 번 편지에서 다음과 같이 해명했다. "내가 아는 몇몇 사람이 나를 위험한 인물로 보고 있는 것 같습니다. 그럴 수도 있겠습니다만 6년 전 한국에 부임하게 되었을 때만큼 위험하지는 않습니다."[37] 비록 교회 당국이 스코필드의 활동에 대해 부정적인 반응을 보였기 때문에 그의 노력이 다소 수그러들기는 했지만 그의 과격한 시각이 바뀐 것은 아니었다.

1922년에서 1923년 사이의 편지들은 스코필드를 한국으로 돌려보내서 첫 번째로는 선교사업을 하도록 하고 다음으로는 나환자 병원에서 의료 업무에 종사하도록 하며 마지막으로는 세브란스 병원에 다시 소속시키도록 하는 방안들을 검토하고 있다. 한국에 있던 스코필드의 동료들은 그의 귀환을 지지했다. 1922년 2월 함흥에 있던 선교사들은 해외 선교본부에 서한을 보내 스코필드를 함흥으로

보내줄 것을 요청했다.[38]

> 스코필드 박사는 이미 그의 열정, 헌신, 재능, 그리고 어학에 있어서 특출난 능력 때문에 한국의 젊은이들의 마음을 얻고 있으며 이로 인해 젊은이들 사이에서 사업을 수행하기에 특별히 잘 맞는 인물입니다. 이러한 일꾼은 우리 선교구에서 절실히 필요로 합니다. 그리고 …… 우리는 스코필드 박사가 조속히 돌아올 수 있는 길이 열리기를 진심으로 희망하는 바입니다.

불행히도 1920년대 초반 선교본부가 직면한 재정적 어려움 때문에 스코필드는 "선교본부의 일부 사업을 정리하고 만약 그러한 절차를 어쩔 수 없이 밟아야 할 경우 논리적으로 합당한 지역은 한국"이 되어야 할 수도 있다는 통보를 받았다.[39] 비록 스코필드는 계속해서 한국으로 돌아가고 싶다는 열망을 거듭해서 나타냈으며 다양한 방면으로 한국에 돌아가기 위한 노력을 기울였지만 선교본부에서는 스코필드가 선교사의 급여로 아내와 아들을 부양하는 문제에 대해 아내를 보호시설에 맡겨야 할지 모른다는 우려를 표했다.[40, 41] 결국 스코필드 스스로 한국으로 돌아가지 않겠다는 결정을 내렸다. 스코필드는 그의 아내의 상태가 상당히 호전되었으며 집에 머물면서 두 사람의 관계를 회복해야 한다고 생각했다.[42] 스코필드는 1959년까지 캐나다에 머물렀으며 1923년 선교회에 보낸 편지 이후로는 한국에 돌아가는 문제를 다시는 제기하지 않았다.

국제정치에 있어서의 극단주의와 신학에 있어서의 보수주의

스코필드의 저술을 살펴보면 일본 경찰의 잔혹 행위를 폭로하는 것에 그치지 않고 그가 공개적으로 한국인들에게 의미 있는 사회·정치적 변화를 일으킬 수 있다고 믿는 운동을 지지했다는 것이 드러난다. 게다가 운동을 후원하고 독립을 향한 절규를 목격하면서 스코필드는 한국이라는 맥락을 벗어난 식민주의에 대한 비판을 표현하기 시작했다. 스코필드는 스스로 제창한 "국제정치에 있어서의 극단주의와 신학에 있어서의 보수주의"라는 정책을 추구하면서 한국의 독립과 한국에 대한 식민통치 반대를 과감하게 지지했다.[43]

1919년 가을, 스코필드의 글은 갈수록 대립을 불러일으키게 되었다. 예를 들어『재팬 애드버타이저』에 게재된 글은 천장에 매달려서 강제로 물과 비눗물, 고춧가루 탄 물을 콧구멍으로 들이마시게 된 19세의 교육받은 젊은이에 대한 이야기를 하고 있었다. 끝내 그의 작은 발가락에서는 살점이 떨어져 나왔으며 "고문하는 자의 피에 굶주린 욕구를 만족시키려는 듯 피가 마구 흘러나왔다."[14] 나이가 젊고 교육을 받은 젊은 한국인 희생자를 강조하고 경찰관을 '피에 굶주린' 것으로 묘사함으로써 이 글은 식민화의 일반적인 구조를 '비문명화된' 것으로 도치시키고 있다. 스코필드의 이야기는 계속된다.[14]

> 지독한 동화정책이 바뀌기 전까지는 항상 만세의 함성을 억누르기 위해서 총검과 탄환을 사용될 것이며 법에 저항하고『독립신문』을 발행하는 젊은 애국자의 콧구멍에 고춧가루를 탄 물을 들이부을 것이다.

일본의 정책에 어떠한 도덕성이라도 있다면 1천7백만 명이 희망을 잃고 한국의 숭고한 남녀에게 기껏해야 추방이나 투옥만이 남아 있겠는가?

역사학자 구대열에 따르면 스코필드가 일본의 동화정책을 '지독한 것'으로 규정했기 때문에 12월에 사이토 총독의 사과를 받아낼 수 있었다. 영국 외무성은 이 발언을 '매우 공격적'이고 '일본측이 스코필드에 대해서 친밀감을 느끼기 어렵도록 하는 것으로 인정해야 한다'고 보았다.[3] 그 직후 영국 외무성은 스코필드에게 경고를 보냈다.[3] 스코필드가 이 경고에 따르기를 거부한 것이 그가 1920년에 갑자기 소환되는 데 영향을 끼친 요인으로 생각된다.

스코필드는 그가 한국을 떠나기 직전인 1920년 3월 발표한 일련의 글에서 일본 당국이 한국에서 이행하고 있는 개혁에 대하여 평가했다. 스코필드는 각 개혁조치별로 개요를 설명하고 비판했다.[44] 스코필드는 하라가 제안한, 한국에서 헌병을 철수시키는 방안에 대해서 '철수'에는 단지 군대의 제복만 바꿔 입히는 것이 포함되는 것이라고 지적하면서 강하게 비판했다. "무시무시한 카키색 제복을 장례식장에 입는 것 같은 검은색 제복으로 바꾸어 달래려는 것이며 동시에 이를 통해 '경찰'이라고 세례를 다시 한 번 주려는 것이다."[45] 스코필드는 한국인들이 "카키색 제복을 증오하는 것이 아니라 수년간 잔혹하고 불공정하게 굴었던 사람들을 증오하는 것"이라고 보았다.[45] 스코필드는 일본 정부가 개혁이라는 소명을 불성실하게 이행하고 있다고 비판하면서 한국의 상황은 제복만 바꾸는 것에 그치지 않고 극단적인 변화를 필요로 한다고 주장했다. 스코필드는 '기존의' 총독 치하에서 한국인들에게 자행된 잔학 행위에 대한 진실된 조사가 없이는 어떠한 개혁도 시작될 수 없으며 궁극적으로 한국 대중의 신뢰를 이끌어 낼 수 없을 것이라고 결론지었다.[46]

스코필드는 1919년 봄과 여름에 걸쳐 독립에 대한 외침을 가혹하게 진압하는 것을 목격하면서 식민화 과정에 대해 다시 생각하기 시작했다. 이러한 재고는 스코필드가 한 말에서 잘 드러난다. 예를 들어 스코필드는 『재팬 애드버타이저』에 기고한 글에서 한국인들은 병합을 "조국을 비열하게 팔아넘긴 것이며…… 일반적인 한국인들은 일본인을 1천 6백만 명의 인민과 수백만 평방마일의 땅을 훔쳐간 큰 도둑놈으로 보고 있다."[47] 스코필드는 뒤의 글에서 일본의 식민지 정책을 "창칼을 앞세워 한국에 강요한" '구속복'(straight-jecket)이라고 묘사했다.[48] 스코필드는 식민지 관계의 강압적인 본성을 강조함으로써 식민지화의 부도덕성과 위선을 폭로했다.

스코필드는 1919년 8월 이후 더욱 활발히 일본의 한국 식민지화와 영국의 인도 및 아일랜드 통치를 비교하기 시작했다. 8월 말, 스코필드는 '한국에서의 개혁'이라는 글을 통해 일본은 행정적인 측면에서 한국인에 대한 이해가 결여되어 있으며 '소수가' 다수를 통치하려는 제국주의 정책의 어리석음 때문에 한국을 효율적으로 통치할 수 없을 것이라고 주장했다. 스코필드는 이것을 영국의 인도 통치와 연관지으면서 다음과 같이 설명했다. "영국은 전체 공무원 중 1,200명에 불과한 백인으로 3억에 달하는 인도인을 통치하려 하고 있다."[49] 스코필드는 대영제국의 사례를 제시하면서 다음과 같이 충

고하였다.[49]

> 한국에 대해 관대하게 대하는 것이 일본의 이익이라 할 수 있다. 만약 한국이 현재 치르고 있는 만큼 한국에 취해지는 모든 개혁에 대해 막중한 부담을 지게 된다면 한국은 항상 일본의 치명적인 적이 될 것이며 '병합되어 있건' 독립되어 있건 간에 심각한 위협이 될 것이다……. 영국은 언젠가는 아일랜드가 요구하는 것을 대부분 충족시켜 주게 될 것이다. 아일랜드의 요구를 보다 빨리 들어 주는 것이 훨씬 현명한 정책이 될 것이며 이렇게 함으로써 아일랜드와의 우호관계를 유지할 수 있을 것이다.

스코필드의 일본의 한국 식민지화와 영국의 인도 및 아일랜드 통치에 대한 솔직한 비교는 영국 외무성에 대한 계산된 도전으로 읽힌다.

스코필드는 일본을 방문하고 돌아온 뒤 소요사태의 바탕에 깔린 더 큰 원인과 의미에 대해서 깊이 생각하기 시작했던 것이 분명하다. 스코필드는 식민지화에 대해 총체적으로 재고하기 시작했으며 "강요된 동화는 자연의 법칙에 반하는 것이므로 결코 성공할 수가 없다. 자연의 법칙은 절대 깨질 수 없는 것인데 간혹 깨지게 되는 것은 법칙을 혼란에 빠지게 하려는 요소이다."[14] 스코필드가 대영제국에 대해 언급한 것은 그의 동료들의 경계심을 불러일으켰다. 1921년 맥케이 박사는 약간의 자애로운 조언을 담아 스코필드에게 편지를 보냈다.[50]

> 우리들 중 어느 누구도 영국의 통치가 완전무결하다고 생각하지는 않습니다만 영국이야말로 세계에서 가장 위대한 문명국임을 명심해야 할 것입니다. 영국의 통치에는 약간의 오점이 있지만 영국의 영향력은 정의로운 편의 이익이라는 면에서 보면 세계의 모든 나라를 능가하는 것입니다. 인도가 오늘날 영국의 통치를 받지 않는다면 어떻게 되어 있겠습니까? 만약 영국이 인도를 통치하지 않는다면 내일 무슨 일이 일어나겠습니까? 물론 나는 당신이 말하는 것에 대해서 아무것도 모르는 상태로 이야기하는 것이 아닙니다. 그러나 당신을 선교사로 임명하는 것이 타당한지에 대해서 선교본부의 위원들이 판단하는 것에 뭔가 다른 것이 영향을 끼칠 수도 있다는 점을 생각해 보기 바랍니다.

맥케이의 분석은 스코필드의 과격한 반식민주의적 태도와 강한 대조를 보이고 있다. 스코필드는 일본의 한국 통치에 대한 좁은 비판에서 식민지화에 대한 더 큰 논의로 바뀌 나갔으며 한 국민이 다른 국민에게 통치를 강요하는 것은 부자연스러운 것이며 독립이란 "천부적이며 도덕적인 권리"라고 주장했다.[49] 스코필드의 대담하고 완고한 자세는 일본과 영국의 제국주의 권력에 도전하는 것이었을 뿐만 아니라 그의 해외 업무를 후원하던 장로교회에 대한 도전이기도 했던 것이다.

결론

1919년 12월, 일본 정부는 스코필드를 독립운동에 있어서 "제1의 활동가"라고 지목했다. 스코필드는 "가장 위험한 인물이며 한국에서 독립에 대한 선동을 꾸준히 해 오고 있다…… 심지어 선교사 중에서도 스코필드의 격렬한 방식에 대해 의심의 눈초로 바라보는 사람이 있을 정도이다."[1] 실제로 스코필드가 옹호했던 반식민주의적 가치에 대한 강인한 의지와 이것을 엄격하게 고수한 것은 일본과 영국 정부뿐만 아니라 해외 선교본부를 난처하게 했다. 많은 한국인들이 독립을 위한 투쟁에서 발휘한 투지는 스코필드에게 제국주의의 부도덕성을 보여주었다. 스코필드가 일본의 정책과 한국에 대한 허깨비 같은 '개혁'을 비판한 것은 그대로 식민주의에 대한 비판이 되었다. 실제로 한국의 독립운동이 진행되던 내내 그곳에서 살고 있었던 스코필드는 3월 1일 전날에는 "제국주의자 같은 생각을 한다"고 비판을 받았으나 제국주의에 대한 공공연한 비판자가 되었다.[8] 1920년 4월 스코필드가 한국을 떠나기 전 그는 개혁에 의해 허가받은 독립적인 신문의 창간호에 기고를 했다. 이 글은 한국인들이 그들의 신념을 견지하고 독립을 위해 매진할 수 있도록 용기를 북돋았다.[3] 한국의 '34번째 애국지사'로 찬양받던 스코필드가 마지막으로 한 행동은 그와 그의 동료 선교사들을 구분짓도록 해 준다. 정치적 중립을 옹호하는 교단의 규율과 반대로 스코필드는 진정으로 한국인들의 독립을 지지했으며 그가 캐나다로 돌아간 뒤에도 토론토 글로브와 다른 잡지 및 신문들에 글을 기고하고 한국의 정세에 대한 연설을 함으로써 계속해서 이를 지원했다.[51, 52]

감사의 말

이 글의 초고에 대해 유용한 논평을 해 준 겔프 대학 역사학과의 테리 크롤리(Terry Crowley) 교수에게 감사한다. 매리온 커렌트(Marion Current) 씨에게는 한국에서 스코필드 박사와 함께했던 기억들을 나누어 준 데 대해서, 그리고 한글 문헌에서 스코필드 박사에 관한 내용을 번역해 준 데 대해서 감사한다. 스코필드 박사의 손자인 딘 스코필드(Dean Schofield)에게는 스코필드 박사의 유품들을 제공해 준 데 대하여 감사한다. 그리고 토론토에 있는 캐나다연합교회 문서보관소의 스탭들에게는 문서를 찾아내는 데 정확한 도움을 준 것과 스코필드 박사의 편지를 이해하는 데 도움을 준 데 대하여 감사한다. 이 시기에 관련된 그 밖의 서한들과 문서고 자료들을 활자화한 것은 겔프 대학의 스코필드 문서보관소에 추가되었다.

주석

1. Mission blamed for Korean unrest. *Japan Advertiser.* December 10, 1919: 1.
2. Maplesden DC. *Frank W. Schofield Veterinarian Extraordinaire*. Santa Fe: LomaLand Books Inc., 2005.
3. Ku Dae-yeol. *Korea Under Colonialism: The March First Movement and Anglo-Japanese.* Relations. Published for the Royal Asiatic Society Korea Branch. Seoul: Seoul Computer Press, 1985: 169~198, 212~213, 249~255.
4. Park C. S. *Protestantism and Politics in Korea.* Seattle and London, University of Washington Press, 2003.
5. Baldwin F. Missionaries and the March 1st Movement: Can Moral Men be Neutral? In: Nahm A. C, ed., *Korea Under Japanese Colonialism.* Western Michigan University: Center for Korean Studies Institute of International and Area Studies, 1973: 193~219.
6. Ion A. H. *The Cross and the Rising Sun: The Canadian Protestant Missionary Movement in the Japanese Empire, 1872~1931*. Waterloo: Wilfrid Laurier University Press, 1990: 193~194.
7. Schofield F. W. Discovery of the Korean Mind. *Japan Advertiser.* August 2, 1919: 4.
8. Schofield F. W. What Happend on Sam Il Day March 1, 1919. In: Jung H. ed., *The*

Feel of Korea: A Symposium of American Comment. Seoul: Hollym Corporation, 1966: 271~280.

9. Cynn HH-W. *The Rebirth of Korea: The Reawakening of the People Its Cause, and the Outlook.* reprint July 1921. New York: The Abingdon Press, 1920; 16: 72~76.
10. Chung H. *The Case of Korea: A Collection of Evidence on the Japanese Domination of Korea, and on the Development of the Korean Independence Movement.* London: George Allen & Unwin, Ltd., 1922; 81: 216, 232~237.
11. Nag L. J. *Friend of Korea. Dr.Schofield.* Seoul: Lee Jang Nag, 1962.
12. Report of the Su-chon Atrocities. *Presbyterian Witness.* July 26, 1919: 1.
13. Schofield F. W. Readers in Council; An Imperial Commision of Inquory for Korea, *Japan Advertiser.* July 1, 1919: 4.
14. Schofield F. W. Readers in Council: Torture in Korea: A Matter for Dr. Midzuno, [Letter] *Japan Advertiser.* November 29, 1919: 4.
15. Schofield F. W. Torture of Prisoners in Korea: Evils Under Japanese Rule. *Current History,* XI, II: January 1920: 169~170.
16. Schofield F. W. to MacKay R. P. November 5. 1919. Presbyterian Church in Canada Board of Foreign Missions. Correspondence, 1895~1925. UCC/Victoria Archives, FA 59. 79. 204c-5-68.
17. Avison O. R. to Armstrong A. E. June 1919. Presbyterian Church in Canada Board of Foreign Missions. Correspondence, 1895~1925. UCC/Victoria Archives, FA 59. 79. 204c-4-63.
18. Schofield F. W. to Armstrong A. E. Tokyo Japan, August 31, 1919. Presbyterian Church in Canada Board of Foreign Missions. Correspondence, 1895~1925. UCC/Victoria Archives, FA 59. 79. 204c-4-64.
19. Schofield F. W. The Future of Korea: Interview with Mr. Hara. The Globe, September 4, 1920: 6.
20. Schofield F. W. to Bob [McKay], December 16, 1919. MacKay RP to Mrs. Schofield. December 13, 1919. Presbyterian Church in Canada Board of Foreign Missions. Correspondence, 1895~1925. UCC/Victoria Archives, FA 59. 79. 204c-3-53.
21. Premier talks on Korean atrocities. *Japan Advertiser.* June 14, 1919: 1.
22. Nag L. J. *I Shall Be Buried in Korea: A Biography of Frank William Schofield.* Translated by Choi Jin Young. Seoul: Lee Jang Nag, 1989.
23. Ion A. H. British and Canadian Missionaries and the March 1st 1919 Movement. *Hokkaido Law Review.* Hokkaido University, Sapporo Japan 1977: 568~586.
24. Uncensored Account of Korea's Revolt: Official Presbyterian Foreign Mission Board Tells of Conditions He found. *The New York Times.* April 23, 1919.

25. MacKay R. P. to Rowell N. W. April 9, 1919. Presbyterian Church in Canada Board of Foreign Missions. Correspindence, 1895~1925. UCC/Victoria Archives, FA 59. 79. 204c-4-61.
26. Gulick S to Armstrong A. E. April 19, 1919. Presbyterian Church in Canada Board of Foreign Missions. Correspondence, 1895~1925. UCC/Victoria Archives, FA 59. 79. 204c-4-61.
27. Armstrong A. E. to Goldie W. May 7, 1917. Presbyterian Church in Canada Board of Foreign Missions. Correspondence, 1895~1925. UCC/Victoria Archives, FA 59. 79. 204c-3-46.
28. Goldie W. to Armstrong A. W. May 13, 1917. Presbyterian Church in Canada Board of Foreign Missions. Correspondence, 1895~1925. UCC/Victoria Archives, FA 59. 79. 204c-3-46.
29. Grierson R to Armstrong A. E. December 10, 1917, Presbyterian Church in Canada Board of Foreign Missions. Correspondence, 1895~1925. UCC/Victoria Archives, FA 59. 79. 204c-3-53.
30. MacKay R. P. to Winchester A. B. September 5, 1918. Presbyterian Church in Canada Board of Foreign Missions. Correspondence, 1895~1925. UCC/Victoria Archives, FA 59. 79. 204c-4-58.
31. Mrs Schofield to Mackay R. P. August 8, 1919, Presbyterian Church in Canada Board of Foreign Missions. Correspondence, 1895~1925. UCC/Victoria Archives, FA 59. 79. 204c-4-62.
32. MacKay R. P. to Mrs. Schofield. December 13, 1919, Presbyterian Church in Canada Board of Foreign Missions. Correspondence, 1895~1925. UCC/Victoria Archives, FA 59. 79. 204c-4-69.
33. Armstrong A. E. to Schofield F. W. January 21, 1922. Presbyterian Church in Canada Board of Foreign Missions. Correspondence, 1895~1925. UCC/Victoria Archives, FA 59. 79. 204c-5-70.
34. Armstrong A. E. to Mansfield T. D. January 22, 1920. Presbyterian Church in Canada Board of Foreign Missions. Correspondence, 1895~1925. UCC/Victoria Archives, FA 59. 79. 204c-5-70.
35. Schofield F. W. to MacKay R. P. March 7, 1921, R. P. MacKay to Mrs Schofield. December 13, 1919. Presbyterian Church in Canada Board of Foreign Missions. Correspondence, 1895~1925. UCC/Victoria Archives, FA 59. 79. 204c-6-85.
36. MacKay R. P. to Schofield F. W, March 29, 1922, Presbyterian Church in Canada Board of Foreign Missions. Correspondence, 1895~1925. UCC/Victoria Archives, FA 59. 79. 204c-7-96.

37. Schofield F. W. to MacKay R. P. April 19, 1922, Presbyterian Church in Canada Board of Foreign Missions. Correspondence, 1895~1925. UCC/Victoria Archives, FA 59. 79. 204c-7-97.
38. McRae D. M. to MacKay R. P. February 21, 1922. Presbyterian Church in Canada Board of Foreign Missions. Correspondence, 1895~1925. UCC/Victoria Archives, FA 59. 79. 204c-7-95.
39. Armstrong AE to Schofield FW. December 4, 1923. Presbyterian Church in Canada Board of Foreign Missions. Correspondence, 1895~1925. UCC/Victoria Archives, FA 59. 79. 204c-7-117.
40. MacKay R. P. to Grierson R. May 6, 1922. Presbyterian Church in Canada Board of Foreign Missions. Correspondence, 1895~1925. UCC/Victoria Archives, FA 59. 79. 204c-5-74.
41. MacKay R. P. to Avison O. R. July 11, 1922, Presbyterian Church in Canada Board of Foreign Missions. Correspondence, 1895~1925. UCC/Victoria Archives, FA 59. 79. 204c-5-100.
42. Armstrong A. E. to Avison O. R. May 10, 1921, Presbyterian Church in Canada Board of Foreign Missions. Correspondence, 1895~1925. UCC/Victoria Archives, FA 59. 79. 204c-6-86.
43. Schofield F. W. to MacKay R. P. November 29, 1920, Presbyterian Church in Canada Board of Foreign Missions. Correspondence, 1895~1925. UCC/Victoria Archives, FA 59. 79. 204c-5-80.
44. Schofield FW. The Korean Reforms: A Critical and Constructive Survey of the New Regime. *The Japan Advertiser.* march 12, 1920: 4.
45. Schofield F. W. The Korean Reforms: A Critical Survey II: The Passing of the Gendarmes. *The Japan Advertiser.* march 13, 1920: 4.
46. Schofield F. W. The Korean Reforms: A Critical Survey III: Some Cause of Failure. *The Japan Advertiser.* march 14, 1920: 9.
47. Schofield F. W. Discovery of the Korean Mind. *The Japan Advertiser.* August 2, 1920: 4.
48. Schofield F. W. The Korean Reforms: Japan's Challenge to Korea - An Impossible Policy, *The Japan Advertiser.* August 26, 1919: 4.
49. Schofield F. W. The Korean Reforms II: Japan's Challenge to Korea - An Impossible Policy, *The Japan Advertiser.* August 27, 1919: 4.
50. MacKay R. P. to Schofield F. W. March 29, 1922. Presbyterian Church in Canada Board of Foreign Missions. Correspondence, 1895~1925. UCC/Victoria Archives, FA 59. 79. 204c-7-96.
51. Korea Groans Beneath yoke of oppressor. *The Globe.* Monday July 12, 1920: 8.

52. Schofield F. W. Japanese Reforms in Korea. *The Globe.* July 17, 1920: 6.

출전: Barbara Legault, John F. Prescott, "'The Arch Agitator:' Dr. rank W. Scofield and the Korean independence movement," This article was initially published in *The Canadian Veterinary Journal* Vol. 50. August 2009, pp. 865~887. and is translated and reprinted here with the kind permission of the Canadian Veterinary Medical Association.

04. 스코필드 박사의 의료(교육)·사회선교와 3·1 독립운동

이만열(숙명여대 명예교수)

1. 머리말

캐나다 장로회 의료선교사였던 스코필드(Dr. Frank W. Schofield, 石虎弼, 1889~1970)는 '3·1 운동의 제34인'으로 알려져 있다. 그는 3·1 운동 직전에 1919년 3월 1일에 3·1 독립운동이 일어날 것이라는 사실을 미리 알았던 유일한 외국인이었다. 그는 1916년 11월 의료선교사로 한국에 왔지만, 그의 활동은 의료선교에 그치지 않았다. 일제의 식민지배를 받고 있던 한국인의 인권과 복지에 그 어떤 선교사보다도 더 깊은 관심을 갖고 일제의 식민통치를 비판하며 일제 당국과 맞섰다. 그리하여 거의 추방되다시피 1920년 4월 본국으로 돌아갈 수밖에 없었다. 그러나 그는 한국과 한국인을 잊지 못했다. 그리하여 캐나다에서 수의학 교수직을 은퇴한 후에 정부 초청으로 1958년 다시 한국에 돌아와 서울대학교 수의과대학 교수로 봉사하다가 1970년 4월 81세로 서울에서 별세하여 독립유공자로서 국립묘지에 안장되었다.

이 글은 스코필드가 내한한 1916년 11월부터 한국을 떠난 1920년 4월까지 일제 강점기에 국한하여 그의 활동을 살펴본 것이다.[1] 특별히 그의 3·1 운동 이전의 선교활동을 의료(교육)선교라 한다면, 그의 3·1 운동 참여와 인권보호운동, 공창폐지운동 등은 넓은 의미의 사회선교에 해당하는 활동으로 볼 수 있을 것이다.

2. 스코필드의 내한과 의료(교육)선교 활동

1) 스코필드의 내한과 캐나다 선교사

스코필드가 한국과 인연을 맺게 된 것은 그의 스승이라 할 에비슨(O. R. Avison) 때문이다. 같은 캐나다 출신의 미국 북장로회 소속의 의료선교사 에비슨은 당시 세브란스의 책임자로 있으면서 스코필드를 세브란스 의학교의 교수로 초빙했던 것이다. 에비슨은 스코필드가 학생이었을 때 토론토 대학에서 가르친 적이 있어서 스코필드가 수의세균학 및 병리학 분야에서 뛰어난 능력과 점증하는 명성을 갖고 있음을 알고, 1916년 초 스코필드에게 초청장을 보내는 한편 당시 캐나다 장로회 해외선교부 총무로 있던 맥케이(R. P. MacKay)에게도 스코필드의 세브란스행을 요청했다.[2] 스코필드는, 당시 한

1 이 논문은 2010년 4월 12일 스코필드기념사업회와 서울대 수의과대학이 주최한 '스코필드 서거 제40주기 기념식'에서 행한 강연을 보완하여 새로 정리한 것이다. 이 강연을 위해 지원해 주신 스코필드기념사업회와 서울대 수의과대학에 감사한다.

2 Doretha E. Mortmore, Dr. Frank W. Schofield and the Korean National Consciousness, *Korea's Response to Japan: the Colonial Period 1910~1945*, Edited by CLEgune Kim, Doretha E. Mortmore, The Center for Korean Studies Western Michigan University, 1974, p. 246.

국에 선교사를 파견하여 세브란스 의학전문학교 운영에 동참하고 있던 캐나다 장로회 선교본부를 찾아 한국에 가서 일하겠다고 뜻을 밝혔다.[3] 그가 한국에 도착한 것은 1916년 11월이었다.[4]

먼저 스코필드에 앞서 한국에 입국한 캐나다 선교사들을 들어 보자. 캐나다인으로 한국에 선교사로 가장 먼저 온 경우는 하크니스 부부(Mr. & Mrs. Robert Harkness)와 게일(J. S. Gale)이다. 이들은 1888년 12월에 한국에 도착, 하크니스 부부는 1년을 못 채우고 귀국했고, 게일은 그를 파송한 토론토 대학 YMCA와의 계약이 끝나자 1895년경 미국 북장로회로 소속을 옮겨 한국에서 계속 선교하게 되었다. 이어서 캐나다인으로 펜윅(M. C. Fenwick, 1889), 하아디(R. A. Hardie, 1890), 홀(W. J. Hall, 1891), 에비슨(O. R. Avison, 1892) 및 맥켄지(W. J. McKenzie, 1893) 등이 내한하여 활동했으나 에비슨을 제외하고는 대부분 교단 소속 선교사로 내한했다기보다는 YMCA 등 단체의 지원으로 내한했다. 이 중 맥켄지(梅見施, 金世)의 자비량(自費糧) 선교와 한국 활동, 그리고 그의 비극적인 죽음은 많은 캐나다인들을 움직이게 되어 캐나다 동부 지역 연합노회인 매리타임대회가 1898년 그리어슨(R. Grierson, 具禮孫) 의사 부부와 푸트(W. R. Foot, 富斗一) 목사 부부, 그리고 맥래(D. M. McRae, 馬具禮) 목사를 한국에 파송하게 되었다.

---

3 이장락, 『프랭크 윌리엄 스코필드, 민족대표 34인 석호필』(바람, 2007), pp. 38~40.

4 REPORT OF THE FOREIGN MISSIONS COMMITTEE(이하 RFMC) Annual Report of Presbyterian Church in Canada(이하 ARPCC) for 1918 125, 143., for 1919 140., for 1921 148. 현지의 선교보고서가 본부에서 종합, 공간되는 것은 약 1년이 걸린다. 때문에 보고서 내용은 1년 전의 것으로 보아야 한다.

캐나다에서 이렇게 파송된 선교사들은 교단의 지원을 받지는 않았기 때문에 그들의 선교 활동지는 일정하지 않았다. 그러나 캐나다 장로회에서 파송한 선교사들은 이미 내한한 다른 선교부와의 교섭을 통해 원산 이북의 함경도 지역을 선교 지역으로 분할받아 독자적인 선교 활동을 수행했다. 캐나다 장로회에 앞서 내한한 선교부는 감리회 2개파와 장로회 3개파가 있었다. 6개 교단 중 가장 늦게 합류한 캐나다 장로회는 1910년까지 남자 8명에 여자 11명의 선교사를 확보했다.

주목되는 것은 캐나다 출신의 선교사들의 적극적인 선교 활동이다. 우선 캐나다 장로교단 소속 외의 선교사들은 대부분 큰 교단이나 교파의 도움을 받지 않았다. 때문에 그들은 교단적인 간섭을 덜 받으면서 비교적 자유스럽게 활동할 수 있었으며, 그들의 활동이 한국 사회에 남다른 영향을 미칠 수 있었다. 초기에 토론토 대학 Y의 파송으로 온 게일이나 하디, 실업자들의 지원을 받았던 펜윅, 자비량으로 온 맥켄지, 제임스 홀 등은 모두 캐나다인이었다. 따라서 초기의 캐나다 선교사들은 같은 캐나다인이면서도 처음부터 미국 북장로회와 관련을 맺고 파송된 에비슨과는 구별되는 측면이 있었다.

또 하나 주목되는 점은 캐나다 장로회 선교사들이 통감부 체제하에서 이미 일제 침략자들과 갈등관계에 들어갔다는 것이다. 당시 한국을 방문하고 있던 캐나다 장로회 해외선교부 총무 맥케이(G. L. McKay)가 현지 선교사 맥래의 보고를 받고 함흥 연포 염전세 거부를 폭로한 것이나, 그리어슨 선교사가 일본군 하마타(濱田甚藏) 상등병을 구타한 사건, 그리어슨과 로스(A. R. Ross) 등의 지도를 받던 함북 경성의 한국인 신자들이 납세거부항쟁을 벌인 것, 맥래의 『월남망국사』 배포 및 애국강연 방조 사건, 그리어슨의 이동휘(李東輝) 애국강연과 망명 방조 사건 등은 통감부 체제 하에서 일어난 사건들이다. 이것은 당시 다른 교단 선교사들과 한국 교회 지도자들이 현존하는 권력이나 모든 통치력을 인정해야 한다고 주장하고 있던 것과는 좋은 대조를 이루고 있다.[5] 초기 한국 선교에서 캐나다인 선교사들이 보인 자세는 이렇게 괄목할 만한 점이 있었다.[6] 이런 캐나다 선교사적인 전통 속에서 스코필드가 내한하게 되었다.

스코필드가 한국에 파송된 자세한 경위에 대해서는 아직 잘 밝혀지지 않았다. 1916년 이른 봄에 세브란스 의학전문학교 교장 에비슨 박사로부터 편지를 받은 그는 그해 11월에 한국에 도착했다. 소아마비를 앓은 몸으로 한 쪽 다리와 한 쪽 팔이 부자유한 상태에서 한국으로 간다는 것은 모험이어서 주변에서 말렸다. 그러나 스코필드는 '전체 인류의 행복을 위해서 일'하겠다는 뜻을 가지고 주변의 만류를 뿌리치고 한국에 가기로 결심, 절차를 밟았다.

---

5 캐나다 장로회 선교 지역에서 일어난 일련의 항일적인 사건에 대해서는 김승태, 『한말·일제 강점기 선교사 연구』(한국기독교역사연구소, 2006), pp. 123~136 참조

6 캐나다 선교사들의 성향과 관련, 일본 메소디스트계 선교사로 일본인 선교를 위해 내한, 3·1 운동 당시 『서울 프레스』나 다른 신문들에 일제를 옹호하는 글을 많이 기고한 F. H. Smith가 도시사 대학 동경제국대학 등지에서 강의를 맡았던 S. L. Gulick 회중교회 선교사에게 보낸 편지["대부분의 급진적인 선교단이 캐나다 사람들이라는 것은 불행한 일입니다. 그들은 일본과 미국 사이의 좋은 관계에 대해서는 거의 고려하지 않습니다"(1919. 10. 9), "그 폭력적인 형제도 캐나다인입니다."(1919. 10. 15)]에서도 캐나다 선교사들에 대한 시각이 드러나고 있다.

2) 한국 정착과 의료(교육)선교

스코필드의 한국 생활은, 동행했던 그의 아내로 인해 고통을 겪은 초기를 제외하고는, 매우 헌신적이고 보람 있는 삶을 살았다. 그의 연구와 헌신은 동료와 캐나다 장로교 본부로부터 감동과 환호를 끌어냈다. 그는 학생들과 동료들의 인기를 끌었고 수업 시간이나 야간 성경공부 시간에는 세계 동향에 대해서도 해박했다. 특히 그는 영국인이면서도 영국이 해외 식민지를 유지하려는 정책에 대해서는 지지하지 않았다. 그는 "어떤 나라도 그의 식민지를 영구히 유지해서는 안 된다"고 믿고 있었다.[7] 그의 이런 태도가 뒷날 일본의 식민정책에 비판적이면서 한국인의 독립운동에 동정적인 자세를 가능하게 한 것으로 보인다.

그가 한국인에게 자신을 인각시키고 있는 동안에 그의 아내는 이국 생활에 적응하지 못해 내한 1년 후에 캐나다로 귀국했다. 그의 아내는 음악적인 재질을 타고난 사람이었지만, 이국 생활에 적응하지 못했다. 1917년 5월 한국을 방문했던 캐나다 선교본부의 해외선교부 총무 암스트롱(A. E. Armstrong)은 골디(W. Goldie) 의사에게 편지하기를, 자기가 보기에는 부인이 '정신이상'인 것 같은데 스코필드는 '아직은 아니라'고 한다면서, 부인은 현재 세브란스 병원에 입원 중이며 에비슨과 허스트(Jesse W. Hirst)가 최선을 다하고 있다고 했다.[8] 이해 12월에 스코필드 부인은 일본 고베를 거쳐 캐나다 토론토

---

7 Doretha E. Mortmore, 1974, p. 246.

8 Letter from A. E. Armstrong to Dr. William Goldie, May 7, 1917.

로 돌아갔다. 스코필드는 이 무렵의 한 편지에서 자신과 아내가 헤어져 있는 것이 더 나은 것으로 느끼고 있으며, 이 점은 맨스필드(T. D. Mansfield) 부인과 에비슨 부인, 그리어슨 부인들도 그렇게 느낀다고 했다.[9]

아내와 헤어진 후 얼마 안 되어 스코필드는 심한 장티푸스에 걸려 헛소리를 할 정도였다.[10] 그 때문에 그는 6주간이나 입원해 있었다. 그가 낫게 된 것은 선교사들의 연합된 기도 덕분이라고 생각할 정도로 그는 신앙적이었다. 그러면서 그는 서울의 사역을 사랑했고 한국인을 사랑했으며 하나님의 뜻을 수행하도록 간절히 원하면서 아내와 여러 가지 일을 위해서 기도하고 있다고 했다.[11] 1918년 5월 11일자로 캐나다 장로회 선교부의 맥케이가 스코필드 부인에게 보낸 편지에 의하면, 이 무렵 토론토를 방문한 에비슨은 서울에 있는 스코필드의 병이 심각하다고 하면서 지금쯤은 많이 좋아졌을 것이라고 했다.[12] 그 정도로 스코필드의 건강은 심각했다. 그 한 달 후에 맥케이는 역시 스코필드 부인에게 스코필드의 건강이 한결 나아지고 있으며 자신의 사역에 헌신하고 있다는 소식을 전했다.[13] 이 무렵 맥케이가 스코필드에게 보낸 편지에는, 스코필드가 건강이 좋아지기를 기대하지만, 일을 너무 과하게 하지 말라고 당부하고

9 Letter from F. W. Schofield to Dr. McKay, April 21, 1918.

10 Letter from William Scott to A. E. Armstrong, March 22, 1918.

11 Letter from F. W. Schofield to Dr. McKay, April 21, 1918.

12 Letter from Dr. R. P. McKay to Mrs. Schofield, May 11, 1918.

13 Letter from Dr. R. P. McKay to Mrs. Schofield, June 18, 1918.

있다.[14]

스코필드는 한국에서 목원홍 선생으로부터 한국어를 배웠다. 그 결과 1년 만에 '선교사자격획득 한국어 시험'에 합격했고, 입국 2년이 될 때에는 한국말 강의를 할 수 있게 되었다. 그는 한국 역사에도 관심을 가졌고 한국이 일제의 식민지 상태에 있는 데 대해서도 퍽 동정하였다. 그는 늘 하나님이 자신을 이 땅에 보낸 것은 복음을 전하라는 것인줄 알고 전도에도 힘을 기울였다. 서울 근교의 마을들을 돌아보기도 하고 저명인사들을 찾아보기도 했다. 얼마 안 있어서 YMCA에서 활동하는 이상재 선생과 개성에서 육영사업을 하는 김정혜 여사를 사귀게 되어 김 여사를 수양어머니로 모셨다.

그가 한국에 와서 봉사하게 된 세브란스는 1913년에 의학교와 진료소의 새 건물 헌당식을 하는 한편 학교 이름을 '사립 세브란스 연합의학교'로 바꾸고 미국 북장로회와 북감리회에서 각 2명을, 남장로회와 남감리회, 호주 장로회에서 각 1명 등 5개 선교부에서 파견된 7명의 의사들이 함께 일하는 연합기관으로 개편되어 갔다. 1916년 캐나다 장로회 선교부가 스코필드를 파견함으로써 명실공히 장·감 6개 선교부의 연합사업으로 운영되었다. 캐나다 선교부의 스코필드가 참여함으로 세브란스는 1917년 5월에는 세브란스연합의학전문학교로 개편되었다.[15]

스코필드가 내한하여 1916년 세브란스에 세균과가 설립되었고,

---

14 Letter from Dr. R. P. McKay to F. W. Schofield, June 20, 1918.

15 이만열, 『한국기독교의료사』(아카넷, 2003), pp. 309~310.

미생물학과 위생학을 가르치면서 세균검사를 실시, 세브란스 병원은 물론 여러 다른 선교 병원에도 큰 도움을 주었다. 매독, 디프테리아, 발진티푸스, 이질 등 여러 전염병에 대한 연구를 진행했다. 그의 연구실에서는 간디스토마, 기생충, 결핵, 황열병에 대한 연구도 활발하게 진행, 많은 논문을 의료 잡지에 발표했다. 또 폐디스토마의 숙주가 가재라는 것을 밝혀내기도 했다.[16]

스코필드는 세브란스에서 연구하고 가르치는 것 외에 학교 밖에서 한국 젊은이들을 접촉하려고 했다. 그는 또한 승동교회당 근처의 인사동에서 영어성경반을 마련하여 젊은이들과 접촉하였다. 캐나다 해외선교부 연례보고서는 스코필드의 역할을 이렇게 간단하게 써 놓았다.

> 스코필드는 1916년 한국에 도착한 후 세브란스 의학교에서 캐나다 대표로서, 세균학자로서 연구와 강의에 바쁜 나날을 보냈다. 그의 전문성에 입각한 명성은 높아 갔고 젊은이 성경공부반에 대한 열심은 복음전파의 사역을 대신하고 있다.[17]
>
> …… 인푸르엔자가 유행하자 흥미로운 실험을 통해 간행될 보고서를 만들었다. 한편 학생절제연맹을 조직, 그 60%의 학생들이 음주, 흡연, 부도덕을 하지 않겠다는 서약에 서명했다. 스코필드는 서울에 있는 관립학교 및 미션스쿨에서 공부하는 학생들을 대접하기 위해 3주에 하룻저녁을 따로 배정했으며, 대화를 통해 기독교인의 실제적인

16 이만열, 2003, p. 322, p. 346.

17 RFMC, ARPCC for 1918, p. 125.

삶을 나누었다. 스코필드는 또 학생들을 이끌고 매 목요일 저녁에 가가호호 방문하며 사람들에게 교회에 나와 복음을 듣도록 권했다. 그는 중앙 YMCA에서 강연하고 성경공부반을 가르치는 데에 적극적이다.[18]

한국 젊은이들과의 이런 접촉은 그가 한국 상황을 이해하는 데에 도움이 되었고 그 반대로 그의 삶이 그들에게 큰 영향력을 미쳤다. 그는 이런 접촉을 통해서 영어성경뿐만 아니라 세계가 돌아가는 사정도 깨우쳤다.[19] 스코필드는 때로는 남감리회 소속의 종교(宗橋) 예배당에서 전도강연도 했다. 그는 수많은 젊은이들 앞에서 '위대한 발견'이라는 제목으로 강연했는데 과학과 예술 방면의 놀라운 발견에 대해서 간단하게 설명한 후 그리스도야말로 세계 역사에서 가장 위대한 발견이라고 주장했다.[20] 그는 YMCA에서 절제운동이 시작되기를 매우 열망했고, 절제운동은 먼저 당국과 협의해야 한다고 했다.[21] 그의 절제운동은 뒤에서 볼 바와 같이 공창폐지운동으로 연결된다.

18 RFMC, ARPCC for 1919, p. 128.

19 이장락, 2007, pp. 45~46.

20 『윤치호 일기』 7권, 1919년 1월 19일.

21 『윤치호 일기』 7권, 1919년 2월 7일. 같은 날짜에서 스코필드는 윤치호에게 이런 말을 했다. 즉 에딘버러 거리 이야기를 하면서 군인들이 긴 줄을 서서 매춘굴 앞에 서서 차례를 기다리고 있는데 몇 블록 지나서는 매춘굴에서 걸린 성병을 치료하기 위한 군인병원이 있다는 것이었다.

3. 3·1 운동 참여와 사회선교 활동

1) 3·1 운동 참여 동기

스코필드가 3·1 운동 당시에 3·1 운동의 역사적 의미를 인지했는지는 확인하기가 쉽지 않다. 그러나 그는 40여 년 후에 이렇게 회상했다.[22] 3·1 운동은 한일동조동근론(韓日同祖同根論)이라는 신화로 한민족을 일본에 동화시키려는 강압 정책에 반대하여 민족적 자유와 독립을 쟁취하자는 운동이었고, 이로써 한민족이 지닌 언어와 관습, 전통을 회복하자는 것이었다고 했다. 말하자면 한민족의 자기정체성을 회복하자는 운동이었다는 뜻이다. 그러기에 이런 가치를 회복하기 위해 한국인은 감옥과 폐허, 죽음을 무릅쓰고 일제와 투쟁했으며 따라서 '일제의 동화정책은 공염불이 되고 말았다'는 것이다.

스코필드는 이런 이유만으로도 한국민의 자유 독립 쟁취운동에 뜻을 보탤 명분이 선다고 생각했다. 그가 이 운동에서 한국인을 돕지 않는다면 그 전에 한국인을 고무한 자신은 이율배반적이라고 생각했음직하다. 스코필드는 주변에서 자기를 신뢰하는 한국인들의 기대를 저버릴 수 없었다. 그는 이갑성이 제의했을 때 기꺼이 자신의 임무를 수행하겠다고 약속했고 그 약속을 저버리지 않았다. 그는 운동이 진행되는 동안, 한국인의 비폭력에 대응하는 일제의 잔인성과 고문을 보면서 인류의 보편적인 정의감이 의분으로 더 고양

22 「43년, 그날과 오늘」(1962년 3월 2일자 『한국일보』) 및 「1919년 3월 1일과 1963년 3월 1일」(1963년 2월 28일자 『동아일보』)

되어 갔다. 그는 아직도 영국 시민권과 여권을 갖고 있었다.[23] 때문에 그는 일본이 자기를 엄격히 다루어 기소할 것으로는 보지 않았다. 왜냐하면 일본은 영일동맹을 통해 얻을 수 있는 이익이 있는데, 자기를 기소함으로써 그 이익을 약화시키지는 않을 것으로 보았던 것이다. 그는 이런 점을 기회로 십분 활용키로 했다. 그는 영국인이면서도 영국이 많은 식민지를 갖는 것에 찬성하지 않았다. 이런 상황에서 그는 "모든 것을 똑똑히 보아 두자. 무슨 수를 써서라도 한국 사람의 소원을 온 세계에 널리 알려주자. 일본인의 비인도적인 행패를 온 인류에 폭로하자"[24]고 결심하게 되었다. 그는 거리로 나갔고 3·1 운동의 목격자, 증언자가 되었으며 세계가 그의 움직일 수 없는 증거를 토대로 일본에 제재를 가하게 되었다.

스코필드는 3·1 독립운동에서 자기가 맡아야 할 과제를 잘 알고 있었다. 3·1 운동을 전후하여 해외의 동향을 파악하여 알려주는 일과 대외 연락을 맡는 일, 운동이 진행되는 동안 역사적 상황을 사진·기록으로 증거물 만들기, 수감자들을 방문하여 그 형편을 보살피고 위로하는 일, 3·1 운동 과정에서 나타난 일제의 야만성을 정확한 증거에 입각하여 관헌에게 항의하고 세계에 폭로하는 일 등이었다. 그의 항의와 폭로는, 당시 선교사들이 취했던 정교 분리의 경계를 넘어서는 것이었고, 일본인도 쉽게 접근하지 못하는 영역이기도 했다. 그러기에 윤치호는 스코필드가 일제의 만행에 분노, 항거

---

23 Doretha E. Mortmore, 1974, p. 249.

24 이장락, 2007, p. 50, p. 58; Doretha E. Mortmore, 1974, p. 249.

하는 노력을 두고 이렇게 썼다.

> 스코틀란드 사람인 스코필드는 일본의 정책, 즉 조선에서 일본인 이주민들을 위해 조선인들을 몰아내는 냉혹한 정책과 최근의 잔학 행위에 대해 분노하고 있다. 그는 자신이 집필중인 책에 활용할 자료들을 정력적으로 수집하고 있다. 그는 또 고위 관료들의 면전에서 서슴없이 일본인들의 잘못된 처사를 비난하고 있다. 그래서 그는 선교사로서의 본분에서 다소 벗어나 있는 게 사실이다. 그러나 그는 조선인들의 친구로서 찬사를 받을 자격이 충분하다. 전 세계의 당국자들처럼, 조선의 일본인 당국자들도 자기들에 대한 비판을 억누르게 할 게 뻔하다. 이런 상황에서 누가 당국자들을 비판할 수 있겠는가? 일본인들은 조선인들을 억압하고 착취하기를 바라기 때문에 당국자들을 비판하지 않을 것이다. 조선인들은 비판이 허용되지 않기 때문에 감히 당국자들을 비판할 수가 없다. 그래서 외국인들의 비판이 매우 소중하다.[25]

윤치호의 평가처럼, 스코필드가 선교사로서의 본분에서는 다소 벗어나 있었지만 조선인들의 친구로서 찬사를 받을 자격이 충분했다는 것은 다음에서 인지하게 될 것이다.

스코필드가 3·1 독립운동에 간접적으로나마 참여하게 된 것은 세브란스를 통해서다. 3·1 운동이 계획, 진행되고 있을 때 그는 세브란스 약물학교실에서 근무하던 이갑성의 방문을 받았다. 이갑성은 셔록스(Sharrocks, Alfred M. 謝樂秀) 등의 선교사를 통하여 세계 동

25 김상태 역, 『윤치호 일기』(역사비평사, 2001), p. 148, 1919년 10월 20일 월요일.

향을 인지할 수 있었고, 한국이 독립할 수 있는 호기가 오고 있다고 판단, 세브란스 학생들과 기독교·천도교 대표들과도 접촉하게 되었다. 이갑성은 세계에 소통하고 해외 연락을 위해서 스코필드의 도움을 청하기로 하고 그를 방문했고, 스코필드는 이갑성의 제의를 수락했다.

스코필드는 해외와의 연락망을 구축하는 한편 한국인의 독립운동을 해외에 알리기 위해서는 정확한 증거를 확보하지 않으면 안 된다고 판단했다. 3·1 운동이 시작되던 날부터 그는 현장을 방문하여 증언을 채취하고 사진기를 통해 현장의 순간들을 확보하기 시작했다. 이것이 발발 당일은 물론이고 저 유명한 수원 남양 지방의 제암리, 수촌리 만행에 대한 현장 사진과 증언 채취로 나타났던 것이다.

3·1 운동 당일, 그가 현장 사진을 남기기 위해 일본인 케이크점에 들어가 '침입자'로 오인되어 줄행랑을 쳤다고 태연스레 술회하던 일화는 유명하다. 그는 시위 군중을 잘 내다볼 수 있는 곳을 물색하다가 일본인 지역의 그 상점에 들어갔고, 그 집 2층에 올라가 침실을 통하는 문이 열려 있는 것을 보고는 신을 벗을 사이도 없이 베란다로 나가 셔터를 눌렀으며, 나중에 '침입자'를 발견한 안주인이 빗자루를 들고 이 외방인을 때리려고 하자 안 통하는 언어와 제스처로 이리저리 변명하다가 카메라를 들고 줄행랑을 쳤던 것이다. 그가 3월 1일부터 시위대의 현장을 증거로 남기기 위해 쫓아다닌 동선에 따르면, 파고다공원을 위시하여 대한문, 왜성대, 남대문, 서울역 등이었다. 그는 시골에서 잡혀 오는 구속자들을 사진에 담기 위해 서울역에도 자주 나갔다. 이런 과정에서 시위에 앞장선 제자들

을 보기도 하고, 이용설 같은 제자가 중국으로 망명하는 아픔도 겪게 되었다.[26]

스코필드는 맨주먹으로 시위에 나선 한국인과, 시위를 폭력 진압하는 일본의 무력을 목격하면서 자신이 영국 시민인 것을 십분 활용했다. 그는 '모든 것을 똑똑히 보아' 일본의 비인도적인 처사를 온 인류에 폭로하고 한국인의 소원을 온 세계에 널리 알리자고 다짐했다. 학생을 잡아가는 경찰에게는 연고자인 것처럼 나서서 그들을 빼내곤 했다. 때로는 경찰국장 등 고위층과의 인사 때 주고받은 명함을 활용하기도 했다. 이런 수법이 어떤 때는 낭패를 겪기도 했다. 이렇게 그는 동양 사회가 갖고 있는 계급의식과 연고주의를 역이용하여 약자를 도왔다. 그는 운동 과정에서 느낀 바를 "정치가 잘되었느냐 못되었느냐 하는 것은, 국민이 행복한가 아닌가에 달려 있다"는 요지로 정리하여 *Seoul Press*(1919. 4. 13)에 게재했다.[27]

스코필드는 3·1 독립운동이 진행되는 동안 서울 시내뿐만 아니라 서울 근교에도 나가 군경으로부터 상처를 입은 사람들을 세브란스에 입원토록 했다. 1919년 4월 6일 스코필드는 경기도 고양군 녹번현에 가서 동리 사람들에게, 이 지방에서는 독립운동을 하지 않았는가, 부상자가 없는가, 헌병이 진압할 때에 무기를 사용하지 않았느냐 등을 문의했다. 또 4월 7일에는 언더우드와 함께 한국인 1인을 대동하고 고양군 신도면 진관내리에 이르러 보안법 위반으로 태

26 이장락, 2007, pp. 52~57.

27 이장락, 2007, pp. 58~62.

형(笞刑)에 처한 정태순·정태석 두 사람을 세브란스에 입원토록 권유했다.[28]

2) 제암리·수촌리 만행 현장 방문 조사

3·1 운동에서 스코필드의 역할을 언급할 때 빼놓지 못할 부분은 수원 근처의 화성군 제암리와 수촌리에서 일어난 일제의 만행을 실제로 답사 검증하고 폭로한 것이다. 이는 단순한 답사가 아니고 이를 세계에 폭로함으로써 세계가 한국의 독립운동에 대해 관심을 가지고 관여하게 만든 사건이다. 제암리 사건이 세계화된 것은 바로 스코필드와 주한 외국인들의 현장방문 때문이라고 하지 않을 수 없다. 제암리 및 수촌리 사건을 폭로한 스코필드의 활동에 대해 언급하자면 이 사건의 배경에 대한 이해가 필요하다.

수원 지방에서는 3월 중순부터 만세 시위가 본격화되어 인근 지방으로 확산되면서 점차 과격한 양상을 띠었다. 3월 28일의 사강 시위에서는 시위대에 권총을 발사한 일본인 순사 야마구치(野口)가 군중들에게 살해되었고, 3월 29일 오산 시위에서는 주재소와 면사무소·우편국 등 관공서와 일본인 상점과 가옥이 습격을 받았다. 3월 31일 발안에서는 일본인 소학교와 우편국·면사무소가 습격당하였고 일본인 43명이 도주하였으며 같은 날 양성면 주재소가 방화되었다. 그러다가 4월 2일부터 3차에 걸쳐 진행된 일본군 헌병대의 강력한 검거 작전과 시위 마을들에 대한 방화 등 폭력적 진압 작전으

28 高警 제10568호(1919. 4. 8.), 「독립운동에 관한 건」(第41報), 『韓國獨立運動史料 〈3·1運動篇 其 三〉』, 대한민국 국회도서관, 1979, p. 195.

로 시위가 현격히 줄어들었다. 그러나 일본군의 무력 진압에 흥분한 군중들은 폭력적 시위로 맞섰다. 4월 3일 수촌리·화수리 시위에서 장안면과 우정면 면사무소가 파괴되었고, 시위 군중에 발포한 일본인 순사 가와바타(川端豊太郎)가 흥분한 군중들에게 살해되었다.[29] 일본 정규군의 수촌리와 제암리에 대한 무자비한 방화, 살육은 이런 상황을 빌미삼아 일어났다.

이 지역에 대한 일본군(경찰)의 '토벌'은 1, 2차 두 번에 걸쳐 나타났다. 1차는 경성 헌병대장 겸 경기도 경무부장 시오자와(鹽澤義夫)가 경기도 경무부 경시 하세가와(長谷川部嚴) 대위에게 11명으로 편성된 헌병·경찰 혼성부대를 시위 지역으로 파송, 4월 2일부터 나흘간 원곡·양성·안성·발안·수촌 등지에서 토벌을 감행한 것이다. 이는 3월 31일에 일어난 발안의 무력 시위에 대한 보복의 성격이 강했다. 그러나 검거 작전 중 4월 3일, 화수리에서 두 번째로 일본인 순사(川端豊太郎)가 살해당하자 토벌 작전은 더욱 거칠어졌다. 4월 6일 일본 군경은 야간에 수촌리를 급습하여 한국인 가옥들을 방화하고 많은 재산과 인명 피해를 입혔다. 2차 '토벌'은, 1차 '토벌' 후 발안을 중심으로 다시 시위 계획이 있다는 정보를 접수한 경무부가 경성 헌병부대 부관 쓰무라(津村勇) 이하 헌병 6명과 보병 15명, 수원경찰서장 후루야(古屋) 이하 순사 11명 등 모두 32명으로 부대를 편성하여 4월 9일부터 오산·발안·우정·장안·남양·팔탄·사강·

---

29 이덕주, 「3·1 운동과 제암리사건」, 『한국기독교와 역사』 7호, 한국기독교역사연구소, 1997, p. 48; 수원군 장안·우정면 시위와 관해서는 이정은, 『3·1 독립운동의 지방시위에 관한 연구』, 국학자료원, 2009, pp. 284~314 참조.

수원 등지에서 감행되었는데, 4월 10일·11일 양일간 발안·수촌·화수리 지역에서 204명을 검거했다. 보복·응징의 성격이 강한 2차 토벌에서는 군사 작전을 하듯, 밤낮을 가리지 않고 마을을 포위 공격하여 시위 지도자를 체포했고 방화와 살인을 자행했다.[30]

이렇게 2차 '토벌'이 진행되는 상황에서 이를 지원하기 위해 보병 79연대 소속 아리타(有田俊夫) 중위 이하 11명이 4월 13일 발안에 도착, 2차 '토벌' 작전이 끝난 이 지역의 치안을 담당하게 되었다. 아리타는 4월 15일 오후, 부하 11명을 인솔하고 일본인 순사 1명과 순사보 조희창, 발안에서 정미소를 하고 있던 사사카(佐坂)의 안내를 받으며 제암리에 도착, 조희창과 사사카를 내세워 마을의 성인 남자들을 교회로 모이도록 하고 무자비한 살육과 방화를 감행했다. 이날 자행된 만행으로 희생된 사람은 자료에 따라 약간 다르지만 29명이며 대부분 기독교인과 천도교인이다. 학살과 방화로 얼룩진 제암리교회 사건은 "3·1 운동 중에 일어난 일본군의 무력에 의한 전형적인 비무장·비폭력 민간인 학살"이었고, "가장 신성한 종교적 예배 장소에서 저지른 비인도적 만행"이었으며, "우쓰노미야 조선 군사령관을 비롯한 조선군사령부가 중심이 되어 이 사건을 조직적으로 은폐하고 허위 보고하였으며, 형식적인 군법회의에서 사건의 지휘자인 아리타(有田) 중위에게 무죄를 선고함으로써 그 만행을 합

30 4월 2일부터 14일까지 수원·안성 2개 군의 11개 면, 64개 마을에서 803명 체포, 1,202명 훈방, 민간인 사망자 10명, 부상자 19명, 소실된 가옥 276호에 이른다.(강덕상, 「特別檢擧班ノ行動ニ關スル件報告」(騷秘) 第七四五호, 大正八年四月二十三日)『現代史資料 朝鮮』, pp. 312~313.)

법화"[31]한 것이었다고 지적된다.

제암리교회 사건은 당시 조선군사령관 우쓰노미야에게 보고되어 그 진상을 어느 정도 인지하고 있었으나 가능한 한 묻어 버리려고 했다. 그들은 이를 밝혀 만행에 대한 법적 책임을 묻기보다는 은폐하기에 바빴다. 사건 직후 우쓰노미야의 일기(1919년 4월 18일 금 맑음)는 이를 잘 밝혀 주고 있다.

> 밤에 총독을 방문하여 마침 오시마(大島) 부관의 복명에 의하여 15일 수원군 발안장 부근 제암리에서의 아리타(有田) 중위(12/79 俊夫)의 진압에 관한 진상을 듣고, 돌아와 군(軍)으로부터 파견한 야마모토(山本) 참모의 상세한 보고를 접했다. 즉 (아리타) 중위는 같은 촌(제암리)의 예수교도, 천도교도 30여 명을 예수교회당 안에 모아 두세 문답 끝에 그 32명을 죽이고 동 교회 및 민가 20여 호를 소각시킨 진상을 알았다. 고지마(兒島) 경무총장(순사 순사보도 참가했기 때문에)도 와서 모여 조호지(淨法寺) 사단장, 오노(大野) 참모장, 야마모토(山本) 참모와 의논하여, 사실을 사실로서 처분하면 아주 간단하겠지만, 그러면 아무렇지도 않게 독필(毒筆)을 휘두르고 있는 외국인들에게 학살방화(虐殺放火)를 스스로 인정하는 것이 되고, (일본) 제국의 입장은 심히 불이익이 되며, 한편으로는 조선 안에 폭민(暴民)을 증가 조장시키고 또 진압에 종사하고 있는 장졸(將卒)에게 의혹의 생각을 갖게 하는 불리함이 있으므로 '저항하므로 죽였다'는 것으로 하여 학살방화 등은 인정하지 않기로 결정하고 밤 12시에 산회하였다.[32]

---

31 김승태, 「일제의 제암리교회 학살·방화 사건 처리에 관한 소고」 참조.

32 宇都宮太郎關係資料硏究會 編, 『日本陸軍とアジア政策—陸軍大将宇都宮太郎日記 3』(東京: 岩波書店, 2007), p. 245; 김승태, 위의 논문.

일제 측이 처음부터 이 사건을 은폐하려고 했지만, 주한외교사절단과 선교사들에 의해서 폭로되어 세계에 알려지게 되었다. 3·1 운동이 일어나기 전, 미국 영사 버크홀츠(L. A. Bergholz)는 주한 미국인과 선교사에게 현지의 정치 문제에 관여하지 않도록 경고했다. 그러나 3·1 운동 진행 과정에서 한국인의 평화적인 시위에 일본 군경이 잔학한 폭력으로 진압한다는 사실이 소문과 목격담으로 알려지면서 일제에 대한 항의가 필요하다는 여론이 일게 되었다. 제암리 사건이 일어나자 수원교구를 관할하고 있던 북감리교 감리사 노블(W. A. Noble) 등의 요청을 받은 서울 주재 미국 부영사 커티스(Raymond S. Curtice)는 그 다음 날(4. 16) 제암리를 답사하고, 동행한 언더우드(H. H. Underwood) 선교사의 보고서까지 첨부하여 영사에게 보고했다. 이를 보고받은 영사는 4월 23일자로 미 국무장관에게 커티스 부영사의 보고서를 첨부하여 보고하고 또 5월 12일에도 보고했다. 미국 영사에 이어 영국 대리영사 로이즈(W. M. Royds)도 주일 영국 대사관에 보고했고, 대사 그린 경(Sir C. Greene)도 5월 5일 미국 영사와 선교사들의 보고서를 첨부하여 영국 외무성에 보고했다. 주한 프랑스 부영사 갈루아(M. E. Gallois)도 주일 프랑스 대사와 본국 외무장관에게 보고했다. 그러나 이런 보고로 이들 정부는 일제의 만행을 인지하고 있었지만, 공식적으로 외교적인 조치를 취하지는 않았다.[33]

---

33 김승태, 「제암리교회 사건과 서구인들의 반응」, 『한국기독교와 역사』 제7호, 한국기독교역사연구소, 1997, pp. 102~104; 이들 미국, 영국, 프랑스 영사들의 보고서는 김승태의 논문, pp. 117~126에 게재되어 있다.

3·1 운동 발발 후 일제는 이 운동의 배후에 선교사들이 있다고 보고 그들을 조사, 체포했으며[34], 선교사들은 한국에서 일어나고 있는 만행들을 널리 알릴 필요가 있다고 생각했다. 일본을 방문하고 귀국하려던 캐나다 장로회 해외선교부 총무 암스트롱(A. E. Armstrong)은 한국의 '혁명현장'을 목격하고 그것을 널리 알려 달라는 주한 선교사들의 간청을 뿌리칠 수 없어 서울에 들렀다. 3월 16일과 17일을 서울에서 보낸 그는[35] 서울에서 선교사들의 모임에 참석하고 자신이 입수한 정보에 대해서 큰 책임을 느낀다고 하면서 이렇게 썼다.

> 3월 16일, 30명의 선교사들이 Dr. Avison의 집에 모여 Drs. Avison, Gale, Hardy, Bishop Welsh 등을 포함한 지도자급의 사람들이 제게 제가 본바 그리고 선교사들과 영사들에게 들은바 사실들을 최대한 널리 알릴 것을 종용하는 가운데 상해에서 온 Dr. W. E. Taylor는 영국과 미국 정부에 중재를 요청하는 방법으로 즉각적인 조치를 취하여

---

34 에비슨은 당시 선교사들이 체포되고 있다는 사실을 다음과 같이 보고했다: "교사들의 체포를 보고함: 부산에서 호주 선교회와 관련 있는 두 명의 여성이 이달 초에 체포되었다가 곧 풀려났습니다. 평양에서는 Dr. Moffett을 포함하여 수 명의 선교사들이 조사를 위해 경찰에 불려 갔고 평양의 한 북장로교선교회 목사인 Rev. E. M. Mowry는 그의 집에 다섯 명의 한국인 학생을 숨겨 준 혐의로 6개월 징역을 선고받았습니다. 그는 재판에서 변호사도 없었으면 죄수복을 입고 있었습니다. 그가 형을 선고받던 날 그는, 아니 그의 친구들이 변호사를 불렀고 그는 항소 전까지 보석으로 풀려났습니다. 3월 초에 Rev. S. L. Roberts와 Rev. E. W. Thwing이 평양에서 체포되어 경찰서로 끌려갔습니다. 초반에 일본 신문에는 Dr. Grierson이 '성난 한국인들로부터의 보호' 차원에서 체포되었다고 보고하였습니다. 이는 확인된 바가 없으며 저희는 사실이 아니라고 믿고 있습니다."(Letter from O. R. Avison to R. P. MacKay, April 30, 1919)

35 Letter from A. E. Armstrong to the President or Secretary, Korean Student Missionary Society, Parkville, Miss., USA, April 10, 1919.

며칠 내에 열릴 것으로 생각되는 Peace Conference에 한국의 현상황에 대한 문제제기를 하는 것이 필요하다는 데에 완전히 동의하였습니다. 그는 제가 바로 뉴욕으로 가서 당신과 Dr. Brown, Dr. North와 상의해야 한다고 하였습니다. 한국에 있는 선교사들과 외국인들은 이 문제에 대하여는 완벽한 의견의 일치를 보이고 있으며 공식적인 발표가 그들 혹은 한국에서의 선교사업에 불리할 수 있다는 데 대한 두려움보다는 현재 한국인들에게 정의가 실현되는 것을 보는 것이 훨씬 더 중요하다고 생각합니다. 한 선교사가 말했듯이 당신이 너무나 잘 알고 있는 Conspiracy case 때와 똑같은 양상으로 한국인들이 고통을 당하고 부당한 대우를 받고 있는 만큼 이 문제는 정치에 대한 것이 아니라 인간애에 대한 문제입니다. 지금은 당신도 아시겠지만 Mr. Brockman과 Mr. Barnhart는 경찰에 의해 수색을 당했고 한국 YMCA도 수색을 당했습니다. 일본 경찰과 일본군은 정부가 외국인들은 아무 관련이 없다고 공표했음에도 불구하고 외국인들을 의심하고 있습니다. 현시점에 이 대륙에서 저만큼 정보를 가지고 있는 사람이 없는 만큼 선교사들은 제가 그 정보를 가지고 미국으로 갔으면 해서 저를 일본에서 불러들였기 때문에 저는 매우 큰 책임감을 느끼고 있습니다.[36]

이런 상황에서 미국 선교사들은 일본 정부에 하등의 항의도 하지 않는 미국 영사관을 몇 차례 방문, 항의하는 한편 총영사(L. A. Bergholz)의 경질을 본국 정부에 진정하자는 논의까지 했다. 사정이 여기에 이르자 미 영사관은 더 이상 방관할 수 없었다. 4월 16일 커티스와 국제뉴스 통신원 테일러(A. W. Taylor), 그리고 언더우드(통역)

36 Letter from A. E. Armstrong to Mr. John R. Mott, LLD, April 9, 1919.

가 수촌리 상황을 조사하기 위해 동행했다.[37] 일행이 수촌리로 가는 도중에 제암리교회를 돌아보게 되었는데, 이때 제암리 주민들과 면담하여 작성한 언더우드 보고서는 미 영사관 보고서에 첨부되어 국무성에 보고되었고, 미 북장로회 해외선교부에도 보고되어 「한국의 상황(The Korean Situation)」에 전문이 실리게 되었다.

수원 남양 지구를 맡았던 감리사 노블도 19일 영국 대리영사 로이즈와 테일러, 스미스(통역), 케이블, 베크 및 빌링스와 함께 이곳을 답사했다. 16일 커티스와 동행했던 테일러는 평양에 가서 모우리(E. M. Mowry) 선교사의 재판을 취재할 계획이었으나 미국 영사 버크홀츠의 요청으로 이날 합류하게 되었다. 일행은 제암리에 도착, 폐허가 된 마을과 공포에 질려 그들과 접촉하기를 꺼리는 아녀자들의 처참한 광경을 접했다. 처음에 군인들이 근접 감시했기 때문에 일행은 각각 흩어져 이들과 잠시 대화를 나누고 위로하고 돌아설 수밖에 없었다.[38] 그 뒤 노블은 이들 수난자들을 위해 하세가와 총독을 만나 배상을 약속받았고, 그해 10월에 열린 미감리회조선연회

37 이 답사를 두고 노블 부인은 이렇게 썼다. "지난 수요일(16일) 커티스, 언더우드, 테일러가 파괴된 마을을 보기 위해 '제암'에 갔다. 그곳은 아더 노블의 수원 관할구역이다. 그들은 어떤 이야기보다 더 비참한 광경을 봤다. 그들은 교회 부지의 재와 숯덩이로 된 시신들만 보았고, 타고 있던 시신 냄새로 머리가 아플 정도였다. 곡식 창고와 가축도 불탔다. 군인들이 집집마다 방문하여 남자들을 교회로 불러모은 후에 교회를 불살라 그 내부를 불태웠다. 누구든 뛰쳐 나오면 총에 맞아 죽었다. 두 여인(19세와 42세)이 남편에게 무슨 일이 일어났는지를 보기 위해 교회에 왔다가 군인들의 총에 맞아 죽었다. 그 뒤 아들을 잃은 한 여인이 군인에게 와서 자기도 죽여달라고 요구하자 군인은 그 여인을 쏴서 죽였다. ……그들은 불타버린 두 마을을 보았다."[*The Journals of Mattie Wilcox Noble 1892~1934*(한국기독교역사연구소, 1993), pp. 299~300]

38 *The Journals of Mattie Wilcox Noble 1892~1934*, pp. 300~301.

에「수원지방 감리사 보고서」도 제출했다.[39]

스코필드의 제암리·수촌리 방문은 이런 가운데 이뤄졌다. 4월 17일에 제암리 소식을 접했던 스코필드는 이튿날 학살 현장으로 갔다. 수원에서 그를 미행하는 감시의 눈을 따돌리고 제암리로 향했다. 그곳에서 무도한 폭력이 남긴 〈제암리 만행〉의 잔학상을 직접 사진에 담았다. 이어서 오후 4시경 그는 수촌리로 가서 역시 불타버린 마을을 목격하고 공포에 떨고 있는 촌민들과 대화를 나누었다. 스코필드는 이때 수촌리의 가옥 42채 중 8채를 제외하고는 다 잿더미가 되었다고 보고했다.[40] 그는 그 이튿날(4월 19일)에도 수촌리를 재차 방문하여 영국 부대사와 함께 내려온 선교사 일행을 만날 수 있었다. 이때 그는 전에 일본인 순사(川端豊太郎)가 살해될 정도로 운동이 격화되었던 화수리도 방문했으며, 위험 상태에 빠진 수촌리의 환자를 '관영병원'에서 치료받을 수 있도록 조치했다. 그는 두 차례에 걸친 방문을 통해「수촌리에서의 잔학 행위에 관한 보고」와「제암리 학살, 일본인에 의해 저질러진 만행에 대한 보고」라는 보고서를 만들었다. 이 가운데 제암리 학살에 대한 보고에서 스코필드는 다음과 같이 결론을 맺고 있다.

---

39 *The Journals of Mattie Wilcox Noble 1892~1934*, p. 303 및 제12회(1919)「기독교미감리회 조선연회록」, p. 72 참조; 김승태, 김승태,「제암리교회 사건과 서구인들의 반응」, 1997, pp. 106~107 참조.

40 이 증언은 일본군의 1차(4월 6일) 토벌에서 38호, 2차(4월 11일) 토벌에서 나머지 4호, 마을 전체 42호를 불태웠다는 증언과는 다르다. 이덕주, 1987, p. 49쪽에 보이는 각주 26의 '생존자 김덕호 할아버지의 수촌리 만행 증언' 참조.

의견들.

왜 일본 군인들이 이와 같은 끔찍한 범죄를 하도록 허용되었는지, 또한 무슨 이유로 그랬는지 궁금할 것이다. 나는 그런 질문들에 대해서 단지 부분적으로만 대답할 수 있다.

마을 사람들이 말한 것.

마을 사람들은 나에게 그들이 마을에서 독립을 외치지 않았으나, 모든 한국인들처럼 많은 다른 사람들과 함께 장날에 자유를 외쳤다고 말했다. 그들은 거기에 많은 기독교인들이 살기 때문이 아니라면, 왜 그들만 그렇게 가혹한 처벌을 받았어야 하는지 이해할 수 없었다. 어떤 사람들은 그것은 일본 헌병이 죽었고 헌병대가 불탔기 때문이었다고 생각했다. 그러나 그들은 이 분별 없는 행동을 하지 않았고 그 일은 몇 마일이나 떨어져 있는 곳에서 일어났다. 그들은 합리적인 설명을 할 수가 없었다.

경찰이 말한 것.

이 점에서 나는 경찰이 일본인이었고, 그 진술은 해석되어야 했기 때문에 조심해야 한다. 그는 그 불은 한국인의 부주의의 결과였고, 그 집들 중 하나에 시작되어 퍼졌다고 말했다. 남자와 여자들을 사격한 것에 대해서, 그는 그들은 그 마을에서 매우 나쁜 사람들이었고, 체포되기를 거절하여 총에 맞았다고 말했다. 이것이 그의 진술의 요점이다. 어째서 그러한 범죄가 행해졌는지 언급하는 것은 불가능하다. 군인들과 경찰만이 그들의 잔인한 행동의 배후에 있는 동기를 알고 있다. 나는 매우 높은 관리가 우연히 "헌병 한 명이 죽었다"고 말했고, 이것은 그의 관점에서 그러한 범죄의 충분한 이유가 된다는 것을 알았다. 그 일본 헌병은 무방비한 한국인들의 군중에 사격하여

한 명이 죽고 다른 한 명이 다친 후에야 살해되었다는 점에 주목해야 한다.

개인적으로 나는 그 이유가 두 가지라고 생각한다: (1) 헌병의 죽음, (2) 기독교인에 대한 극심한 증오.[41]

스코필드는 제암리 학살 만행의 원인을 일본군의 보복심리와 한국 기독교인에 대한 극심한 증오심으로 보았던 것이다.

제암리를 다녀온 후 스코필드는 태형(笞刑)을 맞아 부상한 학생 18명이 입원해 있는 평북 선천의 선교병원을 찾았다. 스코필드에 의하면, 경찰이 시위 학생들에게 본때를 보여주기 위해 사흘을 계속 판때기에 붙들어 놓고는 하루 30대씩 매질을 계속했다는 것이다. 며칠 만에 수 명이 목숨을 잃었고 생명을 부지한 학생들이 병원에 있었다.[42] 당시에 태형이 공공연했다는 것은 에비슨의 다음 증언에서도 확인된다.

체포된 사람들의 재판이 진행되고 있으며 많은 이들이 두들겨맞은 뒤에 석방되었습니다. 대나무 장대로 90대에서 150대 정도 맞은 후 매일매일 30대씩 더 맞습니다. 어떤 경우에는 때리는 사람은 매 10번째는 맞지 않을 수 있다고 들었습니다. 선천에 있는 저희 병원에 그렇게 맞은 학생 11명이 들어왔는데 아무런 치료 없이 그냥 퇴원하였습

41 THE MASSACRE OF CHAI-AMM-NI, REPORT OF SOME ATROCITIES COMMITTED BY JAPANESE Military and Police in suppressing the Korean Nationalists (Investigated by Dr. Frank W. Schofield).

42 이장락, 2007, p. 71.

니다. 그중 2명은 감염으로 죽었습니다. 서울에 있는 세브란스 병원은 지난 몇 달 동안 한 명씩 들어온 이러한 환자들이 셀 수 없이 많았으나 저희는 어제 처음으로 함흥 지역에서 온 15명의 학생들을 받았습니다. 어제 아침에 그들은 마지막 30대를 맞고 풀려났으며 바로 병원에 온 것이었습니다. 그들은 함흥에서 재판을 받고 그곳에서 6개월간의 중노동형을 받았으나 항소하여 서울에 보내졌고 이곳에서 90대 형을 선고받았습니다. 세브란스 의대 학생 11명과 조선기독대학 학생 15명은 아직 감옥에 있습니다. 저희는 그들을 일주일에 하루 면회할 수 있습니다. 33명의 서명인들에 대한 재판은 시민들이 알고 있는 바로는 아직 열리지 않았습니다.[43]

스코필드는 선천에 가서 일제에 의해 감행된 태형의 실체를 증거로 남기려고 경찰의 제지에도 불구하고 사진기를 들이댔다. 물론 쉽지 않았지만 이때도 고위층의 명함을 들이대는 기지를 발휘하여 그는 성공할 수 있었다.[44]

이런 상황에서 스코필드와 외국인들은 서울의 치안이 강화되고 있음을 알게 되었다. 외국 공관들은 일본 당국으로부터 자국민에게 저녁에 외출을 삼가라는 훈령을 내리도록 요청받았다. 이는 일본 당국이 그들의 안전을 보장할 수 없다고 요청했기 때문이다.[45] 일제 당국은 이런 방식으로 한국인을 동정하는 외국인들에게 일종의 위협을 가하고 있었던 것이다. 이런 문제는 뒤에 스코필드에 대한 인

43 Letter from O. R. Avison to R. P. MacKay, July 9, 1919.

44 이장락, 2007, p. 71.

45 Doretha E. Mortmore, 1974, p. 252.

신 위협으로 나타났고, 세브란스와의 재계약 불가를 빙자한 추방 형식의 출국으로 귀결되었다.

3) 수감자 인권 보호 활동과 식민통치 비판

스코필드는 이 무렵 한국인들이 당하고 있는 인권과 고문 문제에 깊은 관심을 표명했다. 특히 감옥을 방문하면서 한국 학생들이 당하고 있는 현실을 목격하고 언론에 기고했다.[46] 1919년 5월 11일자 *The Seoul Press*에 '서대문감옥'을 두고 '서대문요양소' 혹은 '서대문직업학교'라고 한 내용의 기사를 보고 스코필드는 분노했다. 일본인 기고자가 유려한 필치로 감옥의 아주 훌륭한 조건들—매주 목욕, 따뜻하고 안락한 방, 매일운동, 생계를 위한 직업훈련—을 증언했기 때문이다. 스코필드는 그 이튿날 *The Seoul Press*에, 외국인들은 전날의 그 기사를 환영한다고 언급한 다음, 외국인들은 감옥이 여

46 독립기념관 자료에는 1919년 4월 12일자로 굴릭에게 보낸 발신인 미상의 편지가 있는데 거기에 스코필드의 인권개선 노력과 관련된 다음의 기사가 있다. "한 학생은 조사 도중에 경찰에 의해 손가락이 부러졌습니다. 이러한 사실은 정부는 강력히 부인하고 있지만 스코필드가 목격한 확실한 증거가 있습니다. …… 일본 경찰의 고문 행위에 대항하는 스코필드의 노력으로 적어도 *The Seoul Press*에 발표된 내용에 의하면 경찰 총장인 아키아케(Akiake)씨가 하급 관리들에게 '잔인한 고문 체제'를 반드시 없애라는 경고의 명령을 하달했습니다. 스코필드는 새로운 행정의 출현이 고문이라는 새로운 오점을 남겼다는 것을 알았습니다. 즉 수감자의 옷을 벗기고 가슴을 채찍질하는 고문으로 수감자를 난로 옆에 세워 놓은 다음 채찍질을 하면 채찍이 말라 수감자에게 매우 큰 고통을 가져다 주게 됩니다. 이 방법은 수감자에게 상처를 남기지 않는다는 점에서 일본 경찰들에게는 유리한 것입니다. 정부는 이러한 고문은 존재하지 않는다고 부인하고 있지만 비판의 목소리가 날로 높아지고 있습니다. 스코필드는 경찰 총장과 함께 서울의 서대문형무소로 가서 그곳에 수감되어 있는 여학생의 팔다리에 인두 자국이 있는 것을 보여주었습니다. 얼마 후에 *The Seoul Press*는 이 사실에 대해 고문은 전혀 없었다고 부인하는 기사를 실었으며 심지어 그 여학생의 화상은 자해라고 발표했습니다."

러 사람으로 비좁고 더러운 감방이며 야만적인 처우에 간수들의 고문도 있을 것으로 생각한다고 했다. 이어서 스코필드는 전날의 기사가 사실이라면 그걸 번역해서 게재하는 것이 한국의 많은 부모들을 안심시킬 것이라고 하면서 최근 석방된 한 사람의 예를 들어 비꼬았다. 그 사람은 굉장히 얻어맞았고 피부는 찢겨져서 생살이 드러났으며 몇 주 동안 편안하게 지낼 수도 없었으며 그가 그 안에서 아무런 기술이나 대접도 받지 못했다고 하니 당신네가 그곳을 확인해 보면 어떻겠느냐고 조롱조로 언급했는데 그가 말하는 높은 벽돌담의 건물은 〈서대문기술학교〉 비슷했다고 힐난했다.

스코필드의 비꼬는 듯한 기고문은 그가 감옥을 방문, 그 칼럼니스트가 보고한 것의 진실성 여부를 확인하는 계기가 되었다. 그는 서대문감옥을 방문하여 노순경, 유관순, 어윤희, 이애주 등을 만나 심한 고문과 야만적인 매질이 있었음을 확인했다. 이를 확인하게 되자 스코필드는 하세가와 총독과 정무총감 야마카타를 찾아가 강력하게 항의했다. 스코필드는 *The Seoul Press*와 *The Japan Advertiser*를 통해 자기 주장을 펴 나갔다. 스코필드의 이런 노력의 결과, 일상적인 고문이 줄어들고 서대문감옥의 생활조건도 개선되었다.[47] 스코필드의 이런 노력이 감옥 안의 인권을 개선시키는 효과를 가져왔다.

스코필드의 감옥 방문은 서대문감옥에서 끝나지 않았다. 1919년 11월 말 '대한민국 애국부인회' 사건이 터져, 회장 김마리아를 비롯

47 이장락, 2007, pp. 80~87; Doretha E. Mortmore, 1974, p. 253.

하여 이혜경·장선희·이정숙 등이 대구 감옥에 수감되었다. 이들이 스코필드와는 가까운 사이이기에 그는 그곳을 다시 찾았다. 이곳을 찾았던 스코필드를 두고 오랜 후 언론인 최은희는 이렇게 회상했다. 스코필드는 "정신의 위안을 주고자 성경 말씀을 전했고 간절한 기도를 올린 후 직업의식에서 오는 중요한 건강 상담을 하여" 주었다. 그리고 "박사는 이혜경의 만신창을 이룬 부스럼을 보고 상경하는 즉시로 귀한 미국제 고약을 일부러 사람을 통해 차입해 주었다."[48] 스코필드의 인간미를 보여주는 대목이다.

스코필드의 활동은 국내에 그치지 않았다. 식민지배국의 심장인 일본 도쿄에까지 건너가 일제의 만행과 식민통치 실상을 폭로하고, 그 개선을 주장하였다. 그는 1919년 9월 초에 한국 선교사를 대표하여, 800여 명이 모인 동경 '극동지구선교사회의'에 참석했다. 한국의 상황에 대해서 연설하도록 지명을 받자, 그는 '일본의 야만성에 대한 감동적인 탄핵' 연설을 했다. 물론 이 보고는 회의에 참석한 사람들에게 한국의 3·1 독립운동에 대한 깊은 인상을 남겼겠지만, 뒷날 '두목 선동가(Arch Agitator)'로 지목받아 추방되는 중요한 단서를 제공했다. 그는 도쿄행을 선교사회에서의 연설로만 끝내지 않았다. 그는 하라(原敬) 수상을 비롯한 가토(加藤) 자작, 사이토 마코토(齋藤實) 조선총독 등 일본의 정치인을 만나 한국의 상황을 두고 대화를 나누었다. 이러한 광범한 공개 활동을 두고, '이 캐나다 자극물을 제거하려는 일본의 욕망을 예리하게 만들'었다고 지적했

48 이장락, 2007, pp. 99~103.

다.[49]

스코필드는 당시 일제가 한국에서 시행하고 있는 식민정책의 모순과 폭정을 보면서, 경제적 수탈에 역점을 두고 신랄한 비판을 퍼부었다. 비록 3·1 운동 후에 지적한 것이지만, 일본에 갔을 때 그는 「일본의 중대 문제와 실패의 원인」이라는 제목으로 그들의 식민정책을 비판했다.[50] 그는 3·1 독립운동이 일어난 원인을 다른 곳에서 구하지 않았다. 일본 식민정책의 실패에서 보았다. 일본인 스스로 "한국인은 일본의 통치에 만족하고 있다"고 생각했고 스코필드 또한 한국 독립은 '백일몽(白日夢)'에 불과하다고 보았지만 어째서 3·1 독립운동이 일어났는가, 그것은 바로 일본의 식민정책의 실패에 있다고 보았던 것이다.

스코필드는 이 글에서 먼저 일본이 한국의 고분과 사찰에 있는 보물을 탈취해 갔다고 지적했다. 3백년 전 임진왜란 때부터 한국에 값진 문화재가 많이 있다는 것을 알았던 일본은 강점 전후하여 많은 문화재를 도굴 약탈해 갔다. 이것이야말로 한국인의 마음을 얻기는커녕 이탈시키는 결과를 가져왔다고 지적한다. 또 그는 일본이 훌륭한 시설물을 지어 주었지만 그것이 동화를 강요하기 위한 수단에 불과한 것이며, 훌륭한 시설에 예전보다 3, 4배의 수감자가 많아

49 Doretha E. Mortmore, 1974, pp. 255~256. 이장락은 스코필드와의 대화에서 이때 만났던 인물들을 가네꼬 겐타로오(참의원 의장), 사까다니(중의원 의장), 시부자와, 가가와 도요히코(賀川豊彦) 및 미즈노겐따로오(水野錬太郎) 등을 거론하고 있다.(이장락, 2007, p. 98)

50 프랭크 스코필드, 「일본의 중대 문제와 실패의 원인」, 『독립운동사자료집 6: 삼일운동사자료집』(독립운동사편찬위원회, 1973. 12), pp. 451~462. 이 글은 *Japan Advertizer*지 1919년 8월 2일자에 게재된 것이다.

지는 것은 차별 대우에 의한 것이라는 점을 지적했다. 일본이 병합할 때 도로·철도·학교·은행 등에서 생기는 이익은 곧 한국의 이익이 될 것이라고 약속했지만 이 약속을 이행치 않음으로 한국의 이익과 상치되는 결과를 가져왔다. 또 학교와 체신과 철도 및 재무부와 은행에서도 한국인은 자기들이 원하는 것을 얻지 못했고 오히려 모든 분야에서 노동자로 전락해 버린 자신들을 발견했다는 것이다. 바로 이것이 한국인이 반기를 든 원인이라고 했다.

그는 한국인의 토지를 빼앗아 일본인 이주자들에게 돌려주는 동양척식회사의 착취성에 대해서도 주목했고, 매년 수많은 한국인들이 고향을 떠나 간도 지방으로 이주하는 것은 이 때문이라고 지적했다.[51] 때문에 자유를 달라고 외치는 그 시위에 참가한 시위자들 간에는 일치된 요구 사항이 없지만, 한국인들은 더 많은 자유를 달라는 것만으로 '만세'를 외치지는 않았다고 주장했다. 이렇게 경제적 착취가 독립운동의 원인이라는 것을 강조했다.

스코필드는 3·1 운동 당시 많은 외국인들이 3·1 운동의 원인을 윌슨의 민족자결주의 등의 영향으로 보았던 것과는 다르게 보았다. 그는 한민족이 받고 있는 인격적·경제적 및 기회적 차별 대우와 자

---

51 프랭크 스코필드, 1973. 12, p. 459. 이와 관련, 스코필드는 몇 주 전 한국 농촌을 방문, 일박하면서 농민들과 나눈 대화를 소개했다. 동척이 온 마을을 소유하고 있다고 하면서 그들은 한국인을 쫓아내고 일본 사람들을 들여보내며, 옛날 국왕에게 바친 貢物이나 현재 지주가 정부에 내는 세금보다 더 많은 地代를 쌀이나 콩으로 동척에 납부하고 있다는 것이다. 동척은 또 세금부과에 공정치 못한데 한국 농민이 척식회사 직원들은 세금을 짜내는 데도 공정치 못하다는 것이고 그들이 불평을 하면 땅을 내놓으라고 호통을 당하기 일쑤이며 토지소유권에 대해 아무런 보장이 없는 채 일본인들만 싼값으로 토지를 구입할 수 있게 한다고 했다. 따라서 자신들은 죽은 사람이나 다름없다고 하나같이 입을 모았다는 것이다.

유의 문제에서 그 원인을 찾았다. 이같은 원인 분석은 그가 내한한 이래 한국인과의 빈번한 접촉을 통해서 터득했던 것이다. 대부분의 선교사들이 복음선교라는 명분으로 일제의 폭압적이고 생존권 말살 통치를 외면하고 있을 때 스코필드는 피압박 상태에 있는 한국인의 삶에 접근했던 것이다. 그가 3·1 운동에서 한국인에 적극적인 동정을 표하게 된 것은 이런 배경이 있었다. 윤치호가 그를 두고 "스코틀란드 사람인 스코필드는 일본의 정책, 즉 조선에서 일본인 이주민들을 위해 조선인들을 몰아내는 냉혹한 정책과 최근의 잔학행위에 대해 분노하고 있다"[52]고 지적한 것은 전혀 과장이라고 할 수 없다.

캐나다 장로교 해외선교부는 1919년의 스코필드의 사역을 평가하면서 이렇게 썼다. 그가 그 이듬해 세브란스와의 계약 기간이 연장되지 않아 캐나다로 돌아가게 된 것은 그에 대한 일제의 평가와 무관하지 않다고 생각된다. 다음에서 우리는 본국의 해외선교부도 이때 스코필드에 대한 일제의 악의에 찬 평가를 어느 정도 인지하고 있었음을 알 수 있다.

> 스코필드는 …… 여름에 그는 한국의 진실한 상황을 관리들에게 직접 알리기 위한 목적으로 도쿄에 갔다. 수상과의 인터뷰 등 그는 수많은 일본의 지도자들을 만나 한국 상황에 대해서 충분히 토론했다. 그는 또한 가루이자와와 고텐바에서 개최된 선교회의에서 연설할 수 있는 특권을 가졌다. 일본에 있는 동안 그는 한국의 소요를 다룬 책을 썼

52 김상태 역, 『윤치호 일기』(역사비평사, 2001), p. 148, 1919년 10월 20일 월요일.

는데 머지않아 일본에서뿐만 아니라 미국에서라도 출판하게 될 것을 기대하고 있다. 스코필드는 현 행정당국에 의해 진행되고 있는 죄악에 대해서, 공개된 글이 이런 죄악들을 굴복시키기를 기대하면서, 여러 편의 글을 썼다. 그런 글은 매우 효과적인 것으로 판명되었고 스코필드는 고문과 관련된 더 많은 정보를 총독에게 주기 위하여 부름을 받았다. 고문, 구타, 비행 등을 취급한 기사들은 자연스럽게 경찰들이 가장 분개하게 되었고 일본 경찰들이 저자에게 격렬하게 공격할 수 있는 꺼리가 되었다. 총독까지도 스코필드는 "음모자의 두목 혹은 가장 위험한 인물"로 간주하게 되었다.[53]

4) 공창폐지운동 – 혁청단(革淸團) 조직

1919년은 스코필드에게 3·1 독립운동을 돕는 데에만 전념한 해가 아니다. 같은 해에 그는 일제가 식민정책과 함께 도입한 유곽제도를 청산하려는 공창폐지운동에 본격적으로 나서게 되었다. 이는 한국 젊은이들의 도덕적 성결을 위해 꼭 필요한 시도였다. 공창(유곽)제도가 법적으로 정착된 것은 1916년, 스코필드가 한국에 오던 바로 그해였다. 그는 그가 내한하던 해에 일제가 유곽제도를 제도화한 것을 알고, 거센 비판을 가하며 일전을 불사하게 되었다. 한국 젊은이들의 성적 타락을 조장했던 일제의 공인된 '매춘정책'은 평소 기독교적인 정의감에 불탔던 스코필드로서는 도저히 용납할 수 없었다. 더구나 일본 정부가 식민정책의 일환으로 이런 제도를 도입한 것은 도저히 용납할 수 없었다. 그의 비판이 3·1 독립운동이 일

---

53 RFMC, ARPCC for 1920, p. 141.

어나던 해에 터진 것은 이유가 있을 것이다. 한국민의 독립이 국권 회복운동을 통해서만 이뤄지는 것이 아니라 도덕적 성결이 수반되지 않으면 안 된다는 의미를 포착했기 때문이 아닐까.

한반도에서 노골적으로 성을 사고파는 행위는 일본인의 이주와 함께 시작됐고, 강점 후 일본군의 상주사단이 창설되는 그 시점에서 조선총독부는 성매매 관리체제를 전국적으로 일원화했다. 1916년에는 경무총감부령을 공포하여[54] 성매매 관리와 단속의 법적 기준을 마련했다. 따라서 이때부터 조선에서 본격적인 공창제가 시작된 셈이다.

스코필드가 언급한 '요시와라 계획'이란, 일본에서는 16세기 말부터 도쿄의 요시와라(吉原)가 대표적인 유곽 지역이었는데, 근대 일본이 1873년부터 이 지역을 중심으로 성매매 관리 체제를 정비해 나갔던 데서 재래된 이름이다. 조선에서 공창제가 도입된 후 일본의 식민지가 증가하고 도시화 또한 진행되면서 공사창을 막론한 성매매가 증가하였는데, 1916년에서 1920년 사이에 조선인 성매매 여성이 1,708명에서 3,492명으로 2배가량 늘어나고 있음이 주목된다. 식민정권 하에서 유곽이 성업하게 되자 성병이 확산되고 '창기'로 팔려 가는 조선인 여성이 이렇게 늘어났다.[55] 일본거류민회는 신정(新町)에 유곽을 설치하고 토지대부세와 영업세를 통하여 고정수

---

54 그것들은 제1호부터 제4호까지 〈宿屋營業取締規則〉, 〈料理店飮食店營業取締規則〉, 〈藝妓酌婦藝妓置屋營業取締規則〉, 〈貸座敷娼妓取締規則〉이다.

55 박정애, 「일제의 공창제 시행과 사창 관리 연구」, 숙명여대 사학과 박사논문, 2009. 12, pp. 28~61; 宋連玉, 「日本の植民地支配と国家的管理売春—朝鮮の公娼を中心にして」, 朝鮮史研究会, 『朝鮮史研究会論文集』 32, 1994, p. 58.

입을 확보했다. 원래 살고 있던 조선인들에게는 토지를 팔지 않으면 군대에게 몰수된다는 소문을 퍼뜨려 헐값에 매입했다.[56] 1919년 12월 26일자 『시카고 트리뷴』지는 "일본이 한국에서 한 일 중에서 유곽증설을 가장 훌륭하게 해냈다. 이것은 일본이 고의로 한국 남녀를 타락시키고자 한 것이었다"고 비판하기도 했다.[57]

스코필드가 공개적으로 유곽(공창)제도를 비판하고 나선 것은 1919년 11월이다. 윤치호는 스코필드의 공개강연을 직접 듣고 감명을 받았음인지 자신의 일기에 이렇게 적었다.

> 오후 3시에 스코필드가 강연장을 꽉 메운 청년들에게 일본이 도입하고, 합법화하고 상업화한 죄악에 대해 강연했다. 그의 강연 내용을 간추려 보면 이렇다. (1) 5년 전만 해도 신정(新町) 유곽에는 100명 안팎의 조선인 여성들이 있었다. 그런데 지금은 400명에 달한다. (2) 한 일본인 윤락업소 주인은 이 악덕사업에 5만 원을 투자했고, 지금 현재 29명의 창녀들을 두고 있다. 이 창녀들은 주인을 위해 각자 한 달에 100~150원을 벌어들이고 있다. 스코필드는 조선 청년들에게 사람답게 이런 끔찍한 죄악에 맞서 싸우자고 호소했다.[58]

---

56 山中麻衣, 「서울 거주 日本人 自治機構 研究: 1885~1914년」, 가톨릭大學教 大學院, 2001, p. 22.

57 "JAPS DELIVER COREAN CITIES TO VICE SYSTEM", *Chicago Tribune*, 12. 26, 1919.

58 『윤치호 일기』, 김상태 역, 『윤치호 일기』(역사비평사, 2001), p. 156. 1919년 11월 23일 일요일 일기 윤치호는 또 1921년 6월 9일자 일기에서도 "일본이 한국에 요시와라 제도를 도입하여 법제화시키고 대중화하고 성적 부도덕을 찬양토록 한 것은 일본 문명에 큰 수치다. 스코필드가 잘 지적한 바와 같이 일본은 한국을 문명화시키는 대신에 매독에 걸리게 했다."고 썼다.

1919년 11월에 공개적으로 '매춘'과 싸우자고 선동한 스코필드는 그 뒤 '줄곧' 이 주장을 폈다. 독립기념관에 소장되어 있는 「3·1 운동 선교사 관련 외지보도 기사」[59]라는 자료 중에는 "스코필드가 우두머리 선동자로 지명되었다"는 제목의 기사가 있다. 그는 여기서 일제가 '한국을 개화시키기보다는 매독에 걸리게 한다'고 주장함으로써 그 식민통치의 본질적 성격을 극명하게 밝혔다.

> 강타자 스코필드, 사이토 총독이 회견에서 골라낸 선교사는 스코필드(F. W. Schofiled)이다. 스코필드 선교사는 캐나다 장로교 선교회와 연결되어 있고 한국에서 선교사역자들 중에 가장 잘 알려진 선교사이다. 과거에 줄곧 그는 일본의 매춘 "사업"의 방침과 함께 한국에 도입된 인가 받은 매춘제도에 반대하는 아주 단호한 운동을 수행해 왔다. 그리고 한국에 있는 영어 신문 중 하나인『서울 신문』에 자신의 이름으로 낸 기사가 게재되어 왔다. 최근에 게재된 한 기사에는 일본은 한국 사람들을 "개화하는(civilizing)" 대신에 "매독에 걸리게(syphilizing)"

---

59 이 문서는 독립기념관 소장 '자료번호 3-003886-008'의 영문 자료로서 해설에 의하면 "조선총독 齋藤實과 서울 주재『朝日新聞』특파원과의 대담 내용이다. 구체적인 내용을 살펴보면, 스코필드가 일본 정부의 정책에 대항하여 한국 국민을 선동하고 주권 회복 및 독립을 위해 일본 정부의 식민정책 및 일본 군경의 치안 행위를 폭로·왜곡하고 있다고 비난하고, 이와 같은 반역 행위에도 불구하고 일본 정부는 독립운동을 지원하는 선교사 집단들을 탄압하기보다는 보다 나은 한국 통치를 위해 자문가 역할을 부여하고 협력해 나갈 것이라는 회유성 발언을 하고 있다. 이에 대해 스코필드는 식민정치라는 미명하에 자행되는 무력탄압과 만행을 통렬히 비난하고 특히 일본이 합법한 사업으로 公娼制를 이와 같은 일제의 요시와라 계획(Yoshiwara Plan)에 대항하여 끝까지 투쟁할 것임을 밝히고 있다. 한국에 들여와 도덕적 퇴폐를 조장하여 민족성을 해체하려는 음모에 대해 울분을 금치 못하며 이와 관련하여 영자지 *Seoul Press* 내용에 따르면 '일본 정부는 한국 국민을 문명인으로 교화하기 위해 침략한 것이 아니라 매독을 감염시키기 위한 목적으로 침략한 것이다.'라는 내용의 기사를 보도해 스코필드의 반일제 운동을 옹호하고 있다."라고 되어 있다.

하는 데 정신이 없다고 언급하였다. 지난 달 스코필드 선교사는 한국에 있는 소년 학생들의 집회에서 연설을 하였는데, 한일합방 이전에 성적 타락에 대한 한국인들의 도덕적 상태가 한국인이 자부심을 가질 여지가 전혀 없었지만 일본의 인가 제도가 도입됨으로써 야기된 상태보다는 훨씬 나았다고 말하였다. 그는 한국의 젊은이들에게 한국에 요쉬와라 계획이 확장되는 데 반대해서 조직력을 키워서 싸워야 한다고 촉구하였다. 서울에 있는 일본 신문에 이 연설이 보도되었을 때, 스코필드 선교사는 일본 행정당국에 직접적으로 반대되는 말을 사용하였으며, "더 많은 것을 듣게 될 것이다."라고 언급되었다.[60]

일제의 매춘정책에 반대해 온 스코필드는 1920년에 들어서서 공창폐지운동을 조직화했다. 이해는 세브란스와의 계약기간이 끝나기 때문에 한국을 떠나야 할 시기이다. 그는 비록 3·1 독립운동을 통해 독립을 쟁취하지는 못했지만 한국이 도덕적인 성결을 통해서 새로운 희망을 갖도록 하기 위해 그가 떠나는 해에 혁청단(革淸團)이라는 공창폐지운동 조직을 결성했다. 혁청단 결성에 관해서는 다음과 같은 일제 고등경찰의 보고서가 남아 있다. 여기서도 그가 공창폐지를 주장하는 선명한 주장을 들을 수 있다.

경성민정휘보: 공창폐지운동, 경성 남대문외 소재 기독교 장로 감리각 교파 연합경영 '세부란스' 병원 의사 영국인 '스고후이루도'(스코필드)는 객년 11월경부터 시내 기독교청년회관 등에서 자주 공창폐지

60 이 기사의 원문 출처를 독립기념관 측에 요청했지만 확인할 수 없다는 대답이었다.

의 필요를 부르짖어 당초에는 주로 기독교도만으로써 운동을 시도하려고 기획했으나 지지(遲遲)하게 진행을 보지 못하므로 다시 범위를 확대하여 청년 학생과 자문하여 단체를 조직하고 이 세력을 이용하려고 분주하고 있었는데, 개략 그 준비가 이루어짐에 따라 권기관(權基觀) 외 7명을 발기인으로 하여 단명(團名)을 혁청단(革淸團)이라 이름을 붙이고 2월 5일 시내 고등보통학교 졸업 이상의 자격을 가진 청년급 약 50명을 명월관 지점으로 초청하여 별지 역문(譯文)과 같은 취지서를 배포하고 다음과 같은 역원(役員)을 선정하고 산회하였다. 본 건에 관하여 스고후이루도는 "일본 내지에서는 유곽의 세금으로 궁중의 비용까지 충당하고 있음은 세계 무비(無比)의 만풍(蠻風)이다, 일본인 중 유식자 등은 공창폐지를 창도하고 있으나 지금 성효(成效)를 보지 못하고 있다, 또 종래 조선에는 공창제도가 없었는데 일본이 조선통치 이래 시정의 효과를 거두지 못한 데 반하여 도리어 공창만 현저히 발달케 하였다, 공창이 일본관헌이 공인한 것이라면 이의 절대폐지는 조선이 독립을 보지 못하면 불가능하나 조선 청년이 공창폐지를 목적으로 하는 단체를 조직하고 전선(全鮮)의 청년을 각성시키려고 하는 운동에 대하여는 여하한 일본인이라도 이를 포박하는 따위의 일은 없을 것이다, 공창폐지 운동은 사회문제이며 결코 정치문제가 아니므로 맹렬히 운동해도 감히 지장이 없다."라고 공창제도를 공격하여 선동적 언사를 농하고 있다고 한다.[61]

1919년, 내한한 지 4년차를 맞았던 스코필드는 식민지 하에서 고난 받던 한국 민중의 자유를 위한 '투쟁'을 보면서 자신도 거기에 동

61 「경성민정휘보, 공창폐지운동」(1920. 2. 13, 高警 제3927호); 『한국민족운동사료』(3·1 운동 편), 대한민국국회도서관, 1978, pp. 738~739.

참하고자 하는 의지를 굳히면서 힘겨운 그러나 보람 있는 한 해를 보냈다. 그는 또한 총독부와의 관계에서 자신이 한국에 더 머물 수 없다는 것을 알면서도 혁청단을 조직, 한국의 젊은이들이 공창폐지 운동에 적극 나설 것을 독려했다. 이는 스코필드가 비록 식민지 상태에 있는 한국일지라도 도덕적 성결성을 유지해야만 언젠가 독립할 수 있으리라는 그의 기독교 신앙과 합치되는 결단이라고 생각한다.[62]

혁청단은 1920년 2월 21일 종로중앙기독교청년회관에서 400여 명이 참석한 가운데 강연회를 개최하고, 회칙을 정하고, 역원을 선임함으로써 발족하였다. 이때 선임된 역원은 다음과 같다.

단장: 최두선(崔斗善)

부단장: 윤병섭(尹炳燮)

총무: 유득신(劉得信)

간사: 홍병덕(洪秉德), 장준(張俊) 이하 20명

서기: 염태현(廉泰鉉), 여용현(呂容鉉)

회계: 노준탁(盧俊鐸), 최기관(崔基觀)

이 단체는 1920년 4월 스코필드가 귀국한 후에도 1920년대 중반까지 그 활동을 계속하였다.[63]

---

62 「경성민정휘보, 공창폐지운동 속보」(1920. 2. 25, 高警 제5197호).

63 『개벽』 제45호, 1924년 3월호, p. 100, 〈時評〉란에 다음과 같은 혁청단 관련 기사가 실려 있다. "公娼廢止運動과 社會制度 기독교 신자들이나 도덕가들이 義憤을 발하

4. 맺음말 – 스코필드 사역의 역사적 의미

스코필드가 한민족의 독립운동을 지원하고 일제의 만행을 폭로하려고 한 업적이 어떤 결과를 가져왔을까. 그의 역할이 3·1 독립운동사에 어떤 영향을 미쳤을까.

스코필드는 3·1 독립운동이 발발하기 전후하여 세브란스를 중심으로 젊은이들과 접촉하면서 세계의 정보를 공유하는 한편 현장의 생생한 증거를 수집하여 후세에 남기려고 노력했다. 그는 만세를 부르다가 잡혀 가는 젊은이들을 돌보았으며 제암리와 수촌리 등 참혹한 현장을 찾아가 증인이 되었고 또 환란당한 자를 위로하고 부상당한 자들을 병원으로 인도했으며 감옥을 찾아 격려하고 용기를 북돋아 주었다. 이는 그의 신앙인으로서의 자세라 할 것이다.

스코필드는 다른 선교사들과 함께 총독부 관리들을 찾아 한국민에게 가해지고 있던 고문 태형 등의 인권유린과 만행에 항의하고 제도 개선을 요구하기도 했다. 행형제도와 감옥 안의 생활에 조금이라도 변화가 오게 된 것은 그의 끈질긴 노력과 무관하다고 할 수 없다.

스코필드가 동료 선교사들과 함께 3·1 독립운동 기간에 그 자신의 안위나 일제와의 관계를 고려하지 않고 한국민의 고난당하는 삶과 일제의 야만적인 폭력을 제대로 수집 폭로한 것은 중요한 결실

야 부르짖는『공창폐지』의 소리를 우리는 往往히 어더 듯는다. 더욱히 근래로 신문지는 公娼 廢止를 목적하는 집회나 선전이 頻頻한 것을 보도하기에 태만치 안는 모양이다. 革淸團도 그 취지는 詳知치 못하나 吾人의 推測이 誤謬가 안이라면 그도 亦 그 例의 하나일 것이다."

을 가져오게 되었다. 1919년 7월 10일 주한 캐나다 장로교 선교사들이 하세가와 총독에게 3·1 운동 가담자들에 대한 일본군의 만행을 항의할 수 있었던 것은 그의 영향력과 무관하지 않다.[64] 또 그가 전달한 한국의 정보는 미국기독교교회연합평의회 동양관계위원회에서 간행한 『한국의 정세(*The Korean Situation*)』에 게재되었다. 이렇게 그가 수집한 일제 만행의 정보는 국제적으로 파장을 일으켜 당시 자신을 문명국으로 생각하고 있던 일본에 무거운 압력이 되었다.

일제가 3·1 독립운동을 계기로 형식적이지만 종래까지의 무단통치를 '문화통치'로 바꾼 것은 주한 선교사들과 외국인들의 국제적인 압력에 연관되어 있다. 이렇게 진실한 증거로 일제를 압박한 중심에는 스코필드가 자리잡고 있었다. 이 점은 당시 정교분리를 내세워 일제에 대한 비판을 회피했던 다른 선교사들과는 큰 차이를 보여주는 것이다.

날카로운 지성과 절제된 사랑을 가지고 낙천적으로 생활했던 스코필드는 청교도적인 맑은 신앙을 가지고 전문인 선교의 사명을 수행하기 위해 한국에 왔다. 그는 세브란스에서 가르치는 외에 한국 젊은이들과 접촉하면서 성경공부를 인도했고, 그들의 도덕적 성결을 추동하면서 공창폐지 운동을 주도했으며, 일제의 한국민에 대한 폭력성에 주목하면서 보편적 인권 문제에 주력하는 한편 한국인의 독립운동을 측면 지원했다. 3·1 운동 때, 일제의 만행에 대한 그의

64 김승태, 1997, p. 109 참조. 그들은 이 항의서 끝에 "이런 부당한 행동들이 일본인뿐만 아니라 일본과 특별조약을 맺고 있는 영국신민인 우리의 명예와도 관련된 것이므로 주저하지 않고 각하에게 항의하는 바입니다."라고 썼다.

증언은 많은 사람들을 움직여, 일제에 대한 국제적 압력 기제로 작동했고, 야만적인 식민정책에 변화의 계기를 마련했다. 그가 '3·1 운동 제34인'으로 불려지는 것은 3·1 독립운동에서 보여준 한국에 대한 헌신과 자기 조국 못지 않게 이국(한국)을 사랑한 그의 보편적 인류애 때문이라고 생각된다.

참고문헌

강덕상, 「特別檢擧班ノ行動ニ關スル件報告」(騷秘) (第七四五호, 大正八年四月二十三日), 『現代史資料 朝鮮』.

경성민정휘보, 공창폐지운동」(1920. 2. 13, 高警 제3927호); 『한국민족운동사료』(3·1 운동 편), 대한민국 국회도서관, 1978.

高警 제10568호(1919. 4. 8) 「독립운동에 관한 건」(第41報), 『韓國獨立運動史料〈3·1運動篇 其 三〉』(대한민국 국회도서관, 1979).

김상태 역, 『윤치호 일기』 1916~1943(역사비평사, 2001).

김승태, 『한말·일제 강점기 선교사 연구』(한국기독교역사연구소, 2006).

宇都宮太郎關係資料研究會 編, 『日本陸軍とアジア政策—陸軍大将宇都宮太郎日記 3』(東京: 岩波書店, 2007).

윤치호, 『윤치호 일기』 7권(국사편찬위원회, 1986).

이덕주, 「3·1 운동과 제암리사건」, 『한국기독교와 역사』 7호(한국기독교역사연구소, 1997).

이만열, 『한국기독교의료사』(아카넷, 2003).

이장락, 『프랭크 윌리엄 스코필드, 민족대표 34인 석호필』(바람, 2007).

스코필드, 「일본의 중대 문제와 실패의 원인」, 『독립운동사자료집 6: 삼일운동사자료집』(독립운동사편찬위원회, 1973. 12).

Doretha E. Mortmore, Dr. Frank W. Schofield and the Korean National Consciousness, *Korea's Response to Japan: the Colonial Period 1910~1945*, Edited by CLEgune Kim, Doretha E. Mortmore, The Center for Korean Studies Western Michigan University, 1974.

Noble, M. W., *The Journals of Mattie Wilcox Noble 1892~1934*(한국기독교역사연구소, 1993).

REPORT OF THE FOREIGN MISSIONS COMMITTEE(이하 RFMC) Annual Report of Presbyterian Church in Canada(이하 ARPCC) for 1918.
Schofield, F. W., THE MASSACRE OF CHAI-AMM-NI, REPORT OF SOME ATROCITIES COMMITTED BY JAPANESE Military and Police in suppressing the Korean Nationalists.
기타 캐나다 장로교 사료보관소에 보관되어 있는 각종 편지들

출전: 『한국근현대사연구』 제57집, 2011년 여름호, pp. 60~92.

부록 원문

I

1
일제 만행 보고서

[원문 1] 제암리 학살 만행 보고서

THE MASSACRE OF CHAI-AMM-NI.

REPORT OF SOME ATROCITIES COMMITTED BY THE JAPANESE
Military and Police in suppressing the Korean Nationalists.

Investigated by Dr. Frank W. Schofield

Ever since the Declaration of Independence by the Korean People on March 1st 1919, the local government has used methods of extreme severity and cruelty in dealing with the nationalists. The acts of the police and soldiers became progressively more atrocious criminating in the massacre at Chai-Amm-Ni-mentioned in this report. These methods which consists of threatening arresting, beating, torturing, bayoneting, shooting, and burning alive have proved to be most successful from the government stand point as quiet and order have apparently been restored.

Mansai may not be shouted again for fifty years, but Bansai never, except perhaps at some state function when the lips but not the heart may make the empty sound. The object has been to terrorize the people, and this has been achieved as completely by the Japanese police and soldiers in Korea as it was many the Hums in Belgium. In both cases the results have been the same, a surface clam covering a violent tempest that almost destroys both body and soul of the one who has to thus restrain it.

THE MASSACRE OF CHAI-AMM-NI, SUWON.

On Thursday, April 17th, news was brought to Seoul by certain foreigners that a most terrible tragedy had occurred in small village some 50 li (17 miles) South of Suwon. The story was that a number of Christians had been shut up in a Church, then fired upon by the soldiers and when all were either wounded or dead the Church had been set on fire, in this way ensuring their complete destruction. Such a story seemed almost to terrible to be true and being of such a serious nature I was determined to verify it by a personal visit. On the following day I took train to Suwon and from there cycled to within of few miles of the village. A polices station and gendarmarie lying this side of the village. and knowing the strenous objections that would be made to my visit, I made a detour of several miles over a mountain pass and thus gained access to the stricken village.

Before entering I questioned many people as to the reported burning of villages, but none had any very accurate information, and all were very much afraid to speak about the affair. I finally met a boy who lived in the village where the massacre had occurred, but he absolutely refuse to tell me anything. He protested ignorance terrorism was bearing its fruit the people were almost paralized with fear.

Making a sharp turn in the road I came suddenly into the village and to my suprises found a number of government officials military and civil holding an investigation. After a conversation with some of these officials I was allowed to further look over the village and take some photographs. From Koreans I could get practically no information, they seemed to be dazed and stupified, especially the women, while the younger men pretended ignorance of any detail.

THE VILLAGE

The appearance of the village was one of absolute desolation, about eight houses remained, the rest (31?) with the Church had all been burned to the ground. All that remained were the great stone jars of pickle, chang and edibles, these stood in perfect order silent amongst the ruins. The people were scattered about sitting on mata, or straw; some had already improvised little shelters on the adjoining hill side, there they set in silence locking down in bewilderment at the remains of their happy homes. What had they done that this terrible judgement should overtake them? Why should they suddenly be made widows and their little one becomes orphans, surely some mistake had been made?

THE STORY OF THE MASSACRE

Before long the Government party left the village, and when let last officer was well out of sight the tongues of some of these poor frightened people loosened and they revealed to me the story of the brutal murder. The story was as follows: On Tuesday, April 15th, early in the afternoon some soldiers had entered the village and given orders that all the adult males Christians and members of the Chundo-Kyo were to assemble in the Church as a lecture was to be given to them. In all some twenty three men went to the Church and as ordered sat sown wondering what was to happen. They soon found out the mature of the plot as the soldiers immediately surrounded the Church and fired into it through the paper windows. When most of them had thus been either killed or injured the devilish soldiers set fire to the thatch and wooden building which readily blazed. Some now tried to make their escape by rushing out but they were immediately bayoneted or shot. Six bodies were found outside the Church these having tried in vain to their escape. Two women whose husbands had been ordered to the Church, being alarmed at the sound of firing went to see what was happening to their husbands, and tried to get throught the soldiers to the Church, both were brutally murdered. One was a young woman of nineteen, she was bayoneted to death, the other a woman of over forty was shot. Both were Christians. The soldiers then set the village on fire and left. This briefly is the story of the bloody massacre of Chai-Amm-Ni. The blame for this can be placed upon the shoulders of the ignorant and boorish Japanese soldiers, officials higher up were cognizant of if not directly party to the plot.

Some foreigners who were at the village the day after the burning and photographed one of the dead and burnt bodies said that "The smell of burning flesh was frightful." Do you wonder that the people were paralized with fear? This story was told me by several of the villagers, all their stories were substantially the same. The poor people begged me to give them protection. They said they were living in constant dread of further atrocities. they did not know when some more police and soldiers would come and may be exterminate them. One young widow who had previously passed throw a mission school came up and shook hands with me and told me in tears how her husband had been killed. Then another woman told me of her grief, then another and another. They wondered when the missionaries would come again, yet they were afraid if they did come it wold make things worse, their plight was heart rendering, their tears and sobs would break a heart of rock.

I left them which some words of comfort, and while going one dear woman said, "They can kill us or do what they like, but we will always believe on Jesus." My presence seemed to have broken to some extent the spell that had been over them. They began to realize more keenly what had happened and then across the little valley came the sounds of the women wailing for their husbands and cries of the orphans for their parents.

I returned that evening, and again stopped to give few hurried words of comfort, while speaking a youth came running to me, he had escaped, but said he had lost both father and mother. His mother worrying by her husband being in the Church when the soldiers commenced to fire, had gone to rescue him and as reported above she was murdered on the spot, I had to leave them, hard as it was; who would not want to stay and comfort these poor helpless souls? I left a little girl preparing the evening meal for her widowed mother, in a pot held up by some broken stones, with a little straw. I left them desolate and broken yet they realized that while alone they were not alone, they had the company of one who has a special care for the "widow and the fatherless."

REMARKS:

One will wonder why the Japanese soldiers were allowed to commit such terrible crime as this, and also for what reason? I can answer in part only such questions.

WHAT THE VILLAGERS SAID.

The villagers told me that they had not shouted for Independence in the village, but on the market day with many others they had like all Korean shouted for liberty. They could not understand why they had been singled out for such a cruel punishment unless it was because there were many Christians lived there. Some thought it was because a Japanese gendarme had been killed, and the gendarmerie burnt, but they had not done this rash act, and it happened several miles away.

They could not give and resonable explanation.

WHAT THE POLICE MAN SAID.

In this I must be careful as the police man was a Japanese and the statements had to be interpreted. He said that the fire was the result of Korean carelessness, that it had started in one of the houses and had spread. As to the shooting of men and women, he said that they were very bad people in that village and that they refusing to be arrested had to be shot. This was the gist of his statements. It is impossible to state why such a crime was perpetrated, the soldiers and police alone know the motive behind their bloody acts. I was informed that a very high official casually made the remark that "A gendarme had been killed." this was apparently sufficient reason for such a crime for his standpoint. It should be noted that the Japanese gendarme was only killed after he had shot on a crowd of defenceless Koreans, killing one and wounding another.

Personally I think that the reason are two: (1) The killing of the gendarme, (2) The intense hatred for the Christians.

Presbyterian Witness (July 26, 1919)

REPORT OF THE SU-CHON ATROCITIES

The hamlet of Su-Chon is beautifully situated in a pretty valley some four or five miles from Cahi-amm-ni where the previously reported massacre occurred. I arrived at the out-skirts of the valley or village at four o'clock on the afternoon of April, 17th, 1919 and seeing a woman standing on the top of a high bank which here flanks the road on the left side, I asked whether I had arrived at the village of Su-chon. She replied. "Yes, it lies at the bottom of the hill." After a word or two or more with regard to the village she said in a broken voice. "Are you a Christian?" I replied. "Yes, are you?" She answered by rushing across the road and grasping my hands she said "Oh, I am so thankful." "Oh I am so thankful." She continued "our village has been burnt, and Church destroyed, and many of the people badly hurt, please come and look at the village." I said that I had come for that purpose, and would cycle in ahead of her. She then introduced me to two boys who were standing on the hill top watching the direction in which a small company of soldiers were going. They were awfully afraid of the soldiers and were anxious to make sure of their definite departure.

The Village

It had been a beautiful village, so prettily located, with such cozy cottages, but the Hun had been there, and his finger prints black and brutal lay heavily upon the landscapes. The narrow streets were lined with ash heaps, out of about forty-two cottages eight alone remained. Little attempt had yet been made to clear away the debris, for what security of life and property had they? Might not, their new homes perish like the old? Some old women were sitting by their few belongings, their grief had almost overcome them, they grief had almost overcome them, they were listless and indifferent and one wondered if they were not wishing that they too might have perished when the cruel flame swept away their home, and robbed them of all earthly comfort. There were some little children picking herbs out in the fields, they must have something to eat, and all their stock of rice and other food had been destroyed. The police and soldiers being absent the people flocked around me and seemed anxious to tell me of their misfortune. They had recovered from the first shock but were in constant fear lest the soldiers should come back once more and destroy them in the same brutal way they had destroyed their homes.

The Story of the Crime on April 6th.

Before daybreak while all were sleeping some soldiers entered the village and had gone from house to house firing the thatch roofs which quickly burning destroyed the entire home. The people rushed out and found the whole village blazing, some tried to put the fire out but were soon stopped by the soldiers who shot at them, stabbed them with bayonets and beat them. They had to stand by and watch their village burn to ashes. After completing this nefarious work the soldiers left them to their fate. They said one man alone was killed but many seriously injured. I asked if wind had spread the fire from house to house. The reply was, "The village was on fire in several places at the same time, the soldiers carried matches and lit the thatch of many houses." A survey of the village soon showed the impossibility of the fire spreading to all the houses, the space between in some case being many yards also the village was in three sections a small valley and hill making this natural division, yet all three sections more or less demolished. I asked to see the wounded and was taken to the inner room of a house and there found a middle aged man in most pitiful condition. His left arm from the elbow down, was swollen to twice its normal size; the sword cut at the elbow was full of pus also the rags which had been used for dressing. The smell was sickening. The man was a Christian and said that when the village was fired he had gone out and was immediately attacked by a soldier who cut him with his knife (most likely bayonet). He had no medical attention and said he was feeling very ill. His respiration was about 36 and his pulse 120. He seemed to be in much pain and had become somewhat emaciated. I told the people that he must be taken to a hospital immediately or else he would likely die. After bathing the wound, putting on a clean dressing, I left the poor fellow with a few words of cheer and a promise of further attention. Fortunately, the next day we made arrangements for him to be taken to a government hospital. When the local policeman saw him in his house before removal to the Hospital, he immediately said, “We did not do that”. I replied. “You did.” But he was insistent. Then he said “This man is a very bad man.” I denied it but again he contradicted me.

As I left the house an old man came hobbling on a stick and told me he had been badly hurt. I asked him to show me. Rolling up his trousers I saw 5 or 6 punctured wounds in the upper leg all of them healing nicely. I asked how it happened and he told me on the morning of the fire a soldier jabbed him with a bayonet. He then showed me the other leg which was greenish yellow in many places he said that another soldier tried to kill him clubbing him with his rifle.

He may have been a terror, I don't know; to me he looked harmless enough. I went into another house and found two men in one room lying quietly on the floor, I asked what was the trouble; they replied, “The soldiers beat us badly.” As I remember the story they had been led out of the village and beaten on the road side with a club. I saw their bodies, the bruising was indeed frightful.

Nothing definite could be said about the Church, it may have caught accidentally or have been definitely fired; they did not know.

I told them I must go immediately and make arrangements for the wounded man to get to a hospital if his life were to be saved. There were many things they wanted me to see and many things that they desired to say. They pleaded for protection. “Oh when would the soldiers go?” “When would people come and help them?” They were terrified, and in constant dread of burning shooting or arrest. I hurriedly said farewell and promised to return the next day with help for the wounded. They were so thankful and begged that I return.

Remarks.

Again one asks what frightful crime had these people done to suffer thus? They do not know; they only called "Mansei" but all Korea had done that. Then there was the gendarme who had been killed but this was several miles away, and already the local village had been burnt for that offence. This was an action of their conquerors, they could not interfere; what right had they to ask why such brutality had been meeted out? They were but slaves, dogs, what right had they to live save by the kind benevolence of those who ruled them with a rod of iron. They said, "This is Japan our Mother who treats us thus; then we with our souls wage an eternal war on her, till we shall either die or gain our liberty."

Note

The following day a number of missionaries visited the village, but due to the presence of the police the people were unable to say anything.

The common deeds of the common day are ringing bells in the far away. Burton.

2

식민지 한국의 상황에 대한 영자 신문 기고문

[원문 1] 한국 사태를 조사할 제국조사위원회

The Japan Advertiser (July 1, 1919)

READERS IN COUNCIL

An Imperial Commission of Inquiry for Korea

By Dr. Frank W. Schofield

To the Editor:

I was more than surprised at Mr. Hara's reply—"traces of fact" — when questioned recently as to the accuracy of The Advertiser published reports of the Su-won atrocities.

It is quite apparent that the truth has been concealed from him by those underlings whose reputation is at stake in this matter.

The reports were true in all essential points—that at least 23 people were shot and then burnt in the church, that this was done by order of a lieutenant; that two women were killed, one shot, the other's head nearly severed from her body by means of two sword cuts, because she refused to go home when ordered to do so by the soldiers; that soldiers went to the home of Mr. Kim in the near-by village of Kong-chew, and taking six men, the three sons and three grandsons of the old couple who lived there, tied them all together with rope, and bayoneted them to death. The youngest was a boy of 15 years. The old man on his knees prayed that their lives might be spared. When this was refused he begged the soldiers to kill him also, which request was refused. As they burnt the bodies of the boys the poor old man tried to throw himself on the burning heap; this they would not allow. I saw the old man a few days ago, and do you wonder that he is losing him reason?

I forget whether the published report mentioned that about 17 villages had been fired, in some cases only a few houses in other cases almost all the houses being burnt, so that hundreds of people are homeless. It was a strange sight to see soldiers standing over the people hurrying them up as they removed the ruins and rebuilt. I know what the official report says about this and all the other things because I happen to possess a copy. The villages are supposed to have been set on fire according to an old Korean custom. "When the police or soldiers go to make arrests in a village the criminals quickly set the houses on fire, then all the people run out and the criminals mixing with the crowd make good their escape. This is an old Korean custom." I am not joking but quoting to you the words of as high a military officer as we have in Korea. I know he believes it because he knows nothing about Korean customs, merely believing the reports of his staff officers. While during the last few months there have been 26,000 arrests in Korea, this strange old Korean custom has been localized in the Su-won district.

I don't think that The Advertiser reports mentioned that 11,000 people have been beaten in Korea lately. How many have died as a result I know not, of two deaths I am sure.

I am glad that Mr. Hara intends to get after the newspapers which have been issuing false reports. We have many semi-official journals in Korea which I am afraid will be suppressed. Japan must know the truth, but how is she to be informed? At a time when the British were making mistakes in Egypt, the late Col. Roosevelt happened to pass through the country while on his way from a big game hunt in Africa. Some officials, who had Britain's welfare at heart and knew that the existing policy spelt failure, said to Mr. Roosevelt "When you get to London, for God's sake speak the truth. Tell them Egypt is being ruined." Everyone is familiar with what happened, Mr. Roosevelt went to London and in his famous Guildhall speech, he told the British Government "To govern, or get out."

Who will do for Japan what Roosevelt did for England—tell her the truth about Korea? Japan's interests here Korea and find out the truth. Japan would be shocked and humiliated but she must know the truth at all costs, and she never will through the ordinary official channels.

This agitation may have been a joke as far as the military party is concerned, but it is no joke to the 16 millions of Japanese subjects who inhabit the peninsula. It is the gravest matter which has ever entered into their varied history.

I plead to those who love Japan, who love righteousness and justice, come to Korea or send delegates so that the real truth of the Korean situation may be discovered by Japan and the belated remedies applied.

Frank W. Schofield,
Severance Hospital. Seoul

[원문 2] 한국 민심의 파악: 일본의 가장 중대한 문제와 실패의 원인

The Japan Advertiser (August 2, 1919)

THE DISCOVERY OF THE KOREAN MIND

Japan's Greatest problem and the Cause of Her Failure

By Dr. Frank Schofield

Three hundred years ago the Japanese discovered the Korean artizan. Deep in the granite hills of Korea, many precious minerals have been found, while the close ally of the Government, the Oriental Development Company, has increasingly found the value of Korea's paddy fields. The treasures of Korean graves and temples have been discovered and removed, but one thing as yet the Japanese have not discovered. Their genius has failed to penetrate the Korean himself. His thoughts are still a secret; he still rules in the council of his mind, and controls the gateway of his soul. The coat of arms of a conquering neighbor may be found on the sleeve of his ruler, or on the coin of his country, or even on the door posts of his house, but if his heart is still free from its impress it might be questioned whether conquest and assimilation is not more fancy than reality.

The Japanese failure in Korea has been largely due to a failure to discover and win the heart of the Korean. The heart must be discovered before it can be won, Japan has failed to do either. The present agitation shows the need for Japan to know the mind of the Korean. Had Japanese known what the Korean was thinking and had been thinking for a long time, -there might have been no agitation, or at least the Government would not have had a surprise attack.

A Secret Movement

A day or two before the demonstration for independence, I well remember a Korean coming to me by night and pulling out from next to his skin the famous Korean Declaration of independence. I was surprised beyond measure. I thought I knew the Korean mind but I did not. I did know his many grievances against the Government, I had heard them over and over again, and had frequently been told how some day when the time was ripe they would slip the leash and get their independence. I thought it an idle dream, I never thought they have enough moral courage for such an act. Just at this time I happened to meet a Japanese friend who has unusual opportunity for meeting Korean students and who should have known something of their mind. I mentioned the unrest and probability of trouble, but he laughed. He told me that he knew the Korean and that they were satisfied with Japanese control; they were far better off than they had ever been before, and that they would never think of going back to an independent national life, they had experienced so many advantages at the hands of the Japanese, This man was confident that he knew the Korean mind, but he did not for within a few brief hours, the cry for independence had gone up from all Korea.

"Improvements"

I was shown two pictures today which impressed me very much. One was a picture of the West-Gate Jail taken in 1910. The jail was small (the only good point) the buildings poor and of wood, while the hills behind were as bare as a sidewalk. The other picture was of the West Gate Jail 1919. The buildings were splendid and of brick, the jail area had been increased almost three or four times (the only bad point) everything looked neat and up to date, while the hills in the rear were a mass of foliage, but the jail cells were full to overflowing. Why? Because Japan had not discovered the heart of the Korean.

I said to the Korean with me, "Are you not thankful for this splendid institution and all the reforms which Japan has made?" He said: "Yes, but for two reasons they do not appeal to the people. Firstly, the Korean had not been asked or allowed to co-operate in all that has been done, as was promised, so we have no direct interest. Secondly, most of these things were directly for the benefit of the Japanese and indirectly for the benefit of Korean." He continued, "The jail is fine, but was it not so large and full, because it was just one organ of the assimilation octopus?" The good roads, were they not equally beneficial to the Japanese and the Korean? Had they not been built on confiscated land and with forced labour? The railways were also equally a necessity for Japan and Korea. The schools, the banks, the afforestation etc. all were a Japanese necessity and even under a policy of assimiliation. But I said: "Is not this a selfish and ungrateful way to look at things?"

"We Expected to be Partners"

He said, "These are all good things, we needed them all, but we did not want to get them in the way we did. We expected to be partners both in giving and receiving. You must remember that we were promised equality at the time of annexation. Japanese interests were our interests in roads, railways, schools and banks, so we got them. But Japanese interests clashed with our interests in position, in the Department of Education and in the schools, in the Communications Bureau and in the Station Masters' officer, in the Department of Finance and in the banks, and so we did not get what we wanted here. We became merely the hewers of wood and drawers of water, instead of brothers and sisters of the Japanese, in partnership with them in all they did. There we revolted."

Had the Japanese discovered only this much of the Korean mind, there might have been no agitation. I surprised a Japanese friend who considers himself well posted on things Korean, by telling him that almost every little Korean child calls a certain man "the man who stole his country." He did not know that the Korean mind dwelt on past history in such a way. He did not know that the Korean looked upon annexation as a treacherous sale of his native land. He did not know that the average Korean looks upon the Japanese as stupendous thieves, who also stole 16 millions of people and a great many millions of square miles of land, when Korea became a child of the Empire. This may be bitter medicine but it is the truth. These are not the ideas of the writer, but it is discovering the Korean mind.

Making a Land Question

Few things rankle more in the Korean mind than the operations of the Oriental Development Company. They regard it as a huge organization for squeezing Koreans out of their native land in favor of Japanese emigrants. They tell you that hundreds of Koreans have yearly to go to Kanto. A few weeks ago I stayed over night in a small village and before retiring I asked the Koreans to come around and have a chat. I asked them if the O.D.C. were operating in that section? Yes, they replied, they owned the whole village. I then asked each man to tell me why they hated the company so, and to state clearly their grievances. They said Koreans were driven from the land in favor of Japanese. That each year one, two or three new Japanese families had come in till now there were fifteen. They had to pay a heavier rent in rise or beans to the company than they had had to pay to the King in olden times, or than free holders did to the government at the present time. That the agents were dishonest getting squeezes, that if they complained they were told to get off the land, that there was no security of tenure; that the Japanese only could buy, and then on easy terms. They all said they were no better than dead men. I do not intend to pass judgment on these statements or any similar statements in the article, they may be correct or incorrect, that is of minor importance, the matter of grave importance to the Government is that the people believe it. Now whether the grievances are fact or fancy, the effect on the people is just the same. They hate the organization that causes the trouble and detest a Government which allows what they believe injustice to continue. As a result we have revolt and agitation. Once again we see the need of discovering the heart of the Korean. One could continue indefinitely, but enough has been said to illustrate the absolute need of a government knowing the mind of the people governed.

Government's Ignorance

Some may reply that the Government does know all this, I do not believe the Government knows. The statements of its officials never show it, and no enlightened Government would know all these things without attempting to relieve them. Yet one thing has absolutely astonished the writer time and time again during this disturbance, and that is the trouble the Government has gone to in order to avoid increasing its knowledge of the Korean mind, how hard the people tried to reveal it and how determined was the Government not to see it. As example, one might mention the official denial that the present was a national movement. The people shouted from every village, but no, this was not a national movement, just a few agitators, missionaries and disgruntled students. The strange thing is that the Government officials have been the only ones to say this, I never met a Korean with that view, save perhaps Count "Yi Wan Yong." The people tried again to reveal their heart and the shops closed, but no, there was not evidence of unison amongst the people in their demonstration for greater freedom. No, it was just the bad work of a few agitators who represented nothing but their selfish interests.

People did not call "Mansai" because their whole souls were crying out for greater liberty, no Mansai was shouted for rewards like candies or dimes. How sad that these millions who shouted have People did not call "Mansai" because their whole souls were crying out for greater liberty, no Mansai "was shouted for rewards like candies or dimes. How sad that these millions who shouted have revealed their hearts in vain. Their hearts are closed now tighter than any oyster shell, and it may be ten long years before again they will publish on the house tops the secret of the inner chamber. What then is the practical value to those who govern of knowing the heart secrets, the mind of those they govern? It means everything; a wise Government would lay its foundations and build in accordance with the mind of people in so far as it was just and reasonable. Such a method would save a government from revolution, bolshevism and anarchy. It would keep a government official from saying. as he did to me a few weeks ago, "We will assimilate them!" The mind of the people should be the text-book of the real statesmen.

Reforms

Reforms are coming soon, one wonders whether they will be successful in establishing a suitable government in Korea. In so far as they are based upon a study of the mind of the people whom they are supposed to benefit, in so far the reforms will he successful. If they represent nothing more than a politician's compromise they will be a failure. Lastly we come to the most important question of how can a government find out the mind of the people? certainly not by a spy system. Japan has followed Russia in the method and it has failed as conspicuously in Korea as it did in Russia.

The best way and the way followed in all enlightened countries is by freedom of the press. How both Koreans and foreigners hate a paper which lies, then lies again, then once more in a final attempt to cover up the previous ones. As an editor of the Mail Sinbo said to me a few days ago in apologizing for the lies he had published under my name, "We are under Government control, so we can not tell the truth." The newspaper must be the mouthpiece of the people as well as of the government. The privilege to hold meetings is almost as important as having a free press. The energy of many a bomb that has finally blown up a monarch, could have easily been expended in debate. If the people can blow off they are not so likely to blow up.

A man only reveals his mind to his friend, never to his enemy. The Japanese will never know the Korean until he has made the Korean his friend. I suppose any missionary or business man knows more about the Korean mind than the officials who govern, You can not take a man's heart by assault. Like a flower unfolding in the warm sunshine, so the mind of man unfolds under the warm influence of friendship. The rulers of Korea have a serious handicap in not knowing the native language. If you are not interested enough to learn to speak his language you are not likely to get far into the secrets of the heart.

Rambling as this article may seem to be, I feel it contains some fundamental truth. There can be no successful Japanese

Administration in Korea until the Japanese have discovered more fully and sympathised with the mind of the Koreans whom they seek to serve.

The Japan Advertiser(August 26, 1919)

THE KOREAN REFORMS

Japan's Challenge to Korea – An Impossible Policy

By Dr. Frank W. Schofield

Dr. Schofield, of Seoul, has been in Tokyo for several weeks and has discussed the Korean situation with a large number of influential Japanese. His view of the changes announced last week is stated in the following article, written for the Advertiser, which will be completed tomorrow, Dr. Schofield writes as a friend of the Japanese and Korean peoples who recognizes that their national destinies ought to be united, but believes that assimilation is a mistaken and an impossible policy.

The Korean reforms which have just been announced by the Prime Minister can be considered as little less than an ultimatum to Korea. The cry of "Mansai" which went up from the whole of Korea had one definite meaning; it was the protest of a nation against national extermination- assimilation. Japan replies to this outcry in no uncertain language; "We will continue to assimilate you." In answering thus Japan has made a tremendous blunder. The Korean people asked for bread; they have been given a stone. Japan, further, reveals her absolute ignorance of the spirit of modern Korea. If assimilation failed ten years ago when the Korean national spirit was at its lowest ebb, can the same policy be expected to succeed when the national spirit is running at flood tide? Ten years go Japan's problem in Korea was that of assimilating 16 millions of unorganized rebels; today 17 millions of organized rebels have to be assimilated.

With more than 1,000 killed and 1,500 wounded, with 13,000 flogged and 26,000 arrested, with 1,700 homeless and 17millions terrorized, all in the hope of escaping from that dread nightmare assimilation-in the face of all this will Korea meekly accept the challenge and submit, or will she take up the fight in greater earnestness than ever, and marshal her spiritual forces against the material forces of Japan? Those alone who intimately know the new Korea can answer.

Ignorance at Tokyo

I have chatted over the Korean situation with quite a few leading men in Tokyo, men who prided themselves in knowing the Korean situation. I found that much is known about the minor atrocities, much about the gross abuses and flagrant forms of racial discrimination, but practically nothing is known of the spirit of new Korea. Much is known about the Korean but little is known of the real Korean himself. For instance, it was now known that a young Korean school master parading at the head of his boys was ordered by the police to stop shouting "Mansai" or be sabred. The young man shouted again and as he sank mortally wounded cried out "You can kill my body, but you can not kill the spirit of independences-'Mansai,'" Neither was it known that another young man who was dying, the result of a police beating, attempted to bite off the tip of his finger in order to write in blood the covenant "Tonguip, Mansai." Such stories- and there are hundreds of them- which reveal the spirit of modern Korea are unknown to the Government in Tokyo. The Government here has relied too much upon the reports of their servants in Chosen, and as a result have been grossly misled and cleverly duped.

For example the Government-General of Chosen never admitted, in fact steadfastly denied that the Korean agitation represented a national movement. They also estimated the killed at about 400. These false statements and many others were unfortunately believed by many in the home Government. This ignorance explains in part why such reforms are offered to Korea. I have wondered what part, if any, the vested interests played in urging the Government to be moderate in her reforms.

It is interesting to find out that the trouble in India was indirectly due to the Government foolishly lending its ear to the stories of scaremonger capitalists who were quite sure that India would be ruined by any further advance in democracy. Similar news comes from South Africa in connection with the Rhodesian Chartered Company.

I wonder what the Oriental Development Company would do in a self-governing Korea!

Assimilation and Discrimination

What is really meant by assimilation? The word is glibly used without considering its meaning. Assimilation consists in eliminating the

Korean from all positions of social power. With no power there can be no opposition. His language, his history books and his customs must all disappear. Shinto ahrines must be built throughout the country, an imperialistic spirit fostered in the schools, and a new language introduced into the home. Then in an almost automatic way the patient would become colorless flaccid and impressionable, a sort of human plasticene which could be moulded and Japanized. To such a policy the Korean strenuously objected.

Let us now turn for a minute to racial discrimination. Racial discrimination is as essential to the policy of assimilation as eating is essential to living. Racial discrimination does not occur as an accident in carrying out the policy of assimilation: it is very soul and substance of that policy. Apart from racial discrimination assimilation is impossible. Always think of racial discrimination as the special instrument for the assimilation policy. (This of course refers only to forced assimilation). A few minutes' reflection will satisfy you on this point. Suppose you give to the individuals whom you intend to assimilate by the way, individuals who hate you like sin-all the privileges which you yourself possess, such as freedom of speech, freedom of the press, political freedom,- do you think that you could assimilate? Naturally if those who are to be assimilated are given equal power and opportunity with the assimilator the former instead of being assimilated would immediately proclaim their independence. It is foolish to talk about removing all the discrimination which exists against the Korean, and at the same time maintain a policy of assimilation. Freedom of speech to the Korean would be freedom to call "Mansai." Freedom of the press to the Korean would be to allow him to publish an independence daily. If these cannot be granted, then the Korean is being discriminated against. To be assimilated the Korean must exchange all his purely Korean ideals and aspirations for the Japanese ideals and inspirations. The root of the trouble in Korea is Japan's policy of assimilation not racial discrimination, and as long as Japan persists in this policy reforms and Rescripts will be equally valueless solving the Korean problem,

The Old Assimilation

General Terauchi understood the policy well and made great progress, in fact at one time he almost accomplished the fact of assimilating the Koreans. But he failed because he did not got sufficient support from the Civil Administration. Then came General Hasegawa and although not such a successful assimilator as his predecessor he followed the same policy but met with the difficulty- no support from the Civil Administration which was the immediate cause of his failure.

I suppose the most serious shock to the policy of these Generals come from the Department of Education. Education and assimilation cannot exist side by side, yet the attempt was foolishly made and naturally resulted in failure. But who do we see blamed for the failure? Every one denounces the militarist; he is removed and disgraced-save for a pair of silver vases- while the men who ruined the General's program of assimilation still hold offices.

Anyone who has studied the present movement in Korea would admit that the trouble could most likely have been avoided had the people been kept ignorant and uneducated. A fundamental condition in the policy of assimilation is suppression of education, yet in Korea the Government schools were allowed to increase year by year. Almost all the young men of Korea know about that most dangerous doctrines of self determination of nations. They have understood the meaning of the great war. They have understood the meaning of the great war. They also realize that there is a sympathetic world behind the Korean aspirations for more opportunity in self expression. In fact they have even heard of an independent Poland and a Jewish state in Palestine. There are the real reasons why the policy of assimilation failed.

In a word the old policy of assimilation placed the Korean in a strait jacked, which was guarded carefully by gendarme, policeman and spy. When there was any evidence of restlessness the order went out, "Tighten up the screws on the jacket," or in other words make a few more discriminations since a wriggling organism could not be assimilated. Had the assimilation strait jacket been properly handled, and by an expert militarist assimilation might have become a reality. Imperative to success are, first that the machine be exclusively operated by a militarist; second, that nothing is, the nature of reform, only repression, Be allowed to the patient.

The New Assimilation

Most people were shocked to discover that the new reforms retain the policy of assimilation. The reformers announce however that they are going to do away with all forms of discrimination. Very much like a general saying "I am going to continue the fight but have issued strict orders that no ammunition is to be served to the troops." This means that the poor Korean is to be left in the strait jacket, the warders to be removed and their methods abandoned. This is clear from the statement, that the gendarmes are to go and racial discrimination to cease. At a time when the patient is wriggling more violently than ever the anti-wriggling devices are to be abandoned. It will be interesting to see what happens. The reformers apparently believe the cause of the Korean trouble to be racial discrimination instead of assimilation. How terribly short sighted 'So we see the patient left in the 'harmless' strait jacket while the reformers prescribe the following.

"R.X. Talcum Powder, Soft Soap, equal parts. To be applied underneath the jacket to those parts which have become sore due to the abuses of the gendarmes or irritated by the excessive application of racial discrimination."

Retaining the policy of assimilation under the new administration is making the same old mistake of trying to put new wine into old bottles. To prevent the bursting of the bottles one of two things will have to be done, either the warders' recalled and their old methods vigorously applied or the policy of assimilation abandoned. The assimilation strait-jacket is a military machine and has no place in an increasingly civil administration.

Argument for Assimilation

The argument advanced for the continuation of the assimilation policy is found in these words of the Prime Minister: "Korea is united geographically with the main islands of Japan, and the two peoples are closely related to each other, in race, in manners, in customs and in sentiment." If these statements are true, Korea and Japan would voluntarily come together, nothing would prevent the attraction of like to like. But what do we see? We see the policy of assimilation forced on Korea at the point of the sword and bayonet; we see the Koreans massacred, imprisoned and beaten; we see a nation rise and with the shout of "Mansai" proclaim to the whole world their desire to be released from this terrible assimilation. I ask for the proof of "similarity in sentiment." If these two nations are so similar why is it that even when the Korean comes to Japan and lives here for years he does not become assimilated, but remains in his white clothes and thatched cottage-a Korean? If the Japanese influence in Japan is not strong enough to assimilate these people of similar sentiments, has the Japanese influence much chance in Korea? The Prime Minister must know that during the present year there have been over 20 fights, and many of them serious fights, between the Japanese and the Koreans resident in Japan.

An Illustrations

Imagine if you can a judge in a divorce court settling a case of separation as Mr. Hara has attempted to solve the Korean trouble.

First let me state the case. The marriage was not a love affair, but was arranged by the parents in order to unite the two households. Following the advice of the parson who supervise the marriage the couple have endeavored to become one flesh, the endeavor persisting over the period of 10 years. The husband tried at first to assimilate his wife by love and monetary gifts, but failing in this has had to resort to wife beating. The wife tried at first to fit into husband's queer ways, but finally gave it up and has spent the last three months proclaiming her independence on every possible occasion.

Now listen to the wise judgment of the judge: "I pray you to remember Mrs. J. that you are geographically united to Mr. J. as the evidence shows your birth place to have been Yorkshire while your husband is a native of Lancaster. Further you are closely related to each other in race both being Anglo-Saxon save foe a little drop of Coltic blood in Mr. J. Further the evidence submitted shows you to be alike in manners, each one aspiring to be the head of the house. In customs, you are remarkably alike, both being vegetarians and large eaters of rice and drinkers of tea, I believe. And as to your sentiments they seem to be me to be identical otherwise how could you have come together in this happy marriage? In dismissing the case I would recommend to you both to lay aside all discriminations and to love freely; and to you, Mr. J. I would urge the cessation of beating and other little things which must annoy, then feel sure that your good wife will cease that irritating shout which you say can only produce deafness in you and complete loss of voice in her if persisted in."

If such a settlement could be successful, then I believe Mr. Hara's ment of the Korean question will success.

[원문 4] 한국에서의 개혁 II : 캐나다 혹은 아일랜드? – 조사의 필요성

The Japan Advertiser (August 27, 1919)

REFORMS IN KOREA II

Canada or Ireland? Need for an Investigation

By Dr. Frank Schofield

Compositors do make mistakes sometimes and one seems to have crept in the statement of the Prime Minister. The statement as printed reads: "No distinction or inequality should be allowed to exist between them (Japanese and Koreans) as loyal subjects of the same Sovereign, whether politically, socially or otherwise. These considerations are understood to have been invariably kept IN view in the Imperial Rescript issued at the time of annexation as well as in that which has just been issued." Just the mistake in one letter-an I substituted for O. The considerations have been kept on view not in view. Nothing could be further from the truth than to say such considerations have been kept in view, for the whole administration is one of discrimination, and all because of that impossible policy of assimilation. In discussing these reforms with Mr. Mizuno and Admiral Saito I could see how genuinely they were shocked at the flagrant abuses of the present administration, and they, like Mr. Hara, want to eliminate all the evils of discrimination, but at the same time retain the policy from which they all arise. It is like attempting to exterminate flies without paying any attention to the manure heaps.

Self-Government for Korea

Self-Government for Korea is the only reasonable solution of the problem. Viscount Kato realized this and advised the adoption of such a policy. Japan refuses because she is afraid that should Korea have self-government it will lead to final independence. This is not a necessary sequence, and would only result if the same hatred which exists between the two peoples today is allowed to continue. 'Britain has many self-governing colonies, and one of them, Canada, at one time discussed the question of independence. England replied that if Canada really desired her independence she could have it. Canada declined the offer. Korea is bound in time to get justice as a nation. Whether this be assimilation, self-government, or dependence she could have it. Canada declined the offer. Korea is bound in time to get justice as a nation. Whether this be assimilation, self-government, or independence, the fact should be recognized by Japan. It is to Japan's interests to be magnanimous with Korea, for if Korea has to pay as heavily for all her reforms as she is paying for the present ones Korea will always be the deadly enemy of Japan, and a serious menace whether "assimilated" or independent. This is a most important point for Japan to consider. England someday will have to satisfy Ireland in most of her demands. It would have been a much wiser policy to have granted Ireland her demands earlier, and in so doing have retained the friendship of Ireland. Korea during the last ten years has gained tremendously, in fact she has become a new nation, but what has Japan gained?-nothing but a revolution. At the close of another ten years Korea will most likely have made another tremendous advance. Will Japan's present policy reward her with anything more than a second revolution? With regard to independence Japan is surely big enough to see that just as she herself has a moral right to independence so has Korea or any other country, the inherent and moral right. Korea forfeited her right and therefore lost the privilege of being independent. But if Korea can retrieve her lost character, and satisfy the family of nations that she is a new Korea and worthy of reinstatement into the family group, on what moral ground could a certificate of independence be withheld? A nation which sinned and fell ought not to be eternally punished. Korea never sinned against the family of nations in such a frightful way as Germany, yet Germany has been left independent, and the best of the world are helping to feed and clothe her. But this is looking farther ahead than is necessary.

The great value of self-government for the Korean is that this would insure justice and freedom from racial discrimination to a much greater extent than any other method of reform. The Koreans suffer from terrible injustices which will only cease when Koreans are a real power in the administration of their own country. The success of the British administration in India is by allowing the Indian a large measure of control in his own affairs. The failure of the British rule in India is due to not having carried this policy far enough. Britain governs in India over 300 millions of people with only about 1,200 white men in the whole of the civil service.

Count Terauchi saw the danger to his policy of the discourteous and unkind actions of the Japanese residents in Korea. I quote from the Government General Report of 1914; "It may be said, by the way, that prior to annexation there were in Chosen not a few Japanese who held themselves very haughtily towards the Koreans and treated them with scant respect. I, the Governor General thought that if such attitude on the part of the Japanese towards the Koreans were left unremedied, the latter would harbor ill feeling against the former and it would prove a great obstacle in the way of bringing about intimate relations between them." General Terauchi was a prophet; such actions continued and have helped to bring about the present trouble in Korea.

Rescripts and proclamations will do nothing to alter this unfortunate attitude of the Japanese towards the Koreans; the only hope is in self-government.

Removal of the Gendarmes

A high official connected with the Gendarmerie said recently "We are going to have our uniforms changed." There is a very real danger of this happening. The government has stated that gendarmes can enlist as police, but they will be discharged from the police force as soon as regular police can be recruited. This should not be done under any consideration. If the gendarme once enters the police force the recruiting of regular police will never be brisk enough to replace him. Much better that the gendarmes be dismissed gradually, say over a period of six months; during the time sufficient police could be recruited.

The powers of the police must also be curtailed. Think of the police having the authority to arrest, judge and sentence a man; this is called summary police judgment, During the year 1916-17 the police handled 56,000 such cases involving over 82,000 people of which number more than 81,000 were sentenced. No wonder the people dread the police as well as the gendarme. The number of Koreans awaiting trial increased from 631 in 1910 to the enormous figure of 15,259 in 1916. Convicts have increased during the same period, from 6,390 to 17,577; This further emphasizes the fact that the only possible safeguard for the Korean against Japanese discrimination lies in the direction of self-government.

The One Bright Spot

The statement of Mr. Hara that the crimes committed in Korea are to be investigated is the one bright spot in the whole category of reform. Such an investigation can only be made possible by sending a High Commission to Korea. Koreans, Japanese and foreigners ought to be able to testify before such a commission. If such an investigation were made and the offenders properly punished a most favorable impression would not only be created in Korea, but also in England and America. The Korean would say: "Well, at last I have been treated justly by Japan; there are apparently some Japanese who care for us Koreans." The Suigen affair is only a small part of all the atrocities which have been committed from one end of Korea to the other. Men, women and children have been shot in the back, then allowed to crawl home and die, as in many places the Japanese either refused to give treatment to the wounded or merely neglected them. I know one place when the wounded lay with broken arms and legs-18 of them-for 22 hours before any treatment was given, although a police doctor lived close by. No water was given for three days so that wounded men drank their own urine. I know where women were tied up to trees, and slapped and kicked frequently from morning to night. I know districts where the authorities made a definite attempt to exterminate Christianity by beating the Christians and burning the churches, or seizing the church, as in one case, and turning it into a Government primary school. It is rather amusing to hear about a World's Sunday School Convention coming to Tokyo. The damage done to church property in Korea must amount to between ¥60,000 to ¥70,000, and the Koreans are not very wealthy people. However, it is most encouraging to know that Mr. Hara is going to investigate all these atrocities. This is the one bright spot in the reforms.

The Japan Advertiser (November 29, 1919)

READERS IN COUNIL

Torture in Korea: A Matter for Dr. Midzuno

I believe that a mild sensation was caused in Japan Proper, when a few days ago a Japanese citizen declared that he had been tortured, while under police examination. It is seemed rather strange to the writer for in the part of Japan in which I live torture is the very stronghold of the police system. During the last two months the torturers have been unusually busy, in some cases having to work over time. As the methods employed are rather interesting and possibly unknown to some of our readers I will briefly describe a case or two.

Case I. Mr. C. is an educated young man about 19 years of age. In July he was arrested in Pyeng Yang with a letter found in his possession which definitely involved him in the Korean Independence Movement. He was sent to jail, kept there about six weeks, given 00 blows and then released. In September he was again arrested and questioned with regard to the throwing of the bomb at Admiral Saito. The following is a brief summary of the methods used by the police in obtaining their evidence. The young man was seven times suspended from the ceiling by a cord tied around his wrists; his head was drawn back and tied to his hands, which had previously been securely tied behind him, on five occasions; plain water was poured into his nostrils off and on during a period of four days; for a further period of three days soap and water was substituted for the plain water; pepper tea was the final choice of the torturers, which was so severe in its reaction that the man because comatose. All these having failed the Japanese police now ordered the toe nails to be extracted. A Korean was handed the tweezers but refused and instead pulled a piece of flash from the inner side of the small toe. The bleeding was profuse, which seemed to satisfy the bloodthirsty appetite of the torturer.

Case II. Another young man aged about 18. He was charged with having printed the Independence News Paper which charge be readily admitted, but he refused to give information with regard to the other members of the newspaper organization. This man was beaten unconscious three times during six days and burnt with red hot irons once. When I saw him, he seemed to be a physical wreck. A few days ago I met a young lady who had been beaten so violently over the head that an abscess had formed in one ear. In addition to this her knee and hip joints had been twisted almost to the point of dislocation. She had of course been thoroughly spat upon, but one would hardly call that torture.

Such methods defeat their own ends, as most of the confessions made are false, with the result that more innocent people are captured, tortured and imprisoned.

Until the damnable policy of assimilation is changed, there will always be bayonets and bullets ready to silence the cry of Mansai, and pepper tea ready for the nostrils of the young patriot who defies the laws and publishes an Independence newspaper. Is there any morality in a policy which makes 17 millions of people hopeless, and at the best offers exile or jail for Korea's noblest men and women?

Forced assimilation can never succeed because it is contrary to the laws of nature, whose laws are never broken, but sometimes break the one who attempts to violate them.

FRANK W. SCHOFIELD.
SEOUL, KOREA, NOV. 21, 1919.

Current History, XI, II (January 1920)

Torture of Prisoners in Korea

Evils Under Japanese Rule

Dr. Frank W. Schofield contributed to the Seoul Press in October, 1919, an article in regard to the prevailing custom of torturing Korean prisoners to make them confess. After professing his faith in the promises of reform made by the present Japanese Governor General of Korea, and after remarking that the higher officials seemed to be unaware of the barbarous methods of their subordinates, Dr. Schofield continued:

ONE of the highest officials in the Police Department, when asked why he did not employ torture to find out who had burned the Christian churches, absolutely denied the existence of torture in the police system of Korea. It is, therefore, necessary that the high officials in the Police and Judiciary Departments should be made fully cognizant of the fact. This is the more imperative because of the attitude of the under officials who believe torture to be necessary. Recently a Judge when speaking on the subject of torture said that he deplored its existence, as it made the administration of justice difficult at times, yet he continued, "Torture is an old Korean custom, and the Korean will frequently only tell the truth when placed under torture." The fact is that the Koreans rarely tell the truth when tortured, but merely say what the torturer demands of them.

For the information of those officials who are unaware of the existence of torture I will mention a few of the most common forms used by the police.

Suspending the body from the ceiling by a cord tied around the middle finger, the toes just touching the ground; suspending in a similar way with the cord tied around the wrists; suspending or merely lifting the body by a cord tied to the wrists after the hands have been first tied behind the back; squeezing the body in a box, the sides of which can be made to draw in equally; holding in a fixed position and pouring water over the face until the person almost suffocates; burning the body with red-hot irons; placing a heavy stick above the ankles, the person being in a kneeling position, and two policemen standing one on either end of the projecting stick, which almost causes dislocation of the ankle joints; pricking the body with small sharp splints; twisting the joints till they almost dislocate; placing some solid object between the fingers and then tightly squeezing the hand; beating over the head and body until unconscious; refusal to give water until, as in some cases, the prisoner is forced to drink his own urine; stripping of women. These and many more forms of torture which the writer has not been able satisfactorily to verify are frequently practiced by the police on suspected criminals.

The strongest argument against torture is that it is inhumane and has long since been abolished in all civilized countries. In what other civilized country except Japan do prisoners constantly state to the Judge that the evidence being brought against them is false and was extorted under torture? Apart from being inhumane, torture results in gross injustice. When a prisoner is under torture he will not only make false statements with regard to himself, but also with regard to other innocent people. While I was informed by a Judge that few innocent people are finally condemned because of such false testimony, yet many suffer detention and other injustices. Spies and torture form the stronghold of the police system of Korea, the police relying upon these two agencies instead of learning the native language and studying the methods employed by European detectives.

In closing I briefly cite two cases which have been satisfactorily authenticated by the writer.

In one case a young man of about 19 was beaten unconscious three times in six days and burned once with a red hot iron. This was done to make the young man divulge where the Independence newspaper was being printed. Having taken an oath of secrecy he refused to tell. When I last saw this young man he was a physical wreck.

The other is the case of a student who had been arrested no less than three times in the last six months and various charges brought against him. On one occasion the police found a letter in his pocket which, after falsely translating into Japanese, they used as evidence against him. He absolutely denied the truth of one sentence which the police had added to the letter, stating that he was connected with the Independence movement. He demanded that the original letter be produced, so that he could prove his innocence. This the police refused to do, and continued to beat him, trying to obtain a false confession that would only result in his own condemnation. After beating him until he was unconscious the police desisted, realizing that their efforts had failed. A few days later they tried another method; the young man was informed that a foreigner while under police examination had admitted that he—the prisoner—was connected with the Independence movement. But the young man stood firm, and, although severely beaten, refused to tell a lie that would most likely result in his imprisonment. After being detained for sixteen days and beaten three times he was released as innocent.

About ten days ago—since the reform of the police administration—he was again arrested and this time subjected to torture. He was made to kneel on the ground, his hands tied behind his back, then a cord was placed around his wrists which when pulled upward by the police almost caused dislocation of the shoulder joint. The man, being innocent, received his discharge a day or two later.

I could cite several cases which clearly show that instead of getting the truth the torturer generally extorts from his victim lies. * * * Ought not the police system to be further reformed so that innocent and guilty people alike might be saved from the terrible cruelties of the police "preliminary examination?"

[원문 7] 한국의 개선책: 새로운 제도의 비평적이고 건설적인 조망

The Japan Advertiser (March 12, 1920)

THE KOREAN REFORMS

A Critical and Constructive Survey of the New Regime.

By Dr. Frank W. SCHOFIELD

Following is the first of a short series of articles which describe the present position of the Korean administration, from the standpoint of a critic who fearlessly exposed the errors of the old regime and as frankly recognizes the efforts of the new administration to remedy the grievances of the Koreans.

It is comparatively easy to sit down and leisurely write a criticism of the reforms introduced by the new Government, but to administer Korea at the present time is a task which compares favorably with the subjugation of Ireland or the pacification of India. No Japanese statesman has been faced with a more complex and difficult problem than is Admiral Baron Saito in the administration of Korea. From within, handicapped on the one hand by an unworkable national policy assimilation, and on the other by conservative politicians, terrorist police, and ultra-patriotic journalists. From without by a nation still in revolt yet making demands for drastic reforms.

The new Governor General assumed the control of what might be called technically, an efficient administration, but one which in practice had broken down so completely in both principle and detail that it was only fit to be scrapped, as inefficient, immoral and unworkable. The reforms to be successful must mean more than mere technical modifications or minor organic changes, the situation necessitated a radical change with regard to the whole administrative policy. The wrath of an outraged people must be appeased; hope must be implanted into a nation super-saturated with pessimism; some opportunity for expression must be granted to the new spirit which was evidencing itself in a national consciousness; but above all confidence must be inspired; where, as a result of frequent injustice and deception nothing but suspicion and unbelief existed. It is impossible to predict at this early date what the net result of the new administration will be, that moreover is not the object of the writer, this article is written with the purpose of presenting an accurate account of the more important reform measures introduced, coupled with what might be called a moderate Korean-view-point criticism of the same.

Position and Prospects

Much publicity has been given to the Korean reforms much has been written and spoken about the changes, made, 'about to be made', 'on the eve of being made', 'to be made at an appropriate time', but no clear cut statement has been made describing just what has been done, how it has been done, and more important than all, the effect of the reforms upon the Korean mind. The complexity of the problem confronting the reformer can only be appreciated when one remembers that a reform to be successful from the Japanese viewpoint must further the fundamental policy of assimilation, while from the Korean side a successful reform is one which weakens or frustrates the policy of assimilation. Thus in a strangely different way the policy of assimilation becomes the touch-stone for the reforms with both the Japanese administrator and the Korean subject. In one respect all the Japanese reforms are very much in the nature of a gamble, for if they cannot be made to enhance the policy of the government they merely become ammunition in hands of the Korean, making him a more powerful and intelligent enemy of Japanese. The phase of the situation is well understood by the administrators, and is undoubtedly the cause of much anxiety as well as the caution and timidity which has characterized some of the reforms. Apart from the profits of the private and semi-official exploitations, the recent military administration of Korea terminated in unqualified failure from the imperialistic standpoint. After great expenditure of men, money, and brains the Japanese have been repaid by a costly revolution, while the Koreans have been transformed from a disorganized, ignorant, rebel nation, into an enlightened, organized and united enemy. The result of the next decade of Japanese administration in Korea will be determined to no small extent by the effect of the present reforms. Let us now see what these reforms have been.

An Excellent Choice

To the mind of the writer the most valuable change made in connection with the administration was the appointment of Baron

Saito to the post of Governor General. When the announcement was made there was much reasonable criticism of the fact that a naval officer instead of a civilian had been appointed as Governor General. From the diplomatic standpoint the appointment was a foolish blunder and a direct insult to the Korean people who had expected a civil governor, yet in face of this handicap Admiral Saito has already succeeded in winning the confidence and esteem of many Koreans who have come into personal contact with him. The change was not from a Choshu General to a Satsuma Admiral, but from a reactionary militarist to a genial and democratically inclined bureaucrat. It is aggravating to think that the stupid policy of assimilation hampers and limits the progress of a man who unquestionably desires to be a liberal administrator. It may take time but, finally the spirit of the head will permeate the members and the whole administrative body be leavened with a spirit of greater liberality.

An important reform that may conveniently be mentioned here, is, that of making the Governor General responsible to Parliament and not only to the Throne, as heretofore. I mentioned this value of this to a Korean friend, he replied, "That is no reform as long as Prince Yamagata and the other members of the Genro survive" Not such a senseless remark either!

The Old and the New.

One cannot expect the general spirit of the new chief to work a miracle and change the hearts of all the old timers. Nothing but a change of residence will prove to be a cure for some. A Korean delegate, to the general conference which was called by the Governor General shortly after his arrival, related to the writer the following incident. "We had listened to the addresses of Admiral Saito and Dr. Midzuno, and were feeling much encouraged by the sentiments which had been expressed. We began to believe that a new era had commenced, especially when these gentlemen told us to be perfectly frank and pour out our hearts and desires to them. But a sudden and terrible disappointment came. One of the old chiefs Mr. - who was on the program to address us, did so in the old domineering and unsympathetic style characteristic of the military regime. We were informed that we had not been assembled 'to open a parliament' 'but to listen to instructions.' From then on we all lost heart and the conference was to a great extent a failure."

Freedom of the Press?

Newspaper licenses have been granted at last to the Koreans. For ten years the Koreans have been without a real newspaper. The Mail Sin Po and other similar "official gazette" as they were called, so distorted the truth, and placed themselves in such an unlimited way under police control that the respectable Korean almost preferred to be without a newspaper unless he could obtain some Japanese daily. Whether freedom of the press will be granted with the issuance of licenses remains to be seen as up to present no papers have been issued. The chief of the division of political police, under whose supervision the papers will be published, had evidenced a spirit of marked liberality. A political refugee, an old and bitter enemy of the Japanese administration has been allowed to return to Korea as editor of one of the dailies. Pardon has also been given to another political offender in order that he may take up an important position on the same paper. While in all, three newspaper licenses have been granted, one paper alone—The East Asia Daily—is of interest to the Koreans. The other two are pro-assimilation and one at least is receiving financial backing from a little group of men whom the Koreans regard as traitors. An unfortunate blunder was made in granting newspaper licenses to some twelve Japanese companies several weeks before permits were given to the Korean promoters.

Educational Reforms

Even though many wise changes have been introduced into the educational system, still the general feeling amongst the Korean students is one of discontent. They had expected substantially more than has been granted. The students have just cause for complaint as possibly no department of the administration had been so meagerly developed as the department of education. Far reaching and costly reforms were urgently required, yet the government apparently considered the inauguration of any extensive plan of reform as an impossibility for at least the present.

The budget estimate of ¥15,000,000.00 for police reform as against ¥3,800,000.00 for school reforms has not helped to soothe the irritable mind of the students class.

First let us briefly note what reforms have been made (a) Most important is the change in school age, which now allows the child to commence school at the age of six. Previously this privilege was granted to Japanese children only, Korean children having had to be a full eight years before study could be commenced. (b) The school period has been lengthened by two years. (c) The teaching of the Japanese language has been reduced by one hour per day. (d) The study of a foreign language has been introduced into the curriculum. (e) The teacher is allowed within certain limits to alter the teaching schedule in order to suit the special needs of his pupils. (f) Koreans have been made eligible for the position of principle of primary schools, and 18 appointments have already been made to such positions. (g) One hundred new schools are to be annually established during the next three years. These represent the most important changes made by the new educational ordinance.

In order to comprehend the real value of the reforms one must have some knowledge of the existing need which the reforms granted were supposed to have met and to have satisfied. (a) The government is providing education for about one in every 275 among the Korean population, while one in every nine of the Japanese population, is being educated either by the government or through the Japanese school association. (b) The Japanese school system and Korean school system fail to coordinate. In spite of the reforms Japanese students are given one year more of high school grade than the Korean students. This is very disadvantageous to those Koreans who desire to continue their studies in any of the Japanese higher educational institutions. The year must be made up some where, but unfortunately there is no place provided by the Government where this can be done. It would have been very fortunate if this discrimination had been eliminated and the systems made to harmonize. Such a change was anticipated in the following remark made by Dr. Midzuno while explaining his reforms to a large body of missionaries assembled in the Imperial Hotel, Tokyo. I quote from the Japan Advertiser, Nov. 22th, 1919 "The term of education in Korea has hitherto been four years for elementary education and four years for the middle school, but as the unreasonable nature of such a system is obvious, both terms will be altered so as to correspond to the system in Japan Proper" Although the promised reform has not been introduced, the fact that the unreasonableness of the existing system has been appreciated is most encouraging. (e) The building of 400 new schools will provide education for about 80,000 children making a total of about 150,000 under education out of a possible 1,800,000 requiring education. (d) The appointment of eighteen Korean principles was a step in the right direction but it still leaves many Korean unemployed while Japanese school masters hold down the other five hundred odd positions. (e) No provision in form of a university has been made for the hundreds of students who desire to obtain a higher education. In 1916, it was estimated that amongst the 16 millions of Koreans there were but 978 receiving higher education while among the 350,000 Japanese higher education was being provided for about 992 students. A university is one of the greatest needs of the Korean educational system. These minor discriminations and defects would have been over looked had the one great desideratum been realized the re-introduction of the Korean language into the schools. Apart from the love of country, there is nothing that a people treasure more than their language and to have this eliminated from the schools, except in the form of a classic, has been, is now, and always will be bitterly resented by the people. The cause of this defiance of the popular will is not hard to discover, the same old trouble the policy of forced assimilation. The same cause operates to prohibit the use of a satisfactory text book of Korean history. One other thing that the reforms have failed to remove is the ban on the bible. 'For some strange reason this book cannot be taught within the four walls of any mission school which has conformed to the Government regulation and received its license as a recognized school. It is not only a matter of leaving religious study out of the curriculum, no religious exercise of any kind is permitted within the school building even before or after school hours. If the Lord's Prayer is to be chanted in the morning or the benediction pronounced in the evening it must be done in the back yard of the missionaries' house or in the cabbage patch or any where, but not in the school or on the lot of land pertaining to the school. Unfortunately that which has been left undone has largely neutralized the value of that which has been done. However there are optimists among the student class, who believe that a hopeful start has been made which augurs of better things to come in the future.

(To Be Continued)

[원문 8] 한국의 개선책: 비평적 조망 II – 헌병경찰제도의 폐지

The Japan Advertiser (March 13, 1920)

THE KOREAN REFORMS

A Critical Survey - II - The Passing of the Gendarmes

By Dr. Frank W. Schofield

"It is now proposed to have the gendarmerie replaced by a force of police to be placed under the control of the local governors, in a manner similar to that which obtains in Japan, except in districts where conditions make its immediate elimination inadvisable" This statement from Mr. Hara's proclamation of reforms was greeted with delight. Well, the gendarmerie as an institution has practically gone. The removal was made in a simple yet ingenious way. The sign board, 'Gendarme Station', was changed for one inscribed 'Police Station,' This changed the building. The inmates were 'replaced' by change of uniform that terrifying Khaki being exchanged for a soothing funeral black, and at the same time they were rechristened 'police.' Thus passed the gendarmes and Mr. Hara's pledge that they would 'replaced by a force of police' was considered to have been kept to the very Letter.

Nothing was more essential than that the new administration should create confidence in the people. Absolutely no confidence existed and yet it is essential to any progress which may be made. It is not an exaggeration to say that 99.9 percent of the Korean people looked upon the 'removal of the gendarmes' as a stupendous act of deception. One would have expected the new administration to have taken great care in avoiding everything that might arouse suspicion as to the sincerity of its acts. Surely the change could have been made in a more diplomatic way. Could there not have been a general transfer and redistribution of the men from north to south and from east to west, and some how or other the uniforms have changed during transit? The people did not hate the khaki uniforms; they hated the men who for years had been so brutal and unjust. The people thought that the promise of removal referred to the men, and not to sign boards, pants and regulations; it was the evil genius behind all this which had made the lives of the people so miserable. The slick excuse of the authorities is that the change is very much more than a change of uniforms, the men who were gendarmes are now police and under an entirely different, civil control. All this is perfectly true and as everyone admits, a good reform measure, but it has no connection with the promise that the gendarmes should be replaced by a force of police, the former being a reform of the police system and quite independent of any removal of gendarmes. The millions of people in England and America who read the proclamation believed with some of the trusting natives and foreigners in Korea that the reform referred to the man and not to his clothes.

Real Reform, Wrong Method

It is of no value now to lament the blunder. As the days pass by the people will discover that the reform although introduced in such a blundering way, does mean something after all. There will be less bullying, a more limited authority, and possibly redress for wrongs done now that the metamorphosed gendarmes have come under the direct control of the civil authority. The criticism is not intended for the principle of the reform but for the unfortunate method employed in introducing such a sensible reform. The mass of people in Korea know nothing about the administrative changes which have abolished the military control of the police. All they know is that a promise was made that the gendarme would go, he did not go, he is still there and swears at them or smiles at them from within a police man's uniform. They say unanimously 'We have been deceived'

Has Discrimination Been Abolished?

"In the Rescript, His Majesty was pleased to announce his desire that in all respects his Japanese and Korean subjects should be placed on a footing of equality. Accordingly one of the first reform measures taken was the abolition of all discrimination between Japanese and Korean officials in respect of treatment. In other words the rule was made that Korean officials should hereafter be paid according to the same scale of salary as that for their Japanese colleagues."

(Extract from Dr.Midzuno's address to missionaries, Imperial Hotel, Nov, 20th, 1919)

"The Government General has also drafted a revision of the Regulations for the salaries of the Korean officials with a view to eliminating any discrimination between Japanese and Korean in the Government service."

(Seoul Press, October 10th, 1919)

Admiral Baron Saito in a special New Year interview given to the press makes the following statement:

"Discrimination in treatment and status between Japanese and Korean government officials is abolished, with the result that both now stand on a perfectly equal footing."

The above are just three examples of statements made by responsible Japanese plainly affirming that all discrimination between Japanese and Korean officials has been eliminated.

A few days ago when visiting the chief of police of one of the largest police station in Seoul, I mentioned that I was writing an article on the reforms, and asked whether the reforms in the police system had eliminated all discrimination in pay between Japanese and Korean police. The officer replied, "There is now no discrimination." I then asked what was the salary of the Japanese and Korean police respectively. I was advised to get such information from the Government-General, as he, the chief of police was not quite sure. I suggested that we ask one of the many police who were on duty in the building and thereby save a trip to headquarters. This suggestion was not taken very kindly, and I was further assured that no discrimination existed. Seeing that I could get no information I volunteered to give a little, and remarked that I had been told that the salary of the Korean policeman was ¥28.80 per month while that of the Japanese policeman doing similar work was about ¥60.00. The chief now admitted that while the salaries were the same the Japanese policeman received a colonial bonus.

I have given the above quotations and recounted my conversation with the chief of police so that the reader may fully understand that since the reform abolishing discrimination, officialdom, high and low, does not recognize the existence of such a thing as discrimination.

The Facts

Let us now look at the facts and see what foundation exists for the loudly proclaimed reform of 'no discrimination.' The average wage of a Korean policeman is now ¥28.80. Of this sum ¥14.00 is salary, ¥9.80 bonus and ¥5.00 'special bonus.' The average wage of a Japanese policeman is ¥56.60. Of this sum ¥18.00 is salary, ¥18.00 'bonus', ¥8.00 house rent, ¥12.60 'special bonus.'

Here is another example. The salary of an 8th grade Korea official is ¥52.50 while that of a Japanese in the same grade is between ¥100.00 to ¥130.00.

Some of the Koreans spoken to did not resent very much the existence of discrimination as they realized that a Japanese living away from home and in a foreign land deserved a small bonus. They objected however to such a tremendous difference, and felt that it was most unjust of the authorities to persistently announce that all discrimination had been abandoned while such a difference in pay was being continued.

The reader will anxious to know just what has been done by way of eliminating discrimination. I can only speak with accuracy about the change in the police force. Some days ago I asked a Korean policeman to give me some information in regard to the changes introduced. I received the following illuminating answer. "We have got a brass button on our sleeves. We are no longer called Soon-sa-bo (policeman's helper), and can swear back when sworn at." To some these may not seem like very progressive reforms, yet by inaugurating these changes unjust and unpleasant discriminations have been removed which for many years had been the cause of ill feeling among the Korean police. The policeman who gave me the above interesting summary, also stated that the official excuse for such marked difference in salary was "You are only a Korean."

Meaning of a Button.

I was told by a high official that I had no conception of the 'spiritual and moral significance' of that button on the sleeve, I have not, but the policeman has, and he told me with much joy, that since the reforms he had adopted the same tone of voice and used the same adjectives in replying as the Japanese had used in interrogating.

Since the new administration came into power the Korean police have received an increase in pay of about ¥10.00 while the Japanese police have received an even larger increase. This has nothing to do with the reform but is due to the H.C.L. In camouflaging the issue the stock excuse of the authorities is that the salaries of both Japanese and Korean officials are the same, but that the Japanese policeman receives an extra colonial allowance. This is however not true, even the basic salaries are different, that of the Korean being ¥14.00, while the Japanese receives ¥18.00. Thus in no sense can it be said 'there is now no discrimination between Japanese and Korean officials.' How the gentlemen quoted at the head of the paragraph, reconcile their statements with these facts I know not. Certain police informed the writer that a Japanese police man after working for 6 years receives an annuity of ¥15, while Korean policeman must work for 10 years to receive an annuity of ¥100. Other policemen stated that at present no annuity is granted to Korean police, the rumor of such a reform alone being current. Here again, not only do the Koreans feel that they have been deceived by the promise of removal of all discrimination, but they also feel very resentful that, the public should have been so grossly misinformed. If the public does not know, the truth, the public will have no sympathy for what might appear as unnecessary agitation.

(To Be Continued)

The Japan Advertiser (March 14, 1920)

THE REFORMS IN KOREA III SOME CAUSE OF FAILURE

Genuine Ameliorations Have Failed of Effect Because of Harsh Administration

By Dr. Frank W. Schofiled.

One of the first acts of the new administration was to revise the regulations concerning cemeteries and the burial of the dead. These alterations made it possible for the Koreans to once more bury their dead according to the heathen ideas and superstitions of the people. Count Terauchi had instituted public cemeteries, and largely abolished the native custom of planting the dead promiscuously about the landscape. Such a measure was most bitterly resented by the Korean people who believed in the necessity of finding a suitable place for the deceased in order that the dead might get a good start in the new life, and that they who remained might not be haunted by the spirits of the departed as punishment for their failure? This reform whether wise or unwise from the sanitary and educational standpoint was certainly well received by the mass of people.

Helping to Solve H.C.L. Program

By a revision of the abattoir regulations, a Korean is now allowed to catch, kill, and eat a dog without getting a permit. Formerly the sum of 50 cents had to be paid and a permit obtained. This meant that in some cases a poor farmer had to walk a far as ten miles to get a license to kill and eat his pet dog. The more sensitive Koreans felt rather embarrassed at the announcement of such a reform measure, fearing that other nations would look down upon these white coated gentle people as barbarians. While dog meat is not a common article of diet in Korea yet it is eaten by the poor country people.

Why should the Korean blush because his people eat canine cutlets, when the French regard snails and frogs's legs as 'royal meat' and the American swallows down a comatose oyster, as if it were nectar.

A mutually Beneficial Reform

During the ten years of military administration the Koreans suffered in a most aggravating way from certain regulations which hampered commercial and industrial development to such an extent that the people generally believed that they could aspire to nothing higher than jobbers handling Japanese wares. These regulations which governed the formation of companies have been abolished by the new Governor General with the result that already hundreds of new companies capitalized at anything from ¥50,000 to ¥10,000,000 have been promoted. Previously it was almost impossible for Koreans to organize a company without taking Japanese into partnership, to which they objected. Most of the recently formed companies are purely Korean. The present enthusiasm is reflected in the establishment of a trading company capitalized at about ¥400,000 and controlled by four keen young Korean women. A license which might take three years to obtain under the old regime can be obtained in as many months under the revised regulations. The old laws were intended to hinder and inhibit the new to develop and encourage.

This is the only reform which has in any definite way fostered the policy of assimilation. And from that standpoint it is a wise measure. For ten years the wealthy men of Korea felt that there was no opportunity for investment and satisfactory business development. They grew more and more restless and disgusted with the administration which refused to let them organize while the Japanese seemed to have unlimited privilege in exploting and developing the natural resources of Korea. The more materialistic the nation becomes, and the more extensive the commercial relationship between Japan and Korea, the more improbable becomes a repetition of a business men's agitation for independence such as occurred during the spring of last year. The administration has removed a potent cause for agitation in revising the regulations which had so injustly discriminated against the Korean business man.

Reforms in the Police System

Two most commendable reforms have been made in connection with the police department. First, the control of the police has been altered from military to civil. Previously a Lieutenant General had complete control over the police in Korea. Under him in each province were military officers who directed the local affairs. These military men were not responsible to any civil authority not even to the minister of Internal Affairs. The unlimited power which they possessed was responsible for the many atrocities which occurred during the March uprising. By bringing this important administrative body under the control of a non-military Police Affairs Department, an important reform has been inaugurated which although it may not bear immediate fruit, will as time passes prove to be of increasing value.

Second the change in police control has resulted in a far more humane treatment of the female prisoners. One hopes that such a welcome change may represent a permanent change in policy. Unfortunately the ill-treatment which has been withheld from the women seems to have been given and with added vigour to the men.

During October and November torture became epidemic like the influenza. It was commonly stated that torture had never been so violent since the days of the conspiracy trial. The new police brought with them new methods, the most notable being that of tightly wrapping a moistened and pliable piece of hide around the chest. The victim is now placed near a stove 'to dry out' As the hide dried it contracted, causing excruciating pain and finally making it impossible for the patient to breaths. As my friend in relating his experience said, "I could only breathe out." The great advantage of this method is that no visible evidence of torture remains after the treatment. This is an essential requirement as the police so vigorously proclaim their innocence and ignorance of anything even simulating torture.

All the police energies being concentrated on eliminating the agitators other vices such as gambling and doping are increasing, much to the consternation of the respectable people. It is stated that in the town of Songdo a police doctor is doing a thriving business by giving morphia injections. Those who cannot pay cash can bring along any household article and exchange the same for one or more injection of dope.

With the reform in the police administration came an unexpected and violent attack upon the missionary body. No facts could be presented to support the charges, so those who had led the attack with such vigour beat an ignominious retreat under the cover of the words 'dendoshi' and 'senkyoshi.' Some weeks after the storm had blown over, a Japanese gentleman gave the writer some inside information which was rather interesting. Apparently certain journalists were assembled and asked to join in a police plot. As the police possessed no incriminating evidence against the missionaries these journalists were to arrange for interviews with such dangerous characters as say the writer, and others, and during the course of the interview an attempt was to be made to obtain the much desired information. The scheme failed, due to the firm stand taken against such a plot by the man who always claimed to be the friend of the missionaries the Editor of the Seoul Press.

An Old Custom to Go

The flogging of criminals is to be discontinued after April 1st,

1920. This well be a welcome reform to both the Koreans and the foreigner doctors into whose hands the bruised and beaten victims frequently came. For two reasons this method of punishment was not immediately discontinued when the reforms were announced. First the jail accommodation was insufficient so that there was no suitable place to confine those who might have refused to pay a substitute fine. Second, the fear that the abolition of such an old Korean custom might result in wide spread agitation among the Korean people. This latter reason was given to the writer by the chief of the gendarmes.

With due consideration to both of these objection to immediate abolition, it is the opinion of the writer that a modification from the unnecessarily severe 90 blows treatment to a ten or 20 blows would have been wise and welcome. Not only were men frequently seriously injured but in several instances the beating resulted in gangrene and death. From the standpoint of moral reforms what is the advantage in beating the buttocks into a pulp or beating them until a string that will last for three or four days has been developed?

Effect of the Reforms

Ninety nine Koreans out of a hundred if asked what they thought about the reforms would reply "What reforms? We have got no reforms." This may not be pleasant information but it is a fact none the less. At present the effect of the reforms in pacifying the Koreans has been practically ill. Take the Korean to task and go over each reform in detail pointing out the changes which have been introduced, and he will under pressure admit that changes have been wrought, but will finish by saying. Reform, can you call that reform?

This may seem to be a very ungrateful attitude but it can be attributed to at least four definite causes. First, owing to the careless way in which certain of the reforms were introduced, the Korean believes that he has been deceived. This is noticeably so in the case of the removal of the gendarmes. Also to a lesser degree in the reform called 'Removal of all discrimination between Japanese and Korean officials.' As Dr. Berry truly said there has been a lack of imagination on the part of the authorities. The millions of people in Korea are simple farming folk, and how is one to explain to such individuals that although the body of the gendarmes is still there, the gendarme has gone in principle and that this man from now on will be kind and loving because he is responsible, not to a Lieutenant General of Gendarmes, but to the Governor of a province, who in turn is responsible to the newly created Department of Polices Affairs of the Government General. Likewise the Korean policeman although differing from the farmer, in being a fairly well educated man, is rather aggravated by the sight of an extra ¥30,00 per month going into the pocket of his Japanese comrade. This ill feeling is only intensified by official proclamations which announce the abolition of discrimination.

Ill-treatment of Prisoners

Second, lack of love and a disregard for Korean sentiment. The new administration has made frequent reference to the word 'love', but there has been little real evidence of charity except in the connection with the famine relief work. The failure to proclaim amnesty for political prisoners was a great disappointment, not only to their relatives and friends but to the whole nation. The sufferings of the prisoners due to the extremely cold winter has added much grief and worry to the already distressed people. Numbers of the prisoners have been seriously frost bitten, they have been sick with no one to nurse or attend them. I saw one of our jailed nurses, the most faithful girl in her class, with hands frozen, while cheeks and feet were frostbitten. Scores have suffered in this way, yet the authorities seem to care little. One student was discharged naked. Wrapped in an overcoat, he was brought to the hospital, but although immediately operated on, he died on the following day. Several of the best young men in Korea have been discharged from the prisoners in a dying condition, after lying ill for days and sometimes weeks in what is wrongly called a jail hospital. No heating, insufficient clothes and weather below zero accounted for most of the freezing. One young man suffering from pneumonia was allowed to lie in a room so cold that his feet froze. These are by no means isolated cases. One of the finest girls in Korea recently entered the court room for her trial quite changed in appearance due to frostbite. It is folly to talk about 'love' and 'living in the spring tide of happiness and in the warmest friendship with the Koreans', while the people are freezing in the prisons. I know that some people will question the truth of the statement but it is a fact that young men and old, in zero temperature, had to run stark naked, across an open yard from their sleeping quarters to the work rooms. Frequently their bare feet were cut by spicules of ice. Reaching the work rooms they had to put on clothes which were sometimes frozen stiff, the sweaty garments of the day before having frozen during the night. The great sin of these criminal was that of shouting Mansei.

I quote from a letter received the other day which gives some idea of the unnecessary cruelty which still continues. A Christian teacher who was a fugitive from justice entered the Antung hospital suffering from inflammation of the brain, 'The Japanese gendarmes located him in the hospital, and removed him to the prison. He was kicked and treated shamefully during his few days in prison, and was finally released in a dying condition. He was taken to an inn in Sin-wi-ju where he died after suffering from frequent convulsions. These unloving and unnecessary things have embittered the people, so that the reforms fail to appeal to them.

Oriental Development Company

Recently I asked one of the most influential and intelligent men in Korea what his attitude to the reforms was. He replied, "The reforms will accomplish nothing so long as the government allows the Oriental Development Company to bring hundreds of Japanese families into Korea to supplant the Korean farmers. Since the reforms have been introduced the company has brought about 300 families to Korea which means that two or three hundred Korean families have had to leave lands which their ancestors had maybe farmed for centuries.

His reply surprised me as it was made with much feeling and fervor. It must be remembered that the government is the largest single shareholder in the company and has, by law the right to control the acts of the company. There is no love here. Once more, behind the scene is seen the dark shadow of the assimilation policy.

The reforms have failed because of the serious nature of the wrongs which they attempted to right, and the crimes for which they attempted to atone. It hardly behoves an Englishman to say anything about atrocities and massacres after Genera Dyer's performance India, which as an individual incident Korea. But England to her credit is investigating and airing the affair.

No Investigation.

Mr. Hara in his proclamation to the world promised, that the government would admit no excuse for any culprit, whether he be a government official or private citizen. This indicated that something would be done in the nature of a general investigation, but nothing happened. I have made many enquiries and the men who allowed some of the worst atrocities, either remain at their posts, or have been transferred to better or equally good positions. The result of the promised Court Martial on the Suigen affair was never made public. There was no attempt made to draw up a list of criminals and punish them.

Thus it will be seen that a combination of unfortunate acts has prevented in a large measure the good which ought to have been derived from the inauguration of the reforms.

This article may be considered by some as unjust and pessimistic survey of the situation but anyone who knows the facts would agree that what has been written reflects a moderate criticism and would be considered by most Koreans as altogether too generous.

The Japan Advertiser (April 10, 1920)

READERS IN COUNCIL

Korea: A Rejoinder to the Rev. Frank Herron Smith.

To the Editor:

I have been tempted to comment on many of the statements made by the Rev. F. Herron Smith in his semi-official articles on the 'Korean Reforms', but lack of time had made it impossible. I have never seen the case for the administration stated in a more masterly way, not even in the Annual Report of Reforms and Progress for Korea. I know that Mr. Smith is as conscientious in his analysis of the situation as are the officials who furnished the facts and figures; that however does not alter the fact that in some instances an entirely wrong interpretation of the facts has been made while in other cases a 'herron' has been dragged across the trail.

First. It is unfair to say that the Korean is or was indifferent to education. What the Korean is not only indifferent to, but definitely opposed to is a system of education which has as its object assimilation. The statement made that the children had almost to be bribed to get them to go to the schools may be true as the Koreans objected to the use of the Japanese language and the excessive inculcation of loyalty instead of learning. So that the reader may not think that I am dealing unjustly with authorities I quote from an address delivered by the Hon. T. Sekiya, late-Director of Education Government General of Chosen in Sangdo, June 1917: "In my opinion, the fundamental principle of Korean education, stated in a word, is to bring up the Koreans as citizens or subjects of the Japanese Empire: in other words the Korean education aims to foster a loyal and patriotic spirit in the minds of the Korean pupils. The laws and instructions concerning education have no other purpose than this." No wonder the Korean showed little enthusiasm about either supporting or attending such an institution. After annexation the government closed a number of Korean schools either because the teachers refused to use the Japanese language, or lacked proper funds to support the school according to the new requirements. It must also be remembered that annexation and assimilation robbed the people of all hope, which also accounts to some extent for the apparent indifference towards education. Now the Koreans all believe that they are going to obtain their independence, they are full of hope and the applications for entrance to the schools are in some cases four or five times more numerous than the possible admissions. Recently in Fusan the principle of the Korean school asked the Koreans to supply Y3,000 for an addition to the existing school building. The money was given but the Koreans further replied "We are willing to give ¥80,000 annually towards Korean education in Fusan." If the Koreans can have complete control over their schools, and if their schools were established for the same purpose as are the Japanese schools, i.e. to educate, then the Korean would show a similar interest, and would form his School Association, and willingly tax himself like his Japanese neighbor. It is not fair to sneer at the Korean for having no School Association when under the old regime such was an impossibility. Four Koreans recently applied to the authorities to be allowed to form such an association; whether this will be granted or not remains to be seen.

Second. The absolute ignorance of either the writer of the article or the authorities or possibly both, is reflected in the statement "without instigation from outside................no demonstrations would have occurred, and it is true to the fact that it took three months at least to spread the movement through the country." Every Korean with whom I have spoken frankly admitted that all Koreans were determined to finally obtain their freedom and were awaiting a suitable opportunity. They had no instigation from outside (I refer to the years previous to the agitation). The opportunity largely came from without and maybe some of the plans, but the instigation chiefly came from within, in the policy of the association. True it took three months to spread to the furthest mountain hamlet, and so did the epidemic influenza, which was if anything more contagious than the independence movement. The demonstrations were first organized and took place at the large towns on the railway line, second in the center, and lastly in the interior where material to make flags had to be imported on pack ponies.

Third. The Oriental Development Company. Unfortunately I have not the article before me but as I remember this angelic company was defended by stating that the directors of the Company contained a number of men apparently of Samurai stock and with possibly blue blood in their veins. Unless I am mistaken the whole military machine of Japan is made up of such altruists. But the reader was led to believe that most of the land held by the Company was land which the Company had improved. Also that the settlers which the Company brought over were settled on this improved land. Koreans have been turned off their richest fields to make room for these settlers. Not only that, — although the Company according to its by-laws can only deal in undeveloped lands, yet by a clever trick they obtained about 10,000 acres of cultivated paddy fields. When the Company was organized "to develop the waste lands in Korea" they approached the old Korean Government and made it agree to take up ¥3,000,000 worth of the ¥10,000,000 capital. The Company however got its start in life by making the old Korean Government give over 10,000 acres of fine paddy fields and about 10,000 acres of uplands in return for the ¥3,000,000 stock. In the following year annexation was proclaimed, so the Company got the lands and the ¥3,000,000 worth of stock was turned over to the Tokyo Government, and the Company told not to worry about paying any interest on the small investment. Much of the Company's holdings has been purchased from Koreans who were in debt or who had little knowledge of the real nature of the company. I have never heard of a small Korean farmer being able to purchase O.D.C. rice fields, while the Japanese settler purchases the land by paying small instalments for a period of 25 years.

I said to one of the gentlemen mentioned in Mr. Smith's list of

O.D.C. philanthropists "You are a gentleman, tell me, at least are you not ashamed of the Company's methods?" He replied, "Yes, I am, but have you not similar bad companies in your country?" I had to admit that we had. The Company once gave ¥1,000 to a friend of mine who was talking about doing a little journalism, and he had fewer facts than Mr. Herron Smith, but the Company did not know that!

Fourth. It is premature to say that torture has been eliminated from Korean. The order sent out by Mr. Akaikie, Chief of police is well worded and I don't think that it was especially written for Mr. Smith's article, as there are those in the new administration who are strongly opposed to torture. But such orders have been issued many times during the last five years and yet torture has flourished. A few days before I left Seoul and after the Statement had been published in The Japan Advertiser 'No Torture in Korea' I had the privilege of introducing to a high official a young girl who had been burnt with red hot irons. (This had been done in December) The day before I left Seoul I was given the names and addresses of two Paichai(?) students; one had been given a severe electric shock from which he had not recovered, and the other had been strung up to the ceiling by his thumbs. (This during March) The interesting thing in these cases was that a most critical investigation recorded on about 30 sheets of paper proved that none of the Paichai students had been tortured. These men were tortured at the police station. There is much to be accomplished in Korea, but the hopeful thing is that the Governor General and the Lieut. Governor are anxious to eliminate the bad and give the Koreans the best which the policy of assimilation will allow.

I write this reply a few hours before sailing for Canada. It is very incomplete yet I feel it may be of value in supplementing the recent articles on Korea. Mr. Smith had many facts but he failed to interpret them correctly, due to a lack of knowledge of the Korean people, their mind and their language.

FRANK A. SCHOFIELD.

Tokyo, April 9, 1920.

The Globe (July 12, 1920)

KOREA GROANS BENEATH YOKE OF OPPRESSOR

Medical Man From Seoul Voices Nation's Cry for Liberty

VICTIM OF AGGRESSION

Jap Police System Cruel as That of Imperial Russia

Japan's policy in Korea are was vigorously assailed in an address delivered at the Central Y.M.C.A., yesterday afternoon by Dr. Frank W. Schofield, a Presbyterian medical missionary who has recently arrived in the city from Seoul in Korea. The Japanese treatment of Korea was described as worse than that of Russia in the time of the Czar, and the Japs were also charged with having introduced the old Russian police spy systems. Including torture, in order to terrorize the Koreans and force them to adapt Japanese customs, language and nationality.

Dr.Schofield described the Koreans as primarily pacifist. The Japs, he said, were essentially militaristic. "Korea is formed geographically as the Koreans are psychologically." he stated, "A range of mountains runs along the east coast, making the coast rockbound and forbidding, while on the west the fields stretch down to the ocean. The country turns its back to Japan. Whom it hates, and facts toward the Chinese, whom it loves."

A Sober People.

He stated that the Koreans were lovable race, tall, strong and robust. He also went into their history extending back for 4,000 years, and stated that even as far back as 58(?) A.D. the Koreans had prohibition. As one instance of the sobriety of the people, and the stern manner in which prohibition was enforced, he told of the Governor of a Province in their year 1838(?) who was beheaded because the Emperor found him imbibing, and his head exhibited all over the Province be ruled. "We could hardly introduce as stern measures here" remarked the speaker.

Some 400 years ago the Koreans suffered on invasion by the Japanese. The Japs intended to attack and conquer China and Dr. Schofield declared that they still cherished the conquest of China as their ambition. Korea had then saved China as Belgium saved Europe, but the country was ruled in doing so, and had never recovered. "Near Tokio they have a mound underneath which are buried the ears of tons of thousands of Korean taken home by the Japanese conqueror." he stated, "as you can see how hard it would be for a Korean to love Japan. Yet they are trying to turn them into Japanese."

Refused Her Independence.

He told of the Japanese war with China and Russia described by the Japs as a fight to keep Korea independent. The Koreans had helped the Japs against Russia. Then Japan refused them independence and established a protectorate, although an American missionary was already securing a protest from the United States Government. The Korean army ill-disciplined and worse armed, had withstood the well-armed Japs for eighteen months after an order come for them to disband. The Japs had murdered the old Queen of Korea, who opposed them, and then deposed the Emperor to put his imbecile son on the throne. They had used force to secure the signing away of the country's sovereignty by the Cabinet.

"The Koreans invented paper, they invented movable type, and they had a widespread system of education" stated the speaker. In some cases the school-master took precedence over even the Emperor.

Abuses Under Japan.

When the Japs took the country they flooded it with gendarmes, police and soldiers. The schools were forbidden to teach anything but Japanese. Korean history books were burned. The showing of the Korean flag was prescribed under pain of imprisonment or torture. In 1911 there were 18,000 arrests without warrants and convictions by only police trial. In 1918 this had jumped to 81,000. In 1911 14,000 Koreans were fogged by the police and in 1918 there were 30,000, the police not only had the power to arrest, but also to imprison, flog or torture with only a police trial.

"People are grouching over here and say their liberty is being taken away because they have to pay taxes Let them go to Korea where a country is being assimilated by force and see how they like it" remarked the speaker.

Churches Were Burned.

"The Christians have always led in the movement for independence" stated Dr.Schofield. "particularly the women, We are making converts in the prisons: in fact, I might say that the native converts are making Christian among the men and women imprisoned faster than the churches." He told of the burning of many Christian churches by Jap police and firemen how his protests to the authorities brought the excuse that it was Korean agitators who were responsible, even though he showed proof to the contrary.

Instance of torture, nor could he ever get them to admin it either officially or unofficially. However, he had written articles for Tokio newspapers on the subject. He had also had an interview with the Japanese Premier, Korea was deluged with spies and every prominent man was closely watched. "In my last address at Tokio to Koreans. I was informed that there were 25 in the audience." he stated "When I told the meeting, someone shouted that there were more than that, so I told them that I was pleased that I would be able to address what was evidently an audience of spies."

Pleads for Justice.

Dr.Schofield was at one time associated with Dr.Amyot on the provincial Board of Health, and has for same time back been bacteriologist at the Union Hospital of Seoul. His lecture was on "Another Alsace or Poland." and he intends to give further Korea. Latterly the Japs had decided on a policy of conciliation. While

Koreans themselves admitted that the Japanese had made many reforms in a country where the aristocracy had ground the common people down to an extent never witnessed in any other country, yet they wanted independence. At present Japs filled all official positions and the Koreans were treated as an inferior race.

The Globe (July 17, 1920)

JAPANESE REFORMS IN KOREA

By DR. FRANK W. SCHOFIELD.

The address delivered in the Y. M. C. A. last Sunday and reported in your paper was a review of the most important causes underlying the recent revolution in Korea. The Koreans have been criticized for starting an agitation which cost them so much in life and church property. (About $30,000 worth of native churches were destroyed by the Japanese soldiers and firemen) Such criticism would not be made if the injustices involved in the Japanese colonial policy of forced assimilation were more generally known. These, having been stated, it is only justice to Japan that an equally clear statement should be made as to the reforms which she introduced in Korea after the collapse of the military administration.

A Great Victory.

The Koreans with their brave bands had won a great victory when Field Marshal Count Hasegawa had to retire in disgrace from his post of Governor-General of Korea. They had seriously crippled the Prussianized military machine which had ruled the land for nearly a decade. In the fail of last year a new Governor-General. Admiral Baron Saito, was sent to Korea with orders to inaugurate a new and liberal regime. The first concession made by the Tokio militants was in appointing a naval man instead of a man from Choshu. (The home of the militarist clan) The reforms introduced have been rather a disappointment, but the man who brought them has proved to be a great success Admiral Saito is the best Governor-General Korea has had and probably ever will have. His position was difficult as many members of the old military machine remained in office. It is rumored that they tried to stampede him, but failed. His personal success is an omen of better things to come.

Prussian Ideas.

As to the reforms introduced. The first was an order which abolished the wearing of swords by schoolmasters, station masters, postal clerks, etc. It was an ugly sight, and very much of a Prussian sight to see a schoolmaster with sword buttons and gold braid proudly marching down the street with a primary class. The Korean custom of burying their dead in specially selected places around the mountains, which had been prohibited by Japanese law, was now again permitted. It means a great deal to the heathen to be able to select a suitable place for burial. A propitious site means everything to the departed spirit in rotting a good start in the new world. A poor location would not only wreck the future of the spirit, but would also bring bad luck to the family for generations. This reform was naturally unpopular with the Christians, but they are in the minority. It was a great reform to the heathen population.

Korean Journals Authorized.

One of the best reforms given by the new chief was the granting of three newspaper licenses. The Korean has had no newspaper of their own for about eight years, but are now rejoicing to have some of the ole newspaper staff reassembled, and in being able to read editorials which are not inspired by the assimilation militarists.

Promise of a great reform had been made to the Koreans and published to the world by Mr. Hara, viz. 'the gendarmes who had ruled, Korea were to be replaced by police.' It was a cruel disappointment for the people when they discovered they had been deceived and that the gendarmes were not 'replaced' by police, but were themselves changed into police. However an important reform in the police system made the shock easier to bear. The police, who had always been under the control of a military officer, were permanently transferred to the control of a civil Commissioner of Police. In this way the metamorphosed gendarmes lost their rifles and long sword as well as quite a bit of their almost unlimited power.

A New Form of Torture.

The police reform was excellent, but at the same time was introduced a new form of torture, which makes about the thirtieth variety. Its value lies in the fact that no marks remain. A moist chamois skin is fastened around the chest of the patient, who is now made to walk around a hot stove until the skin dries out. The excessive pressure results in collapse of the patient and release of the secret.

After the Japanese occupation in 1910 drastic laws were made which prevented the Koreans from forming companies unless Japanese were taken in partnership. These discriminatory statutes have been declared null and void, so that today Koreans can go ahead in industrial and commercial development. A disadvantage which they have to face is that means of transportation are all Japanese owned.

A new departure has been made in allowing Koreans to hold the position of head master in the Korean primary schools. Eighteen appointments have already been made. Also the number of years of schooling now allowed to Koreans is almost equal to the period granted to Japanese. The loudly advertised reform of abolition of discriminations in salary between Japanese and Korean of equal rank was largely camouflage and therefore cannot be considered.

Police May No Longer Punish.

Possibly the greatest reform was the abolition of police beating. Many Koreans had been killed and very many seriously injured by the ninety-blow system of corporeal punishment. The prisoner, strapped with heavy leather straps to a cross, was beaten on the bare body with thirty blows on each of three successive days. The results were awful. The native Christians and missionaries greatly rejoiced at being again allowed the use of the Bible in the mission schools and colleges. Truly a great reform. This brief survey will show that the Japanese have repented and tried to make amends for the black past. But the Koreans cannot be won over by such reforms. They feel that they have suffered too long and too much. The policy of forced assimilation still operates under a new principle of 'love and kindness' The Korean is suspicious especially when the Reform Budget calls for $5,000,000 for police reform and only $2,000,000 for educational reform.

Independence the Korean Goal.

The Koreans feel they have a right to independence, and everyone who knows the situation believes that they ought to be made a self-governing nation. Different in origin, ideals, language and civilization from the Japanese, denationalization and forced assimilation will prove to be as great a failure in Korea as to every other country where it has been attempted. They ought to be granted the right to express the national spirit which burns within them. Until this is done there will be nothing but tempest in the land of the Morning Calm.

The Globe (September 4, 1920)

THE FUTURE OF KOREA : An Interview With Mr. Hara

By Dr. Frank W. Schofield

In an interview with Mr. Hara the Prime 'Minister, I learned what I was most anxious to know — the future policy of the Government of Japan toward Korea. This can be stated in a sentence as "assimilation by love and justice." I quote briefly from our conversation.

I asked what could be expected in the way of reforms for Korea. Mr. Hara replied: "It is our desire to extend to the Koreans all the privileges and liberties which we ourselves possess. The Koreans must be treated as equals, and I hope that justice, kindness and sympathy will be the watchwords of the new administrators." I mentioned that all this had been promised to the Koreans at the time of annexation, but that, due to the policy of assimilation. It had been impossible to give the Koreans such privileges. I asked: "Is the policy of assimilation to be continued?" The reply was: "The policy of assimilation will be continued, but the methods employed will be entirely different. so that the numerous discriminations and other evil will be done away with." I urged that such evils were the unavoidable concomitants of the policy, and that the only possible way to secure justice was by increasingly placing the power of government in the hands of the Koreans. I asked if it were moral to force upon a nation a policy which it so bitterly opposed. I was assured that, while the name or the policy might be the same, the administration would be entirely changed, and in reality a far more liberal policy followed.

"Wait and See."

I asked why the policy should be continued after it had been tried for ten years, and had failed as completely in Korea as in Alsace-Lorraine and Poland. Mr. Hara, in replying, requested that I wait and see, that it was only fair to give the new administration a trial. I replied: "If the Government will persist in the policy of assimilation, the end will be a bloody revolution." I then asked that a High Commission be sent to Korea to impartially investigate the whole situation. Mr. Hara replied that Admiral Saito, the newly-appointed Governor-General had full power to investigate, whatever he might consider necessary, and that at present the sending of a commission would not be considered. I expressed my great disappointment, stating that I knew nothing that could be so valuable in helping to restore confidence between the two peoples.

Atrocities Disavowed.

I mentioned the fact that I was writing a book, so that an accurate account of the atrocities and persecution of the Christian Church might be recorded. I asked Mr. Hara for some definite statement on the subject that I might include in the book. I was first given the good advice to "stick to facts"; then Mr. Hara further mentioned that he wanted it to be clearly understood that the atrocities committed in Korea were not in accordance with the orders of the high command.

They were the doings of brutal soldiers and police who acted on their own initiative. Also not infrequently, due to the confusion of the times, mistakes were made in understanding the orders given. In replying I said: "I do not presume to know whether or not the orders came from officers of high rank, but I do know that when I and others went to the highest officials and reported the atrocities the officials lied and lied, and made numerous excuses to cover up the sins of their servants." Mr. Hara replied that he would not dispute my statement, but hoped that in future if any such outrages should occur I would immediately inform him.

I thanked him for the interview and expressed my sorrow that the revolution in Korea should have occurred during his administration. However, he could take some comfort in remembering that everyone realized that the guilt lay not on him, but on his predecessor, Count Terauchi.

The Christian Science Monitor (Jun 7, 1920)

"KOREAN WOMEN HAVE THE 'HIM'"

If the bloodless war for independence which the Koreans are waging against Japan should come to success, it will in large measure be due to the resoluteness and sagacious planning of the women of the country. They have been willing to bear every privation, to run every risk, and their cleverness has more than once brought plans to fruition, Dr. Frank E. Schofield, long a missionary in Seoul, who has just arrived in the United States, has many stories of the Korean women heroines of the nationalist movement.

Many of the recent demonstrations, he says, celebrating the first anniversary of the Korean Declaration of Independence were planned and carried out entirely by young women, many of whom had felt the penalty of Japanese disapproval before.

In a certain town which must remain anonymous-no one gives particulars in Korea now lest a friend be dragged into court-two girls conducted a demonstration. The demonstrations are not unlike those with which Washington grew familiar when the National Woman's Party pickets were at work.

At a given hour, banner bearers appeared on the street corners, shouting "Mansei!" Literally, Mansei means ten thousand years; Many of the banner bearers were mere children. They were arrested, however, and taken to jail by dozens.

There were strange scenes enacted at the jails, according to Dr. Schofield. One woman came and begged to be allowed to feed her young son, a political prisoner apparently too young to feed himself. "Who told you to shout 'Mansei!'?" asked the police of another small offender. "My grandmother," replied the child, and stood firm in his protection of his fellow-revolutionists in the face of the old woman's voluble innocence.

On the second day of the demonstration the young girl who was prime mover in the demonstration came to a Christian school for boys. The principal of this school, believing education of more immediate importance than martyrdom in jail, had encouraged, the boys not to take part in the demonstration. The scorn of the girl student, however, was more than they could stand.

"Have you not heard the girls shouting 'Mansei!' for the last two days?" she said.

"Are you young men afraid of the Japanese?" Needless to say, the boy students joined the demonstration en masse, one hundred and forty of them, and got themselves honorably arrested.

Since the beginning of the revolution, Dr. Schofield has verified numbers of cases of torture and brought them to the attention of the Japanese authorities.

"The Japanese," says Dr. Schofield, "have never officially admitted that there has been torture in Korea, though proof has repeatedly been laid before them. During the demonstrations this spring, the severity of the police was somewhat modified as compared with last year. But very cruel tortures still go on. Frightful indignities are visited upon the women arrested on political charges. And there is no help for them under the present system. Torture is almost inevitable under any judicial system which allows secret investigations by the police."

In spite of persecution, the spirit of the women is unflagging.

"On my way back to America," said Dr. Schofield, "I stopped in Tokyo to look into condition of the Korean students, many of whom are living in that city under a double burden of poverty and persecution at the hands of innumerable spies. At one of these meetings, a Korean girl, a fourth-year student, made a rousing speech on the subject of 'him'. 'Him' is a Korean word meaning something like vital energy-perhaps it can best be rendered the American 'pep'. And there is no doubt that a great deal of the 'him' of the Korean Nationalist Movement is supplied by the women who take part in it. The Japanese themselves realize this. They say, 'We can assimilate the men, but we don't know what we will do with the women.'

"The head of the educational division of the Presbyterian Board of Missions, who made an inspection tour in the East last winter, came home with similar stories. He told of how some Japanese soldiers were sent to search a house where the authorities had reason to believe a nationalist printing press was employed to get out anti-Japanese literature. They were met at the door by a servant, who ushered them to the two daughters of the house, who were at home alone. The two girls stood in the center of the room. Their side skirts spread as they seated themselves and made the face-to-the-floor bow. 'You are welcome,' they said proudly and coldly, 'to search our home. You will find nothing. But when the soldiers had departed, the girls rose. They had been sitting on the diminutive presses all the time!

As in the early days of Sinn Fein, the Korean Nationalist women are the messengers of the movement. They contrive all manner of disguises. One young student put on a gray wig, took a staff, and got herself ferried over a river by a gallant Japanese police officer, that she might warn a Nationalist meeting that a raid was to be made.

"Oriental tradition to the contrary, the modern Korean woman is a feminist. One of the signs of the times is the East Asia Trading Company that is being organized in Seoul. This concern will be owned and entirely managed by Korean women. It will deal in articles used by women, mainly printed cloth and other dry goods.

"The great need and the great desire of the Korean woman is for education. On the boat by which I came to America, there was a group of Korean students who had escaped from Korea into China, and had become naturalized citizens of China in order to get passports for America and American education. Among them were three girls who had run away from home three years before and were facing a long exile in a strange land for the sake of education."

Dr. Schofield is interested in the establishment of a Woman's Christian College in Seoul. At present, there is only one institution, that at Ewah, which offers higher education for Korean women, and this institution can accommodate only a very limited number of students. Dr. Goucher of Baltimore Woman's College has promised $10,000 as an initial gift toward the new college.

부록 II 스코필드 박사 연보

연보	중요 사항
1889년	3월 15일, 영국 워리크 주(Warwickshire) 럭비(Rugby) 시에서 4남매의 막내로 태어나다. 그의 아명(兒名)은 프랜시스(Francis William Schofield, Jr.)였다. 어머니 미니 여사는 그를 낳은 후 산욕열로 별세했다.
1891년	아버지, 스피어 스코필드(Sophia Schofield)와 재혼하다. 더어비주(Derbyshire)의 배즈로(Baslow)로 이사하다.
1895년	프랜시스, 매너즈(Manners) 부인의 사립초등학교에 입학하다. 장난꾸러기로 악명을 떨치다. 아버지에게 간청하여 이름을 프랭크로 바꾸다(Frank William Schofield).
1897년	아버지가 근무하는 클리프 대학(Cliffe College)의 한국 유학생 여병현(呂炳鉉) 씨를 만나 처음으로 코리아를 알게 되다.
1899년	아버지, 근무처를 런던의 하리 대학(Harley College)으로 바꾸다. 런던의 쿠퍼즈 컴퍼니 스쿨(Coopers Company School)에 들어가다. 자전거타기를 매우 즐기다.
1905년	고등학교 과정을 마쳤으나 성적은 좋지 않았고, 집안이 여의치 않아 진학을 못하다. 어느 농장에서 일하게 되다. 노동자의 비참한 생활과 그들의 앞날에 관하여 깊은 관심을 갖기 시작하다. 다시 큰 목장의 가축관리인 조수로 일하게 되다. 저임금에 시달리다. 노동자들의 곤궁한 생활을 목격하고 더욱 그들의 편에 서게 되다.
1907년	캐나다로 이민 가다. 이때의 여비는 25달러였으며, 나이는 19세였다. 클라크 농장에서 일하게 되다. 가축을 다루면서 수의학에 큰 관심을 갖게 되다. 약간의 돈을 벌어 토론토 대학교 온테리오 수의과대학에 입학하다. 모진 고생을 겪어 가며 열심히 공부하여 2학년, 3학년 때 장학금을 받다.
1909년	여름, 과로로 인하여, 소아마비(小兒痲痺)를 습기찬 지하실 셋방에서 외로이 앓다. 병상에서 일어나다. 이때부터 그는 지팡이를 짚게 되다.
1910년	전 과목 'A'의 수석 우등생으로 졸업. 토론토 시에 있는 온테리오 주 보건국 소속 세균학연구소 조수로 근무하다.

	일제의 한국 강제 병합.
1911년	논문「토론토 시내에서 판매되고 있는 우유의 세균학적 검토」로 토론토 대학교에서 수의학박사 학위를 받다.
1913년	9월에 피아노를 전공한 앨리스(Alice)와 결혼하다.
1914년	모교의 세균학 강사로 취임하다. 제1차 세계대전 일어나다.
1916년	11월, 아내와 함께 한국으로 오다. 세브란스 의전에서 4년 동안 세균학, 위생학을 담당하기로 하다. 한국 이름을 석호필(石虎弼)로 짓다. 목원홍 선생으로부터 한국말을 배워 한국말로 강의하다.
1917년	〈선교사자격획득을 위한 한국어시험〉에 합격하다. 영어성경반을 조직하여 남녀 학생들에게 영어 교육과 아울러 주로 인간적 계몽에 힘쓰기 시작하다. 부인 앨리스, 병으로 귀국하다. 부인, 캐나다에서 아들 프랭크·W·스코필드(Frank W. Schofield, Jr.)를 낳다. 한국의 여러 저명인사와 광범위한 교제를 갖다. 그중에서 특히 이상재 선생, 김정혜 여사를 존경하다. 후에 김 여사를 수양어머니로 섬기다.
1919년	'3·1 운동'을 위하여 이갑성(李甲成) 씨와 밀회를 갖다. 민족적 거사를 위한 해외 정세 파악과 홍보의 임무를 맡게 되다. 제자 이용설 등의 해외망명으로 한국을 돕고자 하는 그의 결의 점점 굳어지다. 한국 통치의 일본 교관들을 역방. 일인 주간의 영자 신문에 익명으로 기고하여 일본 정책을 비난하다. 4월, 제암리 사건 일어나다. 현장 답사하여 기록하고 위로하다. 캐나다 선교본부에「제암리 학살 만행 보고서」를 제출하다. (The Massacre of Chai-Amm-Ni. Reprt of some atrocities committed by the Japanese Military and Police in suppressing the Korean Nationalists.) 5월, 서대문형무소 〈여자 감방 8호실〉를 심방하고 애국여성 유관순과 어윤희 등을 만나다. 하세가와 총독, 미즈노 정무총감 등을 방문하여 일본의 비인도적 만행의 중지를 호소하다. '3·1 운동'을 기록하고 직접 찍은 사진을 정리하다. 일본 고등계 형사 오호이시의 미행 감시가 시작되다. 당국의 압력을 받자 세브란스 의전에서 거취 문제가 공식적으로 논의되고 경찰의 압력 계속 가해지다.

7월, 장티푸스를 앓아 원산으로 요양 가다.

7월 1일, '한국 사태를 조사할 제국조사위원회'

"READERS IN COUNCIL/ An Imperial Commission of Inquiry for Korea"를 *The Japan Advertiser*에 게재하다.

7월 26일, 「수촌리 학살 만행 보고서」

"Report of the Su-chon Atrocities"를 *Presbyterian Witness*에 게재하다.

8월 2일, 「한국 민심의 파악: 일본의 가장 중대한 문제와 실패의 원인」

"Discovery of the Korean Mind"를 *The Japan Advertiser*에 게재하다.

8월 26일, '한국에서의 개혁 I: 한국에 대한 일본의 도전 – 불가능한 정책'

"The Korean Reforms: Japan's Challenge to Korea – An Impossible Policy"를 *The Japan Advertiser*에 게재하다.

8월 27일, 「한국에서의 개혁 II: 캐나다 혹은 아일랜드? – 조사의 필요성」

"REFORMS IN KOREA II: Canada or Ireland? Need for an Investigation"을 *The Japan Advertiser*에 게재하다.

9월, 도쿄에서 열린 〈극동지구 파견 기독교 선교사 전체회의〉에서 3·1 운동을 알리다.

11월, 〈대한민국 애국부인회〉 사건 일어나다. 대구 형무소를 수차례 방문하다.

11월 29일, 「한국에서 행해지는 고문: 미즈노 박사가 해결할 문제」

"READERS IN COUNIL: Torture in Korea: A Matter for Dr. Midzuno"를 *The Japan Advertiser*에 게재하다.

1920년 연희전문학교 학생 신봉조를 통하여 이경지를 알게 되다.

수양어머니 김정혜 여사의 힘을 빌어 이경지 양을 도쿄로 유학시키다.

1월, '한국에서 죄수들에게 행해지는 고문: 일제 통치 하에서의 죄악'

"Torture of Prisoners in Korea: Evils Under Japanese Rule"를 *Current History*, XI, II에 게재하다.

3월, 서대문형무소에서 유관순 양, 어윤희가 주동하여 〈독립선언 발표 일주년 기념만세〉를 부르다. 선천 신성고보, 보성여고에서도 〈3·1 기념만세〉 부르다.

선천 방문, 두 학교에서 강연하다.

영친왕 이은(榮親王 李垠) 씨의 가례(嘉禮)로 해서 대사령 내리다.

'3·1 운동' 견문록 원고의 제목을 「끌 수 없는 불꽃(Unquenchable Fire)」이라고 이름짓다.

3월 12일, 「한국의 개선책: 신제도의 비평적이고 건설적인 조망」

"The Korean Reforms: A Critical and Constructive Survey of the New Regime"를 *The Japan Advertiser*에 게재하다.

3월 13일, 「한국의 개선책: 비평적 조망 II – 헌병경찰제도의 폐지」

"A Critical Survey –II– The Passing of the Gendarmes"를 *The Japan Advertiser*에 게재하다.

3월 14일, 「한국에서의 개혁 III–실패의 원인: 가혹한 통치 탓에 진정한 개선이 효과를 거두지 못하다」

"THE REFORMS IN KOREA III – SOME CAUSE OF FAILURE: Genuine Ameliorations Have Failed of Effect Because of Harsh Administration"를 *The Japan Advertiser*에 게재하다.

4월, 한국을 떠나다. 5월에 캐나다에 무사히 도착하다.

캐나다, 미국 각지에서 한국 소개 운동을 적극 전개하다. 워싱턴에 있던 이승만 박사를 찾아 「끌 수 없는 불꽃」의 출판 문제로 동분서주했으나, 뜻을 이루지 못하다.

강연, 투고 등으로 '3·1 운동' 보고를 더욱 활발히 전개하다.

4월 10일, 「한국: 프랭크 헤론 스미스 목사에 대한 답변」

"Readers in Council: Korea: A Rejoinder to the Rev. Frank Herron Smith"(Letter to Editor)를 *The Japan Advertiser*에 게재하다.

7월 7일, 「한국의 여성들은 "힘"을 가지고 있다」

"Korean Women Have The 'Him"을 *The Christian Science Monitor*에 게재하다.

7월 12일, 「압제자의 멍에 아래 신음하는 한국: 서울의 한 의료인이 전하는 한국의 자유를 향한 부르짖음」

"Korea Groans Beneath Yoke of Oppressor"를 *The Globe*에 게재하다.

7월 17일, 「한국에서 일본의 개혁」 "Japanese Reforms in Korea"를 *The Globe*에 게재하다.

9월 4일, 「한국의 미래: 하라 일본총리와의 인터뷰」

"The Future of Korea: An Interview With Mr. Hara"를 *The Globe*에 게재하다.

1921년 토론토 병원의 병리학 연구실에 근무하다. 모교에 복직하다.

혼자 손으로 아들 프랑크를 양육하다.

논문 「외관상으로 출혈성 패혈증과 기종저처럼 보이는 새로운 소 질병의 원인체인 부패한 스위트 클로버」를 발표하다.

1922년	한국 재방문 여비를 10년 계획으로 모으기 위하여 급료의 1/3씩을 저축하다. 한국어를 계속 공부하다.
1926년	한국 여행 여비 저축이 예정보다 빨리 달성되어 5월에 한국으로 떠나다. 6월, 한국 도착. 저명인사들이 주최한 환영회 및 기타 강연회에 출석. 7월, 북경 경유로 귀국하다. 9월 17일, 「조선의 친구여(1) 캐나다로 귀국 중인 스코필드 씨 편지」를 『동아일보』에 게재하다. 9월 19일, 「조선의 친구여(2) 실행이 제일」를 『동아일보』에 게재하다.
1927년	1월 5일, 「나의 경애하는 조선의 형제여 –스코필드박사 서한」을 『동아일보』에 게재하다.
1931년	12월 26일, 「경애하는 조선형제에게」를 『동아일보』에 게재하다.
1935년	모교 수의병리학 교실의 정교수가 되다.
1940년	부친 프란시스 윌리엄 스코필드 별세하다.
1952년	독일 뮌헨 루드비히 막시밀리안 대학교에서 명예 수의학박사 학위를 받다.
1954년	미국 수의학회 연례회에서 열두 번째로 〈국제수의학회상〉을 받다.
1955년	왼쪽 눈의 백내장으로 고생하다. 모교의 교수직에서 은퇴하다.
1956년	영국으로 건너가서 눈 치료를 받다.
1957년	부인 앨리스 여사 별세하다.
1958년	정부 초빙으로 독립된 한국을 방문하다. 서울대학교 수의과대학에서 일하기를 자원하다. 수의병리학을 담당하다. 대구 방문, 손가방을 날치기당하다. 이때 귀중한 3·1 운동의 사진 수십 매를 잃다. 『경향신문』에 게재하여 국민의 환영에 답하고 앞으로 한국을 위하여 일할 결의를 밝히다.
1959년	한국에 뼈 묻을 것을 결심하고 개인 일을 정리하기 위해 캐나다로 돌아갔다가 9월에 돌아오다. 남북미 및 유럽의 친구들 〈스코필드 기금〉을 설치하다. 1월 3일, 「민심은 공포에 잠겨 있다 의사당 앞에 무장경관이라니」를 『조선일보』에 게재하다.
1960년	이승만 정권에 의하여 천대에 가까운 대우를 받다. 미국 육군병원에 입원 중인 야당 지도자 조병옥 박사에게 캐나다의 친구를 거쳐 격려의 서신을 보내다.

	'4·19 혁명'을 격찬하다. 『제팬 타임즈』에 게재하여 일본의 한국에 대한 외교정책을 비판하다. 〈대한민국 문화훈장〉과 〈서울특별시 행운의 열쇠〉를 받다. 4월 28일, 「의, 용기, 자유의 승리」를 『동아일보』에 게재하다.
1961년	1월 8일, 「내가 본 한국혁명」을 『조선일보』, 『한국일보』에 게재하다. 3월, 「한국교회의 어제와 오늘」을 『기독교사상』에 게재하다. 4월, 「정직은 번영에의 유일한 길이다」를 『새가정』에 게재하다. 6월 15일, 「나는 이렇게 본다 한국의 군사혁명」을 『경향신문』에 게재하다. 홍국직업소년학교를 돕다. 구미 각국에 퍼져 있는 친구들의 권유로 캐나다 및 유럽 각국을 역방하고, 10월에 돌아오다.
1962년	3월 2일, 「43년, 그 날과 오늘」을 『한국일보』에 발표하다. 「3·1 운동」을 『동아일보』에 게재하다. 3월 15일, 73회 생일을 맞아 전기 『우리의 벗, 스코필드』를 증정받다. 5월 17일, 토론토 대학교 100주년 기념식 석상에서 명예 법학박사 학위를 받다. 12월 3일, 「서울대의 문제점」을 『서울대학신문』에 게재하다.
1963년	2월 28일, 『동아일보』 지상에 「그날, 그때, 1919년 3월 1일, 오늘, 이때, 1963년 3월 1일」이라는 3·1 운동 회상기를 발표하다. 3월 23일, 『동아일보』 지사에 3월 20일에 박정희 의장에게 보낸 편지가 공개되다. 8월 17일, 『동아일보』 지상에 3월 15일에 있었던 〈3·1 독립선언 기념탑〉 제막식에서의 축사 전문이 실리다. 9월 13일, 「나도 한국의 분신, 할 말은 해야겠다」를 『한국일보』에 게재하다.
1964년	1월 16일, 「내핍은 수범(垂範)에서만」을 『동아일보』에 게재하다. 3월 3일, 「사건의 전모 밝혀야」를 『경향신문』에 게재하다.
1965년	2월, 경북대학교로부터 명예 수의학박사 학위를 받다. 5월, 고려대학교로부터 명예 법학박사 학위를 받다. 6월 24일, 서울을 출발하여 캐나다로 가다. 10월 23일, 캐나다에서 서울로 돌아오다.
1966년	2월, 경희대학교로부터 대학장을 받다. 7월, 서울을 출발하여 유럽을 거쳐 캐나다로 가다.

	10월, 캐나다에서 서울로 돌아오다. 1919년 「3월 1일, 삼일절에 무슨 일이 일어났나?」 "What Happened on Sam Il Day March 1, 1919"를 *The Feel of Korea*에 발표하다.
1967년	3월, 서울대학교에 장학금 500달러를 기증하다. 7월, 서울을 출발하여 캐나다로 가다.
1968년	3월, 대한민국 건국공로훈장(국민장)을 받다. 9월, 서울에 있는 장서 600권을 서울대학교에 기증하다. 10월, 3·1 운동 당시 세브란스 의학전문학교 제자들로부터 선사받은 은잔과 은잔 받침을 연세대학교 박물관에 기증하다. 12월, 정부로부터 3·1 운동 50주년 기념식에 참석해 달라는 요청을 받다.
1969년	1월, 캐나다에서 한국으로 오는 도중에 심장성 천식이 발작하다. 2월, 로스앤젤레스 근교에 있는 양녀 임종희 양 숙소에 머무르다가, 하와이·동경을 거쳐 서울에 도착하다. 바로 국립중앙의료원에 입원하다. 2월 28일, 「하나로 뭉친 '독립만세'」를 『동아일보』에 게재하다. 3월 1일, 3·1 운동 50주년 기념식에 참석하다. 「하나로 뭉친 '독립만세'」 2회차를 『동아일보』에 게재하다. 「3·1 운동은 한국 정신의 상징」을 『중앙일보』에 게재하다. 4월, 국립중앙의료원에서 마포 아파트로 옮기다. 마포 아파트에 거처하는 동안 『코리아 타임즈』, 〈현대사조〉에 전후 여섯 차례에 걸쳐 게재하다.
1970년	2월 20일, 국립중앙의료원에 입원하다. 3월 1일, 「한국 국민에 보내는 메시지」를 『조선일보』에 게재하다. 3월 14일, 서울대학교로부터 명예 수의학박사 학위를 받다. 같은 날에 미국 수의과대학 병리학자협의회가 보내온 공로회원 추대장을 받다. 3월 27일, 부활주일을 이틀 앞두고 유서를 작성하다. 4월 12일, 오후 3시 15분에 국립중앙의료원 별관 32병동 5호 병실에서 영면하다. 4월 16일, 오후 2시에 서울 남대문교회에서 광복회 주최 사회장으로 거행되는 영결식이 집행되다. 같은 날 오후 4시 45분에 국립묘지 애국지사 묘역에 안장되다. 「스코필드 박사 병상 단상록」이 『동아일보』에 실리다. 9월 29일, 제1회 스코필드기념 강연회가 열리다.

1971년 3월, 서울대학교 스코필드 장학금이 지급되기 시작하다.

1976년 4월 19일, 경기도 화성군 장안면 수촌리에서 〈3·1 독립운동 기념비〉가 제막되다.

1980년 4월, 『한국 땅에 묻히리라』 발간하다.

1999년 7월 2일, 캐나다 토론토 한인교포들이 '스코필드박사기념장학회'를 조직하다. 장학회는 스코필드의 모교 온타리오 수의과대학 학생들에게 장학금을 수여하고 있으며, 2012년까지 모두 21명의 장학생에게 4만 2000불의 장학금을 지급했다.

2000년 1월 1일, 서울대학교 수의과대학에서 스코필드 박사 사이버기념관 인터넷사이트를 개설하다. http://schofield.snu.ac.kr/

2003년 11월 4일, 서울대학교 수의과대학에서 제1회 스코필드 박사 추모기념식이 열리다.

2005년 9월 1일, 서울대학교 신축 수의과대학 대강당을 '스코필드홀'로 명명하다.

2006년 3월 1일, EBS 특집 다큐멘터리 「민족대표 34인 석호필」 방영하다.

8월 10일~17일, 스코필드 박사 동상 및 추모공원건립위원회, 주한 캐나다대사관 주최로 진흥아트홀에서 〈스코필드 박사 추모 미술작품전시회〉가 열리다.

2007년 서울대학교 수의과대학에서 스코필드 박사 추모장학기금을 조성, 첫 장학금을 중학생 4명에 지급하다. 현재 추모장학기금은 서울대학교 수의대와 호랑이스코필드기념사업회가 공동으로 관리하고 있으며, 매해 4월 12일 스코필드 박사 추모기념식에서 지급하고 있다.

4월, 『민족대표 34인 석호필 프랭크 윌리엄 스코필드』 발간하다.

2008년 4월 10일, 주한 캐나다대사관이 대사관 1층 강당을 스코필드 박사를 기념하여 '스코필드홀'로 이름 짓다.

2009년 9월 4일, 사단법인 호랑이스코필드기념사업회 창립총회를 개최하다.

2010년 4월 12일, 서울대학교 수의과대학에서 스코필드 박사 서거 40주기 추모기념식을 개최하다.

7월, 국가보훈처에서 호랑이스코필드기념사업회 설립허가를 받고 법원에 등기하다.

9월 27일, 강남대학교에서 주최하는 스코필드 박사 서거 40주년 기념학술대회에 스코필드 박사의 손자 Dean Schofield, 손녀 Lisa Crawford가 참석하여 박사를 추모하는 증언을 하다.

	10월 6일, 캐나다 스코필드박사추모재단이 토론토동물원 한국정원에 스코필드 박사 동상을 건립하고 제막식을 갖다.
2011년	2월 1일, 박사의 모교 캐나다 온타리오 수의과대학에 스코필드 박사 기념 세미나실이 개관하다. 기념 세미나실에는 캐나다 스코필드 박사 기념장학회에서 기증한 스코필드 박사 흉상이 영구 비치되다. 8월, 기독교 TV에서 스코필드 박사 다큐멘터리 「나는 한국인이다」를 방송하다.
2012년	4월, 『스코필드 박사 자료집: 강한 자에는 호랑이처럼 약한 자에는 비둘기처럼』 발간하다.

[찾아보기]

ㅈ

엮은이 소개

김승태

현재 한국기독교역사연구소 소장

학력	1986. 8	서울대학교 대학원 국사학과(문학석사)
	2002. 2	한신대학교 대학원 신학과(신학석사)
	2006. 8	한국학중앙연구원 한국학대학원(문학박사)
주요 경력	1984. 6~1989. 11	독립기념관 연구원 및 자료과장
	1990. 9~2007. 6	한국기독교역사연구소 연구실장
	2005. 1~12	독립유공자서훈공적심사위원
	1990. 9~현재	한국기독교역사연구소 연구위원
	2001. 12~현재	친일인명사전편찬위원
	2018. 1~현재	한국기독교역사연구소 소장

유 진

현재 KAIST 신소재공학과 명예교수

학력	1972. 2	서울대학교 공과대학 금속공학과 졸업
	1979. 5	펜실베이니아 대학교 재료공학 박사
주요 경력	1979~1981	막스프랑크 철강연구소 박사후연구원
	1982~2016	KAIST 교수
	2016~현재	KAIST 명예교수
	1992~1995	KAIST 서울 분원 교학처장, 분원장
	2001~2003	국가과학기술위원회 위원
	2000~2009	KAIST 전자패키지재료·연구센터 소장
	2003~2004	KAIST 부총장
	2001~2004	한국 전자패키지학회 부회장, 회장
	2006~현재	국제전자패키지학회(IMAPS) 아시아위원회(ALC) 부회장, 회장
	2009	국제전자패키지학회 Stein Award 수상
	2009~2014	(사)호랑이스코필드기념사업회 회장
	2015~현재	(사)호랑이스코필드기념사업회 명예회장

이 항

현재 서울대학교 수의과대학 교수

학력	1987. 2	경상대학교 수의학과(수의학 학사)
	1992. 12	University of Pennsylvania 박사(의생물학)
주요 경력	1993~현재	서울대학교 수의과대학 전임강사, 조교수, 부교수, 교수
	2002. 9~현재	한국야생동물유전자원은행장
	2011~2013	서울대학교 BK21 수의과학연구인력양성사업단 단장
	2010~현재	(사)한국범보전기금 대표
	2009~2017	(사)호랑이스코필드기념사업회 총무이사
	2017~현재	(사)호랑이스코필드기념사업회 회장